必일반물리학

## 필 일반물리학

**발 행** | 2024년 2월 26일
**저 자** | 윤필립
**펴낸이** | 한건희
**펴낸곳** | 주식회사 부크크
**출판사등록** | 2014.07.15.(제2014-16호)
**주 소** | 서울특별시 금천구 가산디지털1로 119 SK트윈타워 A동 305호
**전 화** | 1670-8316
**이메일** | info@bookk.co.kr

ISBN | 979-11-410-7368-8

# 必 일반물리학

윤필립 지음

# 목차

# Part II 열역학

# Part III 전자기학

# Part IV 광학

# Part V 현대물리학

# 머리말

우리는 지금 4차 산업혁명 시대의 한 가운데 서 있다. AI 기술은 모든 산업의 생태계를 바꾸고 있으며 앞으로도 사회 전반에 걸쳐서 어떠한 변화를 가져올지 가늠하기 힘들다. ChatGPT를 비롯한 생성형 AI기술, 자율주행, 로봇, 사물인터넷 등의 4차 산업혁명 기술들을 이해하고 활용하는 능력은 앞으로 다가올 시대를 준비하는데 필수 불가결하다. 이러한 과학기술의 바탕에는 물리학의 법칙들이 가장 중요하게 활용되어 진다. 예를 들어 4차 산업혁명 기술 중의 핵심은 인류가 만든 가장 정교한 발명품이라 할 수 있는 반도체라 할 수 있는데 반도체의 작동 원리를 이해하기 위해서는 전자기학 및 양자역학의 이해가 필수적이다.

물리학은 인류가 관측하는 자연에서 발생하는 모든 현상들을 이해하는 근본 원리를 찾는 학문이라고 할 수 있다. 이는 모든 자연과학의 기초가 될 뿐만 아니라 다양한 공학 분야에서 기본적인 이론적 원리를 제공한다. 따라서 물리학의 중요성은 아무리 강조해도 지나치지 않으며 물리학은 이공계열에 있어서 대학에서 필수 과목으로 가르치도록 하고 있다.

이 책은 대학교 1학년 수준의 일반물리학의 내용을 다루고 있으며 고등학교 수준의 수학 실력을 갖추고 있으면 다른 문헌을 보지 않고도 충분히 이해할 수 있도록 기술되어 있다. 구체적으로 뉴턴역학, 열역학, 전자기학, 광학, 현대물리학의 5개의 Part로 나누어서 중요한 물리 이론에 관한 내용을 빠짐없이 수록하였다. 일반물리학 교재로 대학에서 주로 활용되는 교재는 내용이 매우 방대한데, 이 책은 대학의 일반물리학 커리큘럼 기준으로 핵심 내용에 집중하여 간결한 문제로 기술하였다. 또한, 각 목차별로 기본적이고 중요한 예제 문제를 수록하여 물리 법칙이 다양한 공학 문제에 어떻게 적용되는지 이해에 도움이 되도록 하였다.

이 책을 활용할 수 있는 독자들은 물리학을 심도 있게 배우고자 하는 고등학생들, 물리학을 공부하는 대학생들, 국가고시를 준비하는 수험생들이 있을 것이다. 이 책을 활용하는 모든 독자들이 '일신우일신', 나날이 물리 지식과 물리적 통찰력이 발전하는 경험을 얻기를 바라고 기대한다.

# Part 1. 역학

# 0. 물리량과 단위

## 0.1. 서설

모든 **물리법칙**은 물리량에 관한 방정식으로 표현된다. **물리량**이란 물질계의 성질이나 상태를 나타내는 양을 말한다. 시간, 질량, 길이, 속도, 에너지 등이 그 예이며, 매우 다양한 물리량이 존재한다. 언어로 비유하자면 물리법칙은 문장에 해당하고 물리량은 단어에 해당된다고 할 수 있다. 단어를 모르면 문장을 해석할 수 없듯이 물리법칙을 이해하기 위해서는 각각의 물리량의 정의와 의미를 정확히 아는 것이 중요하다.

## 0.2. 물리량의 측정

모든 물리법칙은 실험을 통해서 검증이 되어야 비로소 자연법칙으로 확립되어진다. 실험은 검증하고자 하는 물리법칙을 구성하는 물리량들에 관한 측정이 반드시 수반되므로 물리량의 측정은 물리학에 있어서 매우 중요한 요소가 된다. 측정은 관측자가 실험 설계를 바탕으로 측정장비를 이용하여 행해진다. 예를 들어 용수철에 매달린 추의 질량(물리량)를 늘려가며 용수철의 늘어난 길이(물리량)을 자(측정장비)를 이용해 측정하면 $F = -kx$ 라는 훅의 법칙(물리법칙)을 실험적으로 검증할 수 있다.

물리량의 측정에는 반드시 **정밀도**의 한계가 있다. 예를 들어 mm자로 길이를 측정하면 mm 보다 더 정밀하게 측정할 수는 없다. 따라서 모든 물리법칙은 측정 정밀도의 한계 내에서만 증명이 가능하다. 오늘날 계측 기기의 발달과 실험 물리학의 발전으로 놀랄 만큼의 정밀도로 측정이 시행되어지고 물리법칙들이 가혹할 정도의 수준으로 검증되고 있다.

## 0.3. 단위

### 0.3.1. 단위

| 접두어 약자 | 값 | 접두어 약자 | 값 |
|---|---|---|---|
| c (센티) | $10^{-2}$ | k (킬로) | $10^3$ |
| m (밀리) | $10^{-3}$ | M (메가) | $10^6$ |
| $\mu$ (마이크로) | $10^{-6}$ | G (기가) | $10^9$ |
| n (나노) | $10^{-9}$ | T (테라) | $10^{12}$ |
| p (피코) | $10^{-12}$ | | |

표 1.1 접두어

모든 물리량에는 **단위**가 존재한다. 단위가 붙지 않은 숫자로서의 물리량의 값은 아무런 의미를 갖지 못한다. 단위는 이 값이 어떠한 물리량인지, 어느 정도의 스케일의 값을 나타내는지 알려주는 중요한 기능을 한다. 예를 들어 어떤 물리량의 측정값이 $32\ \mu m$ 일 때

($\mu = 10^{-6}$ 이므로) 우리는 이것이 길이를 측정한 것이고 대략 머리카락 두께정도의 작은 길이를 측정한 것이라고 파악할 수 있다. 단위 앞에는 접두어를 붙여 다양한 스케일의 측정값을 표현할 수 있는데 많이 사용되는 접두어 및 그 값은 표1.1과 같다.

## 0.3.2. 기본 단위와 SI단위

매우 많은 물리량들이 존재하지만 모든 물리량은 7개의 기본 물리량에 관한 식으로 표현될 수 있다. **7개의 기본물리량**은 시간, 길이, 질량, 전류, 온도, 물질의 양, 광도를 말한다.

물리량의 단위는 여러 개의 정의가 있을 수 있다. 이는 도량형에 관한 것이다. 예를 들어 길이의 단위는 m, ft, inch, mile, parsec 등과 같이 다양한 종류의 단위가 현존하며 이들은 관례적으로 또는 특정 목적에 따라 사용된다. 단위가 다르면 측정값의 수치가 달라지므로 단위를 통일해서 사용하는 것은 매우 중요하다. 국제 도량형국에서 정한 통일된 단위체계가 **SI 단위계(국제단위계)**이다. 7개의 기본물리량에 대한 SI 단위를 기본단위라 하며 이들은 시간(s,초), 길이(m,미터), 질량(kg, 킬로그램), 전류(A, 암페어), 온도(K, 캘빈), 물질의 양(mol, 몰), 광도(cd, 칸델라) 이다. 이 책에서는 모든 물리량을 SI 단위로 나타낸다.

7개의 기본 물리량 이외에 이들로부터 파생되어진 다른 물리량들의 단위를 유도단위라 한다. 대표적으로 힘과 에너지의 단위가 이에 해당한다. 몇몇 중요한 유도단위는 새로운 기호로 SI 단위를 정의한다. 예를들어 힘의 SI 단위는 ($N = kg \cdot m/s^2$, 뉴턴) 에너지의 SI 단위는 ($J = kg \cdot m^2/s^2$, 줄) 이다.

## 0.3.3. 차원

이는 공간적 차원이 아니라 단위의 차원을 말한다. 예를 들어 속력은 $v = dx/dt$ 이므로 (길이/시간)의 차원을 가진다. 차원이 다른 두 물리량은 결코 같을 수가 없으므로 어떠한 식의 양변의 차원을 비교하면 올바른 식인지 쉽게 판별할 수 있다. 때로는 양변의 차원 분석을 통해 미지의 파라미터 값을 알 수 있다.

## 0.4. 물리량들의 연산

여러 물리량들로부터 다른 물리량 값을 연산하는 경우 원칙적으로 단위를 붙여서 연산해야 한다. 그런데 모든 물리량 들을 SI 단위로 통일하여 표현하고 연산하면 편리한 점이 있다. 그것은 연산과정에서 거추장스럽게 단위를 고려하지 않아도 최종 계산값의 물리량에 대응되는 SI단위를 붙여주면 된다는 것이다. 예를 들어 질량이 $m = 50g$, 높이 $h = 2cm$ 의 물체에 대해 중력 퍼텐셜에너지 $U = mgh$값을 계산하는 경우를 생각해 보자. 먼저, 모든 물리량을 SI 단위로 표현한다. $m = 0.05kg$, $h = 0.02m$, $g = 9.8m/s^2$. 계산할 때는 단위를 생략하고 숫자로만 계산한다. $U = 0.05 \times 0.02 \times 9.8 = 9.8 \times 10^{-3}$. 그리고 마지막에 에너지의 SI 단위인 J을 붙이면 올바른 계산이 된다. $U = 9.8 \times 10^{-3}J$.

# 1. 힘과 운동

## 1.1. 서설

물체의 운동을 예측하고 통제하는 것은 물리학의 가장 중요한 영역중의 하나이다. 만일 물체의 위치를 시간에 대한 함수로 구할 수 있다면 우리는 그 물체의 운동을 완벽하게 아는 것이고 그 물체의 운동을 정확히 예측할 수 있다. 물체의 운동을 변화시키는 원인에 해당하는 것이 힘이므로 힘과 운동에 관한 방정식으로부터 위치의 시간에 대한 함수를 구하는 것이 역학에서의 주된 과제이다. 역학은 바로 힘과 운동에 관한 물리학이고 그 핵심에는 뉴턴의 운동법칙이 있다.

## 1.2. 좌표계

물체의 운동을 시간에 대한 함수로 기술하기 위해서 공간이 먼저 정의되어 있어야 한다. 공간의 모든 점을 원점을 기준으로 한 좌표로 표현한 것이 좌표계이다. 먼저 원점이 정의되고 공간위의 모든 점을 원점으로부터의 길이 또는 각 좌표축과 이루는 각도로 표현한다. 공간의 차원에 따라 1차원, 2차원, 3차원 좌표계가 있다.

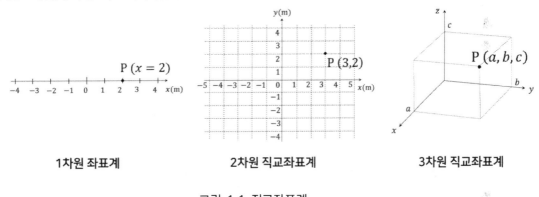

1차원 좌표계     2차원 직교좌표계     3차원 직교좌표계

그림 1.1 직교좌표계

3차원 좌표계에 대해 직교좌표계, 원통좌표계, 구면좌표계가 있는데 기본 역학에서는 직교좌표계에 대해서만 다루겠다. **직교좌표계**란 서로 직교하는 직선들의 교점으로 좌표를 표현하는 좌표계를 말한다. 그림 1.1은 1차원, 2차원, 3차원 직교좌표계에서 점 P를 좌표로 나타낸 것이다.

물체의 운동을 기술한다는 것은 어떤 좌표계에서 물체의 위치를 시간에 대한 함수로 표현하는 것이다. 위치는 벡터 물리량이므로 벡터에 대해서 먼저 공부하자.

## 1.3. 벡터

### 1.3.1. 벡터의 정의

모든 물리량은 스칼라, 벡터, 텐서 물리량으로 구분된다. (텐서 물리량은 일반물리 영역을 벗어난다.) **스칼라** 물리량은 크기만 가지는 물리량이다. 길이, 시간, 질량, 온도, 에너지 등이 있다. 스칼라 물리량은 좌표계가 바뀌어도 (관측자가 달라지는 경우) 불변하는 물리량이다.

**벡터** 물리량은 크기와 방향을 가지는 물리량이다. 속도, 가속도, 힘, 운동량 등이 있다. 벡터 물리량은 좌표계가 바뀌면 (관측자가 달라지는 경우) 일반적으로 그 값이 달라진다 (변환된다). 벡터의 표기법은 다음과 같이 변수 위에 화살표를 붙인다.

벡터 표기법: $\vec{a}, \vec{F}, ...$

벡터의 크기는 다음과 같이 절대값 기호로 나타낸다. (또는 벡터표시를 없애고 표시한다.)

$\vec{a}$ 벡터의 크기: $|\vec{a}|$     (또는 $a$)

벡터를 시각적으로 표현하기 위해 공간상의 화살표로 표현할 수 있다. 벡터의 크기는 화살표의 길이, 벡터의 방향은 화살표의 방향으로 표현한다. 이는 기하학적 방법으로 벡터를 연산하는데 유용하다.

## 1.3.2. 벡터의 연산

### 1.3.2.1. 벡터의 동등

벡터 $\vec{A}$와 $\vec{B}$의 크기가 같고 방향이 같으면 서로 동등한 벡터이고 다음과 같이 기술한다.

$$\vec{A} = \vec{B} \tag{1.1}$$

다음 그림은 모두 같은 벡터를 나타낸다

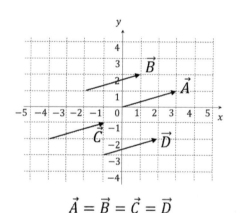

$$\vec{A} = \vec{B} = \vec{C} = \vec{D}$$

그림 1.2 벡터의 동등

### 1.3.2.2. 벡터의 덧셈

① 삼각형법 : 한 벡터의 끝점에 다른 벡터의 시작점을 위치시킨 후 첫번째 벡터의 시작점에서 다른 벡터의 끝점을 연결하는 화살표가 합벡터가 된다.

② 평행사변형법 : 두 벡터의 시작점을 일치 시킨다. 그 시작점에서 두 벡터를 변으로

하는 평행사변형의 대각선의 끝점을 향하는 벡터가 합벡터가 된다.

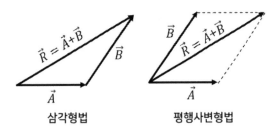

삼각형법           평행사변형법

그림 1.3 벡터의 덧셈

### 1.3.2.3. 벡터의 뺄셈

벡터의 뺄셈은 물리량의 변화량으로 많이 기술되므로 중요하다. $\vec{C} = \vec{A} - \vec{B}$ 는 $\vec{A}, \vec{B}$ 벡터의 시작점을 일치시킨 후 $\vec{B}$의 끝점에서 (뒤의 것) $\vec{A}$의 끝점을 (앞의 것) 연결하는 벡터이다.

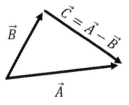

그림 1.4 벡터의 뺄셈

### 1.3.2.4. 벡터와 스칼라의 곱셈

벡터 $\vec{A}$에 스칼라 $m$을 곱하면 벡터 $m\vec{A}$ 가 된다. 벡터 $m\vec{A}$ 의 크기는 $m|\vec{A}|$ 이며 방향은 $m > 0$ 이면 $\vec{A}$의 방향과 같고, $m < 0$이면 $\vec{A}$와 반대방향이다.

### 1.3.3. 단위 벡터

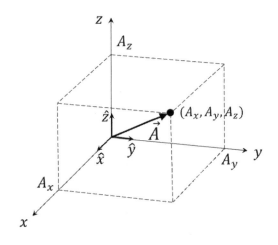

그림 1.5 벡터의 성분분해

**단위 벡터**는 크기가 1인 벡터를 말한다. 즉, 방향만 의미를 가지는 벡터이다. 직교좌표계에서 각 좌표축에 평행한 단위벡터를 $\hat{x}, \hat{y}, \hat{z}$으로 나타낸다. 그림1.5와 같이 벡터 $\vec{A}$를 원점을 시작점으로 두었을 때 끝점의 좌표가 $(A_x, A_y, A_z)$이면 $\vec{A}$를 다음과 같이 단위벡터를 이용하여 표현할 수 있다.

$$\vec{A} = A_x\hat{x} + A_y\hat{y} + A_z\hat{z} \tag{1.2}$$

여기서 $A_x, A_y, A_z$는 각각 벡터 $\vec{A}$의 $x$축, $y$축, $z$축 성분이라고 한다. 2차원 좌표계에서 좌표 $(A_x, A_y)$에 대응되는 벡터 $\vec{A}$는 마찬가지로 다음과 같이 표현된다.

$$\vec{A} = A_x\hat{x} + A_y\hat{y} \tag{1.3}$$

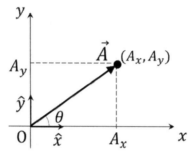

그림 1.6   2차원 벡터의 성분분해

이 때 벡터 $\vec{A}$와 $x$축이 이루는 각을 $\theta$라 하면 성분 $A_x, A_y$는 다음과 같이 기술된다.

$$\begin{aligned} A_x &= A\cos\theta, \\ A_y &= A\sin\theta \end{aligned} \tag{1.4}$$

이와 같이 단위벡터를 이용하여 벡터를 기술하면 벡터의 연산을 대수적으로 처리할 수 있어 매우 편리하다. $\vec{A} = A_x\hat{x} + A_y\hat{y} + A_z\hat{z}$, $\vec{B} = B_x\hat{x} + B_y\hat{y} + B_z\hat{z}$인 벡터 $\vec{A}, \vec{B}$에 대한 벡터의 덧셈, 뺄셈, 스칼라와의 곱은 다음과 같이 대수적으로 계산된다.

$$\vec{A} + \vec{B} = (A_x + B_x)\hat{x} + (A_y + B_y)\hat{y} + (A_z + B_z)\hat{z} \tag{1.5}$$

$$\vec{A} - \vec{B} = (A_x - B_x)\hat{x} + (A_y - B_y)\hat{y} + (A_z - B_z)\hat{z} \tag{1.6}$$

$$m\vec{A} = mA_x\hat{x} + mA_y\hat{y} + mA_z\hat{z} \tag{1.7}$$

### 1.3.4. 스칼라곱

두 벡터의 **스칼라곱(scalar product)** 혹은 **내적(inner product)**의 결과는 스칼라이다. 한 벡터를 다른 벡터에 투영을 시켜 같은 방향의 성분끼리 곱셈을 하는 것으로 정의된다. 일, 전기선속 등이 대표적인 스칼라곱으로 정의되는 물리량이다. 벡터 $\vec{A}, \vec{B}$의 스칼라곱은 $\vec{A} \cdot \vec{B}$으로 표기하며 정의는 다음과 같다.

$$\vec{A} \cdot \vec{B} = AB\cos\theta \tag{1.8}$$

$A, B$는 각각 $\vec{A}, \vec{B}$의 크기, $\theta$는 $\vec{A}, \vec{B}$ 사이의 각도이다.

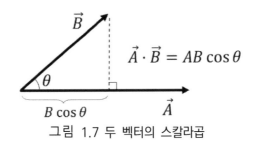

그림 1.7 두 벡터의 스칼라곱

단위 벡터 사이의 스칼라곱은 다음과 같다.

$$\hat{x} \cdot \hat{x} = \hat{y} \cdot \hat{y} = \hat{z} \cdot \hat{z} = 1$$
$$\hat{x} \cdot \hat{y} = \hat{y} \cdot \hat{z} = \hat{z} \cdot \hat{x} = 0 \tag{1.9}$$

따라서 $\vec{A} = A_x\hat{x} + A_y\hat{y} + A_z\hat{z}$, $\vec{B} = B_x\hat{x} + B_y\hat{y} + B_z\hat{z}$ 인 벡터 $\vec{A}, \vec{B}$ 에 대한 스칼라곱의 결과는 다음과 같다.

$$\vec{A} \cdot \vec{B} = A_xB_x + A_yB_y + A_zB_z \tag{1.10}$$

### 1.3.5. 벡터곱

두 벡터의 **벡터곱(vector product)** 혹은 **외적(outer product)**의 결과는 벡터이다. 주로 회전에 관한 물리량, 자기장에 관한 물리량을 정의할 때 사용된다. 토크, 각운동량, 자기력 등이 대표적인 예이다. 벡터 $\vec{A}, \vec{B}$ 의 벡터곱은 $\vec{A} \times \vec{B}$ 으로 표기하며 그 결과는 새로운 벡터 $\vec{C}$이다.

$$\vec{C} = \vec{A} \times \vec{B} \tag{1.11}$$

$\vec{C} = \vec{A} \times \vec{B}$ 의 크기는 다음과 같다.

$$C = AB \sin\theta \tag{1.12}$$

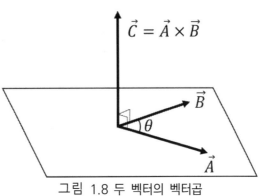

그림 1.8 두 벡터의 벡터곱

$\vec{C} = \vec{A} \times \vec{B}$ 의 방향은 $\vec{A}, \vec{B}$ 가 이루는 평면에 수직한 방향이며 오른손의 네 손가락으로 $\vec{A} \to \vec{B}$ 의 순서로 감쌌을 때 엄지가 가리키는 방향이다. (회전 및 자기장에 관한 모든 방향은 이와 같은 방법으로 항상 오른손을 이용한다.)

벡터곱의 순서를 바꾸면 결과 벡터의 방향이 반대가 된다.

$$\vec{B} \times \vec{A} = -\vec{A} \times \vec{B} \tag{1.13}$$

단위 벡터 사이의 벡터곱은 다음과 같다.

$$\hat{x} \times \hat{x} = \hat{y} \times \hat{y} = \hat{z} \times \hat{z} = 0$$
$$\hat{x} \times \hat{y} = \hat{z}, \quad \hat{y} \times \hat{z} = \hat{x}, \quad \hat{z} \times \hat{x} = \hat{y} \tag{1.14}$$

따라서 $\vec{A} = A_x\hat{x} + A_y\hat{y} + A_z\hat{z}$, $\vec{B} = B_x\hat{x} + B_y\hat{y} + B_z\hat{z}$ 인 벡터 $\vec{A}, \vec{B}$ 에 대한 벡터곱은 다음과 같이 $3 \times 3$ 행렬식으로 표현할 수 있으며 그 결과는 다음과 같다.

$$\vec{A} \times \vec{B} = \begin{vmatrix} \hat{x} & \hat{y} & \hat{z} \\ A_x & A_y & A_z \\ B_x & B_y & B_z \end{vmatrix} = (A_yB_z - A_zB_y)\hat{x} + (A_zB_x - A_xB_z)\hat{y} + (A_xB_y - A_yB_x)\hat{z} \tag{1.15}$$

## 1.4. 운동의 기술

### 1.4.1. 위치

**위치(position,** SI단위:m)는 어느 시점에 물체가 놓여 있는 지점을 말한다. 좌표계 내에서 한 점의 좌표로 표현될 수 있고 기준점(원점)에 대해 특정 방향으로 거리가 얼마인지 나타내기 때문에 이는 벡터 물리량이다. 위치 벡터는 좌표계 위에 $\vec{r}$으로 나타낸다. 물체의 운동을 기술한다는 것은 매 시점마다 물체의 위치가 어딘지 나타내는 것을 말한다. 즉, 위치 벡터를 시간에 대한 함수로 기술할 수 있다면 물체의 운동을 완벽하게 기술하는 것이다. 시간에 대한 함수로서의 위치벡터를 단위벡터를 이용해 나타내면 다음과 같다.

$$\vec{r}(t) = x(t)\,\hat{x} + y(t)\,\hat{y} + z(t)\,\hat{z} \tag{1.16}$$

시간에 따른 위치함수 그래프를 좌표계에 나타내면 그림1.9와 같은 이동경로 그래프를 얻게 된다.

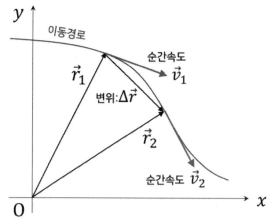

그림 1.9 2차원 운동에서의 위치, 속도

**변위(displacement)**는 위치의 변화량을 나타낸다. 변위 $\Delta\vec{r}$ 은 처음위치 $\vec{r_1}$ 와 나중위치

$\vec{r}_2$의 차이에 의해서만 결정되며 중간의 변화과정은 전혀 무관하다.

$$\Delta\vec{r} = \vec{r}_2 - \vec{r}_1 \tag{1.17}$$

1차원 운동에서의 변위는 다음과 같이 1차원 좌표의 차이로 기술된다.

$$\Delta x = x_2 - x_1 \tag{1.18}$$

물리학에서 $\Delta$ 기호는 이와 같이 주로 어떤 물리량의 변화량을 나타낸다. 2차원 좌표계에서 이동경로에 따라 처음위치 $\vec{r}_1$와 나중위치 $\vec{r}_2$ 및 변위 벡터 $\Delta\vec{r}$은 그림1.9와 같이 표현된다.

## 1.4.2. 속도

**평균속도** $\vec{v}_{avg}$는 변위의 시간변화에 대한 비율로서 정의한다.

$$\vec{v}_{avg} = \frac{\Delta\vec{r}}{\Delta t} \tag{1.19}$$

이는 물체가 얼마나 빨리 어떠한 방향으로 운동하는지를 나타낸다. **순간속도** $\vec{v}$는 어떤 시점에서의 순간적인 위치 변화율을 나타내는 물리량으로서 다음과 같이 위치의 시간에 대한 미분으로 정의된다. (**속도(velocity,** SI단위:m/s)는 순간속도를 의미한다.)

$$\vec{v} = \lim_{\Delta t \to 0} \frac{\Delta\vec{r}}{\Delta t} = \frac{d\vec{r}}{dt} \tag{1.20}$$

순간속도의 방향은 이동경로 그래프에서 그 지점에서의 접선방향이 된다. (그림1.9) 속도를 단위벡터로 표현하면 다음과 같다.

$$\vec{v} = v_x\hat{x} + v_y\hat{y} + v_z\hat{z} = \frac{dx}{dt}\hat{x} + \frac{dy}{dt}\hat{y} + \frac{dz}{dt}\hat{z} \tag{1.21}$$

**속력(speed)** $v$는 속도의 크기를 말한다. 즉, $v = |\vec{v}|$ 이다.

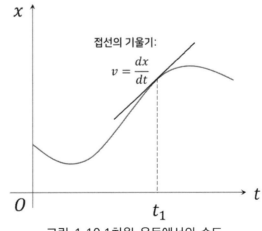

그림 1.10 1차원 운동에서의 속도

1차원 운동에서는 '위치-시간'의 그래프를 그리면 물체의 운동을 쉽게 파악할 수

있다. 1차원 운동에서의 속도는

$$v = \frac{dx}{dt}$$

(1.22)

이므로 어느 시점에서 '위치-시간'의 그래프의 접선의 기울기는 속도를 의미한다.

### 1.4.3. 가속도

**평균 가속도**는 시간 변화에 대한 속도의 변화율로서 정의한다.

$$\vec{a}_{\text{avg}} = \frac{\Delta \vec{v}}{\Delta t}$$

(1.23)

이는 속도가 어떤 방향으로 얼마나 빠르게 변화하고 있는지를 나타낸다. **순간 가속도**는 어떤 시점에서 순간적인 속도변화율로서 다음과 같이 속도의 시간에 대한 미분으로 정의된다. (**가속도(acceleration**, SI단위:$m/s^2$)는 순간 가속도를 의미한다.)

$$\vec{a} = \lim_{\Delta t \to 0} \frac{\Delta \vec{v}}{\Delta t} = \frac{d\vec{v}}{dt} = \frac{d^2 \vec{r}}{dt^2}$$

(1.24)

가속도를 단위벡터로 표현하면 다음과 같다.

$$\vec{a} = a_x \hat{x} + a_y \hat{y} + a_z \hat{z} = \frac{dv_x}{dt} \hat{x} + \frac{dv_y}{dt} \hat{y} + \frac{dv_z}{dt} \hat{z}$$
$$= \frac{d^2 x}{dt^2} \hat{x} + \frac{d^2 y}{dt^2} \hat{y} + \frac{d^2 z}{dt^2} \hat{z}$$

(1.25)

어떤 시점에서 물체의 가속도는 지름 가속도와 접선 가속도 두 성분으로 분해할 수 있다. (두 가속도 벡터는 서로 수직이다.) 어떤 지점에서 이동경로에 접하는 원의 곡률 반경을 $r$ 이라 하고 물체의 속력을 $v$ 라 하자. **지름 가속도(radial acceleration)** $\vec{a}_r$ 의 방향은 그 원의 중심을 향하는 방향이며 그 크기는

$$a_r = \frac{v^2}{r} \quad \text{(지름 가속도의 크기)}$$

(1.26)

이다. (1.6절에서 증명한다.)

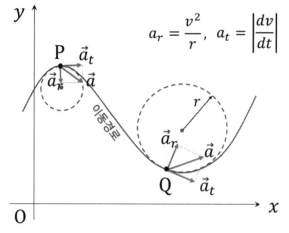

그림 1.11 접선가속도와 지름가속도

지름 가속도는 속도의 방향만을 바꾸는 역할을 한다. 반면, **접선 가속도(tangential acceleration)**는 속력을 변화시키는 역할을 한다. 접선 가속도 $\vec{a}_t$의 방향은 그 지점에서 이동경로에 대한 접선 방향이며 그 크기는 다음과 같다.

$$a_t = \left|\frac{dv}{dt}\right| \quad \text{(접선 가속도의 크기)} \tag{1.27}$$

전체 가속도는 지름 가속도 $\vec{a}_r$과 접선 가속도 $\vec{a}_t$의 벡터합이다.

$$\vec{a} = \vec{a}_r + \vec{a}_t \tag{1.28}$$

## 기본문제 1.1

1차원 운동하는 어떤 물체의 위치 $x$가 다음과 같이 시간에 대한 함수로 주어졌다.

$$x(t) = t^3 - 3t^2$$

(a) 시간 $t$에 대한 함수로서 물체의 속도 $v(t)$및 가속도 $a(t)$를 구하시오. (b) $t > 0$에서 물체의 속도의 방향이 바뀌는 시간 $t$를 구하시오. (c) $t = 3\text{s}$에서 물체의 속도 및 가속도를 구하시오.

#### 풀 이

(a) 물체의 속도 $v(t)$는

$$v(t) = \frac{dx}{dt} = 3t^2 - 6t$$

물체의 가속도 $a(t)$는

$$a(t) = \frac{dv}{dt} = \frac{d^2x}{dt^2} = 6t - 6$$

(b) 물체의 속도의 방향이 바뀌는 순간에 $v = 0$이므로

$$v(t) = 3t^2 - 6t = 0 \quad \rightarrow \quad t = 2\text{s}$$

다음은 시간에 따른 위치함수의 그래프이다. $t = 2\text{s}$에서 그래프의 접선의 기울기는 0이다.

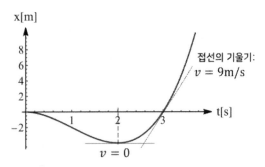

(c) $t = 3\text{s}$에서 $v(3) = 3 \cdot 3^2 - 6 \cdot 3 = 9\text{m/s}, \quad a(3) = 6 \cdot 3 - 6 = 12\text{m/s}^2$ 이다. 위

그래프에서 $t = 3s$에서 접선의 기울기는 $9m/s$이다.

## 1.5. 등가속도 운동

### 1.5.1. 등가속도 운동의 관계식

**등가속도 운동**은 가속도가 일정한 운동을 말한다. 등가속도 운동은 가장 쉽게 접하게 되는 운동이므로 매우 중요하다. 자유낙하 운동, 포물체 운동, 균일한 전기장 내에서 대전입자의 운동이 그 예이다. 일반적으로, 물체에 일정한 힘이 작용한다면 그 물체는 등가속도 운동을 하게 된다.

가속도가 일정하므로

$$\vec{a} = 상수 \tag{1.29}$$

이다. $\vec{a} = \frac{d\vec{v}}{dt}$ 이므로 속도 $\vec{v}$과 시간 $t$와의 관계식은 다음과 같다.

$$\vec{v} = \vec{v}_0 + \vec{a}t \tag{1.30}$$

또한 $\vec{v} = \frac{d\vec{r}}{dt}$ 이므로 위치 $\vec{r}$과 시간 $t$와의 관계식은 다음과 같다.

$$\vec{r} = \vec{r}_0 + \vec{v}_0 t + \frac{1}{2}\vec{a}t^2 \tag{1.31}$$

1차원 운동의 경우 속도-시간 관계식과 위치-시간 관계식은 다음과 같이 표현된다.

$$v = v_0 + at \tag{1.32}$$

$$x = x_0 + v_0 t + \frac{1}{2}at^2 \tag{1.33}$$

등가속도 운동에서 '가속도-시간', '속도-시간', '위치-시간'의 그래프는 다음과 같다.

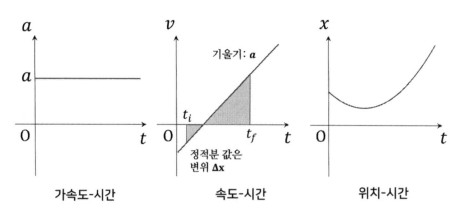

그림 1.12 등가속도 운동

식(1.32), (1.33)을 연립하여 풀자. $t = \frac{v-v_0}{a}$ 이므로 $x - x_0 = t\left(v_0 + \frac{1}{2}at\right) = \frac{(v-v_0)}{a} \cdot \frac{(v+v_0)}{2}$ 이다. 따라서 다음의 위치-속도 관계식을 얻는다.

$$2a(x - x_0) = v^2 - v_0^2 \qquad (1.34)$$

식(1.32)~(1.34)들은 등가속도 운동의 3공식이고 이들 식으로부터 등가속도 운동에 관한 모든 문제를 풀 수 있으므로 잘 정리해 두어야 한다.

● 등가속도 운동의 3공식

    ① $v = v_0 + at$                (속도 – 시간)

    ② $x = x_0 + v_0 t + \dfrac{1}{2} a t^2$     (위치 – 시간)

    ③ $2a(x - x_0) = v^2 - v_0^2$     (위치 – 속도)

## 1.5.2. 자유낙하 운동

지구 위의 모든 물체는 자유공간에서 질량에 무관하게 연직 아래방향으로 등가속도 운동을 한다. (공기저항 및 고도의 차이에 의한 효과는 무시한다.) 이를 **자유낙하 운동**이라 하며 이는 지구가 물체에 작용하는 중력 때문이다. 이러한 중력에 의한 가속도를 중력가속도 $g$라 하며 물체의 질량에 관계없이 일정한 값을 가진다. (그 이유는 5.2.2절에서 설명한다.) 중력가속도의 크기는 다음과 같다.

$$g = 9.8 \, \text{m/s}^2 \quad (\text{중력 가속도}) \qquad (1.35)$$

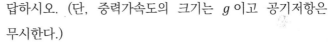

**기본문제 1.2**

그림과 같이 건물 옥상 위에서 어떤 사람이 공을 연직위로 $v_0$의 속력으로 던졌다. 공이 사람의 손을 떠날 때 공의 위치는 지면으로부터 $L$만큼 높이에 있다. 다음 물음에 답하시오. (단, 중력가속도의 크기는 $g$이고 공기저항은 무시한다.)

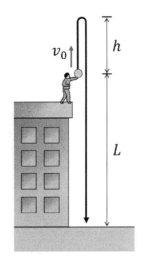

(a) 공이 최고 높이점에 도달할 때까지 걸린 시간 $t_0$를 구하시오.

(b) 사람의 손으로부터 공의 최고 높이점까지의 높이 $h$를 구하시오.

(c) 시간 $t$에서 공의 위치를 구하시오. (옥상에서의 위치를 0으로 한다.)

(d) 공이 지면에 도달했을 때 속력을 구하시오.

**풀 이**

(a) 옥상에서 $y = 0$인 연직방향의 1차원 좌표계를 생각하자. 물체는 가속도가 $-g$인

등가속도 운동을 한다. 속도-시간의 관계식으로부터

$$v = v_0 - gt$$

이다. 최고 높이에서는 물체가 방향을 바꾸는 지점으로 물체는 순간적으로 정지한다. 따라서 $t = t_0$에서 $v = 0$ 이므로

$$v_0 - gt_0 = 0$$
$$\therefore t_0 = \frac{v_0}{g}$$

(b) 최고 높이에서 $v = 0$ 이므로 위치-속도의 관계식으로부터

$$2(-g)(h - 0) = 0^2 - v_0^2$$
$$\therefore h = \frac{v_0^2}{2g}$$

이다.

(c) 위치-시간 관계식으로부터 시간 $t$에서의 공의 위치 $y$는

$$y = v_0 t - \frac{1}{2}gt^2$$

이다.

(d) 바닥에서의 공의 속력을 $v$라 하면 위치-속도 관계식으로부터

$$2(-g)(-L - 0) = v^2 - v_0^2$$

이므로 이를 정리하면

$$v = \sqrt{v_0^2 + 2gL}$$

이다.

### 1.5.3. 포물체 운동

공을 수평면에 대하여 어떤 각도로 던지면 공은 포물선을 그리면서 운동한다. 이와 같은 운동을 **포물체 운동(Projectile Motion)**이라 한다. 공은 $y$축 방향으로 일정한 등가속도 운동을 하고 $x$축 방향으로는 가속도가 0이므로 등속운동을 한다.

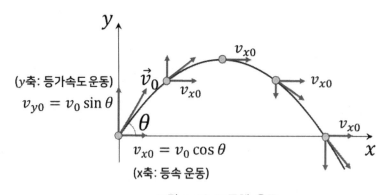

그림 1.13 포물체 운동

위 그림은 $t = 0$에서 수평면에 대해 $\theta$의 각도로 속도 $\vec{v}_0$로 공을 던졌을 때 공의 궤적 및 몇몇 위치에서 속도 벡터를 나타낸 것이다. 초기속도의 성분 값들은 다음과 같다.

$$v_{0x} = v_0 \cos\theta, \quad v_{0y} = v_0 \sin\theta \tag{1.36}$$

$x$축 방향 운동은 등속 운동이고 $y$축 방향 성분은 가속도가 $-g$인 등가속도 운동이므로 시간 $t$에서의 속도 성분들은 다음과 같다.

$$\begin{aligned} v_x &= v_{0x} = v_0 \cos\theta \\ v_y &= v_0 \sin\theta - gt \end{aligned} \tag{1.37}$$

또한 시간 $t$에서의 위치 $x, y$는 다음과 같다.

$$\begin{aligned} x &= v_0 \cos\theta\, t \\ y &= v_0 \sin\theta\, t - \frac{1}{2}gt^2 \end{aligned} \tag{1.38}$$

## 기본문제 1.3

그림과 같이 공을 수평면에 대해서 $\theta$의 각도로 $v_0$의 속력으로 던졌다. (a) 공이 도달하는 최고 높이 $h$를 구하시오 (b) 공이 수평면에 도달할 때까지 걸린 시간 $t$를 구하시오 (c) 공을 던진 지점으로부터 공이 수평면에 도달하는 지점까지의 거리 $R$을 구하시오. (단, 중력가속도의 크기는 $g$이다. 공기저항은 무시한다.)

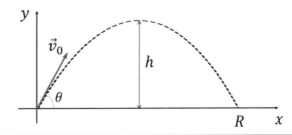

### 풀 이

(a) $x$축 방향 운동은 등속 운동이고 $y$축 방향 운동은 가속도가 $-g$인 등가속도 운동이다. 초기속도를 성분 분해하면

$$\begin{aligned} v_{x0} &= v_0 \cos\theta, \\ v_{y0} &= v_0 \sin\theta \end{aligned}$$

이다. 최고 높이에서 $y$축 방향 속도가 0이므로 $y$축 방향 운동에 대해 위치-속도 관계식으로부터

$$2(-g)(h - 0) = 0 - (v_0 \sin\theta)^2$$
$$\therefore h = \frac{v_0^2 \sin^2\theta}{2g}$$

(b) $y$축 방향 운동에 대해서 속도-시간 관계식은

$$v_y = v_0 \sin\theta - gt$$

이고 최고 높이에서 $v_y = 0$이므로 최고 높이까지 도달하는데 걸린 시간을 $t_0$라 하면

$$v_0 \sin\theta - gt_0 = 0$$
$$\therefore t_0 = \frac{v_0 \sin\theta}{g}$$

최고 높이까지 올라가는 과정과 이후 바닥에 도달하는 과정은 대칭적이므로 물체가

다시 바닥에 도달하는 데는 $2t_0$의 시간이 걸린다.

$$t = 2t_0 = \frac{2v_0 \sin\theta}{g}$$

(c) $x$축 방향 운동은 $v_x = v_0 \cos\theta$ 인 등속 운동이므로 도달거리 $R$은

$$R = v_x t = v_0 \cos\theta \cdot \frac{2v_0 \sin\theta}{g} = \frac{v_0^2 \sin 2\theta}{g}$$

이다.

## 1.6. 원운동

### 1.6.1. 등속 원운동

**원운동**은 물체가 원 궤도를 따라 운동하는 것을 말한다. 원형 트랙을 도는 자동차, 줄에 매달려 회전하는 물체, 행성의 공전, 원자핵 주변을 회전하는 전자의 고전적 모형 등 다양한 물리현상에 원운동이 적용된다. 물체가 반지름이 $r$ 인 원궤도를 따라 일정한 속력으로 운동하는 것을 **등속 원운동**이라 한다. 이 경우 속력이 일정하므로 접선 가속도는 $a_t = |dt/dt| = 0$ 이며 지름 가속도 만이 존재한다. 원운동에서 원의 중심을 향하는 지름 가속도를 **구심 가속도(centripetal acceleration)**라 하고 $a_c$ 로 나타낸다. 구심가속도의 크기를 계산해보자. 다음 그림에서 삼각형의 닮음을 이용하면 $\frac{\Delta r}{r} = \frac{\Delta v}{v}$ 이다. 또한 $v = \frac{\Delta r}{\Delta t}$ 이므로 구심가속도 $a_c$는 $a_c = \frac{\Delta v}{\Delta t} = \frac{v}{r}\frac{\Delta r}{\Delta t} = \frac{v^2}{r}$ 이다.

$$a_c = \frac{v^2}{r} \quad \text{(구심 가속도)} \tag{1.39}$$

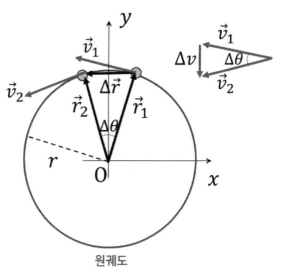

원궤도

그림 1.14 등속 원운동

물체가 원궤도를 따라 한바퀴 회전하여 원래 위치로 돌아오기까지 걸린 시간을 **주기(period,** SI단위: s) $T$라 한다. 따라서 속력은 다음과 같이 표현된다.

$$v = \frac{2\pi r}{T} \qquad (1.40)$$

회전 운동에서 **각속력(또는 각진동수)** $\omega$는 단위 시간동안에 회전한 각도(라디안 단위)로 정의된다.(SI단위: rad/s) 주기 $T$동안 $2\pi$라디안을 회전하므로

$$\omega = \frac{2\pi}{T} \qquad (1.41)$$

등속 원운동의 경우 $\omega$는 상수이다. 식(1.40), (1.41) 로부터

$$v = r\omega \qquad (1.42)$$

임을 알 수 있다. 따라서 구심가속도는 다음과 같이 각속력에 관한 식으로 표현된다.

$$a_c = \frac{v^2}{r} = r\omega^2 \qquad (1.43)$$

### 1.6.2. 비등속 원운동

속력이 변하는 원궤도 운동을 **비등속 원운동**이라 한다. 비등속 원운동의 경우에 구심가속도와 접선가속도 모두 0이 아닌 값을 가지며 그 크기는 각각 다음과 같다.

$$a_r = \frac{v^2}{r} \qquad \text{(구심 가속도의 크기)} \qquad (1.44)$$

$$a_t = \left|\frac{dv}{dt}\right| \qquad \text{(접선 가속도의 크기)} \qquad (1.45)$$

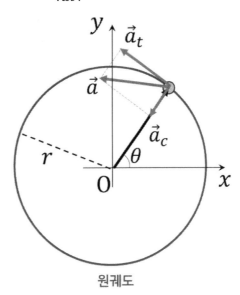

원궤도

그림 1.15 비등속 원운동

물체가 $x$ 축에 대하여 반시계 방향으로 $\theta$ 만큼 회전했을 때 각속력 $\omega$ 는 $\omega = \frac{d\theta}{dt}$ 로 정의되며 각가속도 $\alpha$는 $\alpha = \frac{d\omega}{dt} = \frac{d^2\theta}{dt^2}$로 정의된다. (4장에서 자세히 다룬다.) 물체의 이동거리 $s$는 호의 길이 $r\theta$이므로 물체의 속도와 구심가속도 및 접선가속도는 다음과 같다.

$$v = \frac{ds}{dt} = r\frac{d\theta}{dt} = r\omega \qquad (1.46)$$

$$a_c = \frac{v^2}{r} = r\omega^2 \qquad (1.47)$$

$$a_t = \frac{dv}{dt} = r\frac{d\omega}{dt} = r\alpha \qquad (1.48)$$

따라서 전체 가속도의 크기는 다음과 같다.

$$a = \sqrt{a_c^2 + a_t^2} = r\sqrt{\omega^4 + \alpha^2} \qquad (1.49)$$

## 기본문제 1.4

2차원 운동하는 어떤 물체의 위치 $\vec{r}$ 이 다음과 같이 시간에 대한 함수로 주어졌다.
$$\vec{r}(t) = R\cos(bt^2)\hat{x} + R\sin(bt^2)\hat{y}$$
(a) 시간 $t$에서 물체의 속도 $\vec{v}(t)$ 및 속력 $v$를 구하시오. (b) 시간 $t$에서 물체의 가속도 $\vec{a}(t)$, 지름가속도의 크기 $a_r$, 접선가속도의 크기 $a_t$ 및 전체 가속도의 크기 $a$를 구하시오.

### 풀 이

(a) 물체의 속도는 다음과 같다.
$$\vec{v}(t) = \frac{d\vec{r}}{dt} = -2bRt\sin(bt^2)\hat{x} + 2bRt\cos(bt^2)\hat{y}$$

물체의 속력은 다음과 같다.
$$v = |\vec{v}(t)| = 2bRt\sqrt{\sin^2(bt^2) + \cos^2(bt^2)} = 2bRt \quad \cdots (1)$$

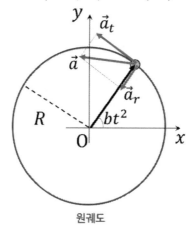

원궤도

(b) 물체의 가속도는 다음과 같다.
$$\vec{a}(t) = \frac{d\vec{v}}{dt} = -2bR\sin(bt^2)\hat{x} + 2bR\cos(bt^2)\hat{y}$$
$$-4b^2Rt^2\cos(bt^2)\hat{x} - 4b^2Rt^2\sin(bt^2)\hat{y} \quad \cdots (2)$$
$$= \vec{a}_t + \vec{a}_r$$

식(2)에서 가속도의 첫번째 줄은 접선가속도 $\vec{a}_t$를 나타내고 두번째 줄은 지름가속도 $\vec{a}_r$을 나타낸다. 즉

$$\vec{a}_t = -2bR(\sin(bt^2)\hat{x} + \cos(bt^2)\hat{y})$$
$$\vec{a}_r = -4b^2Rt^2(\cos(bt^2)\hat{x} + \sin(bt^2)\hat{y})$$

이다. 위치벡터의 크기는 $|\vec{r}(t)| = R\sqrt{\sin^2(bt^2) + \cos^2(bt^2)} = R$ 이므로 물체의 경로는 위 그림과 같이 반지름이 $R$인 원궤도를 따른다. 또한, 식 (1) 에서 속력이 시간에 따라 증가하므로 이는 비등속 원운동이다. 시간 $t$ 에서 접선가속도 $\vec{a}_t$, 지름가속도 $\vec{a}_r$ 및 전체 가속도 벡터 $\vec{a}$을 위 그림에 나타내었다. 접선가속도의 크기 $a_t$는

$$a_t = \left|\frac{dv}{dt}\right| = \frac{d}{dt}(2bRt) = 2bR$$

이고 지름가속도의 크기 $a_r$은

$$a_r = \frac{v^2}{R} = \frac{(2bRt)^2}{R} = 4b^2Rt^2$$

이다. 따라서, 전체 가속도의 크기 $a$는

$$a = \sqrt{a_r^2 + a_t^2} = 2bR\sqrt{1 + 4b^2t^4}$$

이다.

## 1.7. 상대속도

　지하철의 무빙워크 위를 걸어가는 사람의 속력은 무빙워크 위의 관측자가 볼 때 보통의 빠르기이지만, 무빙워크 바깥의 정지한 관측자가 볼 때 매우 빠르게 관측된다. 어떤 좌표계가 정지한 좌표계에 대해 일정한 속력으로 이동할 때 양 좌표계에서 측정한 벡터 물리량은 일반적으로 다르다. 위치, 속도, 가속도가 양 좌표계에서 측정할 때 어떻게 다른지 살펴보자.

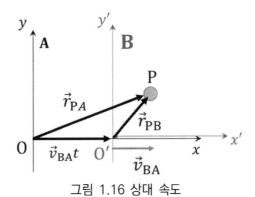

그림 1.16 상대 속도

　위 그림에서 A좌표계는 정지해 있고 B좌표계는 A좌표계에 대해 상대적으로 $\vec{v}_{BA}$ 의 일정한 속도로 운동한다. (표기법: $\vec{v}_{PQ}$ 는 Q에서 측정한 P의 속도를 나타낸다. 위치, 가속도도 같은 방법으로 표기한다.) 양 좌표계의 관측자는 각자의 좌표계의 원점에 정지해 있다. 시간 $t$가 흘렀을 때 B의 관측자는 A의 관측자로부터 $\vec{v}_{BA}t$ 에 위치하고 있다. 이때 어떤 물체 P를 A,B 에서

측정했을 때의 위치를 각각 $\vec{r}_{PA}, \vec{r}_{PB}$라 하면 다음이 성립한다.

$$\vec{r}_{PA} = \vec{r}_{PB} + \vec{v}_{BA}t \qquad (1.50)$$

위 식의 양변을 시간에 대해 미분하면 상대속도에 관한 다음의 식을 얻는다.

$$\vec{v}_{PA} = \vec{v}_{PB} + \vec{v}_{BA} \qquad (1.51)$$

즉, 서로 상대속도 $\vec{v}_{BA}$로 움직이는 두 좌표계에서 측정한 물체의 속도는 $\vec{v}_{BA}$만큼 차이가 나며 그 관계식은 아래 첨자를 꼬리에 꼬리를 물도록 더해준다. (위의 경우에 아래 첨자 B가 꼬리를 물고 있다.) 위 상대속도 관계식을 갈릴레이 속도변환식이라 한다.

상대속도 식을 시간에 대해 미분하면 $\vec{v}_{BA}$는 상수이므로 다음의 식을 얻는다.

$$\vec{a}_{PA} = \vec{a}_{PB} \qquad (1.52)$$

즉, 서로 상대적으로 등속 운동하는 두 좌표계에서 측정한 물체의 가속도는 서로 같다.

## 기본문제 1.5

그림에서 강물은 지면에 대해서 속력 $v_{rg} = 3\text{m/s}$으로 동쪽으로 흐르고 있다. 그림 A에서 보트가 강에 대한 속력 $v_{br} = 6\text{m/s}$으로 북쪽 방향에 대해 $\theta$의 각도로 강의 상류방향으로 비스듬하게 진행하여 결과적으로 지면에 대해서는 북쪽으로 진행한다. (a) 지면에 대한 보트의 속력과 $\theta$를 구하시오. (b) 강폭은 $d = 90\text{m}$이다. 보트가 강을 건너는데 걸린 시간을 구하시오.

그림 B에서 보트는 강에 대해서 같은 속력 $v_{br} = 6\text{m/s}$으로 북쪽으로 진행하여 결과적으로 지면에 대해서는 강 하류쪽으로 비스듬한 방향으로 진행한다. (c) 지면에 대한 보트의 속력을 구하시오. 보트가 강을 건너는 데 걸린 시간을 구하시오.

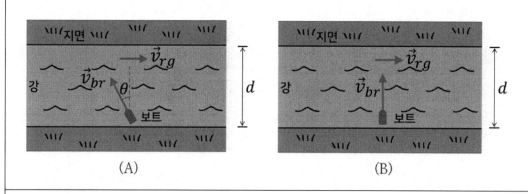

(A)                    (B)

### 풀 이

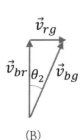

(a) 지면에 대한 보트의 속도는 $\vec{v}_{bg} = \vec{v}_{br} + \vec{v}_{rg}$ 이고 그림A의 경우 오른쪽 그림과 같이 $\vec{v}_{bg}$는 북쪽을 향하므로

$$v_{bg} = \sqrt{v_{br}^2 - v_{rg}^2} = \sqrt{6^2 - 3^2} = 3\sqrt{3}\ \text{m/s}$$

$\tan\theta = v_{rg}/v_{bg}$ 이므로

$$\theta = \tan^{-1}\left(\frac{v_{rg}}{v_{bg}}\right) = \tan^{-1}\left(\frac{1}{\sqrt{3}}\right) = 30°$$

(b) 강을 건너는데 걸린시간 $t$는

$$t = \frac{d}{v_{bg}} = \frac{90}{3\sqrt{3}} = 10\sqrt{3}\ \text{s}$$

(c) 그림B의 경우 $\vec{v}_{bg}$가 오른쪽 그림과 같으므로

$$v_{bg} = \sqrt{v_{br}^2 + v_{rg}^2} = \sqrt{6^2 + 3^2} = 3\sqrt{5}\ \text{m/s}$$

(b) 강을 건너는데 걸린시간 $t_2$ 는

$$t_2 = \frac{d/\cos\theta_2}{v_{bg}} = \frac{d}{v_{br}} = \frac{90}{6} = 15\ \text{s}$$

## 1.8. 뉴턴의 운동법칙

### 1.8.1. 서설

뉴턴은 그의 저서 『프린키피아』를 통하여 물체의 운동을 변화시키는 원인인 힘과 그의 결과로 나타나는 물체의 운동에 관한 물리법칙 및 만유인력 법칙에 관한 이론을 소개하여 고전역학을 완성시켰다. 이로써 물체의 자유낙하, 태양주위를 도는 행성의 운동과 같이 거시적으로 나타나는 다양한 현상들을 통일적으로 설명할 수 있게 되었다. 뉴턴은 또한 수학적 방법으로 자연법칙을 기술하고 이를 검증하는 과학적 방법을 발전시켰다. 뉴턴의 고전역학은 초기조건이 주어지면 나중상태가 한가지로 결정되는 결정론적 세계관의 이론이다. 다만, 이는 원자 수준의 매우 작은 스케일의 물리 현상 및 빛의 속력으로 운동하는 입자에 관한 물리 현상을 기술하기에는 적합하지 않은 한계가 있다. 후자의 물리현상들은 현대물리학의 양자역학 및 상대성이론이 적용되는 영역이다.

### 1.8.2. 뉴턴의 제1법칙

**뉴턴의 제1법칙**: 물체에 힘이 작용하지 않으면 물체의 속도는 변하지 않는다. 이와 같이 가속도가 0인 기준틀을 관성계라 한다.

### 1.8.3. 뉴턴의 제2법칙

**뉴턴의 제2법칙**: 물체의 가속도는 알짜힘에 비례하고 질량에 반비례한다. 이를 식으로 나타내면 다음과 같다.

$$\sum_i \vec{F}_i = m\vec{a} \qquad (1.53)$$

**힘(Force,** SI단위: $N = kg \cdot m/s^2$) $\vec{F}$은 물체의 운동을 변화시키는 원인이며 벡터 물리량이다. 식(1.53)의 좌변은 물체에 작용하는 힘의 합, 즉 **알짜힘(Net force)**이다. **질량(mass,** SI단위: kg) $m$은 물체의 속도를 변화를 거스르려는 경향을 나타내는 물체 고유의 특성이다. $\sum \vec{F} = m\vec{a}$ 식은 **운동방정식**이라 하며 우리는 이 방정식을 풀어 궁극적으로 위치의 시간에 대한 함수를 구하고자 한다. $\vec{a} = d^2\vec{r}/dt^2$, 즉 가속도는 위치를 시간으로 두 번 미분한 것이므로 $\sum \vec{F} = m\vec{a}$ 는 미분방정식임을 유의하자.

알짜힘이 0인 경우($\sum \vec{F} = 0$) $\vec{a} = 0$ 이다. 즉, 물체는 계속 정지해 있거나 등속운동을 한다. 이와 같이 어떤 물체에 작용하는 알짜힘이 0일 때 **힘의 평형**을 이루고 있다고 한다. 역으로, 어떤 물체가 등속운동한다면 반드시 그 물체에 작용하는 힘의 합력은 0이어야 한다.

### 1.8.4. 뉴턴의 제3법칙

**뉴턴의 제3법칙**: 두 물체가 상호 작용할 때, 서로에게 작용하는 힘은 항상 크기가 같고 방향이 반대이다. 자연계의 기본 힘에 관한 물리법칙은 두 물체 간의 상호작용이고 자연은 물체를 구별하지 않으며 물리법칙이 각 물체에 대칭적으로 동등하게 적용되기 때문이다.

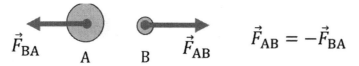

그림 1.17 뉴턴의 제3법칙

힘의 평형을 이루는 것과 뉴턴의 제3법칙이 적용되는 경우를 혼동해서는 안된다. 힘의 평형은 한 개의 물체에 적용되는 개념이고 뉴턴의 3법칙은 두 개의 물체 상호간에 적용되는 법칙이다.

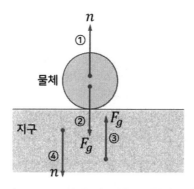

그림 1.18 뉴턴의 제3법칙과 힘의 평형

그림1.18에서 물체는 지구위에 정지하여 있다. 물체에 작용하는 힘은 수직항력① $n$ 과 중력② $F_g$이며 이 두 힘은 '평형을 이룬다.' 지구가 물체에 중력② $F_g$을 작용함과 동시에 물체도 지구에 동일한 중력③ $F_g$을 작용한다. 이는 뉴턴의 3법칙이다. 마찬가지로 지구가

물체에 수직항력① $n$을 작용함과 동시에 물체도 지구에 동일한 수직항력④ $n$을 작용한다. 이 역시 뉴턴의 3법칙이다.

### 1.8.5. 운동방정식의 적용

뉴턴의 운동방정식을 적용하여 물체의 위치의 시간에 대한 함수로서 해를 찾을 때 다음과 같은 정형화된 단계를 따른다.

- □ 분석하고자 하는 물체를 파악하여 물체별로 운동방정식을 적용한다. 회전을 고려할 필요가 없는 경우 물체를 점으로 취급한다.

- □ $\sum \vec{F} = m\vec{a}$ 식은 벡터식이므로 벡터를 성분 분해하여 성분별로 분석한다.
$$\sum F_x = ma_x, \quad \sum F_y = ma_y, \quad \sum F_z = ma_z$$

- □ 각 물체에 작용하는 모든 힘을 시각적으로 표현하는 자유물체도를 그린다. 복수의 물체가 있으면 물체 사이의 힘에 대해 뉴턴의 3법칙을 적용해야 한다.

- □ 각 물체별로 성분별로 $\sum F = ma$ 의 운동방정식을 세운다.

- □ 제한조건들을 고려한다. 예를 들어 두 물체가 줄로 연결되어 있으면 두 물체의 가속도는 같아야 한다.

- □ 운동방정식을 풀어서 가속도 $a$및 속도 $v$, 위치 $r$에 대한 해를 구한다.


# 1.9. 여러가지 힘

## 1.9.1. 기본 힘의 종류

인류가 현재까지 발견한 자연에 존재하는 힘은 총 네 가지가 있다. 중력(gravitational force), 전자기력(electromagnetic force), 약한 상호작용(weak interaction), 강한 상호작용(strong interaction) 이다. 다른 힘들은 이 네 가지의 힘으로 모두 설명이 되어진다. 이들 네 힘은 모두 원격작용에 의한 힘이다. 손으로 물체를 미는 힘도 사실은 손 끝의 원자와 물체 표면의 원자들 사이의 전기적 반발력에 의한 것이다. 즉, 이는 쿨롱 법칙에 의한 전기력이고 따라서 원격적으로 작용하는 힘인 것이다. 물리학에서는 이러한 원격적인 힘을 설명하기 위해 **장(Field)**의 개념을 도입한다. 중력장, 전기장, 등이 바로 그것이다.

## 1.9.2. 중력

지표면 위의 질량을 가진 모든 몰체는 지구로부터 중력을 받는다. **중력(Gravitational force)** $F_g$는 지구가 지구위의 질량이 $m$인 물체에 연직 아래 방향으로 작용하는 힘이고 그 크기는 다음과 같다.

$$F_g = mg \tag{1.54}$$

$g$ 는 중력가속도이며 $g = 9.8\text{m/s}^2$ 이다. 이는 만유인력에 의한 결과이며 다음과 같은 운동방정식으로부터

$$\frac{GM_E m}{R_E^2} = mg \tag{1.55}$$

중력가속도 $g$는 물체의 질량과 상관 없이 다음과 같은 상수 값을 가짐을 알 수 있다.

$$g = \frac{GM_E}{R_E^2} = 9.8\text{m/s}^2 \tag{1.56}$$

여기서 $G$는 만유인력 상수이고, $M_E$는 지구의 질량, $R_E$는 지구의 반경이다.

### 1.9.3. 수직항력

**수직항력(Normal force)** $n$ 은 서로 접촉한 두 물체가 접촉면에 수직하게 서로에게 작용하는 힘을 말한다. 뉴턴 3법칙에 따라 A가 B에게 수직항력 $n$을 작용하면 동시에 B도 A에게 수직항력 $n$을 작용한다.

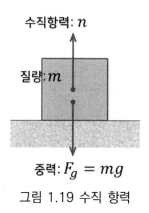

그림 1.19 수직 항력

---

## 기본문제 1.6

엘리베이터 안에 설치된 체중계 위에 어떤 사람이 올라가서 무게를 잰다. 사람의 질량은 $m$ 이고 중력가속도의 크기는 $g$ 이다. (a) 그림A와 같이 엘리베이터가 일정한 가속도 $a$로 연직 위로 상승하고 있을 때 체중계가 측정한 사람의 무게는 얼마인가? (b) 반대로 그림B와 같이 엘리베이터가 일정한 가속도 $a$로 연직 아래로 하강하고 있을 때 체중계가 측정한 사람의 무게는 얼마인가?

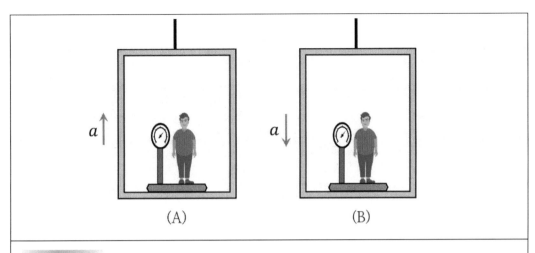

(A)                                      (B)

**풀 이**

(a) **무게**란 물체가 받는 중력의 크기이다. 즉,
엘리베이터가 정지해 있을 때 사람의 무게는 $W = mg$ 이다. 체중계가 무게를 측정하는 원리는 다음과
같다. 사람이 체중계 위에 올라서면 체중계로부터
수직항력을 받게 되는데 뉴턴의 제3법칙에 의해 사람도
체중계에 같은 수직항력을 가한다. 사람이 받는
수직항력은 힘의 평형을 이루기 위해 사람의 무게와
같다. 이렇게 체중계에 가해지는 수직항력을 측정하여
결과적으로 사람의 무게를 측정하게 되는 것이다.
오른쪽 그림에서 사람은 위쪽으로 수직항력 $n$
아래쪽으로 중력 $mg$ 를 받는다. 사람도 연직 위로
가속도 $a$ 로 운동한다. 사람에 대해 운동방정식을
세우면 (위쪽을 (+)방향 아래쪽을 (-)방향으로 한다. )

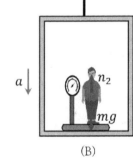

$$ma = n_1 - mg$$

이므로 $n_1 = m(g + a)$ 이다. 체중계는 수직항력을
측정하므로 체중계가 측정하는 무게 $W_1$은

$$W_1 = n_1 = m(g + a)$$

이다. 즉, 더 무거워진 무게를 측정한다.

(b) 엘리베이터가 하강할 때 사람도 가속도 $a$ 로 하강한다. 사람에 대해 운동방정식을
세우면 (위쪽을 (+)방향 아래쪽을 (-)방향으로 한다. )

$$-ma = n_2 - mg$$

따라서 체중계가 측정하는 무게 $W_2$는

$$W_2 = n_2 = m(g - a)$$

이다. 즉, 더 가벼워진 무게를 측정한다.

### 1.9.4. 장력

**장력(Tension)** $T$는 두 물체 사이에 연결된 줄의 양쪽 끝이 힘을 받아 팽팽하게 유지될 때 줄의 각 점에 작용하는 힘을 말한다. 물체의 작용점에서 줄의 방향으로 작용한다. 뉴턴의 제3법칙에 의해 질량을 가진 물체와 연결된 줄 위의 모든 점에서는 동일한 장력이 작용한다.

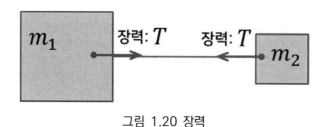

그림 1.20 장력

---

### 기본문제 1.7

그림과 같이 마찰이 없고 경사각이 $\theta$인 빗면 위에 질량 $m_1$인 물체가 놓여져 있고 물체는 도르래를 통해 질량이 $m_2$인 물체와 줄로 연결되어 있다. 줄의 질량, 도르래의 질량 및 도르래의 회전에서 마찰에 의한 에너지 손실은 무시한다. 중력가속도의 크기는 $g$ 이다.

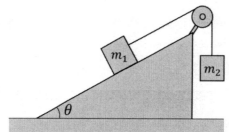

(a) 물체계의 가속도를 구하시오. (b) 줄의 장력을 구하시오.

**풀 이**

(a) 먼저 물체 마다 자유 물체도를 그린다. 빗면 위의 물체는 아래 그림과 같이 빗면 방향과 빗면에 수직한 방향에 대해 $x, y$축을 설정하여 물체에 작용하는 힘을 성분 분해 한다. 빗면 위의 물체에 작용하는 연직 아래방향의 중력 $m_1 g$는 아래 그림과 같이 $-y$ 방향으로 $m_1 g \cos \theta$ 및 $-x$ 방향으로 $m_1 g \sin \theta$ 성분으로 나누어 진다. $+y$ 방향으로 수직항력 $n$ 이 작용하고 물체는 $y$축 방향으로는 운동하지 않으므로 $y$축 방향에 대해 힘의 평형을 이루어야 한다. 따라서

$$n = m_1 g \cos \theta$$

이다. 장력 $T$는 줄로 연결된 두 물체에 그대로 전달되므로 두 물체에 작용하는 장력은 $T$로 같다. 또한 두 물체는 줄로 연결되어 있으므로 같은 가속도를 가져야 한다 (제한조건). 그림에서 가속도의 방향을 $m_1$에 대해 $+x$ 방향을 (+)로 $m_2$에 대해 연직

아래로 떨어지는 방향을 (+)로 설정하였다.

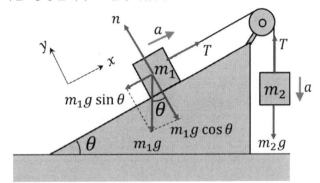

질량 $m_1$인 물체의 $x$축 방향과 질량 $m_2$인 물체에 대해 운동방정식을 세우면

$$T - m_1 g \sin\theta = m_1 a$$
$$m_2 g - T = m_2 a \qquad \cdots (1)$$

두 식을 더하여 정리하면

$$a = \frac{(m_2 - m_1 \sin\theta)g}{m_1 + m_2} \qquad \cdots (2)$$

이다. 만일 $m_2 > m_1 \sin\theta$ 이면 $a > 0$ 이다. 즉 $m_1$은 빗면 위로 올라가며 $m_2$는 연직 아래로 떨어진다. 역으로 $m_2 < m_1 \sin\theta$ 이면 $a < 0$이다. 이 경우 $m_1$은 빗면 아래로 내려가며 $m_2$는 연직 위로 올라간다.

(b) 식(2)을 식(1)에 대입하여 정리하면

$$T = m_2(g - a) = \frac{m_1 m_2}{(m_1 + m_2)} g(1 + \sin\theta)$$

## 기본문제 1.8

다음은 애트우드 장치를 나타낸 그림이다. 천장에 도르래가 매달려 있고 도르래를 통해 질량이 $m_1, m_2$인 두 물체가 줄로 연결되어 있다. $m_2 > m_1$ 이다. 줄의 질량, 도르래의 질량 및 도르래의 회전에서 마찰에 의한 에너지 손실은 무시하고 중력가속도의 크기는 $g$ 이다.

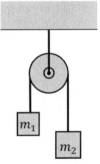

(a) 물체계의 가속도를 구하시오.

(b) 줄의 장력을 구하시오.

(a) 먼저 물체 마다 자유 물체도를 그리면 다음과 같다.

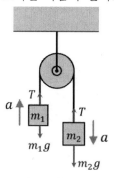

두 물체는 줄로 연결되어 있으므로 같은 가속도를 가져야 한다 가속도의 방향은 서로 반대이고 $m_2 > m_1$ 이므로 그림과 같이 가속도의 방향을 $m_1$ 은 위쪽 $m_2$ 은 아래쪽으로 설정한다. 각각의 물체에 대해 운동방정식을 세우면 다음과 같다.

$$T - m_1 g = m_1 a$$
$$m_2 g - T = m_2 a \qquad \cdots (1)$$

두 식을 더하여 정리하면 다음과 같다.

$$a = \left(\frac{m_2 - m_1}{m_1 + m_2}\right) g \qquad \cdots (2)$$

(b) 식(2)을 식(1)에 대입하여 정리하면 다음과 같다.

$$T = m_2(g - a) = \frac{2m_1 m_2}{(m_1 + m_2)} g$$

## 1.9.5. 용수철의 힘

### 1.9.5.1. 훅의 법칙

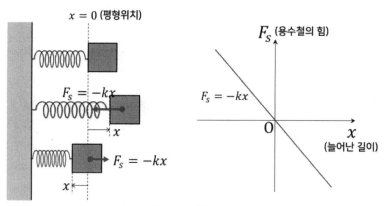

그림 1.21 훅의 법칙

**훅의 법칙(Hooke's Law)**: 용수철이 평형상태로부터 $x$ 만큼 변위가 발생하면 방향이 반대이고 변위의 크기에 비례하는 복원력이 작용한다.

$$F_s = -kx \qquad\qquad (1.57)$$

여기서 비례상수 $k$는 **용수철 상수**(SI 단위: N/m)이다.

### 1.9.5.2. 용수철의 조합

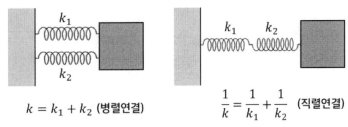

$$k = k_1 + k_2 \text{ (병렬연결)} \qquad \frac{1}{k} = \frac{1}{k_1} + \frac{1}{k_2} \text{ (직렬연결)}$$

그림 1.22 용수철의 연결

용수철 상수가 $k_1, k_2$인 용수철이 병렬로 연결된 경우 전체 용수철 상수 $k$는 다음 관계식을 만족한다.

$$k = k_1 + k_2 \quad \text{(용수철의 병렬 연결)} \qquad (1.58)$$

증명은 다음과 같다. 늘어난 길이 $x$는 공통이다. $F_{s1} = -k_1 x$, $F_{s2} = -k_2 x$ 이고 전체 힘 $F_s$는 $F_s = F_{s1} + F_{s2} = -(k_1 + k_2)x = -kx$ 이므로 $k = k_1 + k_2$이다.

용수철 상수가 $k_1, k_2$인 용수철이 직렬로 연결된 경우 전체 용수철 상수 $k$는 다음 관계식을 만족한다.

$$\frac{1}{k} = \frac{1}{k_1} + \frac{1}{k_2} \quad \text{(용수철의 직렬 연결)} \qquad (1.59)$$

증명은 다음과 같다. 각 용수철의 늘어난 길이를 $x_1, x_2$라 하자. 그러면 전체 늘어난 길이는 $x = x_1 + x_2$이다. 각 용수철에 걸리는 힘 $F_s$로 같으므로 $x_1 = -\frac{F_s}{k_1}$, $x_2 = -\frac{F_s}{k_2}$, $x = -\frac{F_s}{k}$ 이다. $x = x_1 + x_2$에 대입하면 $\frac{1}{k} = \frac{1}{k_1} + \frac{1}{k_2}$ 이 성립한다.

## 1.9.6. 마찰력

### 1.9.6.1. 마찰력의 원인과 특성

우리가 핸드폰을 손에 쥘 수 있는 이유, 땅 위를 걸어갈 수 있는 이유가 바로 마찰력 때문이다. **마찰력(frictional force)**은 접촉한 두 물체 사이에 작용하며 한 물체가 미끄러져 움직이거나 움직이려 할 때 이를 방해하는 힘이다. 마찰력의 방향은 접촉면에 평행하게 작용하며 미끄러지게 하는 힘의 반대방향 또는 운동방향의 반대방향으로 작용한다. 마찰력은 두 물체사이의 수직항력에 비례하고 접촉면의 면적에는 무관하다. 마찰력은 접촉면에 수직으로 작용하는 압력과 면적 모두에 비례하는데 이 둘을 곱하면 면적에 무관하기 때문이다.

마찰력은 원인은 근본적으로 접촉면의 분자 사이에 작용하는 전기력 때문이다. 두 물체의 접촉면을 확대해보면 그림과 같이 불규칙적으로 분자들이 분포하는데 상대적으로 서로 가까운 분자들끼리 저온에서 결합되는 냉용접 상태가 된다.

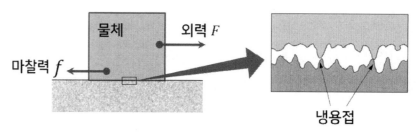

그림 1.23 마찰력의 원인

이러한 냉용접 상태의 분자간 결합력이 마찰력을 만들어낸다. 두 물체 사이에 수직항력이 클수록 두 표면이 더 가까워져서 냉용접을 만드는 분자가 많아지므로 마찰력이 증가한다. 물체가 운동할 때는 냉용접이 만들어지는 확률이 정지상태일 때보다 줄어드므로 운동마찰력은 정지마찰력보다 작다

### 1.9.6.2. 마찰력의 종류

마찰력은 물체가 정지상태에서 발생하는 정지 마찰력, 운동상태에서 발생하는 운동마찰력이 있다. (그 외 굴림 운동할 때 발생하는 굴림 마찰력이 있다.)

**정지 마찰력(static friction)** $f_s$ 은 물체가 정지상태일 때 발생하므로 접촉면에 수평방향으로 작용하는 외력과 크기가 같고 방향이 반대이다.

$$f_s = F(외력) \tag{1.60}$$

물체에 작용하는 외력이 점차 증가하여 물체가 움직이기 시작할 때의 마찰력을 **최대정지마찰력** $f_{s,\max}$ 라 한다. 최대정지마찰력은 두 물체 사이의 수직항력에 비례하고 그 비례상수는 **정지마찰계수** $\mu_s$ 이다.

$$f_{s,\max} = \mu_s n \tag{1.61}$$

정지마찰력의 최대값이 최대정지마찰력이므로 다음 관계가 성립한다.

$$f_s \leq f_{s,\max}. \tag{1.62}$$

**운동 마찰력(kinetic friction)** $f_k$ 은 물체가 운동할 때 받는 마찰력으로 두 물체 사이의 수직항력에 비례하며 그 비례상수는 **운동마찰계수** $\mu_k$ 이다.

$$f_k = \mu_k n \tag{1.63}$$

운동마찰력은 최대정지마찰력보다 작으므로

$$\mu_k < \mu_s \tag{1.64}$$

이다. 외력 $F$ 의 증가에 따라 작용하는 마찰력의 종류와 크기를 그래프로 나타내면 다음과 같다.

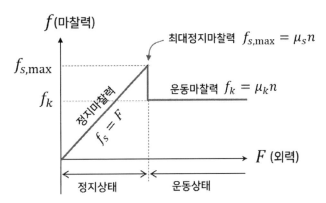

최대정지마찰력 $f_{s,\mathrm{max}} = \mu_s n$

운동마찰력 $f_k = \mu_k n$

$f_{s,\mathrm{max}}$

$f_k$

정지마찰력

$f_s = F$

$f$(마찰력)

$F$ (외력)

정지상태　　운동상태

그림 1.24 물체에 가해지는 외력에 따른 마찰력의 종류와 크기

## 기본문제 1.9

　그림과 같이 경사각을 조절할 수 있는 빗면 위에 질량이 $m$인 물체가 놓여져 있다. 빗면과 물체 사이 정지마찰계수 및 운동마찰계수는 각각 $\mu_s, \mu_k$ 이다. 경사각을 $0°$에서 시작하여 서서히 증가시킨다. (a) 물체가 움직이기 시작할 때의 경사각 $\theta_c$를 구하시오 (b) 경사각 $\theta_c$에서 물체가 빗면을 미끄려져 내려온다. 이 때 물체의 가속도를 구하시오. (단, 중력가속도의 크기는 $g$이다.)

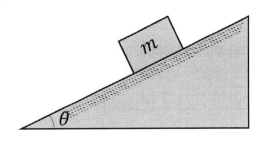

### 풀 이

(a) 경사각 $\theta_c$에서 물체에 대해 자유물체도를 그리면 다음과 같다.

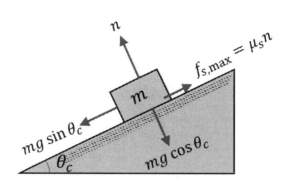

그림에서 물체에 작용하는 마찰력은 최대정지 마찰력이고 이는 빗면에 수평방향에 대한 중력 성분인 $mg\sin\theta$와 일치한다. 따라서

$$\mu_s n = mg\sin\theta_c$$

이다. 또한 빗면에 수직한 방향으로 힘의 평형을 이루므로

$$n = mg\cos\theta_c$$

이다. 따라서

$$\mu_s mg\cos\theta_c = mg\sin\theta_c$$

이므로

$$\tan\theta_c = \mu_s$$
$$\therefore \theta_c = \tan^{-1}\mu_s$$

(b) 물체가 미끄러지기 시작하면 그때부터는 운동 반대방향으로 운동마찰력이 작용한다.

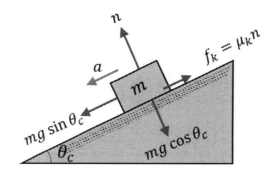

위 그림에서 $n = mg\cos\theta_c$ 이고, 물체에 대해 운동방정식을 적용하면

$$mg\sin\theta_c - \mu_k mg\cos\theta_c = ma$$
$$\therefore a = g\sin\theta_c - \mu_k g\cos\theta_c$$

### 1.9.7. 구심력

물체가 속력 $v$로 반지름이 $r$인 원운동할 때 중심방향의 구심가속도는 $a_c = v^2/r$ 이다. 뉴턴의 운동법칙에 의해 $F = ma_c$ 이므로 중심방향으로의 힘이 존재해야만 한다. **구심력(centripetal force)**이란 물체가 원운동하기 위한 중심방향을 향하는 힘을 말하며

다음과 같이 기술된다.

$$F = m\frac{v^2}{r} \tag{1.65}$$

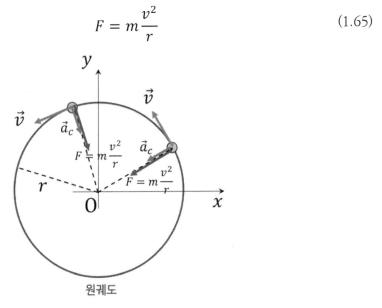

원궤도

그림 1.25 등속 원운동

## 기본문제 1.10

그림과 같이 질량이 $m$인 자동차가 반지름이 $R$인 커브길을 속력 $v$로 돌고 있다. 자동차와 도로 사이의 정지마찰계수는 $\mu_s$이다. 자동차가 미끄러지지 않기 위한 자동차의 최대 속력 $v_{\max}$ 값을 구하시오. (단 중력가속도의 크기는 $g$이다.)

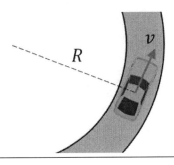

### 풀 이

자동차에 대해 자유 물체도를 그리면 다음과 같다.

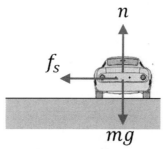

정지마찰력은 중심을 향하고 구심력의 역할을 한다. 자동차의 속력이 커질수록 필요한 구심력 $\frac{mv^2}{r}$ 이 커지므로 정지마찰력도 커져야 한다. 따라서 정지마찰력이 최대정지마찰력 될 때 속력은 최대값을 가진다. 속력이 더 커지면 자동차는 도로 바깥쪽으로 밀려나게 될 것이다.

속력이 최대값을 가질 때 운동방정식을 적용하면

$$f_{s,\max} = \mu_s mg = m\frac{v_{\max}^2}{R}$$

이를 정리하면 다음과 같다.

$$v_{\max} = \sqrt{\mu_s g R}$$

## 기본문제 1.11

그림과 같이 자동차가 경사각 $\theta$로 기울어진 원형 트랙을 속력 $v$로 돌고 있다. 원형트랙의 반지름은 $R$이고 트랙과 자동차 사이의 마찰력은 없다. 자동차가 트랙에서 미끄러지지 않기 위한 자동차의 속력 $v$를 구하시오. (단, 중력가속도의 크기는 $g$이다.)

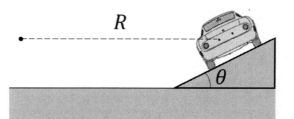

#### 풀 이

자동차에 대해 자유 물체도를 그리면 다음과 같다. 빗면에 수직으로 작용하는 수직항력 $n$을 연직방향과 수평방향의 성분으로 분해하자.

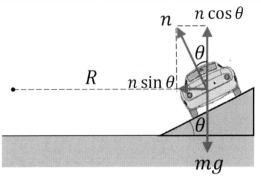

연직방향은 힘의 평형을 이루고 수평방향의 힘은 구심력의 역할을 하므로 다음 두 식을 얻는다.

$$n \cos \theta = mg$$
$$n \sin \theta = m \frac{v^2}{R}$$

두 식을 나눠주면

$$\tan \theta = \frac{v^2}{gR}$$

따라서

$$v = \sqrt{gR \tan \theta}$$

## 기본문제 1.12

그림과 같이 질량이 $m$인 물체가 길이 $R$인 줄에 매달려 반시계 방향으로 비등속 원운동을 하고 있다. 물체에 아래 방향으로 중력이 작용하고 있다. 최고점 A, 최저점 B, 최저점에서 $\theta$만큼 각도의 지점인 C에서의 속력은 각각 $v_1, v_2, v_3$이다.

(a) 각 점 A,B,C 에서 줄의 장력을 구하시오. (b) C에서 물체의 구심가속도 및 접선가속도를 구하시오. (단, 중력가속도의 크기는 $g$이다.)

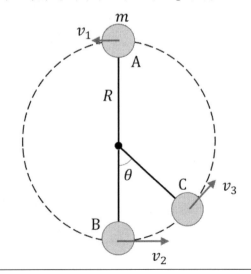

(a) 점A에서 중력과 장력은 모두 원의 중심방향으로 작용하므로 두 힘 모두 구심력의 역할을 한다. 따라서

$$T_A + mg = m\frac{v_1^2}{R}$$

$$\therefore T_A = m\left(\frac{v_1^2}{R} - g\right)$$

점B에서 장력은 원의 중심방향, 중력은 중심 반대방향 이므로

$$T_B - mg = m\frac{v_2^2}{R}$$

$$\therefore T_B = m\left(\frac{v_2^2}{R} + g\right)$$

점C에서 중력을 접선성분과 지름성분으로 분해하고 구심력에 관한 운동방정식을 적용하면

$$T_C - mg\cos\theta = m\frac{v_3^2}{R}$$

$$\therefore T_C = m\left(\frac{v_3^2}{R} + g\cos\theta\right)$$

(b) 구심가속도는

$$a_c = \frac{v_3^2}{R}$$

접선가속도는

$$ma_t = mg\sin\theta$$

로부터

$$a_t = g\sin\theta$$

이다.

### 1.9.8. 겉보기 힘

관측자의 좌표계가 정지좌표계에 대해 가속운동을 하는 경우 **비관성계**라 한다. 정지좌표계에 대해 일정한 가속도 $\vec{a}$로 운동하는 비관성계 내의 질량이 $m$인 물체는 $F_f = -m\vec{a}$의 **겉보기 힘(Fictitious force)**을 느끼게 된다. 예를 들어 우주공간에서 어느 순간 우주선이 $\vec{a}$의 가속도로 운동할 때, 우주선 안의 우주인은 우주공간에 대해 정지해 있으므로 우주선에 대하여 자신이 $-\vec{a}$로 가속 운동하는 것으로 관측된다. 즉 우주인 자신은 $F_f = -m\vec{a}$의 힘을 받는다고 느낄 것이다.

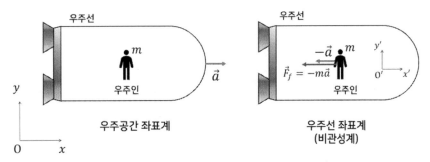

그림 1.26 비관성계

버스가 가속도 $\vec{a}$ 로 급가속 페달을 밟으면 승객은 $-m\vec{a}$ 의 겉보기 힘에 의해 버스 뒤로 밀려난다. 놀이터에서 각속력 $\omega$ 로 회전하는 회전판 위에 회전축으로부터 $r$ 만큼 떨어진 지점에 올라서면 회전판의 구심가속도는 중심방향으로 $a_c = r\omega^2$ 이므로 바깥쪽 방향으로 $F_f = mr\omega^2$ 의 겉보기 힘을 받게 되는데 이것이 원심력이다. 회전판 위에 사람이 서있을 수 있는 이유는 회전판 위의 좌표계에서와 회전판 바깥 정지좌표계에서 그 설명이 달라지게 된다. 회전판 바깥 정지좌표계에서는 사람과 회전판 사이에 원판의 중심을 향하는 정지 마찰력이 구심력의 역할을 하므로 사람은 원운동한다. 회전판 위의 좌표계에서는 중심 방향의 정지 마찰력과 중심 바깥을 향하는 겉보기힘(원심력)이 평형을 이루기 때문에 사람은 회전판 위의 좌표계에서 정지해 있다.

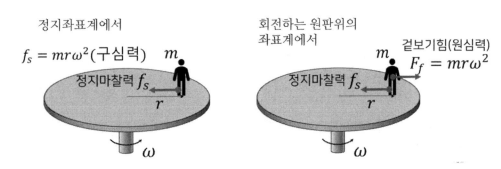

그림 1.27 회전하는 비관성계에서의 원심력

# 2. 에너지 보존

## 2.1. 서설

**에너지(Energy,** SI 단위:J)는 일을 할 수 있는 능력을 말한다. 에너지는 스칼라 물리량이다. 추상적인 개념이고 실체는 분명하지만 명확히 정의하기는 어렵다. 에너지의 형태는 매우 다양한데, 역학적 에너지, 열에너지, 전기에너지, 화학에너지, 빛 에너지, 파동에너지 등 다양한 형태로 존재한다. 그러나 모두 같은 SI 단위인 J(줄)로서 표현된다. 에너지는 한 형태에서 다른 형태로 전환될 수 있지만 전체 에너지의 총량은 변함이 없다. 이것이 절대 불변의 법칙인 **에너지 보존 법칙**이다. 에너지를 돈에 비유하면 이해가 편하다. 은행에 넣어둔 현금은 달러화로 바꾸거나 주식으로 바꿀 수 있다. 이때 자산의 형태는 변환되었지만 자산의 총량은 변하지 않는다. (환율 변동 및 주가 변동은 논외로 하자.)

지금까지 힘과 운동방정식으로부터 어떻게 물체의 운동이 기술되는지 살펴보았다. 물체가 힘을 받고 운동이 변화하는 과정에서 추상적으로는 계와 계사이에 에너지가 전달된다. 힘과 운동은 매우 구체적이고 시각적이지만 계 사이의 에너지의 전달은 단편적이고 추상적이다. 어떠한 계의 에너지의 증감은 격투기 게임에서 캐릭터의 체력 게이지처럼 단편적인 정보만을 알려주는 것처럼 보인다. 그러나 어떤 물리현상을 힘과 운동이 아닌 에너지의 관점에서 분석하여도 놀랄 만큼 다양한 운동에 관한 정보를 얻을 수 있다. 뿐만 아니라 많은 경우에 힘과 운동보다 에너지의 관점으로 물리 현상을 분석하는 것이 훨씬 계산이 편하고 쉽다. 에너지는 스칼라이지만 힘은 벡터이기 때문이다.

## 2.2. 계와 에너지

에너지를 논의하기 위해서는 에너지를 갖는 대상이 한정되어야 한다. 즉, 어떠한 경계를 가지고 그러한 경계 안에서 에너지가 저장되고 외부와 에너지를 교환할 수 있는 물체 또는 물체의 집합을 생각할 수 있는데, 이것을 **계(system)**라고 부른다. 예를 들어 지구와 사과로 구성된 계를 생각할 수 있다.

계 내부의 전체 에너지를 계의 에너지 $E_{sys}$ 라 한다. 계의 에너지를 역학과 관련된 에너지인 **역학적 에너지(mechanical energy)** $E_{mech}$와 그 밖의 에너지인 **내부에너지(internal energy)** $E_{int}$ 로 구분한다.

$$E_{sys} = E_{mech} + E_{int} \tag{2.1}$$

역학적 에너지는 운동에너지 $K$와 퍼텐셜 에너지 $U$의 합으로 표현된다.

$$E_{mech} = K + U \tag{2.2}$$

계는 외부로부터 에너지를 얻거나 외부로 에너지를 잃을 수 있다. 이와 같이 계에 전달되는 에너지의 형태는 다양하지만 주로 일 $W$와 열 $Q$의 형태로 전달된다. (여기서는 일과 열만 고려하자.) 전달되는 에너지의 $W, Q$의 부호는 계의 관점에서 정한다. 즉, 계가 에너지를 얻으면 (+), 잃으면 (−)인 부호를 가진다. 계의 에너지의 증감은 외부로부터 전달받는 에너지의 총량과 동일하므로

$$\Delta E_{\text{sys}} = \Delta E_{\text{mech}} + \Delta E_{\text{int}} = W + Q \tag{2.3}$$

이고 이것은 에너지 보존법칙이다. $W = 0, Q = 0$인 경우 외부로부터 에너지의 출입이 없으므로 $\Delta E_{\text{sys}} = 0$이고 이를 **고립계(isolated system)**라 한다. 고립계에서 보존력만 있는 경우에는 역학적 에너지도 보존이 된다. (이는 2.5.1절에서 설명한다.)

$$\Delta E_{\text{mech}} = \Delta K + \Delta U = 0 \quad \text{(역학적 에너지 보존)} \tag{2.4}$$

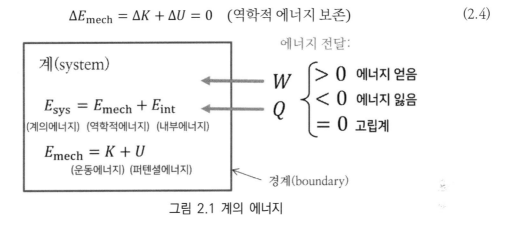

그림 2.1 계의 에너지

## 2.3. 일과 운동에너지

### 2.3.1. 일

역학에서의 일은 계에 에너지가 전달되는 형태이다. **일(Work,** SI 단위: $\text{J} = \text{N} \cdot \text{m} = \text{kg} \cdot \text{m}^2/s^2$) $W$는 어떤 주체가 계에 일정한 힘 $\vec{F}$를 가했을 때 힘의 작용점의 변위가 $\Delta \vec{r}$ 발생한 경우 다음과 같이 정의된다.

$$W = \vec{F} \cdot \Delta \vec{r} = F \Delta r \cos \theta \tag{2.5}$$

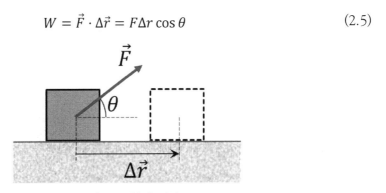

그림 2.2 일의 정의

변위에 평행한 방향의 힘성분인 $F \cos \theta$ 만이 일을 한 것이기 때문이다.

1차원 운동에 대하여 힘이 일정하지 않고 변하는 경우 미소 변위 $dx$에 대하여 미소 일 $dW$는 $dW = F(x)dx$ 이므로 위치가 $x_1$에서 $x_2$로 변하기까지 힘이 해준 전체 일 $W$는

다음과 같이 적분으로 표현된다.

$$W = \int_{x_1}^{x_2} F(x)dx \tag{2.6}$$

마찬가지로 3차원 운동에 대하여 위치가 $\vec{r}_1$에서 $\vec{r}_2$로 변하기까지 힘 $\vec{F}$가 해준 일은 다음과 같이 선적분으로 표현된다.

$$W = \int_{\vec{r}_1}^{\vec{r}_2} \vec{F} \cdot d\vec{r} \tag{2.7}$$

### 2.3.2. 일-운동에너지 정리

물체 한 개로 구성된 계를 생각하자. 그 물체계에 외력 $F$가 가해지면 외력은 물체에 일을 하고 그 일만큼 계의 에너지는 증가한다.

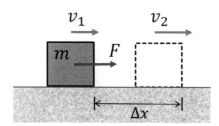

그림 2.3 일과 운동에너지

그림2.3에서 질량이 $m$인 물체의 위치가 $x_1$에서 $x_2$로 변하였고 속력은 $v_1$에서 $v_2$로 변하였다고 하자. 외력이 해준 일 $W$는 다음과 같다.

$$\begin{aligned} W &= \int_{x_1}^{x_2} F(x)dx = \int_{x_1}^{x_2} madx = \int_{x_1}^{x_2} m\frac{dv}{dt}dx \\ &= \int_{x_1}^{x_2} m\left(\frac{dx}{dt}\right)dv = \int_{v_1}^{v_2} mvdv \end{aligned} \tag{2.8}$$

이는 치환적분의 결과이다. 따라서

$$W = \frac{1}{2}mv_2^2 - \frac{1}{2}mv_1^2 \tag{2.9}$$

이다. 여기서 운동에너지(Kinetic energy) $K$는 다음과 같이 정의한다. (SI단위: J,줄)

$$K = \frac{1}{2}mv^2 \tag{2.10}$$

따라서

$$W = K_2 - K_1 = \Delta K \tag{2.11}$$

이다. 즉 외력의 해준 일은 계의 운동에너지로 전환되었다. 이것이 **일-운동에너지 정리**이다. 여기서 $\Delta K$는 처음과 나중위치의 속력에만 관계하고 두 위치 사이의 경로와는 무관하다.

### 2.3.3. 일률

**일률(Power,** SI 단위: W = J/s **)** $P$ 는 일 전달의 시간에 대한 비율이며 다음과 같이 정의된다.

$$P = \frac{dW}{dt} \tag{2.12}$$

$dW = \vec{F} \cdot d\vec{r}$ 이므로

$$P = \vec{F} \cdot \frac{d\vec{r}}{dt} = \vec{F} \cdot \vec{v} \tag{2.13}$$

이다.

---

## 기본문제 2.1

그림과 같이 마찰이 없는 바닥 위에 질량이 $m$ 인 물체가 정지상태에 있다. 수평방향에 대해 $\theta$의 각도로 외력 $\vec{F}$가 가해져서 그림과 같이 $d$만큼 이동하였다.

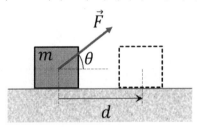

(a) 물체가 외력으로부터 받은 일 $W$를 구하시오.

(b) 일-운동에너지 정리로부터 물체의 나중 속력을 구하시오.

(c) 물체의 운동방정식으로부터 물체의 가속도 및 나중 속력을 구하시오.

---

#### 풀 이

(a) $W = \vec{F} \cdot \Delta \vec{r} = Fd\cos\theta$

(b) 일-운동에너지 정리로부터

$$W = \Delta K = \frac{1}{2}mv^2$$

이므로

$$v = \sqrt{\frac{2W}{m}} = \sqrt{\frac{2Fd\cos\theta}{m}}$$

(c) 오른쪽 그림에서 수평방향에 대해 운동방정식을 세우면

$$F\cos\theta = ma$$
$$\therefore a = \frac{F\cos\theta}{m}$$

등가속도 운동이므로 등가속도 운동 공식으로부터

$$2ad = v^2$$

$$\therefore v = \sqrt{2ad} = \sqrt{\frac{2Fd\cos\theta}{m}}$$

즉, 일-운동에너지 정리로부터 구한 결과와 같다.

## 2.4. 퍼텐셜 에너지

### 2.4.1. 보존력

**보존력(conservative force)**는 두 위치 사이에 힘이 해준 일이 경로에 무관한 경우의 힘을 말한다. (이와 같은 정의는 난해한 것처럼 보이지만 벡터 해석학을 이용하면 보존력 $\vec{F}$는 $\nabla \times \vec{F} = 0$ 가 성립하는 힘으로 간결하게 정의할 수 있다. 또한 $\nabla \times \vec{F} = 0$ 로부터 $\vec{F}$가 해준 일이 경로에 무관함을 증명할 수 있다.) 보존력과 퍼텐셜 에너지는 동전의 양면처럼 서로 떼려야 뗄 수 없는 관계이다. 퍼텐셜 에너지를 설명하기 전에 보존력에 대해서 좀더 자세히 살펴보자.

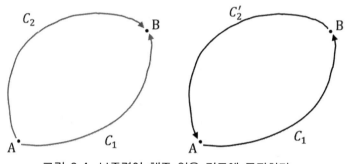

그림 2.4. 보존력이 해준 일은 경로에 무관하다.

그림2.4의 왼쪽에서 물체가 보존력을 받아 A위치에서 B위치로 이동하였을 때 보존력이 해준 일은 경로에 무관하므로 $C_1$경로, $C_2$경로에 대해서 일은 같다. 따라서

$$\int_{C_1} \vec{F} \cdot d\vec{r} = \int_{C_2} \vec{F} \cdot d\vec{r} \tag{2.14}$$

이다. 다음으로 그림2.4의 오른쪽처럼 물체가 보존력에 의해 A에서 출발하여 폐곡선 $C_1 \to C_2{}'$를 따라 B를 거쳐 다시 A로 되돌아 온 경우에 보존력이 해준 일을 살펴보자. (이러한 폐곡선에 대한 선적분은 $\oint$으로 표현한다.)

$$W = \oint \vec{F} \cdot d\vec{r} = \int_{C_1} \vec{F} \cdot d\vec{r} + \int_{C_2'} \vec{F} \cdot d\vec{r} \tag{2.15}$$

여기서 $C_2'$경로에 대한 선적분은 $C_2$경로에 대한 선적분을 방향만 바꾼 것 이므로

$$\int_{C_2'} \vec{F} \cdot d\vec{r} = -\int_{C_2} \vec{F} \cdot d\vec{r} \tag{2.16}$$

이다. 식(2.14)를 이용하면 다음과 같은 결론을 얻는다.

$$W = \int_{C_1} \vec{F} \cdot d\vec{r} - \int_{C_2} \vec{F} \cdot d\vec{r} = 0 \qquad (2.17)$$

즉, 임의의 닫힌 경로에 대해 보존력이 해준 일은

$$W = \oint \vec{F} \cdot d\vec{r} = 0 \qquad \text{(닫힌 경로)} \qquad (2.18)$$

이다.

보존력의 예는 중력, 용수철의 힘, 만유인력, 전기력 등이 있다. (즉, 많은 경우 보존력이다.) 반면에, 비보존력은 마찰력, 저항력 등이 있다. 여기서 보존력인 중력과 관련해서 중력이 해준일이 경로에 무관함을 검토해보자.

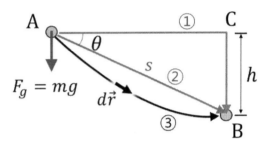

그림 2.5. 중력이 해준일은 경로에 무관하다.

물체가 A에서 B로 이동할 때 중력이 해준 일을 ①,②,③ 세 경로에 대해서 구해본다. 먼저 ㄱ모양의 경로인 경로 ①에 대해 A→C 경로에 대해서는 힘과 변위가 수직이므로 일은 0이다. C→B 경로에 대해서는 힘과 변위가 평행하므로 $W_1 = \int_C^B \vec{F} \cdot d\vec{r} = mgh$ 이다. 다음으로 직선경로 ②에 대해 경로의 길이를 $s$라 하면 $W_2 = \vec{F} \cdot \Delta\vec{r} = mgs\cos(90° - \theta) = mgs\sin\theta = mgh$ 이다. 즉 $W_1 = W_2$ 이다. 마지막으로 임의의 곡선경로 ③에 대해 일을 구해보자. 그림2.5의 미소경로 $d\vec{r}$에 대해 미소 일 $dW$는 $dW = \vec{F} \cdot d\vec{r} = mgdr\cos\theta$ 이다. 여기서 $\theta$는 힘과 $d\vec{r}$이 이루는 각이다. $dr\cos\theta = -dy$이므로 $dW = -mgdy$ 이고 따라서 $W_3 = \int_C^B(-mgdy) = mgh$ 이다. 즉, 임의의 경로에 대해서도 $W_1 = W_3$ 이므로 중력은 보존력이다.

## 2.4.2. 보존력과 퍼텐셜 에너지의 관계

퍼텐셜 에너지는 두 개 이상의 물체로 이루어진 계에서 물체 상호간에 보존력이 작용한 경우에 정의할 수 있다. 물체가 자유 낙하하는 현상을 물체와 지구로 구성된 계를 도입하여 에너지 관점에서 분석해보자. 이 계는 고립계라고 가정하자. 즉 외부로부터 에너지의 출입이 없다. 물체가 지구로부터 받는 힘은 연직 아래방향으로 $mg$이다. 물체가 낙하한 거리를 $h$라 하자.

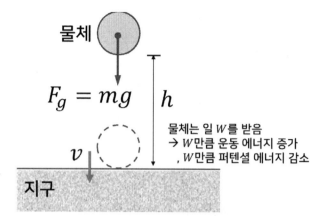

그림 2.6. 보존력과 퍼텐셜 에너지와의 관계

물체가 받은 일은 $W = \vec{F} \cdot \Delta\vec{r} = mgh > 0$ 이다. 물체의 나중속도를 계산해보자. 가속도의 크기는 $g$ 이므로 등가속도 운동 공식에 의해 $2gh = v^2$ 이므로 $v = \sqrt{2gh}$ 이다. 물체의 운동에너지는

$$K = \frac{1}{2}mv^2 = \frac{1}{2}m \cdot 2gh = mgh = W \tag{2.19}$$

즉 일 $W$는 물체의 운동에너지 $K = \frac{1}{2}mv^2$ 으로 전환되었다.(일-운동에너지 정리) 명백하게 물체는 일을 받았고 ($W > 0$) 물체의 에너지는 $W$만큼 증가하였다. 그렇다면 마찬가지로 계의 총 에너지도 $W$만큼 증가한 것인데 이 계는 고립계임을 기억하자. $W$만큼의 에너지는 어디서 온 것인가? 우리는 $W$ 만큼의 에너지는 원래 계가 *잠재적*으로 갖고 있던 에너지로부터 공급된 것이라고 해석해야 한다. 이것을 **퍼텐셜 에너지(Potential energy)** $U$라 한다. 즉 퍼텐셜 에너지는 $W$만큼 줄어들고 이 에너지가 운동에너지로 전환된 것이다. 따라서 계의 총 에너지는 변함이 없다. 즉 퍼텐셜 에너지는 계 내의 물체 사이에 작용하는 보존력이 잠재적으로 일을 할 수 있음에 근거한 것이다. 그래서 계 내에서 보존력이 해준 일만큼 계의 퍼텐셜 에너지 $U$는 줄어든다:

$$\Delta U = -W = -\int_{\vec{r}_1}^{\vec{r}_2} \vec{F} \cdot d\vec{r} \quad \text{(퍼텐셜 에너지 차이)} \tag{2.19}$$

이는 물체가 보존력을 받아 위치 $\vec{r}_1$ 에서 $\vec{r}_2$ 까지 이동할 때 계의 퍼텐셜 에너지의 변화량을 나타낸다. $\vec{F}$ 가 보존력이므로 퍼텐셜 에너지는 경로에 무관하고 기준 위치 $\vec{r}_1$ 및 $\vec{r}_2$ 에 의해서만 결정이 된다. 따라서 위치에너지 라고도 한다.

그림2.7에서 실선 화살표 곡선은 보존력의 방향을 시각적으로 표현한 것이다. 주어진 보존력 분포에 대해서 공간 위의 모든 위치마다 기준점에 대한 퍼텐셜 에너지가 결정되어진다. 그림에서 점P에 있는 물체가 보존력을 받으며 P→A로 이동하면 보존력과 변위의 방향이 같으므로 보존력에 의해 물체가 받은 일은 양수이다. 즉, $W > 0$ 이므로

$\Delta U = -W < 0$ , 퍼텐셜 에너지는 줄어든다. 반대로, P→C로 이동하면 보존력과 변위의 방향이 반대이므로 보존력에 의해 물체가 받은 일은 음수이다. 즉, $W < 0$ 이므로 $\Delta U = -W > 0$, 퍼텐셜 에너지는 증가한다. 다음으로, 물체가 P→B 로 이동하면 보존력과 변위가 수직이므로 $W = 0$ 이다. 따라서 $\Delta U = 0$, 즉 퍼텐셜 에너지는 변하지 않는다. 이와 같이 공간상에서 보존력과 수직한 면 위에서는 퍼텐셜 에너지가 일정하다. 이를 **등퍼텐셜면(equipotential surface)** 이라 한다. 그림2.7에서 등퍼텐셜면을 점선으로 나타내었다. 등퍼텐셜면 위의 퍼텐셜 에너지 값은 보존력의 방향으로 진행할수록 작아진다. 왜냐하면 보존력은 양의 일을 하고 그만큼 퍼텐셜 에너지는 줄어들기 때문이다. 반대로 보존력의 반대방향으로 진행할수록 퍼텐셜 에너지는 증가한다. 그림2.7에 각 등퍼텐셜면의 퍼텐셜 에너지 값을 나타내었다. 이와 같이 보존력과 공간상에 등퍼텐셜면의 분포 관계를 정확하게 이해해야 한다.

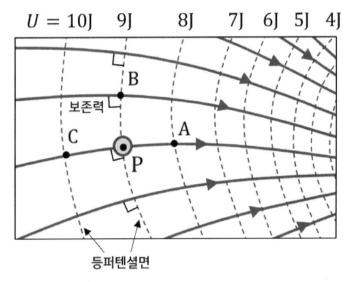

그림 2.7. 보존력과 전위 및 등퍼텐셜면

식(2.19)는 퍼텐셜 에너지 변화량에 관한 식이다. 즉, 퍼텐셜 에너지는 절대량이 아니라 차이값만 물리적인 의미를 가진다. 따라서 어떠한 기준점 위치에서 퍼텐셜 에너지를 0으로 설정하여 퍼텐셜 에너지를 정의하는 것이 유용하다. 기준점은 임의로 정할 수 있다. 예를 들어 중력에 관련된 퍼텐셜 에너지는 바닥에서 퍼텐셜 에너지를 0으로 설정한다. 다음은 기준점 $\vec{r}_0$에서 $U = 0$으로 설정하였을 때, 위치 $\vec{r}$에서 퍼텐셜 에너지 $U$의 정의이다.

$$U = -\int_{\vec{r}_0}^{\vec{r}} \vec{F} \cdot d\vec{r} \tag{2.20}$$

($\vec{r} = \vec{r}_0$ 에서 $U = 0$일 , 때 퍼텐셜 에너지의 정의)

이는 기준점 $\vec{r}_0$에 대해서 위치 $\vec{r}$에서 퍼텐셜 에너지가 $U$만큼 크다는 것이다. 따라서 물체가 보존력을 받아 $\vec{r}$ 에서 기준점 $\vec{r}_0$으로 이동할 때 $U$만큼의 일을 받는다. 또한 물체를 기준점 $\vec{r}_0$에서 $\vec{r}$위치로 이동시키기 위해서는 외부에서 $U$만큼의 일을 해주어야 한다.

보존력이 해준 미소 일 $dW = \vec{F} \cdot d\vec{r}$ 만큼 퍼텐셜 에너지는 감소하므로

$$dU = -dW = -\vec{F} \cdot d\vec{r} \tag{2.21}$$

이다. 1차원 운동이라면

$$dU = -Fdx \quad \text{(1차원 운동)} \tag{2.22}$$

이다. 양변에 $-dx$를 나누고 정리하면

$$F = -\frac{dU}{dx} \quad \text{(1차원 운동)} \tag{2.23}$$

이다. 즉, 보존력은 퍼텐셜 함수에 대해서 위치로 미분하고 (-)를 붙인 관계에 있다. 3차원 운동이라면 보존력과 퍼텐셜 에너지의 관계는 다음과 같이 gradient로 표현된다.

$$\vec{F} = -\nabla U \quad \text{(3차원 운동)} \tag{2.24}$$

보존력과 퍼텐셜 에너지의 관계식으로부터 보존력의 방향은 퍼텐셜 에너지가 증가하는 방향의 반대방향임을 다시 확인할 수 있다. 즉, 공간상에서 보존력의 방향으로 진행하면 퍼텐셜 에너지가 줄어들고 보존력의 반대방향으로 진행하면 퍼텐셜 에너지가 증가한다.

### 2.4.3. 중력 퍼텐셜 에너지

보존력이 중력인 경우의 퍼텐셜 에너지를 **중력 퍼텐셜 에너지**라 한다. 퍼텐셜 에너지의 일반식인 식(2.20)을 이용하여 중력 퍼텐셜 에너지를 구해보자. 지표면에서 $(y = 0)$ 퍼텐셜 에너지를 0으로 정한다. 지표면으로부터 높이 $y$에서의 중력 퍼텐셜 에너지 $U_g$ 는 다음과 같다.

$$U_g = -\int_0^y (-mg\hat{y}) \cdot dy\hat{y} = mg \int_0^y dy \tag{2.25}$$

$$\therefore U_g = mgy \tag{2.26}$$

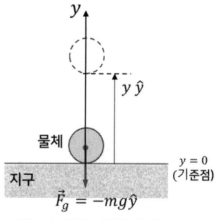

그림 2.8. 중력 퍼텐셜 에너지

즉, 지표면 위에서 높이 $y$인 물체는 지표면 위로 떨어지며 중력으로부터 $mgy$만큼의 일을 받는다. 또는 지표면 위에서 높이 $y$만큼 물체를 움직이기 위해서는 $mgy$만큼의 일을 외부에서 가해주어야 한다.

### 2.4.4. 탄성 퍼텐셜 에너지

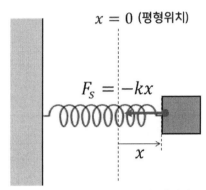

그림 2.9. 탄성 퍼텐셜 에너지

보존력이 용수철의 힘인 경우의 퍼텐셜 에너지를 **탄성 퍼텐셜 에너지**라 한다. 퍼텐셜 에너지의 일반식인 식(2.20)을 이용하여 탄성 퍼텐셜 에너지를 구해보자. 용수철의 평형위치에서 ( $x = 0$ ) 퍼텐셜 에너지를 0으로 정한다. 평형위치를 기준으로 변위가 $x$인 위치에서 탄성 퍼텐셜 에너지는 다음과 같다.

$$U_s = -\int_0^x (-kx)\, dx = k\int_0^x x dx \tag{2.27}$$

$$\therefore U_s = \frac{1}{2} k x^2 \tag{2.28}$$

즉, 용수철에 달린 물체가 평형위치에서 $x$만큼 늘어나면 평형위치로 이동하며 탄성력으로부터 $\frac{1}{2}kx^2$만큼의 일을 받는다. 또는 평형위치로부터 $x$만큼 용수철을 늘리기 위해서는 $\frac{1}{2}kx^2$만큼의 일을 가해주어야 한다.

## 2.5. 에너지 보존

### 2.5.1. 보존력만 있는 경우 – 역학적 에너지 보존

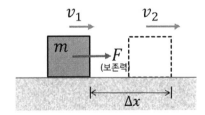

그림 2.10. 보존력만 있는 경우

계를 구성하는 물체들 사이에 보존력 $F$만 존재하는 경우를 생각하자. 전체 계는 고립계이다. 보존력 $F$가 질량이 $m$인 물체에 가해져서 물체에 변위 $\Delta x$가 발생하였고 물체의 속력은 $v_1$에서 $v_2$로 변화하였다. 일-운동에너지 정리에 의해 보존력이 해준 일 $W$는

$$W = K_2 - K_1 = \frac{1}{2}mv_2^2 - \frac{1}{2}mv_1^2 \tag{2.29}$$

이다. 또한 $F$는 보존력 이므로

$$W = -\Delta U = U_1 - U_2 \tag{2.30}$$

이다. 위 두 식에 의해 $K_2 - K_1 = U_1 - U_2$ 이고 따라서

$$K_1 + U_1 = K_2 + U_2 \tag{2.31}$$

또는

$$\Delta E_{\text{mech}} = \Delta K + \Delta U = 0 \tag{2.32}$$

따라서, 계에 보존력만 있는 경우는 역학적 에너지가 보존된다.

## 기본문제 2.2

그림과 같이 마찰이 없는 롤러코스터에서 질량이 $m$인 열차가 트랙의 바닥으로부터 높이가 $h$인 지점에서 정지상태에서 출발한다. 열차는 반지름이 $R$인 원형트랙을 트랙으로부터 벗어나지 않고 통과하여 진행한다. 중력가속도의 크기는 $g$이다.

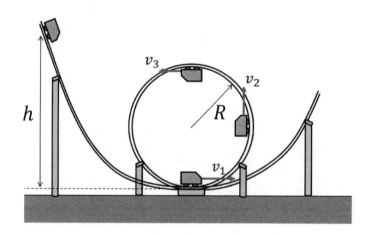

(a) 원형 트랙의 바닥에서의 속력 $v_1$과 열차가 트랙으로부터 받는 수직항력 $n_1$을 구하시오. (b) 원형 트랙의 중간 높이에서의 속력 $v_2$와 열차가 트랙으로부터 받는 수직항력 $n_2$를 구하시오. (c) 원형 트랙의 꼭대기에서의 속력 $v_3$와 열차가 트랙으로부터 받는 수직항력 $n_3$를 구하시오. (d) 열차가 트랙으로부터 벗어나지 않고 원형 트랙을 돌기 위한 최소 높이 $h$를 구하시오.

(a) 마찰력이 없으므로 역학적 에너지는 보존된다. 각 위치에서 열차에 작용하는 힘을 그림으로 나타내면 다음과 같다.

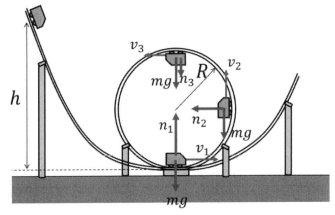

바닥에서 역학적 에너지 보존식 $K_0 + U_0 = K_1 + U_1$을 적용하면

$$0 + mgh = \frac{1}{2}mv_1^2 + 0$$
$$\therefore v_1 = \sqrt{2gh}$$

바닥에서 구심력에 대한 운동방정식을 적용하면

$$n_1 - mg = \frac{mv_1^2}{R}$$
$$\therefore n_2 = mg\left(1 + \frac{v_1^2}{Rg}\right) = mg\left(1 + \frac{2h}{R}\right)$$

(b) 원형트랙 중간지점에서 역학적 에너지 보존식을 적용하면

$$0 + mgh = \frac{1}{2}mv_2^2 + mgR$$
$$\therefore v_2 = \sqrt{2g(h - R)}$$

구심력에 대한 운동방정식을 적용하면

$$n_2 = \frac{mv_2^2}{R} = mg\left(\frac{2h}{R} - 2\right)$$

(c) 원형트랙 꼭대기에서 역학적 에너지 보존식을 적용하면

$$0 + mgh = \frac{1}{2}mv_3^2 + mg2R$$
$$\therefore v_3 = \sqrt{2g(h - 2R)}$$

구심력에 대한 운동방정식을 적용하면

$$mg + n_3 = \frac{mv_3^2}{R}$$
$$\therefore n_3 = mg\left(\frac{v_3^2}{Rg} - 1\right) = mg\left(\frac{2h}{R} - 5\right)$$

(d) 열차가 원형트랙 꼭대기에서 트랙을 벗어나지 않고 돌기 위해서는 꼭대기에서 수직항력이 $n_3 \geq 0$을 만족해야 한다. 즉 $n_3 = 0$일 때 $h$는 최소이다.

$$\therefore h_{\min} = \frac{5}{2}R$$

$n_3 < 0$의 의미는 필요한 구심력보다 중력이 더 큰 것이므로 열차는 꼭대기까지 도달하지 못하고 트랙을 벗어난다.

그림과 같이 질량이 $m$인 물체가 바닥으로부터 높이 $R$인 지점에서 정지상태에서 놓여져 반지름이 $R$인 원형 트랙을 따라 내려와서 직선 트랙를 지나 용수철 상수가 $k$인 용수철과 충돌한다. 물체와 트랙 사이의 마찰력은 없다. 중력가속도의 크기는 $g$이다.

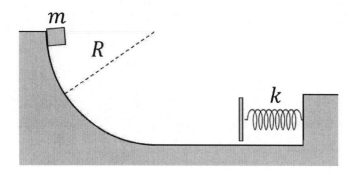

(a) 물체가 용수철과 충돌하기 직전의 속력을 구하시오

(b) 용수철의 최대 압축 길이를 구하시오

**풀 이**

(a) 마찰력이 없으므로 역학적 에너지는 보존된다. 용수철과 충돌 직전 역학적 에너지 보존식 $K_1 + U_1 = K_2 + U_2$ 을 적용하면

$$0 + mgR = \frac{1}{2}mv^2 + 0$$
$$\therefore v = \sqrt{2gR}$$

(b) 용수철이 최대로 압축이 되었을 때의 물체의 속력은 0이다. 용수철과 충돌 직전 그리고 용수철이 최대 압축이 되었을 때 역학적 에너지 보존식 $K_2 + U_2 = K_3 + U_3$ 을 적용하면

$$\frac{1}{2}mv^2 + 0 = 0 + \frac{1}{2}kx^2$$

따라서 용수철의 최대 압축길이 $x$는

$$x = \sqrt{\frac{m}{k}}v = \sqrt{\frac{2mgR}{k}}$$

## 2.5.2. 마찰력이 있는 경우

계를 구성하는 물체들 사이에 보존력 $F$와 마찰력 $f_k$가 함께 존재하는 경우를 생각하자. 전체 계는 고립계이다.

보존력 $F$ 및 마찰력 $f_k$가 질량이 $m$인 물체에 가해져서 물체에 변위 $d$가 발생하였고 물체의 속력은 $v_1$에서 $v_2$로 변화하였다. 일-운동에너지 정리에 의해 보존력 및 마찰력이 해준 일 $W$, $W_f$는 다음 식이 성립한다.

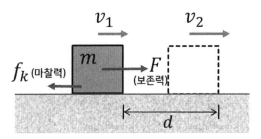

그림 2.11. 보존과 마찰력이 함께 있는 경우

$$W + W_f = \Delta K = K_2 - K_1 = \frac{1}{2}mv_2^2 - \frac{1}{2}mv_1^2 \qquad (2.33)$$

마찰력이 해준 일 $W_f$는 $f$와 변위의 방향이 반대이므로

$$W_f = -f_k d \qquad (2.34)$$

이다. $F$는 보존력이므로 $F$가 해준 일 $W$는

$$W = -\Delta U = U_1 - U_2 \qquad (2.35)$$

이다. 위 세 식을 연립하면 $-\Delta U - f_k d = \Delta K$ 이므로 다음이 성립한다.

$$\Delta E_{\text{mech}} = \Delta K + \Delta U = -f_k d \qquad (2.36)$$

즉, 마찰력이 있는 경우 역학적 에너지는 $f_k d$ 만큼 손실이 일어난다. 에너지 보존 법칙에 의해 $\Delta E_{\text{sys}} = \Delta E_{\text{mech}} + \Delta E_{\text{int}} = 0$ 이고 $\Delta E_{\text{mech}} = -f_k d$ 이므로 $\Delta E_{\text{int}} = f_k d$ 이다. 즉 손실된 역학적 에너지는 내부 에너지로 전환된다 (열에너지, 파동에너지 형태).

마지막으로, 비고립계의 경우에 마찰력이 있는 경우를 생각해보자. 외력 $F_{\text{ext}}$ 가 계에 가해져서 일 $W_{\text{ext}}$ 가 계에 전달이 되고 계 내부에는 보존력과 마찰력이 모두 존재한다. 그러면 일-운동에너지 정리에 의해

$$W_{\text{ext}} + W + W_f = \Delta K \qquad (2.37)$$

이다. 또한 $W_f = -f_k d$, $W = -\Delta U$ 이므로 이식들을 연립하면 $W_{\text{ext}} - \Delta U - f_k d = \Delta K$ 이므로 다음이 성립한다.

$$\Delta E_{\text{mech}} = \Delta K + \Delta U = W_{\text{ext}} - f_k d \qquad (2.38)$$

즉, 외력이 해준 일 만큼 역학적 에너지는 증가하고 마찰력이 해준 일 만큼 역학적 에너지는 손실된다. 손실된 에너지는 내부 에너지로 전환되므로 다음 식이 성립한다.

$$\Delta E_{\text{int}} = f_k d \qquad (2.39)$$

그림과 같이 경사각이 $\theta$ 이고 마찰이 있는 빗면 위에 질량이 $m$ 인 물체가 정지상태에서 빗면과 평행한 방향으로 일정한 힘 $F$ 을 받아 빗면을 따라 $d$ 만큼 이동하였다. 물체와 빗면 사이의 운동마찰계수는 $\mu_k$ 이다. 중력가속도의 크기는 $g$ 이다.

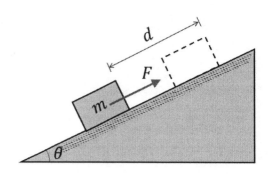

(a) 힘 $F$ 가 해준일 $W_F$, 중력이 해준일 $W_g$, 마찰력이 해준일 $W_f$, 수직항력이 해준일 $W_n$을 각각 구하시오.

(b) 물체만을 계로 보고 일-운동에너지 정리를 이용하여 물체의 나중속력을 구하시오.

(c) 물체와 지구를 계로 보고 역학적 에너지 변화량을 고려하여 물체의 나중속력을 구하시오.

(d) 운동방정식으로부터 물체의 가속도 및 나중속력을 구하시오.

---

**풀 이**

(a) 자유물체도를 그리면 다음과 같다.

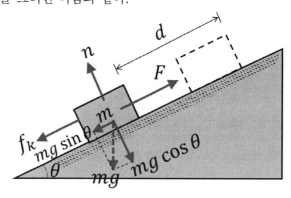

힘 $F$가 해준 일은

$$W_F = \vec{F} \cdot \Delta \vec{r} = Fd$$

이다. 중력이 해준 일 $W_g$는

$$W_g = \vec{F}_g \cdot \Delta \vec{r} = mgd\cos(90° + \theta) = -mgd\sin\theta$$

그림에서 빗면과 수직한 방향의 힘은 평형을 이루므로 $n = mg\cos\theta$이다. 따라서 마찰력은

$$f_k = \mu_k n = \mu_k mg\cos\theta$$

이다. 따라서 마찰력이 해준 일은 다음과 같다.

$$W_f = -f_k d = -\mu_k mgd\cos\theta$$

수직항력과 변위는 수직이므로 수직항력이 해준일은

$$W_n = nd\cos 90° = 0$$

이다.

(b) 일-운동에너지 정리에 의해

$$\sum W = W_F + W_g + W_f + W_n = \Delta K = \frac{1}{2}mv^2$$

$$\rightarrow \ Fd - mgd\sin\theta - \mu_k mgd\cos\theta = \frac{1}{2}mv^2$$

$$\therefore v = \sqrt{\frac{2Fd}{m} - 2gd\sin\theta - 2\mu_k gd\cos\theta}$$

(c) 물체+지구를 계로 보았을 때

$$\Delta K + \Delta U_g = W_F - f_k d$$

이므로

$$\left(\frac{1}{2}mv^2 - 0\right) + (mgd\sin\theta - 0) = Fd - \mu_k mgd\cos\theta$$

이를 정리하면

$$v = \sqrt{\frac{2Fd}{m} - 2gd\sin\theta - 2\mu_k gd\cos\theta}$$

이다.

(d) 빗면에 수평방향으로 운동방정식을 세우면

$$F - mg\sin\theta - f_k = ma$$

$$\therefore a = \frac{F}{m} - g\sin\theta - \mu_k g\cos\theta$$

등가속도 운동이므로 $2ad = v^2$ 이 성립한다. 따라서

$$v = \sqrt{2ad} = \sqrt{\frac{2Fd}{m} - 2gd\sin\theta - 2\mu_k gd\cos\theta}$$

### 2.5.3. 퍼텐셜 에너지 그래프의 해석

퍼텐셜 에너지의 위치에 대한 함수는 운동에 관한 모든 정보를 포함하고 있다. 퍼텐셜 에너지 함수로부터 $F = -dU/dx$ 식을 통해 보존력을 계산할 수 있고, $F = ma$ 로부터 운동방정식을 풀어 원칙적으로 물체의 운동을 시간에 대한 함수로 구할 수 있기 때문이다. 뿐만 아니라, 운동방정식을 풀지 않아도 퍼텐셜 에너지 함수의 그래프로부터 중요한 정보를 도출할 수 있다.

앞에서 살펴본 바와 같이 고립계이고 보존력만 있는 경우에 역학적 에너지는 보존된다. 따라서 1차원 운동에서 역학적 에너지가 $E_{\text{mech}} = E$ 이고 퍼텐셜 에너지가 위치에 대한 함수로서 $U(x)$일 때

$$E = K + U(x) = \text{상수} \tag{2.40}$$

이다. $K = \frac{1}{2}mv^2 > 0$ 이므로

$$E \geq U(x) \tag{2.41}$$

이어야 한다. 즉 물체는 식(2.41)을 만족하는 영역 내에서만 운동할 수 있다.

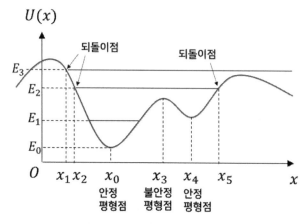

그림 2.12. 퍼텐셜 에너지 그래프

그림 2.12에서 $E_{\text{mech}} = E_2$ 일 때 물체는 $x_2 \leq x \leq x_5$ 영역 내에서만 존재할 수 있고 물체는 $x = x_2, x_5$ 위치에서 이동방향을 전환하게 된다. 이는 마치 공이 언덕을 굴러 올라가다가 어느 높이에서 멈춰서 다시 언덕을 내려가는 것과 유사하다. 따라서 이를 **되돌이점**이라 한다. $E_{\text{mech}} = E_3$ 일 때는 $x = x_1$ 이 되돌이점이고 물체는 되돌이점에서 방향을 바꿔 +x방향으로 무한대까지 이동하게 된다.

$F = -dU/dx$ 이므로 그래프의 접선의 기울기로부터 힘의 방향을 알 수 있다.

$$\frac{dU}{dx} > 0 \text{ (접선의 기울기 양수)} \quad \rightarrow \quad F < 0 \text{ (힘의 방향 왼쪽)} \tag{2.42}$$

$$\frac{dU}{dx} < 0 \text{ (접선의 기울기 음수)} \quad \rightarrow \quad F > 0 \text{ (힘의 방향 오른쪽)} \tag{2.43}$$

그래프에서 극점(극대 또는 극소)에서는

$$F = -\frac{dU}{dx} = 0 \quad \text{(평형점)} \tag{2.44}$$

이므로 속력이 0인 경우 평형을 이룰 수 있다. 따라서 **평형점**이라 부른다. 예를 들어 $E_{\text{mech}} = E_0$ 에서 물체는 $x = x_0$위치에서 평형상태 (정지상태)에 있게 된다. 극소점에서는

$$\frac{dU}{dx} = 0, \quad \frac{d^2U}{dx^2} > 0 \quad \text{(안정 평형점)} \tag{2.45}$$

이다. 이 때, 평형위치에서 약간의 에너지가 가해져 물체에 작은 요동이 생겨도 힘의 방향은 항상 평형점을 향하게 되고 따라서 물체는 평형점을 기준으로 진동하게 된다. 즉, 여전히 물체는 평형점 주변에 머무르게 된다. 따라서 극소점을 **안정 평형점**이라 부른다. 반면, 극대점에서는

$$\frac{dU}{dx} = 0, \ \frac{d^2U}{dx^2} < 0 \qquad \text{(불안정 평형점)} \tag{2.46}$$

이다. 이 때, 평형위치에서 약간의 에너지가 투입되어 물체에 작은 요동이 생기면 힘의 방향은 평형점의 반대방향으로 향하기 때문에 물체는 평형점으로부터 크게 벗어나게 된다. 따라서 극대지점을 **불안정 평형점**이라 부른다. 그림 2.12에서 $x = x_0, x_4$ 인 위치가 안정 평형점이고 $x = x_3$인 위치가 불안정 평형점이다.

역학적 에너지가 $E_{\text{mech}} = E$ 이고 위치 $x$ 에서 퍼텐셜 에너지가 $U(x)$ 일 때 $E = K + U(x) = \frac{1}{2}mv^2 + U(x)$이므로 그 위치에서 물체의 속력은 다음과 같이 계산할 수 있다.

$$v = \sqrt{\frac{2\big(E - U(x)\big)}{m}} \tag{2.47}$$

## 기본문제 2.5

질량이 $m$인 어떤 입자의 위치 $x$에 따른 퍼텐셜 함수 $U(x)$가 다음과 같이 주어졌다.
$$U(x) = \frac{a}{x^2} + 2bx$$
입자가 $x = x_1$에서 정지상태에 놓여졌다. 다음 물음에 답하시오

(a) 안정평형점의 위치 $x_0$를 구하시오.

(b) 이 입자의 역학적 에너지 $E$를 구하시오.

(c) $x = x_1$에서 입자가 받는 힘 $F$를 구하시오

(d) 입자가 안정평형점 위치에 도달했을 때의 속력을 $E, m, a, b$로 나타내시오.

### 풀 이

(a) 퍼텐셜 함수 그래프는 다음과 같다. (*$a = b = 1$일 때의 그래프이다)

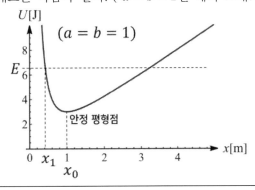

안정평형점 $x = x_0$에서 $\frac{dU}{dx} = 0$ 이므로

$$\left.\frac{dU}{dx}\right|_{x=x_0} = -\frac{2a}{x_0^3} + 2b = 0$$

$$\therefore x_0 = \left(\frac{a}{b}\right)^{1/3}$$

(b) $x = x_1$에서 속력이 0이므로 운동에너지는 0이다. 따라서

$$E = U(x_1) = \frac{a}{x_1^2} + 2bx_1$$

(c) $F(x) = -\frac{dU}{dx}$ 이므로 $x = x_1$에서의 힘 $F$는

$$F = -\left.\frac{dU}{dx}\right|_{x=x_1} = \frac{2a}{x_1^3} - 2b$$

(d) $x = x_0$ 에서 퍼텐셜 에너지 $U_0$는

$$U_0 = \frac{a}{x_0^2} + 2bx_0 = a \cdot \left(\frac{a}{b}\right)^{-\frac{2}{3}} + 2b\left(\frac{a}{b}\right)^{\frac{1}{3}} = 3(ab^2)^{\frac{1}{3}}$$

$E = K + U_0 = \frac{1}{2}mv^2 + 3(ab^2)^{\frac{1}{3}}$ 이므로

$$v = \sqrt{\frac{2\left(E - 3(ab^2)^{\frac{1}{3}}\right)}{m}}$$

# 3. 운동량과 충돌

## 3.1. 서설

고립계에서 보존력만 존재하는 경우라면 역학적 에너지가 보존됨을 알게 되었다. 그런데 여러 개의 물체 또는 입자로 구성된 고립계의 경우에 보존력만 존재하는지 여부와 무관하게 보존되는 물리량이 한가지가 있다. 그것이 바로 운동량이다. 고립계에서 두 물체가 충돌하는 경우, 물체가 폭발하여 두 조각으로 쪼개지는 경우에 비보존력의 작용으로 인해 역학적 에너지는 보존이 되지 않을 수 있다. (현실적으로 대부분 보존되지 않는다.) 그러나 전체 운동량의 합은 반드시 보존된다. 이것이 운동량 보존 법칙이다. 운동량 보존 법칙 또는 비고립계의 경우 운동량의 변화율 등을 분석하면 운동에 관해 유용한 정보를 얻을 수 있다.

## 3.2. 운동량

### 3.2.1. 운동량의 정의

물체의 질량이 $m$이고 속도가 $\vec{v}$인 경우 물체의 **운동량(Momentum, SI단위: kg · m/s)** $\vec{p}$는 다음과 같이 정의된다.

$$\vec{p} = m\vec{v} \tag{3.1}$$

즉 물체의 운동량은 속도의 방향과 같고, 같은 속력이면 질량이 클수록, 같은 질량이면 속력이 클수록 큰 값을 가진다.

### 3.2.2. 운동량 보존 법칙

두 물체가 충돌하는 현상 또는 어떤 물체가 폭발하는 현상 모두 미시적인 관점에서 보면 물체를 구성하는 무수히 많은 입자들 간의 상호 작용이 모두 종합되어서 거시적으로 나타나는 현상이다. 먼저 가장 간단하게 두 개의 입자로 구성된 고립계에서 두 입자 사이의 상호작용에 대해서 살펴보자. 그림과 같이 두 입자가 서로에게 힘을 가하며 운동방향이 바뀌는 경우를 생각해본다.

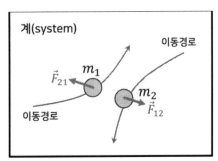

그림 3.1. 고립계에서 계의 전체 운동량은 보존된다.

그 힘이 보존력인지 비보존력인지 무관하게 뉴턴의 제3법칙에 의해 서로에게 작용하는 힘 $\vec{F}_{12}, \vec{F}_{21}$은 크기가 같고 방향이 반대이다. 따라서

$$\vec{F}_{21} + \vec{F}_{12} = 0 \tag{3.2}$$

이다. 각 물체에 운동방정식을 적용하면 $\vec{F}_{21} = m_1\vec{a}_1 = m_1\frac{d\vec{v}_1}{dt}$, $\vec{F}_{12} = m_2\vec{a}_2 = m_2\frac{d\vec{v}_2}{dt}$ 이다. 위의 식에 대입하면

$$m_1\frac{d\vec{v}_1}{dt} + m_2\frac{d\vec{v}_2}{dt} = \frac{d}{dt}(m_1\vec{v}_1 + m_2\vec{v}_2) = \frac{d}{dt}(\vec{p}_1 + \vec{p}_2) = 0 \tag{3.3}$$

이다. 따라서

$$\vec{p}_1 + \vec{p}_2 = 상수 \tag{3.4}$$

이다. 즉, 고립계라면 두 물체가 어떠한 상호작용을 하여도 계의 운동량의 총 합은 보존된다. 이것이 **운동량 보존법칙**이다. 만일 둘 사이의 힘이 비보존력이라면 역학적 에너지는 보존이 되지 않는다. 그러나 운동량은 여전히 보존된다. $N$개의 입자로 구성된 다입자계에서 물체가 상호작용하는 경우에도 위와 같은 방법으로 다음 운동량 보존법칙을 증명할 수 있다.

$$\sum_{i=1}^{N} \vec{p}_i = \vec{p}_1 + \vec{p}_2 + \cdots + \vec{p}_N = 상수 \tag{3.5}$$

## 3.3. 충격량

### 3.3.1. 비고립계에서 운동량 변화

물체 하나로 구성된 비고립계에서 물체에 외력 $\vec{F}$ 가 가해져 물체의 운동방향이 변하는 경우를 생각하자.

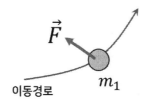

그림 3.2. 비고립계에서 계의 운동량

운동방정식을 적용하면

$$\vec{F} = m\vec{a} = m\frac{d\vec{v}}{dt} = \frac{d(m\vec{v})}{dt} \tag{3.6}$$

$$\therefore \vec{F} = \frac{d\vec{p}}{dt} \tag{3.7}$$

이다. 이는 운동방정식의 또다른 표현식이다.

### 3.3.2. 충격량-운동량 정리

물체에 힘이 지속적으로 가해지면 물체는 충격을 받게 된다. 같은 힘이면 힘의 지속시간이 클수록, 지속시간이 같다면 힘의 크기가 클수록 더 큰 충격을 받게 된다. **충격량(Impulse,** SI단위: $kg \cdot m/s$**)** $\vec{I}$ 는 벡터 물리량으로서 일정한 힘이 가해진 경우 힘과 힘이 가해진 시간간격의 곱으로 정의된다.

$$\vec{I} = \vec{F}\Delta t \quad \text{(일정한 힘인 경우의 충격량)} \tag{3.8}$$

힘이 $t_1 < t < t_2$ 에서 시간에 따라 변한다면 충격량은 다음과 같이 정의된다.

$$\vec{I} = \int_{t_1}^{t_2} \vec{F}\, dt \tag{3.9}$$

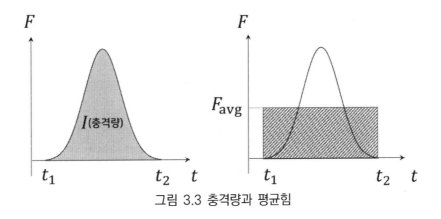

그림 3.3 충격량과 평균힘

위 그림에서 충격량은 힘-시간 그래프에서 그래프와 시간축으로 둘러싸인 넓이가 된다. 같은 시간 간격동안에 같은 충격량을 줄 수 있는 일정한 힘을 **평균힘** $F_{avg}$이라 한다. $I = F_{avg}\Delta t$ 이므로

$$F_{avg} = \frac{I}{\Delta t} = \frac{1}{\Delta t}\int_{t_1}^{t_2}\vec{F}\,dt \qquad (3.10)$$

이다.

식 (3.7)로부터 $\vec{F}dt = d\vec{p}$ 이므로

$$\vec{I} = \int_{t_1}^{t_2}\vec{F}\,dt = \int_{\vec{p}_1}^{\vec{p}_2}d\vec{p} = \vec{p}_2 - \vec{p}_1 \qquad (3.11)$$

$$\therefore \vec{I} = \Delta\vec{p} \quad (\text{충격량 – 운동량 정리}) \qquad (3.12)$$

즉, 물체가 받은 충격량은 물체의 운동량 변화와 같다. 이것이 **충격량-운동량 정리**이다. 계란이 1m 높이에서 바닥에 떨어져 정지하는 경우를 생각해보자 바닥에 닿기 직전의 속력은 등가속도 공식으로부터 $v = \sqrt{2gh}$ 이므로 운동량은 $p = mv = m\sqrt{2gh}$ 이다 운동량은 $p \rightarrow 0$ 으로 변화하고 충격량-운동량 정리에 의해 계란이 받은 충격량은

$$I = \Delta p = 0 - p = -m\sqrt{2gh} \qquad (3.13)$$

이다. 만일 그대로 바닥에 떨어졌다면 매우 짧은 시간 동안에 충격량이 계란에 전달되므로 ($\Delta t$ 가 작다) 그림 3.3에서 주어진 충격량에 대해서 $F$의 최대값 및 $F_{avg}$는 매우 크다. 이 힘은 계란을 깨뜨리기에 충분하다. 반면에, 바닥에 쿠션이 있어 쿠션 위로 떨어진 경우를 생각해보자. 여전히 운동량의 변화는 $p \rightarrow 0$으로 동일하다. (낙하 거리는 동일하게 1m라고 가정하자.) 따라서 계란이 받은 충격량은 동일하다. 그런데 쿠션의 푹신한 성질에 의해 계란에 가해지는 힘의 시간 간격은 상당히 길어진다. 그러면 그림 3.1에서 주어진 충격량에 대해 $\Delta t$가 상당히 크므로 $F$의 최대값 및 $F_{avg}$는 상당히 줄어든다. 이 경우 계란은 깨지지 않을 수 있다.

## 3.4. 충돌

### 3.4.1. 완전 비탄성 충돌

두 물체가 충돌하는 경우 고립계이므로 충돌 전 후에 운동량은 보존된다. 충돌 전 후에 운동에너지도 보존이 되는 경우를 **탄성 충돌**, 보존이 되지 않는 경우를 **비탄성 충돌**이라 한다. **완전 비탄성 충돌**은 충돌 후에 두 물체가 결합되어 함께 운동하는 충돌을 말한다. 찰흙을 물체에 던져서 두 물체가 합체가 되어 날아가는 경우가 그 예이다. 물체가 합체가 되는 과정에서 물체의 모양에 변형이 일어나고 마찰열 등으로 에너지가 전환되면서 역학적 에너지는 큰 손실이 일어난다.

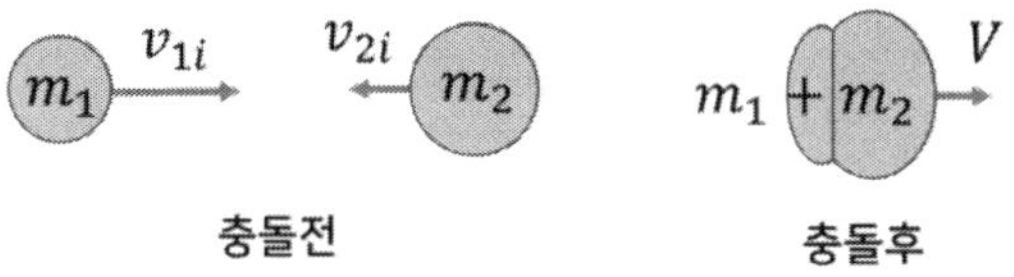

그림 3.4 완전 비탄성 충돌

위 그림과 같이 질량이 $m_1, m_2$인 두 물체가 속도 $v_{1i}, v_{2i}$로 1차원 운동을 하다가 완전 비탄성 충돌하여 질량이 $m_1 + m_2$인 물체로 합체가 되어 속도 $V$로 운동한다. 운동량 보존에 의해 $m_1 v_{1i} + m_2 v_{2i} = (m_1 + m_2)V$이므로

$$V = \frac{m_1 v_{1i} + m_2 v_{2i}}{m_1 + m_2} \tag{3.14}$$

이다.

### 기본문제 3.1

그림과 같이 질량이 $M$인 물체가 길이가 $L$인 줄과 연결되어 천장에 매달려 정지상태에 있다. 질량이 $m$인 총알이 속력 $v$로 물체와 충돌하여 물체에 박히게 되었다. (a) 충돌 후 물체와 총알의 결합체가 상승할 수 있는 최대 높이 $h$를 구하시오. (단, 중력가속도의 크기는 $g$이다.) (b) 충돌 전 후에 손실된 역학적 에너지를 구하시오.

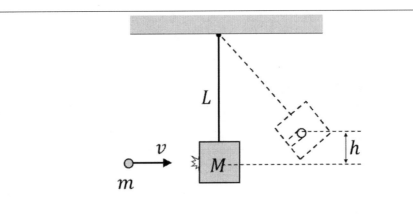

**풀 이**

(a) (Step1) 총알과 물체의 충돌, (Step2) 결합체의 진자 운동 이렇게 2단계로 나누어서 생각하자. 먼저 Step1에서는 완전 비탄성 충돌 이므로 운동량만 보존된다. 결합체의 나중속력을 $V$라 하면

$$mv = (m + M)V$$
$$\therefore V = \left(\frac{m}{m + M}\right)v$$

이다. Step2 에서 결합체의 진자 운동 과정에서는 역학적 에너지가 보존되므로 충돌 직후 및 최고 높이에서 $K_1 + U_1 = K_2 + U_2$ 을 적용하면

$$\frac{1}{2}(m + M)V^2 + 0 = 0 + (m + M)gh$$
$$h = \frac{V^2}{2g} = \left(\frac{m}{m + M}\right)^2 \frac{v^2}{2g}$$

(b) 충돌 전후에 역학적 에너지는 손실된다. 손실된 역학적 에너지 $\Delta E$는

$$\Delta E = -\Delta E_{\text{mech}} = K_1 - K_2 = \frac{1}{2}mv^2 - \frac{1}{2}(m + M)V^2$$
$$= \frac{1}{2}mv^2 - \frac{1}{2}\left(\frac{m^2}{m + M}\right)v^2$$
$$= \frac{1}{2}\left(\frac{mM}{m + M}\right)v^2$$

### 3.4.2. 탄성 충돌

탄성 충돌은 충돌 전 후에 운동량 뿐만 아니라 운동에너지도 보존되는 충돌이다. 현실적으로 충돌 과정에서 마찰에 의한 열에너지와 음파에 의한 파동에너지가 발생하여 역학적 에너지는 손실이 일어나므로 탄성충돌은 매우 이상적인 충돌이라고 할 수 있다. 예를 들어 용수철이 달린 물체와 다른 물체가 충돌하여 용수철이 수축되었다가 펴지면서 운동하는 경우가 될 수 있다.

그림3.5와 같이 질량이 $m_1, m_2$인 두 물체가 속도 $v_{1i}, v_{2i}$로 1차원 운동을 하다가 탄성 충돌하여 속도가 $v_{1f}, v_{2f}$로 변경되었다고 하자. 운동량 보존 법칙에 의해

$$m_1 v_{1i} + m_2 v_{2i} = m_1 v_{1f} + m_2 v_{2f} \tag{3.15}$$

이 성립하고 탄성충돌이므로 운동에너지도 보존된다. 따라서

$$\frac{1}{2} m_1 v_{1i}{}^2 + \frac{1}{2} m_2 v_{2i}{}^2 = \frac{1}{2} m_1 v_{1f}{}^2 + \frac{1}{2} m_2 v_{2f}{}^2 \tag{3.16}$$

이다.

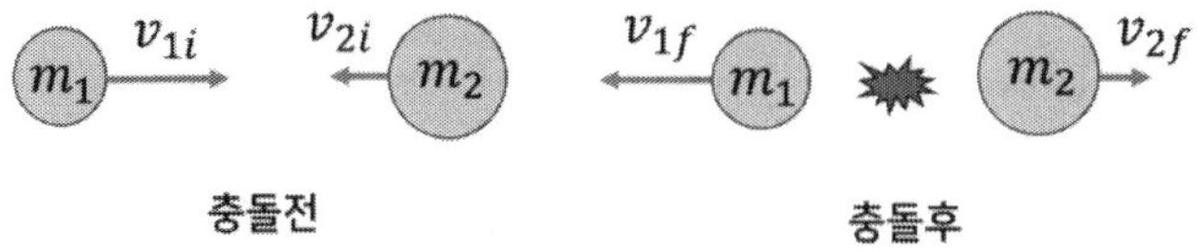

그림 3.5 탄성 충돌

식 (3.15), (3.16) 을 정리하면 다음과 같다.

$$m_1 (v_{1i} - v_{1f}) = m_2 (v_{2f} - v_{2i}) \tag{3.17}$$

$$m_1 (v_{1i}{}^2 - v_{1f}{}^2) = m_2 (v_{2f}{}^2 - v_{2i}{}^2) \tag{3.18}$$

식(3.17),(3.18)의 양변을 서로 나누면 $v_{1i} + v_{1f} = v_{2f} + v_{2i}$ 를 얻고 이를 정리하면 다음과 같다.

$$v_{1i} - v_{2i} = -(v_{1f} - v_{2f}) \tag{3.19}$$

(충돌 전 물체2에 대한 물체1의 상대속도) = −(충돌 후 물체2에 대한 물체1의 상대속도)

즉, 탄성충돌의 경우 상대속도는 충돌 전 후에 방향이 바뀌게 된다. 이제 식 (3.17),(3.19)의 연립방정식을 풀면 다음의 결과를 얻게 된다.

$$v_{1f} = \left( \frac{m_1 - m_2}{m_1 + m_2} \right) v_{1i} + \left( \frac{2m_2}{m_1 + m_2} \right) v_{2i}$$
$$v_{2f} = \left( \frac{2m_1}{m_1 + m_2} \right) v_{1i} + \left( \frac{m_2 - m_1}{m_1 + m_2} \right) v_{2i} \tag{3.20}$$

$m_2$ 가 정지상태에서 두 물체가 충돌하는 경우를 생각해 보자. '알까기' 게임과 같은 경우이다. 식(3.20)에서 $v_{2i} = 0$ 이므로

$$v_{1f} = \left( \frac{m_1 - m_2}{m_1 + m_2} \right) v_{1i} \qquad v_{2f} = \left( \frac{2m_1}{m_1 + m_2} \right) v_{1i} \tag{3.21}$$

이다. 만일 $m_1 \gg m_2$ 라면 $v_{1f} \approx v_{1i}$ 이고 $v_{2f} \approx 2v_{1i}$ 이다. 질량이 매우 무거운 알로 질량이 매우 작은 정지한 알과 속도 $v_{1i}$로 충돌시키면 무거운 알은 속도가 거의 변하지 않고 가벼운 알은 두 배의 속도로 날아간다. 반대로 $m_1 \ll m_2$ 라면 $v_{1f} \approx -v_{1i}$ 이고 $v_{2f} \approx 0$ 이다. 즉, 질량이 매우 가벼운 알로 질량이 매우 무거운 정지한 알과 속도 $v_{1i}$로 충돌시키면 가벼운 알은 속도의 방향이 바뀌어 반대방향으로 날아가고 무거울 알은 거의 정지상태를 유지한다.

이번에는 $m_1 = m_2$인 경우를 살펴보자. 당구공이 충돌하는 경우이다. 식 (3.20)로부터

$$v_{1f} = v_{2i}, \quad v_{2f} = v_{1i} \tag{3.22}$$

이다. 즉, 서로의 속도는 바뀌게 된다.

### 3.4.3. 2차원 충돌

두 물체가 2차원 충돌을 하는 경우 각 좌표축 성분별로 운동량은 보존된다. 탄성충돌이라면 운동에너지도 보존된다.

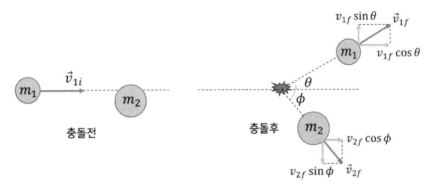

그림 3.6 2차원 충돌

그림 3.6에서 질량 $m_1$ 인 물체가 $+x$ 방향으로 $\vec{v}_{1i}$ 의 속도로 운동하다가 질량이 $m_2$ 이고 정지한 물체와 충돌하여 두 물체가 각각 속도 $\vec{v}_{1f}, \vec{v}_{2f}$ 으로 운동한다고 하자. 각 속도가 $x$축과 이루는 각도가 $\theta, \phi$ 라 하자. 운동량의 $x$축, $y$축 성분이 보존되므로

$$m_1 v_{1i} = m_1 v_{1f} \cos\theta + m_2 v_{2f} \cos\phi$$
$$0 = m_1 v_{1f} \sin\theta - m_2 v_{2f} \sin\phi \tag{3.23}$$

탄성충돌이면 운동에너지도 보존된다.

$$\frac{1}{2} m_1 v_{1i}^2 = \frac{1}{2} m_1 v_{1f}^2 + \frac{1}{2} m_2 v_{2f}^2 \tag{3.24}$$

### 기본문제 3.2

그림과 같이 마찰이 없는 수평면 위에서 질량이 $m$인 물체A는 $+x$방향으로 $3v$의 속력으로 운동하고 질량이 $2m$인 물체 B는 $+y$방향으로 $2v$의 속력으로 운동한다. 두 물체는 원점에서 충돌하여 결합이 되고 $+x$ 축에 대하여 $\theta$ 의 방향으로 속력 $V$ 로 운동한다. 다음 물음에 답하시오.

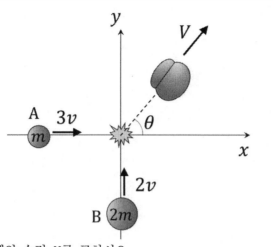

(a) 충돌 후 결합체의 속력 $V$를 구하시오

(b) 충돌 후 결합체의 속도의 방향 $\theta$를 구하시오`

> **풀 이**
>
> (a) 완전 비탄성 충돌 이므로 각 좌표축 성분에 대해 운동량은 보존된다. 따라서
>
> $$x축: \quad 3mv = 3m \cdot V\cos\theta$$
> $$y축: \quad 4mv = 3m \cdot V\sin\theta \quad \cdots (1)$$
>
> 양변을 제곱하여 더해주고 정리하면
>
> $$V = \frac{5}{3}v$$
>
> (b) 식(1)의 양변을 나누어 주면 $\tan\theta = \frac{4}{3}$ 이므로
>
> $$\theta = \tan^{-1}\left(\frac{4}{3}\right)$$

## 3.5. 질량중심

### 3.5.1. 질량중심의 정의

많은 입자들로 구성된 계나 연속적인 물질분포를 가지는 어떤 모양을 가지는 물체의 운동을 기술할 때 계를 구성하는 입자들의 개별적인 운동을 모두 기술하는 것은 매우 어렵고 비효율적이다. 이 경우 계의 대표적인 위치에 대해서 물체의 운동을 기술하는 것이 유용하다. **질량중심(center of mass**, 약어로 CM)이란 물체계의 평균 위치를 말한다. 어떤 학교 학생들의 물리시험 성적을 도수분포표로 나타내는 경우를 생각해보자. 변량(점수)과 도수를 각각 $x_i, f_i$ 라 고 하자. ($i = 1, 2, \ldots, N$) 그러면 평균 성적 $\bar{x}$는 $\bar{x} = \frac{\sum_i (x_i f_i)}{\sum_i f_i} = \frac{x_1 f_1 + x_2 f_x + \cdots + x_N f_N}{f_1 + f_2 + \cdots + f_N}$ 와 같이 계산된다. 평균성적의 의미는 그 학교 학생들의 성적의 대푯값이다. 도수는 대응되는 변량값에 대한 가중치의 의미를 가지며 도수가 큰 점수값에 평균값이 편중된다. 질량중심도 마찬가지로 물체계의 대표 위치를 나타내는 값으로 여러 물체로 이루어진 계에서는 질량이 무거운 물체의 위치에 편중된다. 따라서 질량이 $m_i$이고 위치가 $\vec{r}_i$인 ($i = 1, 2, \ldots, N$) 다입자계에서 질량중심 $\vec{r}_{CM}$은 다음과 같이 정의된다.

$$\vec{r}_{CM} = \frac{\sum_i (m_i \vec{r}_i)}{\sum_i m_i} = \frac{1}{M} \sum_i m_i \vec{r}_i \tag{3.25}$$

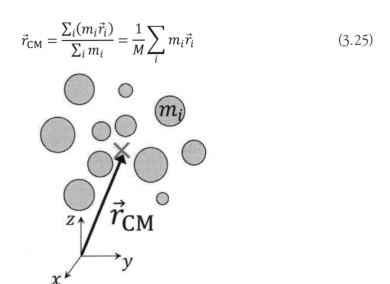

그림 3.7 입자계에 대한 질량 중심

여기서 $M$은 입자계의 전체 질량이다. 질량중심의 각 좌표축에 대한 각 성분 값은 다음과 같다.

$$x_{CM} = \frac{1}{M} \sum_i m_i x_i, \quad y_{CM} = \frac{1}{M} \sum_i m_i y_i, \quad z_{CM} = \frac{1}{M} \sum_i m_i z_i \tag{3.26}$$

질량이 연속분포를 이루는 경우에 질량 중심은 적분을 이용하여 계산한다. 연속분포를 이루는 물체를 $N$등분하였을 때 각 미소 질량을 $\Delta m_i$이라 하자. 그러면 질량중심은 $\vec{r}_{CM} = \frac{1}{M} \sum_i \vec{r}_i \Delta m_i$이고 $N \to \infty$인 극한을 취하면 덧셈은 적분으로 변화되므로

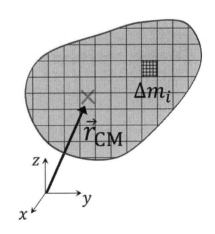

그림 3.8 연속 질량 분포인 경우의 질량 중심

$$\vec{r}_{CM} = \frac{1}{M} \int \vec{r} dm \tag{3.27}$$

이다. 위 적분을 계산하기 위해서 각 물체의 형태에 따라 필요한 질량 밀도의 정의 및 미소질량의 표현식, 그리고 질량중심에 관한 식은 다음 표와 같이 정리된다.

| 물체의 형태 | 질량 밀도 | 미소질량 $dm$ | 질량중심 |
|---|---|---|---|
| 1차원 물체 | $\lambda = \dfrac{M}{L}$ (선밀도) | $dm = \lambda dx$ | $x_{CM} = \dfrac{1}{M}\displaystyle\int \lambda x dx$ |
| 2차원 물체 | $\sigma = \dfrac{M}{A}$ (면밀도) | $dm = \sigma dA$ | $\vec{r}_{CM} = \dfrac{1}{M}\displaystyle\int \sigma \vec{r} dA$ |
| 3차원 물체 | $\rho = \dfrac{M}{V}$ (체적밀도) | $dm = \rho dV$ | $\vec{r}_{CM} = \dfrac{1}{M}\displaystyle\int \rho \vec{r} dV$ |

### 3.5.2. 질량중심의 속도

질량중심의 정의식 $\vec{r}_{CM} = \frac{1}{M}\sum_i m_i \vec{r}_i$ 의 양변을 미분하면 다음과 같다.

$$\vec{v}_{CM} = \frac{1}{M}\sum_i m_i \vec{v}_i \qquad (3.28)$$

따라서 질량중심에 대한 운동량 $\vec{p}_{CM}$은

$$\vec{p}_{CM} = M\vec{v}_{CM} = \sum_i m_i \vec{v}_i = \sum_i \vec{p}_i \qquad (3.29)$$

즉 질량중심의 운동량은 각 입자의 운동량의 총합과 같다.

### 3.5.3. 질량중심의 가속도

이번엔 질량중심의 가속도를 살펴보자. 식 (3.28)을 이용하면 다음 식을 얻는다.

$$\vec{a}_{CM} = \frac{d\vec{v}_{CM}}{dt} = \frac{1}{M}\sum_i m_i \frac{d\vec{v}_i}{dt} = \frac{1}{M}\sum_i m_i \vec{a}_i \qquad (3.30)$$

$$\therefore M\vec{a}_{CM} = \sum_i m_i \vec{a}_i = \sum_i \vec{F}_i \qquad (3.31)$$

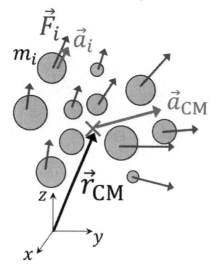

그림 3.9 입자계의 질량중심의 가속도

따라서 질량 중심에 대한 $M\vec{a}_{CM}$ 은 각 물체에 작용하는 힘들의 벡터합이다. 물체에

작용하는 힘은 계 외부에서 작용하는 힘과 계 내부에서 작용하는 힘으로 나눌 수 있다. 즉,

$$\sum_i \vec{F}_i = \sum_i \left( \vec{F}_{i,\text{ext}} + \vec{F}_{i,\text{int}} \right) \tag{3.32}$$

이다. 그런데 계 내부에서 작용하는 힘인 $\vec{F}_{i,\text{int}}$들은 두 물체 간에 항상 쌍으로 존재하고 이들의 합은 뉴턴3법칙에 의해 0이 된다. 예를 들어 $\vec{F}_{i,\text{int}}$ 에는 $\vec{F}_{12}, \vec{F}_{21}$ 이 포함되고 $\vec{F}_{12} + \vec{F}_{21} = 0$ 이다. 따라서

$$\sum_i \vec{F}_{i,\text{int}} = 0 \tag{3.33}$$

이다. 따라서, 식 (3.31), (3.32) 으로부터

$$\therefore \sum_i \vec{F}_{i,\text{ext}} = M\vec{a}_{\text{CM}} \tag{3.34}$$

이다. 이는 질량 중심에 대한 운동방정식이다. 좌변은 물체계에 작용하는 모든 외력의 합이고 내부적인 힘은 관여하지 않는다. 식 (3.34)의 의미는 입자계 또는 어떤 모양을 가지는 물체의 질량중심은 계에 작용하는 모든 외력이 마치 질량 중심에 집중되어 작용하는 것과 같이 운동한다는 것이다. 막대 끝을 손으로 잡고 던지면 막대는 회전하며 날아가는 복잡한 운동을 한다. 막대를 구성하는 각 질량요소는 중력뿐만 아니라 (막대의 모양을 유지하기 위해) 주변 입자들로부터 힘을 받기 때문에 매우 복잡한 운동경로를 따른다. 그러나 질량중심에 대한 운동방정식은 오직 외력만 관여한다. 막대에 작용하는 외력의 합은 $Mg(-\hat{y})$ 이다. 따라서 $M\vec{a}_{\text{CM}} = Mg(-\hat{y})$ 이므로 $\vec{a}_{\text{CM}} = -g\hat{y}$ 이다. 즉 질량중심은 점질량을 던진 것과 같은 포물선 운동을 한다.

## 기본문제 3.3

그림과 같이 질량이 $2m$인 물체 B에 질량을 무시할 수 있고 용수철 상수가 $k$인 용수철이 연결되어 정지상태에 있다. 이 때 질량이 $m$인 물체 A가 수평방향으로 속력 $v$ 로 운동하다가 물체 B와 용수철이 있는 방향으로 충돌을 일으킨다. 충돌과정에서 용수철은 수축되었다가 다시 늘어나고 충돌이 완료된 후에 물체 A,B 는 서로 다른 속도로 운동한다. 다음 물음에 답하시오

(a) 충돌 후 각 물체의 속도를 구하시오.

(b) 충돌 전과 충돌 후의 질량중심의 속도를 구하시오.

(c) 물체 B가 받은 충격량을 구하시오.

(d) 두 물체의 속도가 같아지는 때 용수철은 최대로 압축이 된다. 용수철의 최대 압축 길이를 구하시오.

---

**풀 이**

(a) 충돌 전 후에 역학적 에너지가 보존되므로 이는 탄성충돌이다. 따라서 충돌 후 각 물체의 속도 $v_{Af}, v_{Bf}$는 다음과 같다.

$$v_{Af} = \left(\frac{m - 2m}{m + 2m}\right)v = -\frac{1}{3}v$$
$$v_{Bf} = \left(\frac{2m}{m + 2m}\right)v = \frac{2}{3}v$$

(b) 질량중심의 속도는

$$v_{\text{CM}} = \frac{m_1 v_1 + m_2 v_2}{m_1 + m_2}$$

이므로 충돌전 질량중심의 속도 $v_{\text{CM,i}}$는

$$v_{\text{CM,i}} = \frac{mv + 0}{m + 2m} = \frac{1}{3}v$$

충돌후 질량중심의 속도 $v_{\text{CM,f}}$는

$$v_{\text{CM,i}} = \frac{m\left(-\frac{1}{3}v\right) + 2m\left(\frac{2}{3}v\right)}{m + 2m} = \frac{1}{3}v$$

즉, 충돌 전 후에 질량 중심의 속도는 $v_{\text{CM}} = \frac{1}{3}v$로 같다.

(c) 충격량-운동량 정리로부터 물체 B가 받은 충격량 $I_B$는 다음과 같다.

$$I_B = \Delta p_B = 2m \cdot \left(\frac{2}{3}v\right) - 0 = \frac{4}{3}mv$$

(d) 물체 A,B 의 속도가 질량중심의 속도 $v_{\text{CM}} = \frac{1}{3}v$ 와 같아질 때 용수철은 최대 압축 상태가 된다 최대 압축 길이를 $x$라 하면 역학적 에너지 보존에 의해

$$\frac{1}{2}mv^2 + 0 = \frac{1}{2}mv_{\text{CM}}^2 + \frac{1}{2}(2m)v_{\text{CM}}^2 + \frac{1}{2}kx^2$$
$$= \frac{1}{6}mv^2 + \frac{1}{2}kx^2$$

이를 정리하면

$$x = \sqrt{\frac{2m}{3k}}v$$

---

## 기본문제 3.4

그림과 같이 대포에서 수평방향에 대해 $\theta$의 각도로 속력 $v$로 질량이 $m$인 포탄이 발사되었다. 포탄이 최고 높이에 도달했을 때 포탄이 폭발하여 질량이 각각 $\frac{1}{3}m$ 및 $\frac{2}{3}m$ 인 두 조각으로 분리되었다. 폭발직후 질량이 $\frac{1}{3}m$인 조각은 수평방향으로

진행하고 $\frac{2}{3}m$ 인 조각은 정지상태에서 자유낙하 한다. 다음 물음에 답하시오. (단, 중력가속도의 크기는 $g$이다.)

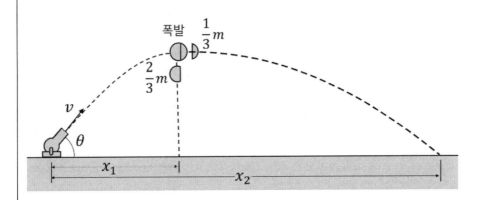

(a) 대포로부터 질량이 $\frac{2}{3}m$인 조각이 지표면에 도달하는 지점까지의 수평거리 $x_1$을 구하시오.

(b) 대포로부터 질량이 $\frac{1}{3}m$인 조각이 지표면에 도달하는 지점까지의 수평거리 $x_2$를 구하시오.

(c) 대포에서 지표면에 도달하는 두 조각의 질량중심 까지의 수평거리 $x_{CM}$ 을 구하시오.

---

**풀 이**

(a) 포탄의 초기 속도의 $x$축, $y$축 성분 $v_{x0}, v_{y0}$는 다음과 같다.
$$v_{x0} = v \cos \theta, \quad v_{y0} = v \sin \theta$$
$y$ 축 방향은 등가속도 운동이고 두 조각이 낙하하는데 걸리는 시간 $t$ 는 포탄이 최고점에 도달할 때까지 시간과 같다. 최고점에서 $v_y = 0$이므로
$$0 = v \sin \theta - gt$$
$$\therefore t = \frac{v \sin \theta}{g}$$
포탄은 $x$축에 대해 등속운동하므로
$$x_1 = v_{x0} t = \frac{v^2 \sin \theta \cos \theta}{g}$$

(b) 포탄이 최고점에 도달했을 때 속도는 수평방향이고 속력은 $v \cos \theta$ 이다. 폭발후 질량이 $\frac{1}{3}m$인 조각의 속력을 $V$ 라 하면 운동량 보존법칙에 의해
$$mv \cos \theta = \frac{2}{3}m \cdot 0 + \frac{1}{3}mV$$
$$\therefore V = 3v \cos \theta$$
따라서 폭발 후 질량이 $\frac{1}{3}m$인 조각이 수평방향으로 진행한 거리 $\Delta x$는
$$\Delta x = Vt = \frac{3v^2 \sin \theta \cos \theta}{g}$$
이다. 따라서 $x_2$는
$$x_2 = x_1 + \Delta x = \frac{4v^2 \sin \theta \cos \theta}{g}$$

(c) 지표면에 도달하는 두 조각의 질량중심의 수평거리 $x_{\text{CM}}$은 다음과 같다.

$$x_{\text{CM}} = \frac{1}{m}\left(\frac{2}{3}mx_1 + \frac{1}{3}mx_2\right) = \frac{2v^2 \sin\theta \cos\theta}{g}$$

이는 물체가 폭발하지 않은 경우의 수평 도달거리이다. 이와 같이 폭발이 일어나도 고립계에서의 질량중심의 궤적은 여전히 단일 물체와 같이 포물선 궤적을 따른다.

## 기본문제 3.5

길이가 $L$이고 질량이 $M$인 막대에 대해 다음과 같이 좌표축을 설정하자.

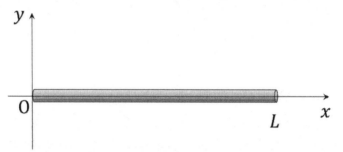

(a) 막대의 선밀도 $\lambda$가 균일할 때 막대의 질량중심의 위치를 구하시오.

(b) 막대의 선밀도 $\lambda$가 $\lambda = \alpha x$ ($\alpha$는 상수) 와 같이 불균일할 때 $\alpha$ 및 막대의 질량중심의 위치를 구하시오.

### 풀 이

(a) 원점에서 $x$만큼 떨어진 위치의 미소길이 $dx$에 의한 미소 질량 $dm$은

$$dm = \lambda dx$$

이다.

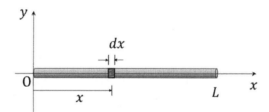

따라서 질량중심 위치 $x_{\text{CM}}$은

$$x_{\text{CM}} = \frac{1}{M}\int x\,dm = \frac{1}{M}\int_0^L \lambda x\,dx = \frac{\lambda}{M}\int_0^L x\,dx$$
$$= \frac{\lambda}{M}\frac{L^2}{2}$$

$\lambda = \frac{M}{L}$ 이므로

$$x_{\text{CM}} = \frac{L}{2}$$

즉 질량중심은 막대의 중심이며 이는 직관적인 예측과 같다.

(b) 먼저 $\alpha$를 구해보자. $dm = \lambda dx$이고 막대의 전체 질량이 $M$이므로

$$M = \int dm = \int_0^L \lambda dx = \alpha \int_0^L xdx = \frac{\alpha L^2}{2}$$

$$\therefore \alpha = \frac{2M}{L^2} \quad \cdots (1)$$

다음으로 질량중심 위치 $x_{CM}$은

$$x_{CM} = \frac{1}{M}\int xdm = \frac{1}{M}\int_0^L \lambda xdx = \frac{\alpha}{M}\int_0^L x^2 dx$$

$$= \frac{\alpha}{M}\frac{L^3}{3}$$

이다. 식 (1)을 대입하면 다음과 같다.

$$x_{CM} = \frac{2}{3}L$$

## 기본문제 3.6

다음과 같이 한 변의 길이가 $2L$이고 질량이 $M$인 정사각형 모양의 얇은 판 세 개가 연결되어 있다. 물체계의 질량 중심의 위치 $\vec{r}_{CM}$을 구하시오.

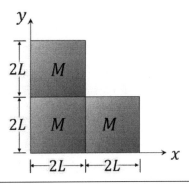

#### 풀 이

물체계의 질량중심은 물체계를 여러 부분으로 나누어 각 부분의 질량 중심을 구한 뒤, 각각을 질량중심에 위치한 점질량 물체로 간주하여 그러한 점질량 물체들로부터 전체 질량중심을 구할 수 있다. 문제에서 각 정사각형의 질량 중심의 위치는 오른쪽 그림과 같다. 따라서 질량 중심의 각 성분은

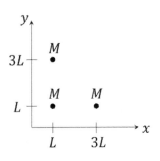

$$x_{CM} = \frac{1}{3M}(M \cdot L + M \cdot L + M \cdot 3L) = \frac{5}{3}L$$

$$y_{CM} = \frac{1}{3M}(M \cdot L + M \cdot L + M \cdot 3L) = \frac{5}{3}L$$

따라서 질량 중심의 위치 $\vec{r}_{CM}$는 다음과 같다.

$$\vec{r}_{CM} = x_{CM}\hat{x} + y_{CM}\hat{y}$$

$$= \frac{5}{3}L(\hat{x} + \hat{y})$$

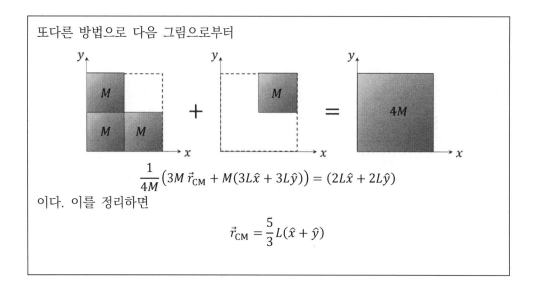

또다른 방법으로 다음 그림으로부터

$$\frac{1}{4M}\left(3M\,\vec{r}_{CM} + M(3L\hat{x} + 3L\hat{y})\right) = (2L\hat{x} + 2L\hat{y})$$

이다. 이를 정리하면

$$\vec{r}_{CM} = \frac{5}{3}L(\hat{x} + \hat{y})$$

## 3.6. 로켓

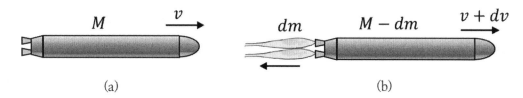

(a)                                    (b)

**그림 3.10 로켓이 연료를 분사할 때 운동량은 보존된다.**

그림 3.10(a)와 같이 질량이 $M$이고 속도가 $v$로 운동하는 로켓에서 어느 순간 $dm$의 연료를 로켓에 대해서 $v_e$의 속력으로 속도 반대방향으로 분사되었다. 로켓의 질량은 $M$에서 $M - dm$으로 변하였고 로켓의 속도는 $v$에서 $v + dv$만큼 증가하였다. 지면의 정지 관성계에서 연료의 속도는 $v - v_e$이다. 운동량은 보존되므로

$$Mv = (M - dm)(v + dv) + dm(v - v_e) \tag{3.35}$$

이 성립한다. 우변을 전개하고 $dm \cdot dv$ 은 매우 작은 양이므로 무시하여 정리하면

$$0 = Mdv - v_e dm \tag{3.36}$$

$dm = -dM$ 이므로

$$Mdv = -v_e dM \tag{3.37}$$

이다. 이 식의 양변을 $dt$로 나누면 로켓의 **추진력(Thrust)** $T$를 얻는다.

$$T = M\frac{dv}{dt} = \left|v_e\frac{dM}{dt}\right| \quad \text{(로켓의 추진력)} \tag{3.38}$$

즉, 로켓의 추진력, 또는 연료를 분사하며 가속을 받는 모든 형태의 장치들은 (분사속력)×(연료 소모율)의 추진력을 받는다.

식 (3.37) 으로부터 $dv = -v_e\frac{dM}{M}$ 이므로 양변을 $i$ (처음상태)에서 $f$ (나중상태)까지 적분하면

다음과 같이 속도변화에 대한 식을 얻게 된다.

$$v_f - v_i = v_e \ln\left(\frac{M_i}{M_f}\right) \tag{3.39}$$

# 4. 회전

## 4.1. 서설

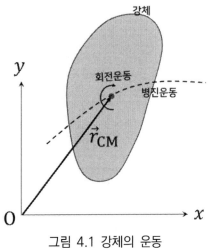

그림 4.1 강체의 운동

지금까지는 모든 물체를 그 부피를 무시한 채 점질량으로 취급하였다. 이제 어떤 부피와 모양을 가지는 물체를 생각해보자. **강체(Rigid Body)** 란 외력을 받아도 크기나 형태가 변하지 않는 물체를 말한다. 즉, 강체 내의 임의의 두 점 사이의 거리가 변하지 않는 물체를 말한다. 그러한 강체의 운동은 질량중심이 운동하는 병진운동과 그러한 질량중심을 기준으로 하는 강체의 회전 운동 두 가지의 조합으로 기술할 수 있다. 4장에서는 강체의 회전운동에 대해 살펴본다.

## 4.2. 회전운동의 기술

### 4.2.1. 각위치

**각위치(angular position,** SI단위: rad) $\theta$ 는 회전축으로부터 강체 위의 한 점을 향하는 방향선이 기준축(보통은 $+x$ 축으로 한다)에 대해 이루는 각도(라디안 단위)로 정의한다. 부호는 반시계 방향 회전을 (+)로, 시계방향 회전을 (-)로 한다.

**각변위(angular displacement,** SI단위: rad) $\Delta\theta$ 는 나중 각위치와 처음 각위치의 차이로 정의된다.

$$\Delta\theta = \theta_2 - \theta_1 \tag{4.1}$$

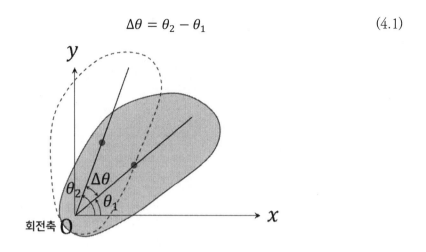

그림 4.2 각위치 및 각변위

### 4.2.2. 각속도

**평균 각속도** $\omega_{\text{avg}}$는 강체의 각변위의 시간변화에 대한 비율로서 정의한다.

$$\omega_{\text{avg}} = \frac{\Delta\theta}{\Delta t} \tag{4.2}$$

이는 강체가 어떠한 방향으로 어떠한 빠르기로 회전하는 지를 나타낸다. **순간각속도** $\omega$는 어느 시점에서의 순간적인 각위치의 변화율을 나타내는 물리량으로 다음과 같이 각위치의 시간에 대한 미분으로 정의된다. (**각속도(angular velocity,** SI단위: rad/s)는 순간각속도를 나타낸다.)

$$\omega = \lim_{\Delta t \to 0} \frac{\Delta\theta}{\Delta t} = \frac{d\theta}{dt} \tag{4.3}$$

$\omega > 0$이면 강체는 반시계 방향으로 회전 중에 있으며 $\omega < 0$이면 강체는 시계방향으로 회전 중에 있다. 각속력은 각속도의 크기를 말한다.

### 4.2.3. 각가속도

**평균 각가속도**는 시간 변화에 따른 각속도의 변화율로 정의한다.

$$\alpha_{\text{avg}} = \frac{\Delta\omega}{\Delta t} \tag{4.4}$$

이는 강체의 각속도가 어느 방향으로 얼마나 빠르게 변화하고 있는지를 나타낸다. 순간 각가속도 $\alpha$는 어떤 시점에서 순간적인 각속도의 변화율로서 다음과 같이 각속도의 시간에 대한 미분으로 정의된다. (**각가속도(angular acceleration,** SI단위: rad/s²)는 순간 각가속도를 의미한다.)

$$\alpha = \lim_{\Delta t \to 0} \frac{\Delta\omega}{\Delta t} = \frac{d\omega}{dt} = \frac{d^2\theta}{dt^2} \tag{4.5}$$

$\alpha > 0$ 이면 강체는 반시계 방향으로 각속도가 증가하고 있으며 $\alpha < 0$ 이면 강체는

시계방향으로 각속도가 증가하고 있다.

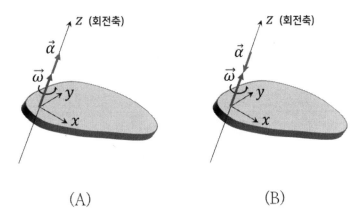

(A)                    (B)

그림 4.3 각속도 및 각가속도의 방향

각속도 $\vec{\omega}$ 및 각가속도 $\vec{\alpha}$는 벡터이다. 위 그림에서 강체가 $z$축을 회전축으로 하여 회전하고 있다고 하자. 각속도 $\vec{\omega}$ 의 방향은 회전방향을 오른손으로 감쌌을 때 엄지가 가리키는 방향이다. 각가속도 $\vec{\alpha}$ 의 방향은 각속도가 증가하는 방향으로 오른손으로 감쌌을 때 엄지가 가리키는 방향이다. 그림 4.3(A)에서 $\vec{\omega}$와 $\vec{\alpha}$ 의 방향이 +$z$ 방향으로 일치하므로 각속도는 +$z$ 방향으로 계속 증가한다. 그림 4.3(B)에서 $\vec{\omega}$와 $\vec{\alpha}$의 방향이 반대이므로 +$z$ 방향이었던 각속도는 그 크기가 점점 감소하고 어느 순간 회전이 멈추었다가 −$z$ 방향으로 회전을 시작하게 된다.

### 4.2.4. 등각가속도 운동

등각가속도 운동은 각가속도가 일정한 운동을 말한다. $\alpha = \frac{d\omega}{dt} = \frac{d^2\theta}{dt^2}$ 가 상수 이므로 병진운동에서 등가속도 운동과 마찬가지로 다음과 같은 각속도-시간, 각위치-시간, 각위치-각속도의 관계식이 성립한다.

$$① \; \omega = \omega_0 + \alpha t \qquad\qquad (각속도 - 시간) \qquad\qquad (4.6)$$

$$② \; \theta = \theta_0 + \omega_0 t + \frac{1}{2}\alpha t^2 \qquad (각위치 - 시간) \qquad\qquad (4.7)$$

$$③ \; 2\alpha(\theta - \theta_0) = \omega^2 - \omega_0^2 \qquad (각위치 - 속도) \qquad\qquad (4.8)$$

### 4.2.5. 회전운동과 병진운동의 물리량

강체가 고정된 회전축에 대하여 회전운동을 하며 어떤 시점에 각속도가 $\omega$, 각가속도가 $\alpha$ 라 하자. 회전축으로부터 거리 $r$ 만큼 떨어진 강체 위의 한 점 P는 다음 그림과 같이 반지름이 $r$인 원궤도를 따르게 된다.

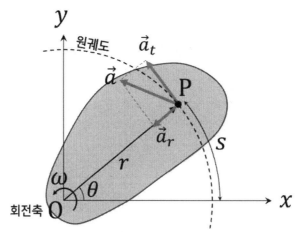

그림 4.4 강체의 회전과 병진운동의 물리량

점 P의 각변위는 $\theta$이고 이동거리 $s$는

$$s = r\theta \qquad (4.9)$$

이다. 따라서 점 P의 접선방향의 병진 속력 $v$는

$$v = \frac{ds}{dt} = r\frac{d\theta}{dt} = r\omega \qquad (4.10)$$

이다. 따라서 어떤 시점에 강체 위의 모든 점은 동일한 각속도 $\omega$ 및 각가속도 $\alpha$를 갖지만, 병진 속력은 회전 축으로부터 거리에 비례하여 커진다.

다음으로 점 P의 병진 가속도를 살펴보자. 먼저 지름 가속도 $\vec{a}_r$의 크기는

$$a_r = \frac{v^2}{r} = \frac{(r\omega)^2}{r} = r\omega^2 \qquad (4.11)$$

이다. 또한, 접선 가속도 $a_t$는

$$a_t = \frac{dv}{dt} = r\frac{d\omega}{dt} = r\alpha \qquad (4.12)$$

이다. 두 가속도 모두 회전축으로부터 거리 $r$에 비례한다. 따라서 점 P의 전체 가속도의 크기는 다음과 같다.

$$a = \sqrt{a_r^2 + a_t^2} = r\sqrt{\omega^4 + \alpha^2} \qquad (4.13)$$

## 기본문제 4.1

반지름이 $R = 0.5\text{m}$ 인 원판이 일정한 각가속도 $\alpha = 2\,\text{rad/s}^2$ 로 회전하고 있다. $t = 0$ 에서 각속도는 $\omega_0 = -4\,\text{rad/s}$ 이고 각위치는 $\theta_0 = 0$이다.

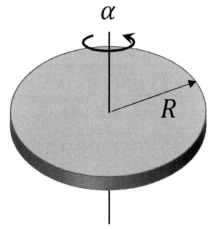

(a) 원판이 회전을 멈추는 시간을 구하시오

(b) 원판의 각위치가 $\theta = 5\text{rad}$ 이 될 때의 시간을 구하시오

(c) $t = 3\text{s}$ 일때 원판의 가장자리의 한 점의 병진속력 및 병진가속도를 구하시오.

### 풀 이

(a) 원판은 등각가속도 운동을 하므로

$$\omega = \omega_0 + \alpha t = -4 + 2t \quad \cdots (1)$$

이다. 따라서 $0 = -4 + 2t$ 에서

$$t = 2\,\text{s}$$

(b) 각위치-시간의 관계식 에서

$$\theta = \theta_0 + \omega_0 t + \frac{1}{2}\alpha t^2 = -4t + t^2$$

이다. 따라서 $5 = -4t + t^2$ 에서

$$t = 5\,\text{s}$$

(c) $t = 3\text{s}$ 에서 식(1) 으로부터 $\omega = 2\text{rad/s}$. 따라서 병진속력 $v$는

$$v = R\omega = 0.5 \cdot 2 = 1\text{m/s}$$

이다. 지름가속도 $a_r$은

$$a_r = \frac{v^2}{R} = R\omega^2 = 0.5 \cdot 2^2 = 2\text{m/s}^2$$

이고, 접선가속도 $a_t$는

$$a_t = R\alpha = 0.5 \cdot 2 = 1\text{m/s}^2$$

이다. 따라서 병진가속도의 크기 $a$는 다음과 같다.

$$a = \sqrt{a_r^2 + a_t^2} = \sqrt{2^2 + 1^2} = \sqrt{5}\text{m/s}^2$$

## 4.3. 토크

### 4.3.1. 토크의 정의

물체의 병진운동을 변화시키는 원인은 힘이다. 마찬가지로 물체의 회전운동을 변화시키는 원인에 해당하는 물리량이 바로 **토크(돌림힘)**이다. 정지상태에서 굳게 잠겨 있는 너트를 회전시켜 볼트로부터 분리하는 경우를 생각해보자.

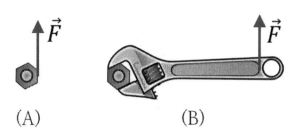

(A)                    (B)

그림 4.5 토크의 개념

물체를 회전시키려면 회전축으로부터 일정한 거리만큼 떨어진 지점에서 회전축을 향하는 방향과 수직한 방향으로 힘을 가해주어야 한다. 위 그림 A와 같이 손으로 직접 너트에 힘을 가하면 너트를 회전시키기 매우 어렵다. 하지만 그림 B와 같이 너트에 렌치를 걸고서 렌치 손잡이에 같은 힘을 가하면 쉽게 너트를 회전시킬 수 있음을 우리는 경험적으로 잘 알고 있다. 즉, 토크는 힘의 작용점을 회전축으로부터 멀리 할수록 커진다.

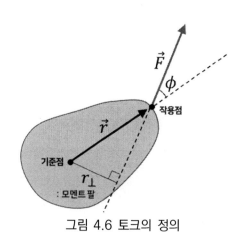

그림 4.6 토크의 정의

그림4.6과 같이 기준점을 중심으로 회전할 수 있는 강체에서 기준점으로부터 $\vec{r}$ 위치에 있는 작용점에 힘 $\vec{F}$를 가해주었을 때 **토크(Torque)** $\vec{\tau}$는 다음과 같이 벡터곱으로 정의된다. (SI 단위: Nm, 에너지의 단위와 같지만 전혀 다른 물리량 임에 주의!)

$$\vec{\tau} = \vec{r} \times \vec{F} \tag{4.14}$$

이와 같이 토크는 먼저 기준점이 정의되어 있어야 한다. 기준점이 달라지면 동일한 힘에 대해서도 토크는 달라진다. 위치벡터 $\vec{r}$과 힘 $\vec{F}$가 이루는 각이 $\phi$일 때 토크의 크기는 다음과 같다.

$$\tau = rF \sin \phi \qquad (4.15)$$

힘의 작용점에서 기준점을 향하는 방향에 대해 수직한 방향의 힘성분인 $F \sin \phi$만이 물체를 회전시킬 수 있기 때문에 $\sin \phi$가 곱해져야 한다. 또 다른 관점에서 보면, 위그림에서 $r \sin \phi$는 기준점에서 힘벡터의 연장선 까지의 거리 $r_\perp$이다. 이를 **모멘트 팔(Moment arm)**라 한다. 따라서 토크의 크기는

$$\tau = r_\perp F \qquad (4.16)$$

과 같다. 따라서 토크는 힘벡터의 연장선이 기준점으로부터 멀수록, 힘이 클수록 커진다. 토크의 정의로부터 토크의 방향은 $\vec{r}$과 $\vec{F}$가 이루는 평면에 수직임을 알 수 있다. 토크의 방향에 엄지손가락을 일치시키면 나머지 네 손가락이 감싸는 방향으로 물체의 회전 각속력이 증가하게 된다.

### 4.3.2. 회전 운동 방정식

　　뉴턴의 운동 방정식을 고정축에 대한 강체의 회전운동에 대해 적용해보자. 강체가 다음 그림과 같이 회전축을 중심으로 회전운동을 할 수 있다. 그리고 강체의 각 질량 요소마다 힘이 작용하고 있다. 먼저 강체를 작은 질량요소들로 $N$등분하여 그 중 $i$번째 질량요소인 $\Delta m_i$에 대해서 살펴보자.

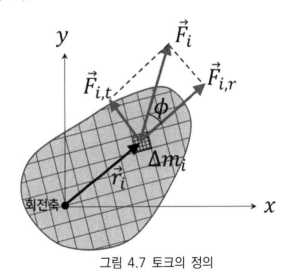

그림 4.7 토크의 정의

$\Delta m_i$의 위치는 $\vec{r}_i$이고 힘 $\vec{F}_i$가 작용한다. $\Delta m_i$에 작용하는 토크 $\tau_i$는

$$\tau_i = |\vec{r}_i \times \vec{F}_i| = r_i F_i \sin \phi = r_i F_{i,t} \qquad (4.17)$$

이다. 여기서 $F_{i,t}$는 힘 $\vec{F}_i$의 접선방향 성분이다. 힘 $F_{i,t}$은 접선 가속도 $a_{i,t}$에 대하여 다음 방정식을 만족한다.

$$F_{i,t} = \Delta m_i a_{i,t} = \Delta m_i r_i \alpha \tag{4.18}$$

위 식의 마지막 단계에서 식(4.12) $a_{i,t} = r_i \alpha$를 이용하였다. 따라서

$$\tau_i = r_i F_{i,t} = \Delta m_i r_i^2 \alpha \tag{4.19}$$

강체 위의 모든 점은 같은 각가속도 $\alpha$를 갖는다. 따라서 강체에 작용하는 전체 토크에 대해 다음 식이 성립한다.

$$\sum \tau_i = \left( \sum \Delta m_i r_i^2 \right) \alpha \tag{4.20}$$

이 때 좌변에서 내부적인 힘에 대한 토크는 모두 상쇄된다. 이는 뉴턴의 제3법칙의 결과이다. 따라서 위 식의 좌변은 오로지 외부의 힘에 의한 토크만이 포함된다. 즉,

$$\sum \tau_i = \sum \tau_{i,\text{ext}} \tag{4.21}$$

이다. 또한 우변에서 $\sum \Delta m_i r_i^2$ 는 병진운동의 질량에 대응되는 회전운동에서의 물리량이다. 즉 외부 토크에 대해 강체의 회전을 거스르려는 경향을 나타내는 물질의 특성이다. 이를 **관성모멘트**로 정의하고 기호 $I$로 나타낸다. 따라서

$$\sum \tau_{i,\text{ext}} = I\alpha \tag{4.22}$$

이다. 식(4.22)는 강체의 회전운동에서의 운동방정식이 된다.


## 4.4. 관성모멘트

### 4.4.1. 관성모멘트의 정의

평균대 위를 걸어갈 때 누구나 본능적으로 팔을 옆으로 편다. 옆으로 떨어지지 않고 균형을 잘 맞추기 위해서이다. 여기에는 역학적인 이유가 있다. 팔을 옆으로 펴면 평균대라는 회전축에 대해 몸의 관성모멘트가 커지므로 외부 토크에 대해서 회전을 더 쉽게 저지할 수 있게 된다. (즉 균형을 더 쉽게 맞출 수 있게 된다.)

**관성모멘트**(Moment of inertia, SI 단위: $kg \cdot m^2$ )는 병진운동의 질량에 대응되는 회전운동에서의 물리량으로 식(4.22)에서 나타나듯이 외부의 토크에 대해 회전을 저지하려는 경향을 나타내는 강체 고유의 특성이다. 물체계에서 어떤 회전축에 대한 관성모멘트 $I$ 는 다음과 같이 정의된다.

$$I = \sum_i m_i r_i^2 \tag{4.23}$$

$m_i$ 는 물체계를 구성하는 각 구성요소들의 질량이고, $r_i$ 는 회전축으로부터 구성요소까지의 거리이다. 관성모멘트를 구하기 위해서는 먼저 회전축이 정해져야 한다. 강체는 강체의

모양에 따라, 회전축이 어디인지에 따라 달라진다. 구성요소들이 회전축으로부터 멀리 분포할수록 관성모멘트가 크다.

연속적인 질량분포를 가지는 강체에서 관성모멘트의 정의는 다음과 같다.

$$I = \int r^2 dm \tag{4.24}$$

질량 밀도를 이용하여 관성모멘트를 표현하면 다음과 같다.

$$1\text{차원 강체:} \quad I = \int \lambda x^2 dx, \quad \lambda = \frac{M}{L} \text{ (선밀도)} \tag{4.25}$$

$$2\text{차원 강체:} \quad I = \int \sigma r^2 dA, \quad \sigma = \frac{M}{A} \text{ (면밀도)} \tag{4.26}$$

$$3\text{차원 강체:} \quad I = \int \rho r^2 dV, \quad \rho = \frac{M}{V} \text{ (체적밀도)} \tag{4.27}$$

### 4.4.2. 여러가지 강체의 관성모멘트

#### 4.4.2.1. 균일한 막대

질량이 $M$ 이고 길이가 $L$ 인 균일한 막대의 질량중심을 회전축으로 할 때의 관성모멘트를 구해보자.

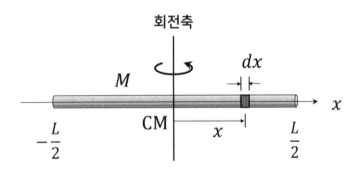

그림 4.8 균일한 막대의 질량중심을 회전축으로 하는 관성모멘트

그림에서 빗금친 부분의 미소길이 $dx$에 대한 미소질량 $dm$은 $dm = \lambda dx$ 이므로

$$I_{\text{CM}} = \int x^2 dm = \int_{-\frac{L}{2}}^{\frac{L}{2}} \lambda x^2 dx = 2\lambda \left[\frac{x^3}{3}\right]_0^{\frac{L}{2}} = \frac{\lambda L^3}{12} \tag{4.28}$$

$\lambda = \frac{M}{L}$ 이므로

$$I_{\text{CM}} = \frac{1}{12} M L^2 \tag{4.29}$$

회전축이 막대 끝에 있는 경우의 관성모멘트 $I_0$는 다음과 같다.

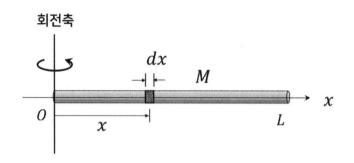

그림 4.9 균일한 막대의 끝을 회전축으로 하는 관성모멘트

$$I_0 = \int x^2 dm = \int_0^L \lambda x^2 dx = \lambda \left[\frac{x^3}{3}\right]_0^L = \frac{\lambda L^3}{3} \quad (4.30)$$

$$\therefore I_0 = \frac{1}{3} M L^2 \quad (4.31)$$

$I_0 = 4I_{CM}$ 으로서, 막대 끝을 회전축으로 하는 관성모멘트가 질량중심을 회전축으로 하는 관성모멘트 보다 4배만큼 크다. 막대 끝을 회전축으로 하는 경우가 질량중심을 회전축으로 하는 경우보다 질량 요소들이 회전축으로부터 더 멀리 분포하기 때문이다.

### 4.4.2.2. 균일한 원통 껍질 (고리)

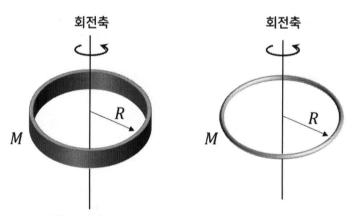

그림 4.10 균일한 원통껍질 또는 고리의 중심을 회전축으로 하는 관성모멘트

위 그림과 같이 질량이 $M$이고 반지름이 $R$인 균일한 원통 껍질, 또는 고리모양의 강체에서 질량중심을 회전축으로 하는 관성모멘트 $I_{CM}$ 은 질량요소들 모두가 회전축으로부터의 거리가 $R$이므로 다음과 같이 기술된다.

$$I_{CM} = \int r^2 dm = R^2 \int dm \quad (4.32)$$

$$\therefore I_{CM} = M R^2 \quad (4.33)$$

### 4.4.2.3. 균일한 원통 (원판)

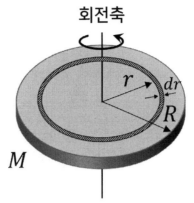

회전축

그림 4.11 균일한 원통 또는 원판의 중심을 회전축으로 하는 관성모멘트

위 그림과 같이 질량이 $M$이고 반지름이 $R$인 균일한 원통 또는 원판에 대해 질량중심을 회전축으로 하는 관성모멘트 $I_{CM}$을 구해보자. 원판을 먼저 두께가 $dr$인 원통 껍질들로 분해한다. 원판의 높이를 $h$라할 때 빗금친 부분의 반지름이 $r$이고 두께가 $dr$인 원통 껍질의 부피는 $dV = 2\pi r dr \cdot h$이다. (원통 껍질을 쭉 펴서 직육면체를 만들면 $dV$식을 쉽게 이해할 수 있다.) 따라서 $dV$에 해당하는 미소질량 $dm$은

$$dm = \rho dV = 2\pi\rho h r dr \tag{4.34}$$

이므로, $I_{CM}$을 구하면

$$I_{CM} = \int r^2 dm = 2\pi\rho h \int_0^R r^3 dr = \frac{1}{2}\pi\rho h R^4 \tag{4.35}$$

여기서 체적밀도는 $\rho = \frac{M}{V} = \frac{M}{\pi R^2 h}$이므로 위 식에 대입하면

$$I_{CM} = \frac{1}{2}MR^2 \tag{4.36}$$

### 4.4.2.4. 균일한 직사각형 판

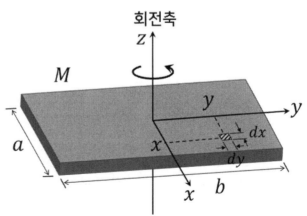

회전축

그림 4.12 균일한 직사각형 판의 중심을 회전축으로 하는 관성모멘트

위 그림과 같이 질량이 $M$이고 변의 길이가 각각 $a, b$인 균일한 직사각형 판에 대해

질량중심을 회전축으로 하는 관성모멘트 $I_{CM}$ 을 구해보자. $(x, y)$ 좌표에 있는 가로 세로 길이가 각각 $dx, dy$ 인 미소 면적 $dA$ 에 대한 미소 질량은 $dm = \sigma dxdy$ 이므로 $I_{CM}$ 은 다음과 같은 면적분으로 계산할 수 있다.

$$I_{CM} = \int r^2 dm = \sigma \int_{-\frac{b}{2}}^{\frac{b}{2}} \int_{-\frac{a}{2}}^{\frac{a}{2}} (x^2 + y^2)\, dxdy = \sigma \int_{-\frac{b}{2}}^{\frac{b}{2}} \left[ \frac{x^3}{3} + y^2 x \right]_{-a/2}^{a/2} dy$$
$$= \sigma \int_{-\frac{b}{2}}^{\frac{b}{2}} \left( \frac{a^3}{12} + y^2 a \right) dy = \left[ \frac{a^3}{12} y + \frac{a y^3}{3} \right]_{-b/2}^{b/2} = \frac{a^3 b}{12} + \frac{ab^3}{12} \tag{4.37}$$

여기서 면밀도는 $\sigma = \frac{M}{A} = \frac{M}{ab}$ 이므로 위 식에 대입하면 $I_{CM}$ 은 다음과 같다.

$$I_{CM} = \frac{1}{12} M(a^2 + b^2) \tag{4.38}$$

### 4.4.2.5. 속이 꽉 찬 구, 속이 빈 구 껍질

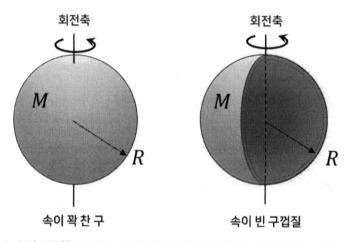

그림 4.13 속이 꽉 찬 구 또는 속이 빈 구껍질의 중심을 회전축으로 하는 관성모멘트

질량이 $M$ 이고 반지름이 $R$ 인 속이 꽉 찬 구 및 속이 비어 있는 구 껍질에 대해 질량중심을 회전축으로 하는 관성모멘트 $I_{CM}$ 은 구면좌표계를 이용하여 계산되며 그 결과는 다음과 같다.

$$I_{CM} = \frac{2}{5} MR^2 \quad \text{(속이 꽉 찬 구)} \tag{4.39}$$

$$I_{CM} = \frac{2}{3} MR^2 \quad \text{(속이 빈 구껍질)} \tag{4.40}$$

같은 질량이라면 속이 빈 구껍질의 경우가 회전축으로부터 상대적으로 멀리 떨어진 구 표면에 질량요소들이 밀도 있게 분포하므로 관성모멘트가 속이 꽉 찬 구보다 크다.

### 4.4.3. 평행축 정리, 수직축 정리

지금까지 여러가지 모양의 강체의 질량 중심을 지나는 회전축에 대한 관성모멘트 $I_{CM}$ 을 구해보았다. 만일 회전축이 이와 평행하면서 $D$ 만큼 떨어진 경우에 대한 관성모멘트 $I$ 는

**평행축 정리(Parallel-Axis Theorem)**를 이용하면 다음과 같다.

$$I = I_{\mathrm{CM}} + MD^2 \quad \text{(평행축 정리)} \tag{4.41}$$

여기서 $M$은 강체의 질량이다. 즉 강체의 관성모멘트는 질량중심을 회전축으로 할 때 가장 작고 그로부터 다른 평형한 축에 대한 관성모멘트는 질량 중심축에 대한 관성모멘트보다 항상 크다.

한편 **수직축 정리(Perpendicular-Axis Theorem)**는 다음과 같다. 임의의 평면판의 강체에 대해서 평면한의 한 수직축에 대한 관성모멘트는 그 수직축과 평면판의 교점을 지나고 평면판에서 서로 수직인 임의의 두 축에 대한 관성 모멘트의 합과 같다.

$$I_z = I_x + I_y \quad \text{(수직축 정리)} \tag{4.42}$$

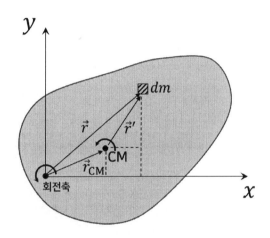

그림 4.14 평행축 정리의 증명

먼저 평행축 정리를 증명해보자. 위 그림에서 질량중심(CM) 및 원점을 회전축으로 하는 관성모멘트를 각각 $I_{\mathrm{CM}}$, $I$라 하자. 미소질량 $dm$의 위치벡터 $\vec{r}$은

$$\vec{r} = \vec{r}_{\mathrm{CM}} + \vec{r}' \tag{4.43}$$

으로 나타낼 수 있다. $\vec{r}_{\mathrm{CM}}$은 질량중심의 위치 벡터이고 $dm$에 대한 적분에서 변하지 않는 상수이다. $\vec{r}'$은 질량중심을 기준으로 할 때의 미소질량 $dm$의 위치 벡터이다. 관성모멘트 $I$는 다음과 같이 기술된다.

$$\begin{aligned} I &= \int r^2 dm = \int |\vec{r}_{\mathrm{CM}} + \vec{r}'|^2 dm = \int \left( r_{\mathrm{CM}}^2 + r'^2 + 2\vec{r}_{\mathrm{CM}} \cdot \vec{r}' \right) dm \\ &= r_{CM}^2 \int dm + \int r'^2 dm + 2\vec{r}_{\mathrm{CM}} \cdot \int \vec{r}' dm \end{aligned} \tag{4.44}$$

여기서 $r_{CM}^2 = D^2$, $\int dm = M$이다. $\int r'^2 dm$ 은 질량중심을 기준으로 하는 관성모멘트 이므로 $I_{\mathrm{CM}}$이다. $\frac{1}{M} \int \vec{r}' dm$ 은 질량중심을 기준으로 할 때의 질량중심의 위치이므로 0이다. 따라서 정리하면

$$I = I_{\mathrm{CM}} + MD^2$$

이다.

다음으로 수직축 정리를 증명해 보자.

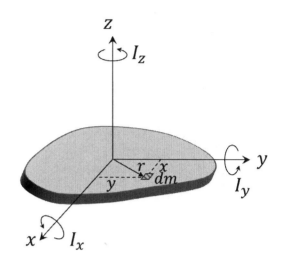

그림 4.15 수직축 정리의 증명

위 그림에서

$$I_z = \int r^2 dm = \int (x^2 + y^2)dm = \int x^2 dm + \int y^2 dm = I_x + I_y \quad (4.45)$$

## 기본문제 4.2

그림과 같이 질량 및 반지름이 $M, R$ 이고 중심부에 있는 고정축에 대해 자유롭게 회전할 수 있는 원판에 질량을 무시할 수 있는 줄이 감겨져 있고 줄 끝에는 질량이 $m$ 인 물체가 연결되어 있다. 물체는 정지상태에서 놓여 졌다. 다음 물음에 답하시오. (단, 중력가속도의 크기는 $g$이다)

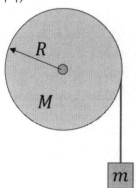

(a) 물체의 가속도를 구하시오.

(b) 원판의 각가속도를 구하시오.

(c) 줄의 장력을 구하시오.

**풀이**

(a) 오른쪽 그림과 같이 자유물체도를 그리자. 물체에 대해 아래방향을 (+)으로 하고 원판의 시계방향 회전을 (+)로 설정하자. 물체에 대한 병진 운동 방정식, 원판에 대한 회전 운동 방정식, 및 미끄러지지 않고 줄이 풀리는 조건을 기술하면 다음과 같다.

$$mg - T = ma \quad \text{(1. 병진 운동 방정식)}$$
$$RT = I\alpha \quad \text{(2. 회전 운동 방정식)}$$
$$a = R\alpha \quad \text{(3. 미끄러지지 않을 조건)}$$

2, 3번 식으로부터 $T = \frac{I}{R^2}a$ 이므로 1번 식에 대입하면

$$a = \frac{g}{\left(1 + \frac{I}{mR^2}\right)}$$

원판에 대해 $I = \frac{1}{2}MR^2$ 이므로

$$a = \frac{g}{\left(1 + \frac{M}{2m}\right)}$$

(b) 3번 식으로부터

$$\alpha = \frac{a}{R} = \frac{g}{R\left(1 + \frac{M}{2m}\right)}$$

(c) 1번 식으로부터

$$T = m(g - a) = \frac{Mg}{\left(2 + \frac{M}{m}\right)}$$

## 4.5. 회전 운동 에너지

### 4.5.1. 강체의 회전운동 에너지

고정축에 대하여 회전 운동하는 강체의 운동에너지를 구해보자.

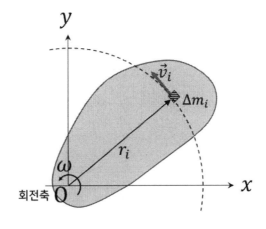

그림 4.16 강체의 회전 운동에너지

그림 4.16과 같이 원점인 회전축을 중심으로 어떤 시점에 각속력 $\omega$로 강체가 회전하고 있다. 강체 위의 질량요소 $\Delta m_i$의 속력 $v_i$는 $v_i = r_i\omega$ 이다. 회전축으로부터의 거리 $r_i$는 각 질량요소마다 다르지만 각속력 $\omega$는 모든 질량요소마다 같은 값을 가진다. $\Delta m_i$의 미소한 운동에너지 $K_i$는

$$K_i = \frac{1}{2}\Delta m v_i^2 = \frac{1}{2}\Delta m_i r_i^2 \omega^2 \tag{4.46}$$

따라서 강체 전체의 회전 운동에너지 $K_R$은 다음과 같다.

$$K_R = \sum_i K_i = \frac{1}{2}\left(\sum_i \Delta m_i r_i^2\right)\omega^2$$
$$\therefore K_R = \frac{1}{2}I\omega^2 \tag{4.47}$$

### 4.5.2. 회전 운동에서의 일

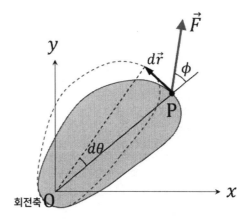

그림 4.17 회전 운동에서의 일

위 그림과 같이 회전축으로부터 $r$만큼 떨어진 강체 위의 점 P에 힘 $\vec{F}$가 가해져 강체가 $d\theta$만큼 회전하였다. 점 P의 변위를 $d\vec{r}$이라 하면 $dr = rd\theta$이다. 따라서 힘이 해준 미소 일 $dW$는

$$dW = \vec{F}\cdot d\vec{r} = Fdr\sin\phi = rF\sin\phi\, d\theta = \tau d\theta \tag{4.48}$$

따라서 전체 일은 다음과 같다.

$$W = \int_{\theta_1}^{\theta_2} \tau d\theta \tag{4.49}$$

회전 운동에서의 일률 $P$는 다음과 같이 표현된다.

$$P = \frac{dW}{dt} = \tau\frac{d\theta}{dt} = \tau\omega \tag{4.50}$$

### 4.5.3. 회전 운동에서의 일-운동에너지 정리

강체에 알짜 토크 $\sum\tau_{\text{ext}}$가 가해져 강체의 각위치가 $\theta_1$에서 $\theta_2$로, 각속력이 $\omega_1$에서 $\omega_2$로

변화되었다고 하자. 알짜 토크가 해준 일을 식 (4.22), (4.48)를 이용하여 구해보자.

$$W = \int_{\theta_1}^{\theta_2} \sum \tau_{\text{ext}} d\theta = \int_{\theta_1}^{\theta_2} I\alpha d\theta = \int_{\theta_1}^{\theta_2} I\frac{d\omega}{dt} d\theta = \int_{\omega_1}^{\omega_2} I\omega d\omega$$
$$= \frac{1}{2} I\omega_2^2 - \frac{1}{2} I\omega_1^2 = \Delta K_R \tag{4.51}$$

즉, 회전 운동에서 외력이 해준 일은 회전 운동에너지로 전환이 된다.

## 기본문제 4.3

그림과 같이 길이가 $L$인 막대의 한쪽 끝이 경첩에 연결되어 자유롭게 회전할 수 있다. 수평방향으로 막대가 정지상태에서 놓여 졌다. 다음 물음에 답하시오.    (단, 중력가속도의 크기는 $g$이다)

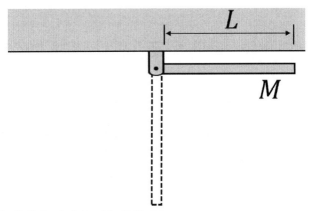

(a) $t = 0$ 에서 막대의 각가속도를 구하시오.

(b) $t = 0$ 에서 막대 끝의 병진 가속도를 구하시오.

(c) 막대가 연직 아래방향을 향할 때 막대의 각속도를 구하시오.

(d) 막대가 연직 아래방향을 향할 때 막대 끝의 병진속도를 구하시오.

### 풀 이

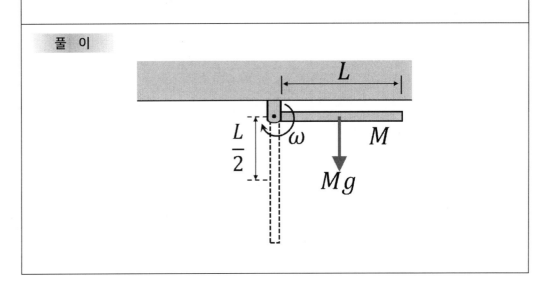

(a) 강체의 모든 질량요소에 작용하는 중력에 의한 토크의 합은 질량중심에 모든 중력이 작용하여 나타나는 토크와 같다. 따라서 회전 운동 방정식을 세우면

$$\frac{L}{2}Mg = I\alpha$$

막대의 끝을 회전축으로 하는 관성모멘트는 $I = \frac{1}{3}ML^2$이므로

$$\alpha = \frac{MgL}{2I} = \frac{3g}{2L}$$

(b) $a = L\alpha$이므로

$$a = \frac{3}{2}g$$

이는 중력가속도보다 큰 값이다. 강체는 모양을 유지하기 위해 질량요소들 사이에 힘이 작용하기 때문에 중력만 작용할 때보다 가속도가 더 크게 된다.

(c) 역학적 에너지는 보존된다. 막대의 질량중심이 연직 아래 위치에 있을 때 중력 퍼텐셜 에너지를 0이라 하면 $K_1 + U_1 = K_2 + U_2$ 에서

$$0 + Mg\frac{L}{2} = \frac{1}{2}I\omega^2 + 0$$

이므로 정리하면

$$\omega = \sqrt{\frac{MgL}{I}} = \sqrt{\frac{3g}{L}}$$

(d) 막대 끝의 병진속도는 $v = L\omega$이므로

$$v = L\sqrt{\frac{3g}{L}} = \sqrt{3gL}$$

## 4.6. 강체의 굴림운동

### 4.6.1. 서설

지금까지는 고정축에 대한 강체의 회전운동에 대하여 회전 운동에너지, 운동방정식 등에 관하여 논의하였다. 이제 강체를 빗면 위에서 굴리거나 강체를 공중에 던지는 경우와 같이 회전축이 함께 운동하는 경우에 대해 강체의 운동을 기술해보자. 결론은 다음과 같다. 강체가 아무리 복잡한 운동을 하여도 항상 질량중심에 대한 병진운동과 질량중심을 기준으로 하는 회전운동으로 분리하여 그 운동을 기술할 수 있고 운동방정식도 분리하여 적용할 수 있다.

### 4.6.2. 강체의 운동 에너지

그림 4.18과 같이 강체가 임으로 운동할 때 질량요소 $\Delta m_i$ 의 위치 벡터 $\vec{r}_i$ 은 다음과 같이 기술된다.

$$\vec{r}_i = \vec{r}_{CM} + \vec{r}_i' \tag{4.52}$$

$\vec{r}_{CM}$은 질량중심의 위치 벡터이고 $\Delta m_i$에 따라 변하지 않는다. $\vec{r}_i'$은 질량중심을 기준점으로 할 때의 미소질량 $\Delta m_i$의 위치 벡터이다. $\Delta m_i$의 속도 벡터는 $\vec{v}_i = \vec{v}_{CM} + \vec{v}_i'$이므로 $\Delta m_i$의 강체의 전체 운동에너지 $K$는 다음과 같이 기술된다.

$$K = \frac{1}{2}\sum \Delta m_i |\vec{v}_i|^2 = \frac{1}{2}\sum \Delta m_i |\vec{v}_{CM} + \vec{v}_i'|^2$$
$$= \frac{1}{2}\left(\sum \Delta m_i\right) v_{CM}^2 + \frac{1}{2}\sum \Delta m_i \vec{v}_i'^2 + \frac{1}{2}\left(\sum \Delta m_i \vec{v}_i'\right) \cdot \vec{v}_{CM}$$

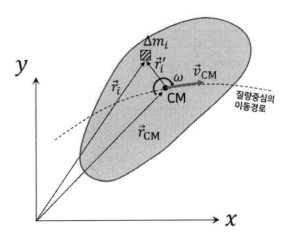

그림 4.18 강체의 운동에너지

마지막 항에서 $\sum \Delta m_i \vec{v}_i' = \frac{d}{dt}(\sum \Delta m_i \vec{r}_i') = 0$ 이다. $\frac{1}{M}\sum \Delta m_i \vec{r}_i'$은 질량중심을 원점으로 하는 좌표계에서 질량중심의 위치이므로 0이기 때문이다. 강체가 질량중심을 회전축으로 하여 $\omega$의 각속도로 회전한다면 $v_i' = r_i'\omega$이므로

$$\frac{1}{2}\sum \Delta m_i \vec{v}_i'^2 = \frac{1}{2}\left(\sum \Delta m_i r_i'^2\right)\omega^2 = \frac{1}{2}I_{CM}\omega^2 \tag{4.53}$$

이다. 따라서 정리하면

$$K = \frac{1}{2}Mv_{CM}^2 + \frac{1}{2}I_{CM}\omega^2 \tag{4.54}$$

즉, 강체의 임의의 운동에 대해 강체의 운동에너지는 질량중심의 병진운동에너지 $\frac{1}{2}Mv_{CM}^2$ 와 질량중심을 회전축으로 하는 회전운동에너지 $\frac{1}{2}I_{CM}\omega^2$ 의 합으로 표현된다.

### 4.6.3. 강체의 운동 방정식

강체의 임의의 운동에 관한 운동방정식 또한 질량중심의 운동에 대한 병진 운동 방정식과 질량중심을 회전축으로 하는 회전 운동 방정식으로 나누어서 기술된다:

$$\sum F_{ext} = Ma_{CM} \quad \text{(병진 운동 방정식, 식(3.34))}$$

$$\sum \tau_{ext} = I_{CM}\alpha \quad \text{(회전 운동 방정식, 식(4.22))}$$

즉, 병진 운동과 회전 운동에 관한 운동방정식을 각각 세우고 알맞은 제한 조건을 고려하여 각 방정식을 종합하여 푼다.

### 4.6.4. 알짜 외력이 없을 때 강체의 굴림 운동

원형의 강체가 미끄러짐 없이 지면 위를 굴러가는 운동을 **굴림 운동(rolling motion)**이라 한다. 이 경우 강체의 질량중심의 병진운동과 질량중심을 회전축으로 하는 회전운동이 동시에 진행된다. 이상적인 굴림 운동의 경우 지면과 강체 사이의 접합면에서의 강체의 변형으로 인해 발생하는 굴림 마찰에 의한 에너지 손실은 무시한다. 다음 그림은 반지름이 $R$이고 질량이 $M$인 원형 강체가 굴림 운동 할 때 강체 표면의 한 점 P의 이동 경로의 궤적을 나타낸 것이다.

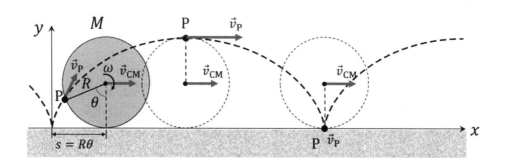

그림 4.19 강체의 굴림운동

강체가 미끄러지지 않기 때문에 질량 중심의 이동거리 $s$는 점 P가 질량중심을 기준으로 $\theta$만큼 회전한 호의길이와 같으므로

$$s = R\theta \tag{4.55}$$

이다. 따라서 질량중심의 속력 $v_{\mathrm{CM}}$은

$$v_{\mathrm{CM}} = \frac{ds}{dt} = R\frac{d\theta}{dt} = R\omega \tag{4.56}$$

마찬가지로 질량중심의 가속도 $a_{\mathrm{CM}}$은

$$a_{\mathrm{CM}} = \frac{dv_{\mathrm{CM}}}{dt} = R\frac{d\omega}{dt} = R\alpha \tag{4.57}$$

이다. 식 (4.55)-(4.57)은 강체가 굴림 운동할 때 병진운동의 물리량 $s, v_{\mathrm{CM}}, a_{\mathrm{CM}}$ 과 회전운동의 물리량 $\theta, \omega, \alpha$ 사이에 만족되어야 할 제한조건이다. 앞으로 이 식들을 '미끄러지지 않을 조건'이라 하겠다.

어느 순간에 강체 위의 점 P의 속도는 질량중심의 병진속도인 수평방향의 $v_{\mathrm{CM}} = R\omega$과 회전운동에 의한 원의 접선방향 속력 $R\omega$의 벡터 합으로 결정된다. 점P가 강체의 꼭대기에 위치할 때는 두 속도 성분의 방향이 일치하므로 $v_P = 2R\omega$ 이다. 반면에 점P가 바닥에 접할 때는 두 속도 성분의 방향이 반대이므로 $v_P = 0$ 이다. 즉 순간적으로 멈추게 된다. 점P의 경로를 위 그림에 굵은 점선으로 나타내었다. 이 곡선을 **사이클로이드(cycloid)곡선**이라 하며 다음과 같이 수학적으로 기술된다.

$$x = R(\omega t - \sin \omega t) \tag{4.58}$$

$$y = R(1 - \cos \omega t) \tag{4.59}$$

굴림 운동에서 강체의 운동에너지는 식 (4.54)과 같이 질량중심의 병진운동에 의한 운동에너지와 질량중심을 회전축으로 하는 회전운동에너지의 합으로 표현된다.

$$K = \frac{1}{2}Mv_{CM}^2 + \frac{1}{2}I_{CM}\omega^2$$

'미끄러지지 않을 조건' $v_{CM} = R\omega$를 적용하면 다음과 같다.

$$K = \frac{1}{2}Mv_{CM}^2\left(1 + \frac{I}{MR^2}\right) \tag{4.60}$$

### 4.6.5. 알짜 외력이 있을 때 강체의 굴림 운동

굴림 운동에서 외력이 작용하는 경우 지면과 강체 사이에 정지 마찰력이 작용해야만 미끄러지지 않고 굴림 운동을 할 수 있다.

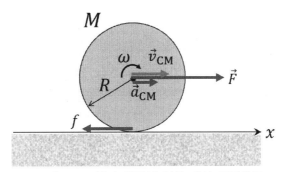

그림 4.20 알짜 외력이 있을 때의 굴림운동

위 그림과 같이 강체의 중심에 외력 $\vec{F}$가 가해지는 경우를 생각해보자. 굴림운동하기 위해서 강체는 그림과 같이 지면으로부터 정지 마찰력 $f$을 받는다. 위 운동을 기술하기 위해서 먼저 좌표축을 설정하고 병진운동의 양의 방향 회전운동의 양의 방향을 일관성 있게 설정한다. 그림에서 +$x$ 방향을 병진운동의 (+)방향으로 설정했으면 시계방향 회전을 회전운동의 (+)방향으로 설정한다. (강체에 작용하는 마찰력의 방향이 불명확하면 임의의 방향으로 설정한다. 최종 계산에서 얻은 마찰력의 부호로 마찰력의 방향을 최종 결정할 수 있다.) 그리고 다음과 같이 병진운동방정식, 회전운동방정식, 미끄러지지 않을 조건에 관한 방정식을 기술한다.

$$F - f = Ma_{CM} \quad \text{(병진 운동 방정식)}$$

$$Rf = I\alpha \qquad \text{(회전 운동 방정식)}$$

$$a_{\text{CM}} = R\alpha \qquad \text{(미끄러지지 않을 조건)}$$

병진운동의 (+)방향, 회전운동의 (+)방향에 맞게 각 물리량의 부호를 기술하였음에 유의하자. 위 식들을 연립방정식을 풀어 다음과 같이 $a_{\text{CM}}, \alpha$ 및 $f$를 구할 수 있다.

$$a_{\text{CM}} = \frac{F}{M\left(1 + \frac{I}{MR^2}\right)}, \quad \alpha = \frac{F}{MR\left(1 + \frac{I}{MR^2}\right)}, \quad f = \frac{F}{\left(1 + \frac{MR^2}{I}\right)} \quad (4.61)$$

## 기본문제 4.4

그림과 같이 경사각이 $\theta$인 빗면 위에 바닥으로부터 높이 $h$인 지점에서 반지름이 $R$이고 질량이 $M$인 속이 꽉 찬 구가 정지상태에서 놓여 졌고 구는 미끄러지지 않고 굴림운동을 한다. 물음에 답하시오. (단, 중력가속도의 크기는 $g$이다.)

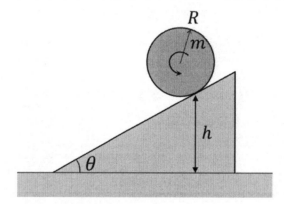

(a) 구의 질량중심의 병진가속도를 구하시오

(c) 구의 질량중심을 회전축으로 하는 각가속도를 구하시오

(c) 구와 빗면 사이의 정지마찰력을 구하시오.

(d) 구가 바닥에 도달했을 때 구의 각속력을 구하시오

#### 풀 이

(a) 자유물체도를 그리면 아래 그림과 같다.

구의 질량중심의 병진 운동 방정식, 질량중심을 회전축으로 하는 회전 운동 방정식, 미끄러지지 않을 조건을 기술하면 다음과 같다.

$$mg\sin\theta - f = ma_{\text{CM}} \qquad \text{(1. 병진 운동 방정식)}$$
$$Rf = I\alpha \qquad \text{(2. 회전 운동 방정식)}$$
$$a_{\text{CM}} = R\alpha \qquad \text{(3. 미끄러지지 않을 조건)}$$

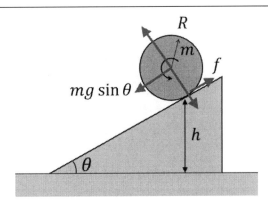

2, 3번 식으로부터

$$f = \frac{I a_{CM}}{R^2} = \frac{2}{5} m a_{CM}$$

여기서 속이 꽉 찬 구의 관성모멘트 값 $I = \frac{2}{5} mR^2$ 을 이용하였다. 이를 1번 식에 대입하여 정리하면

$$mg \sin \theta = \frac{7}{5} m a_{CM}$$
$$\therefore a_{CM} = \frac{5}{7} g \sin \theta$$

(b) 3번 식에서

$$\alpha = \frac{a_{CM}}{R} = \frac{5g \sin \theta}{7R}$$

(c) 위에서 $f = \frac{2}{5} m a_{CM}$ 이므로

$$f = \frac{2}{7} mg \sin \theta$$

(d) 역학적 에너지 보존을 이용하면 $K_1 + U_1 = K_2 + U_2$ 에서

$$0 + mgh = \frac{1}{2} m v_{CM}^2 + \frac{1}{2} I \omega^2 = \frac{1}{2} (mR^2 + I)\omega^2 = \frac{7}{10} mR^2 \omega^2$$

$$\therefore \omega = \sqrt{\frac{10gh}{7R^2}}$$

## 4.7. 각운동량

### 4.7.1. 비고립계인 경우의 각운동량

병진운동에서 운동량과 대응되는 회전운동에서의 운동량에 대해서 살펴보자. 그림과 같이 $xy$평면 위를 운동하는 질량이 $m$인 물체에 대해 힘 $\vec{F}$가 가해진다. 기준점으로부터 물체의 위치는 $\vec{r}$이다.

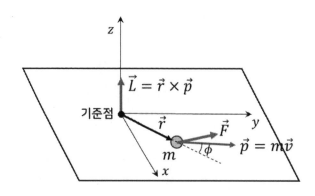

그림 4.21 각운동량

식 (3.7)로부터 운동방정식을 운동량에 관한 식으로 표현하면 $\vec{F} = \frac{d\vec{p}}{dt}$ 이다. 이를 이용하여 토크를 나타내면

$$\vec{\tau} = \vec{r} \times \vec{F} = \vec{r} \times \frac{d\vec{p}}{dt} = \vec{r} \times \frac{d\vec{p}}{dt} + \frac{d\vec{r}}{dt} \times \vec{p} \tag{4.62}$$

위 식에서 세번째 등식은 $\frac{d\vec{r}}{dt} \times \vec{p} = \vec{v} \times m\vec{v} = 0$ 이기 때문이다. 따라서

$$\vec{\tau} = \frac{d}{dt}(\vec{r} \times \vec{p}) \tag{4.63}$$

이 성립한다. 여기서 기준점에 대한 회전에 관한 운동량인 **각운동량**(angular momentum, SI단위: $kg \cdot m^2/s$) $\vec{L}$을 다음과 같이 정의한다.

$$\vec{L} = \vec{r} \times \vec{p} \tag{4.64}$$

따라서 비고립계의 경우 물체에 작용하는 토크에 관한 운동방정식을 다음과 같이 나타낼 수 있다.

$$\vec{\tau} = \frac{d\vec{L}}{dt} \tag{4.65}$$

그림에서 점질량 $m$에 대한 각운동량의 크기는

$$L = mvr \sin\phi \tag{4.66}$$

이다. 여기서 $r_\perp = r \sin\phi$ 은 모멘트의 팔 이므로 $L$을 다음과 같이 나타낼 수 있다.

$$L = mvr_\perp = r_\perp p \tag{4.67}$$

입자계의 경우 전체 각운동량은 $\vec{L}_{tot} = \sum_i \vec{L}_i = \vec{L}_1 + \vec{L}_2 + \cdots + \vec{L}_N$ 이다. 양변을 시간으로 미분하면

$$\frac{d\vec{L}_{tot}}{dt} = \sum_i \frac{d\vec{L}_i}{dt} = \sum_i \vec{\tau}_i \tag{4.68}$$

이다. 그런데 내부적인 힘에 의한 토크 들의 합은 뉴턴3법칙에 의해 0이 된다. 따라서 위

식의 우변은 외부의 힘에 의한 토크들의 합이 된다. 따라서

$$\sum_i \vec{\tau}_{i,\text{ext}} = \frac{d\vec{L}_{\text{tot}}}{dt} \tag{4.69}$$

이다. 이는 식 (4.22)와 함께 회전운동의 방정식의 일반적인 형태를 나타낸다.

### 4.7.2. 강체의 각운동량

그림 4.22과 같이 고정된 회전축에 대해 각속력 $\omega$ 로 회전하는 강체의 각운동량을 구해보자. 질량요소 $\Delta m_i$의 미소한 각운동량 $L_i$는

$$L_i = \Delta m_i v_i r_i = \Delta m_i r_i^2 \omega \tag{4.70}$$

이다. 따라서 강체 전체의 각운동량 $L$은 다음과 같다.

$$L = \sum_i L_i = \left( \sum_i \Delta m_i r_i^2 \right) \omega \tag{4.71}$$

$$\therefore L = I\omega$$

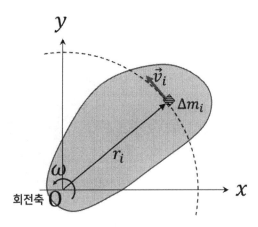

그림 4.22 강체의 각운동량

### 4.7.3. 고립계인 경우의 각운동량 보존 법칙

고립계의 경우 식 (4.69)에서 외부 토크의 합이 0 이므로

$$\frac{d\vec{L}_{\text{tot}}}{dt} = 0 \tag{4.72}$$

또는

$$\vec{L}_{\text{tot}} = (상수), \ or \ L_i = L_f \quad (각운동량 보존법칙) \tag{4.73}$$

이다. 즉, 각운동량은 보존된다. 강체의 경우에는

$$I_i \omega_i = I_f \omega_f \tag{4.74}$$

이다. 다만 각운동량이 보존되어도 역학적 에너지는 보존되지 않을 수 있음에 주의하자. 위 식에 따르면 외부에서 토크가 주어지지 않은 경우, 내부적인 원인에 의해 물체계의 모양이 변화되어 관성모멘트 값이 작아지면 그에 따라 각속도는 커지게 된다. 피켜스케이팅 선수들이 점프 후에 몸을 최대한 움츠리는 이유가 바로 관성모멘트를 줄여 각속도를 크게 하고 이로서 더 많이 회전하기 위함이다.

## 기본문제 4.5

그림과 같이 질량이 $M = 200$kg이고 반지름이 $R = 2$m인 원판이 각속력 $\omega = 7$rad/s로 회전하고 원판 위의 가장자리에 질량이 $m = 80$kg인 사람이 서 있다. 어느 시점에 이 사람이 원판의 중심방향으로 걸어가서 중심으로부터 $r = 0.5$m 만큼 떨어진 점 P에 도달하였다. (단, 회전축의 질량은 무시한다.)

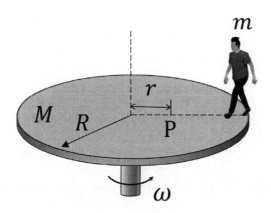

(a) 원판의 나중 각속력 $\omega_2$를 구하시오
(b) 역학적 에너지의 변화량을 구하시오

### 풀 이

(a) 외부에서 토크가 주어지지 않으므로 각운동량 보존식 $I_1 \omega_1 = I_2 \omega_2$ 이 성립한다.
처음과 나중의 관성모멘트는 다음과 같다.

$$I_1 = \frac{1}{2}MR^2 + mR^2 = \frac{1}{2} \cdot 200 \cdot 2^2 + 80 \cdot 2^2 = 720 \, \text{kg} \cdot \text{m}^2$$
$$I_2 = \frac{1}{2}MR^2 + mr^2 = \frac{1}{2} \cdot 200 \cdot 2^2 + 80 \cdot 0.5^2 = 420 \, \text{kg} \cdot \text{m}^2$$

따라서 $\omega_2$는 다음과 같다.

$$\omega_2 = \frac{I_1}{I_2}\omega_1 = \frac{720}{420} \cdot 7 = 12 \text{rad/s}$$

(b) 계의 처음 운동에너지 및 나중 운동에너지 $K_1, K_2$는 다음과 같다.

$$K_1 = \frac{1}{2}I_1\omega_1^2 = \frac{1}{2} \cdot 720 \cdot 7^2 = 17,640 \, \text{J}$$

$$K_2 = \frac{1}{2}I_2\omega_2^2 = \frac{1}{2} \cdot 420 \cdot 12^2 = 30,240 \, \text{J}$$

따라서 역학적 에너지 변화량은 다음과 같다.

$$\Delta E_{\text{mech}} = \Delta K = 30,240 - 17,640 = 12,600 \, \text{J} \; > 0$$

즉, 역학적 에너지는 증가하였다. 이것은 사람이 체내에 있던 화학에너지를 사용하여 걷는 행위를 통해 이를 운동에너지로 전환시켰기 때문이다.

## 기본문제 4.6

그림과 같이 마찰이 없는 수평면 위에 질량이 $M$ 이고 길이가 $L$ 인 막대가 $y$ 축 방향과 평행하게 정지상태에 놓여 졌다. 질량이 $m$ 인 공이 수평방향으로 속력 $v$ 로 날아와서 막대의 중심으로부터 $d = \frac{L}{4}$ 만큼 떨어진 지점에 충돌하고 멈추었다. 다음 물음에 답하시오. (단, 공의 질량은 막대의 질량에 비해 충분히 작다)

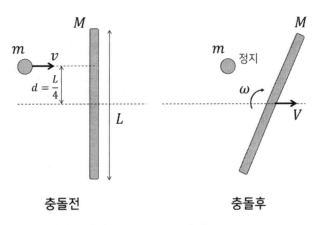

충돌전               충돌후

(a) 충돌 후 막대의 질량중심의 속도 $V$를 구하시오.

(b) 충돌 후 막대의 질량중심을 회전축으로 하는 막대의 각속력 $\omega$를 구하시오.

(b) 충돌 전후의 역학적 에너지의 손실량을 구하시오.

### 풀 이

(a) 고립계이므로 운동량이 보존된다. 따라서

$$mv = MV$$

$$\therefore V = \frac{m}{M}v$$

(b) 고립계이므로 각운동량이 보존된다. 막대의 질량중심을 기준점으로 할 때 충돌전과 충돌후의 각운동량 $L_i, L_f$ 는 다음과 같다.

$$L_i = mvr_{\perp} = \frac{mvL}{4}$$

$$L_f = I\omega$$

$L_i = L_f$ 이므로

$$\omega = \frac{mvL}{4I} = \frac{3mv}{ML}$$

(c) 처음 운동에너지 $K_1$, 나중운동에너지 $K_2$는 다음과 같다.

$$K_1 = \frac{1}{2}mv^2$$

$$K_2 = \frac{1}{2}MV^2 + \frac{1}{2}I\omega^2 = \frac{1}{2}M\left(\frac{m}{M}\right)^2 v^2 + \frac{1}{2}\cdot\frac{1}{12}ML^2\left(\frac{3mv}{ML}\right)^2 = \frac{7m^2v^2}{8M}$$

따라서 역학적 에너지 손실량은

$$\Delta E = K_1 - K_2 = \frac{1}{2}mv^2\left(1 - \frac{7m}{4M}\right)$$

이다.

## 4.8. 병진운동과 회전운동의 물리량 비교

병진운동과 회전 운동에 관한 물리량을 전부 살펴보았다. 서로 대응되는 물리량을 다음 표에 정리해 두었다.

| 병진운동 | | 회전운동 | |
|---|---|---|---|
| 위치 | $\vec{r}$ | 각위치 | $\theta$ |
| 속도 | $\vec{v}$ | 각속도 | $\omega$ |
| 가속도 | $\vec{a}$ | 각가속도 | $\alpha$ |
| 질량 | $m$ | 관성모멘트 | $I = \int r^2 dm$ |
| 힘 | $\vec{F}$ | 토크 | $\vec{\tau} = \vec{r} \times \vec{F}$ |
| 병진 운동 방정식 | $\sum_i \vec{F}_i = m\vec{a}$  $\sum_i \vec{F}_i = \frac{d\vec{p}}{dt}$ | 회전 운동방정식 | $\sum_i \tau_{i,\text{ext}} = I\alpha$  $\sum_i \vec{\tau}_{i,\text{ext}} = \frac{d\vec{L}}{dt}$ |
| 운동에너지 | $K = \frac{1}{2}mv^2$ | 회전 운동에너지 | $K_R = \frac{1}{2}I\omega^2$ |
| 운동량 | $\vec{p} = m\vec{v}$ | 각운동량 | $\vec{L} = \vec{r} \times \vec{p}$  $L = I\omega$ |
| 일 | $W = \int_{x_1}^{x_2} F dx$ | 일 | $W = \int_{\theta_1}^{\theta_2} \tau d\theta$ |
| 일률 | $P = Fv$ | 일률 | $P = \tau\omega$ |

## 4.9. 자이로스코프

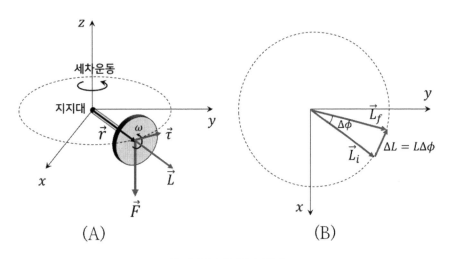

그림 4.23 자이로스코프

질량이 $M$, 중심축에 대한 관성모멘트가 $I$ 이고 그 중심에 질량을 무시할 수 있는 막대와 연결된 원판으로 만들어진 자이로스코프가 각속력 $\omega$ 로 회전하고 있다. 막대의 길이는 $r$ 이다. 막대 끝을 그림과 같이 지지대 위에 올려놓으면 적절한 초기조건에 따라 자이로스코프가 넘어지지 않고 일정한 각속력으로 세차운동할 수 있다. 일반적으로 자이로스코프는 z축 방향으로 왕복운동하는 장동운동 (nutation)을 하게 되는데 장동운동 없이 균일하게 세차운동하는 경우에 대해서 세차운동의 각속력 $\omega_p$ 를 구해보자.

그림 4.23(A)에서

$$\vec{\tau}_{\text{ext}} = \frac{d\vec{L}}{dt}$$

이므로

$$\Delta L = \tau_{\text{ext}}\Delta t = Mgr\Delta t \tag{4.75}$$

이다. 또한 그림 4.23(B)에서 $\Delta L = L\Delta\phi$ 이므로

$$Mgr\Delta t = L\Delta\phi \tag{4.76}$$

이다. 따라서 세차운동의 각속도 $\omega_p$ 는 다음과 같다.

$$\omega_p = \frac{\Delta\phi}{\Delta t} = \frac{Mgr}{L} = \frac{Mgr}{I\omega} \tag{4.77}$$

## 4.10. 평형상태의 강체

강체의 운동은 그 질량중심의 병진운동에 대해서 $\sum\vec{F} = m\vec{a}_{\text{CM}}$ 의 병진 운동방정식을, 질량중심을 축으로 하는 회전운동에 대해서 회전 운동 방정식 $\sum\vec{\tau} = I_{\text{CM}}\alpha$ 식을 적용한다.

강체가 평형상태에 있는 경우

$$\sum \vec{F} = 0, \quad \sum \vec{\tau} = 0, \quad \text{(평형 상태의 강체)} \tag{4.78}$$

을 만족한다. 이경우 가속도 및 각가속도가 0 이므로 강체는 원래 운동상태를 계속 유지한다. 만일 강체가 $v_{\text{CM}} = 0$ 및 $\omega = 0$ 인 정지상태에 있었다면 강체는 계속 그러한 정지상태를 유지하는데 이를 정적 평형상태라 한다.

강체가 정적 평형상태인 경우 정지상태에서 식 (4.78)을 만족해야 한다. 그런데 토크는 기준점이 먼저 정의되어야 하므로 $\sum \vec{\tau} = 0$ 식은 임의의 기준점에 대해서 항상 성립해야만 한다. 그런데 어느 한 기준점에 대해 $\sum \vec{\tau} = 0$ 이 성립하면 나머지 모든 기준점에 대해서도 성립함을 증명할 수 있다. 따라서 적절한 기준점 하나를 선택하여 $\sum \vec{\tau} = 0$ 을 적용하면 된다. 기준점을 힘의 작용점에 두는 것이 식이 간단히 표현되므로 바람직하다.

## 기본문제 4.7

그림과 같이 질량이 $M$이고 길이가 $L$인 막대가 벽에 기대어 정지상태에 있다. 벽과 막대 사이는 마찰이 없지만 바닥과 막대 사이에는 마찰력이 존재한다. 막대가 미끄러지지 않고 정지상태에 있기 위한 $\theta$의 최소값이 $\theta_0$일 때 막대와 바닥 사이의 정지마찰계수 $\mu_s$를 구하시오.

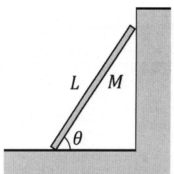

### 풀 이

막대가 미끄러지기 시작할 때 막대에 대해 자유물체도를 그리면 오른쪽 그림과 같다. $F$는 벽이 막대를 밀어내는 수직항력이다. 막대가 바닥과 접하고 있는 접점을 기준으로 $\sum \vec{F} = 0, \sum \tau = 0$ 식을 적용하면 다음과 같다.

$$-F + f_{s,\text{max}} = 0$$
$$n - Mg = 0$$
$$F \cdot L \sin \theta_c - Mg \cdot \frac{L}{2} \cos \theta_c = 0$$

위 식으로부터 $F = f_{s,\text{max}} = \mu_s n = \mu_s Mg$ 이므로 세번째

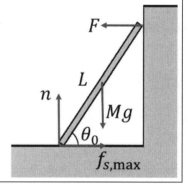

식에 대입하면

$$\tan\theta_0 = \frac{Mg}{2F} = \frac{1}{2\mu_s}$$

$$\therefore \mu_s = \frac{1}{2}\cot\theta_0$$

# 5. 만유인력

## 5.1. 서설

뉴턴의 위대함은 운동의 법칙과 만유인력법칙으로부터 사과가 자유 낙하하는 것에서부터 밤하늘에 보이는 여러가지 행성들의 운동에 이르기까지 거시적으로 나타나는 다양한 물체의 운동을 동시에 그리고 모순 없이 수학적으로 설명할 수 있었다는 것이다. 뉴턴은 그의 『프린키피아』에서 만유인력의 법칙을 소개하였고 그로부터 케플러의 3법칙을 유도하였으며 달의 운동 및 조수현상에 대해서도 설명하였다.

## 5.2. 뉴턴의 만유인력 법칙

### 5.2.1. 만유인력 법칙

만유인력 법칙은 질량을 가진 두 물체는 질량의 곱에 비례하고 그들 사이의 거리의 제곱에 반비례하는 인력을 서로에게 작용한다는 것이다.

$$F_g = G\frac{m_1 m_2}{r^2} \tag{5.1}$$

여기서 $G$는 만유인력 상수이고 그 값은 다음과 같다.

$$G = 6.674 \times 10^{-11} \text{N} \cdot \text{m}^2/\text{kg}^2 \tag{5.2}$$

만유인력 법칙에 의한 인력을 **중력(gravitational force)**이라 한다. 이와 같이 중력은 거리의 제곱에 반비례하는 역제곱 법칙을 따르며 원격작용을 하는 힘이다.

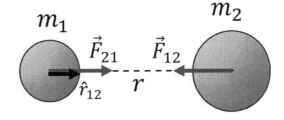

그림 5.1 만유인력

그림 5.1에서 $\vec{F}_{12}$은 물체1이 물체2에 작용하는 중력, $\vec{F}_{21}$은 물체2가 물체1에 작용하는 중력이다. $\hat{r}_{12}$는 물체1에서 물체2를 향하는 단위벡터를 나타낸다. $\vec{F}_{12}$을 벡터로 표현하면 다음과 같다.

$$\vec{F}_{12} = -G\frac{m_1 m_2}{r^2}\hat{r}_{12} \tag{5.3}$$

(-)부호는 인력을 나타낸다. 또한 뉴턴 3법칙에 의해서 다음이 성립한다.

$$\vec{F}_{21} = -\vec{F}_{12} \tag{5.4}$$

### 5.2.2. 중력가속도

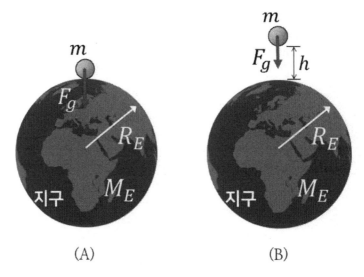

(A)                    (B)

그림 5.2 중력가속도

지구 위의 질량이 $m$인 물체는 지구로부터 중력을 받는다. 그림 5.2(A)와 같이 물체가 지표면 위에 있는 경우 물체와 지구 사이의 거리는 지구의 반지름과 근사적으로 같으므로 중력은 다음과 같다.

$$F_g = \frac{GM_E m}{R_E^2} \tag{5.5}$$

중력은 $F_g = mg$이므로 중력가속도 $g$는 다음과 같이 물체와 상관없이 상수값으로 표현된다.

$$g = \frac{GM_E}{R_E^2} = 9.8\text{m/s}^2 \tag{5.6}$$

그림 5.2(B)와 같이 지표면으로부터 고도 $h$만큼 높이에 물체가 있는 경우 중력은

$$F_g = \frac{GM_E m}{(R_E + h)^2} \tag{5.7}$$

이다. 따라서 $F_g = mg$에서 중력가속도 $g$는

$$g = \frac{GM_E}{(R_E + h)^2} \tag{5.8}$$

즉, 엄밀하게는 중력가속도는 상수가 아니라 고도가 높아질수록 작아진다. 다면 지표면 근처에서는 $h \approx 0$ 이므로 근사적으로 균일한 값 $g = \frac{GM_E}{R_E^2} = 9.8\,\text{m/s}^2$ 을 사용할 수 있는 것이다.

### 5.2.3. 지구의 밀도

만유인력 법칙으로부터 지구의 평균밀도를 구할 수 있다. 식 (5.6)로부터 $M_E = \frac{gR_E^2}{G}$ 이므로 지구의 밀도 $\rho_E$는 다음과 같다.

$$\begin{aligned}
\rho_E &= \frac{M_E}{V_E} = \frac{gR_E^2/G}{\frac{4}{3}\pi R_E^3} = \frac{3}{4}\frac{g}{\pi G R_E} \\
&= \frac{3}{4} \cdot \frac{9.8}{\pi \cdot 6.674 \times 10^{-11} \cdot 6.37 \times 10^6} = 5.5 \times 10^3\,\text{kg/m}^3
\end{aligned} \tag{5.9}$$

### 5.2.4. 지구 내부의 중력

지금까지 지구와 지표면 근처에서의 물체사이의 중력의 크기를 마치 지구를 점질량처럼 취급하여 $F_g = \frac{GM_E m}{R_E^2}$ 으로 계산하였다. 그러나 지구는 구형 강체이므로 지구를 구성하는 미소한 질량요소들이 물체에 작용하는 미소 중력을 전부 벡터합을 해 주어야 한다. 이러한 미소 중력들은 크기와 방향이 모두 제각각 이므로 이는 쉽지 않은 적분이다. 그러나 그러한 적분의 결과는 놀랍게도 지구를 지구 중심에서의 점질량처럼 취급하여 계산한 결과와 일치한다.

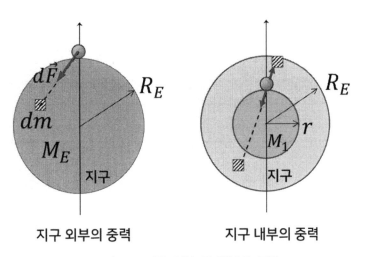

지구 외부의 중력 　　　　　 지구 내부의 중력

그림 5.3 지구 외부 및 내부의 중력

지구 중심을 향하여 좁을 터널을 뚫는다고 상상하자. 지구 내부로 들어갈수록 지구의 중력은 어떻게 될까? 지구 내부에서 지구의 중심으로부터 $r$만큼 떨어진 지점에서의 중력을 구해보자. 지구의 각 질량요소의 지구중심으로부터의 거리를 $r'$이라 할 때 $r' < r$ 인 영역의 질량요소들에 의한 중력 $F_1$ 과, $r < r' < R_E$ 인 영역의 질량요소들에 의한 중력 $F_2$ 로 나누어서 구해보자. 그런데 중력 $F_2$는 질량요소들의 중력들이 전부 상쇄되어 0이된다. 이는 역제곱 법칙을 만족하는 힘의 특성에 해당한다. 따라서 지구 내부에서의 중력은 반지름이

$r$인 지구 내부의 일부분에 의한 중력과 동일하다. 반지름이 $r$인 일부분의 질량을 $M_1$이라 하면 $M_1$은 전체 질량 $M_E$에 대해 부피의 비율만큼 해당되므로

$$M_1 = \frac{\left(\frac{4}{3}\pi r^3\right)}{\left(\frac{4}{3}\pi R_E^3\right)} M_E = \frac{r^3}{R_E^3} M_E \qquad (5.10)$$

이다. 따라서 지구 내부의 중심으로부터 $r$만큼 떨어진 지점에서의 중력의 크기 $F$는

$$F = \frac{GM_1 m}{r^2} = \frac{GM_E m}{R_E^3} r \qquad (5.11)$$

즉, 반지름 $r$에 정비례한다.

## 기본문제 5.1

그림과 같이 지구 중심을 통과하는 좁은 터널을 뚫고 터널 한쪽 끝에서 질량이 $m$인 물체를 정지상태에서 떨어뜨렸다. 다음 물음에 답하시오. (단, 만유인력 상수는 $G$, 지구의 질량은 $M_E$, 지구의 반경은 $R_E$이다.)

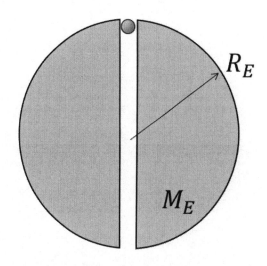

(a) 물체가 지구 중심을 통과할 때의 속력을 구하시오.
(b) 물체가 지구 반대편에 도달할 때까지 걸린 시간을 구하시오.

### 풀 이

(a) 물체가 지구 중심으로부터 $r$만큼 떨어진 지점에 도달했을 때 물체가 받는 힘 $F$는

$$F = -\frac{GM_E m}{R_E^3} r$$

이므로 운동방정식을 구하면

$$\therefore a = -\frac{GM_E}{R_E^3} r \equiv -\omega^2 r$$

$$\left( \omega = \sqrt{\frac{GM_E}{R_E^3}} \text{ 이다.} \right)$$

이다. 이는 단조화 운동방정식의 일반형이다. (7장 참조)

$t = 0$ 에서 $r = R_E, v = 0$ 이므로 위 방정식의 해는 다음과 같다.

$$r = R_E \cos \omega t$$

따라서 속도는

$$v = \frac{dr}{dt} = -R_E \omega \sin \omega t$$

이다. 지구의 중심에서 $r = 0$ 이고 따라서 $\omega t = \frac{\pi}{2}$ 이므로 속력는 다음과 같다.

$$|v| = R_E \omega = \sqrt{\frac{GM_E}{R_E}}$$

(b) 물체가 지구 반대편에 도달할 때까지 걸린 시간은 단조화 운동의 주기의 절반이므로

$$t = \frac{T}{2} = \frac{\pi}{\omega} = \pi \sqrt{\frac{R_E^3}{GM_E}}$$

## 5.3. 중력장

중력에 대해서, 서로 접촉하지 않고 멀리 떨어져 있는 두 물체가 어떻게 서로의 존재를 알고 서로에게 인력을 가할 수 있을까? 이렇게 멀리 떨어진 두 물체 사이에 힘이 작용하는 것을 원격작용이라 한다. 사실 자연계의 모든 힘은 원격작용에 해당한다. 뉴턴 당시의 패러다임으로는 이러한 원격작용을 이해할 수 없었고 뉴턴조차도 이에 관하여 명쾌한 해답을 내놓지 못하였다. 다만, 오늘날 우리는 **장(Field)** 이라는 개념으로 원격작용을 이해하고 있다.

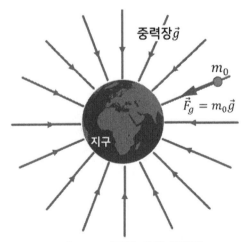

그림 5.4 지구에 의한 중력장

만유인력 법칙을 장의 개념을 이용하여 두 단계로 설명할 수 있다. 첫번째 단계는 질량을 가진

물체는 온 공간에 **중력장(Gravitational Field)** $\vec{g}$를 만들어 낸다는 것이다. 장은 공간상의 모든 위치마다 벡터 물리량으로서 존재한다. 지구가 주변의 공간에 만들어내는 중력장 $\vec{g}$을 그림5.4와 같이 표현할 수 있다.

장은 눈으로 확인할 수 없다. 단지 장이 일으키는 어떤 작용으로서 장의 존재를 확인할 수 있을 뿐이다. 예를 들어 어떤 지점에서 나침반이 북쪽을 향해 회전하였다면 그 지점에 북쪽 방향으로 자기장이 존재하는 것이다. 또한 핸드폰에 와이파이 신호가 잡혀 이메일을 확인하였다면 그 지점에 전자기파 즉 전기장과 자기장이 존재하는 것이다.

만유인력 법칙을 이해하는 두번째 단계는 중력장이 있는 위치에 질량을 가진 시험입자가 들어오면 중력장은 그 입자에게 인력을 작용한다는 것이다. 중력장 $\vec{g}$가 질량이 $m_0$인 시험입자에 미치는 중력 $\vec{F}_g$는 다음과 같이 기술된다.

$$\vec{F}_g = m_0 \vec{g} \tag{5.12}$$

여기서 $\vec{F}_g$, $m_0$는 관측 가능한 물리량 이므로 위 식은 곧 중력장 $\vec{g}$의 정의라고도 할 수 있다.

$$\vec{g} = \frac{\vec{F}_g}{m_0} \tag{5.13}$$

즉 시험입자가 받는 중력에서 시험입자의 질량을 제외한 나머지 부분, 시험입자의 입장에서 볼 때 중력의 원인에 해당하는 부분이 중력장이 된다.

지구가 시험입자에 작용하는 중력의 크기는 $F_g = GM_E m_0 / r^2$ 이므로 지구에 의한 중력장 $\vec{g}$는 다음과 같다

$$\vec{g} = \frac{\vec{F}_g}{m_0} = -\frac{GM_E}{r^2}\hat{r} \tag{5.14}$$

여기서 $\hat{r}$은 지구 중심에서 바깥을 향하는 단위벡터이다.

지표면 근처에서는 근사적으로 중력가속도가 상수라고 볼 수 있다. 지표면 근처에서는 시험입자의 작용하는 중력은 $\vec{F}_g = mg(-\hat{y})$이므로 (연직 위의 방향을 $+y$축으로 하였다.) 중력장 $\vec{g}$ 은 다음과 같다.

$$\vec{g} = \frac{\vec{F}_g}{m_0} = -g\,\hat{y} \tag{5.15}$$

## 5.4. 케플러의 법칙

### 5.4.1. 케플러의 제1법칙

케플러는 당시 관측천문학의 대가였던 티코 브라헤의 조수로 일하면서 티코 브라헤가 생전에 기록한 방대한 양의 행성운동의 자료를 수학적으로 분석할 수 있었다. 그로부터 행성의 운동이 따르는 세가지의 법칙을 발견하게 된다. 먼저 **케플러의 제1법칙**은 모든

행성들은 태양을 한 초점으로 하는 타원 궤도를 따라 운동한다는 것이다. 이것은 완전한 운동은 원운동이며 모든 천체의 운동은 원운동이라고 믿어왔던 당시의 패러다임을 완전히 뒤바꾸는 결과였다. 실제로 만유인력 법칙을 뉴턴의 운동방정식에 적용하여 방정식을 풀면 일반적으로 타원 궤도의 해를 얻게 된다. 원 궤도는 매우 특별한 경우에 해당한다.

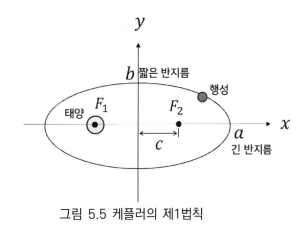

그림 5.5 케플러의 제1법칙

위 그림에서 $a$는 타원의 중심에서 타원까지 가장 긴 길이이며 긴 반지름이라 한다. $b$는 타원의 중심에서 타원까지 가장 짧은 길이이고 짧은 반지름이라 한다. $c$는 타원의 중심에서 초점까지의 거리이다. 이 때 다음 관계가 성립한다.

$$a^2 - b^2 = c^2 \tag{5.16}$$

**이심율(eccentricity)**은 타원이 얼마나 원 모양으로부터 벗어났는지를 나타내는 값으로 다음과 같이 정의된다.

$$e = \frac{c}{a} \tag{5.17}$$

$e = 0$ 는 원을 나타내며 $e = 1$ 은 포물선을 나타낸다. 타원은 $0 < e < 1$ 범위내의 값을 가진다.

### 5.4.2. 케플러의 제2법칙

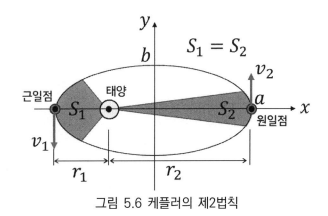

그림 5.6 케플러의 제2법칙

**케플러의 제2법칙**은 태양으로부터 행성까지의 위치벡터는 같은 시간 간격 동안에 같은 넓이를 쓸고 지나간다는 것이다. 그림 5.6에서 $S_1 = S_2$이므로 근일점(태양에서 가장 가까운 지점)에서의 행성의 속력은 원일점(태양에서 가장 먼 지점)일 때보다 빨라야 한다. 행성의 질량을 $M_p$, 태양에서 근일점까지의 거리를 $r_1$, 근일점에서의 행성의 속력을 $v_1$ 이라 하고 태양에서 원일점까지의 거리를 $r_2$, 원일점에서의 행성의 속력을 $v_2$ 라 하면 각운동량 보존법칙에 의해 $M_p v_1 r_1 = M_p v_2 r_2$ 이므로 다음 식이 성립한다.

$$r_1 v_1 = r_2 v_2 \tag{5.18}$$

위와 같이 케플러 제2법칙은 각운동량 보존법칙으로부터 유도할 수 있다. 행성의 각운동량 $\vec{L}$ 의 크기는

$$L = |\vec{r} \times \vec{p}| = M_p |\vec{r} \times \vec{v}| \tag{5.19}$$

이다. $dt$ 미소시간에 행성의 변위를 $d\vec{r}$ 이라 하면 $dt$ 시간에 위치벡터 $\vec{r}$ 이 쓸고 지나가는 면적 $dA$는 아래 그림에서 기하학적으로 다음과 같이 기술된다.

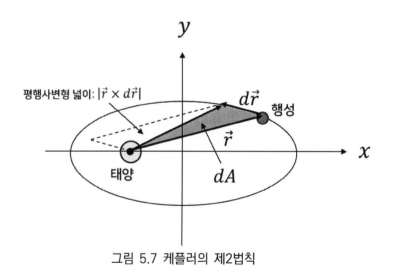

그림 5.7 케플러의 제2법칙

$$dA = \frac{1}{2}|\vec{r} \times d\vec{r}| = \frac{1}{2}|\vec{r} \times \vec{v}dt| = \frac{1}{2}|\vec{r} \times \vec{v}|dt \tag{5.20}$$

식 (5.20)에서 $|\vec{r} \times \vec{v}| = L/M_p$이므로

$$dA = \frac{Ldt}{2M_p}$$
$$\therefore \frac{dA}{dt} = \frac{L}{2M_p} \tag{5.21}$$

즉, 단위시간 동안에 태양을 기준으로 하는 행성의 위치벡터 $\vec{r}$이 쓸고 지나가는 면적은 항상 $\frac{L}{2M_p}$값으로 일정하다.

### 5.4.3. 케플러의 제3법칙

**케플러의 제3법칙**은 모든 행성의 궤도 주기의 제곱은 그 행성 궤도의 긴 반지름의 세제곱에 비례한다는 것이다. 우선 행성이 원궤도를 따라 운동하는 경우에 대해서 증명해보자. 태양을 질량을 $M_s$, 행성의 질량을 $M_p$라 하자. 그림에서 만유인력이 구심력의 역할을 하므로 운동방정식은 다음과 같다.

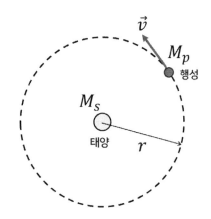

그림 5.8 케플러의 제3법칙

$$\frac{GM_sM_p}{r^2} = \frac{M_pv^2}{r} \tag{5.22}$$

행성의 주기가 $T$일 때 $v = \frac{2\pi r}{T}$ 이므로 위 식에 대입하면

$$\frac{GM_sM_p}{r^2} = \frac{4\pi^2 rM_p}{T^2} \tag{5.23}$$

이다. 식을 정리하면 다음과 같다

$$T^2 = \left(\frac{4\pi^2}{GM_s}\right)r^3 \quad \text{(원궤도에 대한 케플러 3법칙)} \tag{5.24}$$

주기의 제곱이 궤도 반지름의 3제곱에 비례하므로 케플러 제3법칙이 증명되었다. 마찬가지로 일반적인 타원궤도에서 대해서 운동방정식을 풀게 되면 타원궤도의 긴 반지름 $a$에 대해서 다음과 같은 식을 얻게 된다. (증명은 심화 역학의 영역이다.)

$$T^2 = \left(\frac{4\pi^2}{GM_s}\right)a^3 \quad \text{(타원궤도에 대한 케플러 3법칙)} \tag{5.25}$$

그림과 같이 질량이 $m$인 인공위성이 지구 주위를 고도 $h$에서 원궤도를 따라 공전하고 있다. 인공위성의 속력 $v$와 공전주기 $T$를 구하시오. (단, 지구의 질량은 $M_E$, 반지름은 $R_E$이고 만유인력 상수는 $G$이다.)

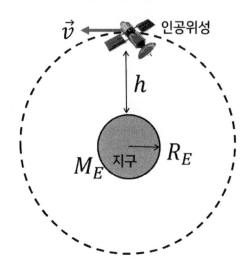

### 풀 이

중력이 구심력의 역할을 하므로

$$G\frac{M_E m}{(R_E + h)^2} = \frac{mv^2}{R_E + h}$$

이를 정리하면

$$v = \sqrt{\frac{GM_E}{R_E + h}}$$

$v = \frac{2\pi(R_E+h)}{T}$ 이므로 위 식에 대입하면 $\frac{2\pi(R_E+h)}{T} = \sqrt{\frac{GM_E}{R_E+h}}$, 정리하면

$$T = \sqrt{\frac{4\pi^2(R_E + h)^3}{GM_E}}$$

## 5.5. 중력 퍼텐셜 에너지

### 5.5.1. 중력 퍼텐셜 에너지의 정의

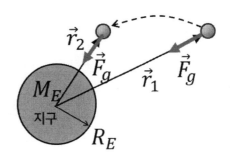

그림 5.9 중력 퍼텐셜 에너지

지구와 물체를 하나의 계로 설정하자. 지구와 물체 간에는 중력이 작용하고 중력은
보존력이다. 따라서 중력에 의한 중력 퍼텐셜 에너지가 정의된다. 계 내에서 중력 $\vec{F}_g$가 해준
일만큼 퍼텐셜 에너지는 감소하므로 물체의 위치가 $\vec{r}_1$에서 $\vec{r}_2$로 변한 경우 퍼텐셜 에너지의
변화량은

$$\Delta U = U_2 - U_1 = -\int_{\vec{r}_1}^{\vec{r}_2} \vec{F}_g \cdot d\vec{r} \tag{5.26}$$

이다.

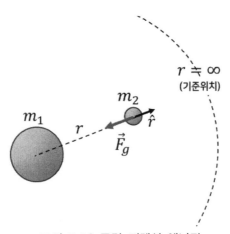

그림 5.10 중력 퍼텐셜 에너지

퍼텐셜 에너지의 일반식인 식 (2.20)을 이용하여 일반적으로 질량이 $m_1, m_2$인 두 입자로
구성된 계의 중력 퍼텐셜 에너지를 구해보자. 1번 입자를 기준으로 하여 2번 입자의
위치벡터를 $\vec{r}$이라 하고 $\hat{r}$을 단위벡터라 하자. 2번 입자가 1번 입자의 중력의 영향으로부터
벗어나는 지점인 $r = \infty$ 인 점을 기준점으로 하여 중력 퍼텐셜 에너지를 0으로 정한다.
따라서 두 입자 사이의 거리가 $r$일 때의 퍼텐셜 에너지는 다음과 같다.

$$U = -\int_{\infty}^{r} \left( -\frac{Gm_1m_2}{r^2}\hat{r} \right) \cdot (dr\hat{r}) = Gm_1m_2 \int_{\infty}^{r} \frac{dr}{r^2} = Gm_1m_2 \left[ -\frac{1}{r} \right]_{\infty}^{r}$$

$$\therefore U = -\frac{Gm_1m_2}{r} \tag{5.27}$$

이를 그래프로 나타내면 다음과 같다.

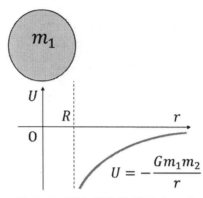

그림 5.11 중력 퍼텐셜 에너지 그래프

중력 퍼텐셜 에너지는 $r$에 따라 증가하는 함수이며 $r \to \infty$에서 $U = 0$으로 수렴한다. 따라서 $r$위치에서 $\infty$위치까지 물체를 이동시키기 위해서는 $\Delta U = \frac{Gm_1m_2}{r}$만큼의 일을 물체에 해주어야 한다. 또한, 위 퍼텐셜 식으로부터 보존력을 구해보면

$$F = -\frac{dU}{dr} = -\frac{Gm_1m_2}{r^2} \tag{5.28}$$

이다. 따라서 물체는 인력을 받으며 이는 식 (5.3)의 만유인력에 관한 식과 일치한다.

여러 개의 입자로 구성된 계의 경우에 전체 퍼텐셜 에너지는 아무 것도 없는 빈 공간에서 그와 같은 입자들의 배치를 구성하는데 가해주어야 할 에너지를 구하면 된다. 예를 들어 다음 그림과 같이 질량이 $m_1, m_2, m_3$인 입자들 간의 거리가 $r_{12}, r_{23}, r_{31}$인 경우를 살펴보자.

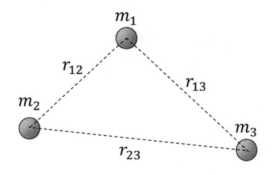

그림 5.12 여러 개의 입자로 구성된 계의 중력 퍼텐셜 에너지

먼저 빈 공간에 1번, 2번 입자를 배열시키는데 $\Delta U = -\frac{Gm_1m_2}{r_{12}}$의 일을 해주어야 하고. 그 후 3번 입자를 추가로 배열시키는데 $\Delta U' = -\frac{Gm_2m_3}{r_{23}} - \frac{Gm_3m_1}{r_{31}}$의 일을 더 해주어야 하므로 전체

퍼텐셜 에너지는 다음과 같다.

$$U_{\text{tot}} = -G \left( \frac{m_1 m_2}{r_{12}} + \frac{m_2 m_3}{r_{23}} + \frac{m_3 m_1}{r_{31}} \right) \tag{5.29}$$

## 5.5.2. 행성의 운동에서의 에너지

태양과 행성으로 구성된 계 또는 지구와 인공위성으로 구성된 계와 같이 어느 한 물체가 다른 물체보다 매우 무거운 경우를 생각해보자. 가벼운 물체는 무거운 물체 주변으로 궤도운동을 하지만 무거운 물체는 근사적으로 정지해 있다고 볼 수 있고 그 운동에너지는 무시할 수 있다. 무거운 물체의 질량을 $M$, 가벼운 물체의 질량을 $m$이라 하면 계의 역학적 에너지는 다음과 같다.

$$E = \frac{1}{2} m v^2 - \frac{GMm}{r} \tag{5.30}$$

중력은 보존력이므로 이 계에서는 역학적 에너지가 보존된다. 따라서 처음상태 나중상태에 대해

$$\frac{1}{2} m v_1^2 - \frac{GMm}{r_1} = \frac{1}{2} m v_2^2 - \frac{GMm}{r_2} \tag{5.31}$$

이 성립한다.

퍼텐셜 에너지 그래프를 나타낸 그림 5.11에서 $E < 0$인 경우 가벼운 물체는 무거운 물체의 중력에 속박되어 특정 거리 이상으로 벗어날 수 없다. 그러나 $E > 0$인 경우 가벼운 물체는 무거운 물체의 속박에서 벗어나 무한대 위치까지 이동할 수 있게 된다. 반지름이 $r$인 원궤도를 운동하는 경우

$$\frac{GMm}{r^2} = \frac{mv^2}{r} \tag{5.32}$$

이므로

$$v = \sqrt{\frac{GM}{r}} \tag{5.33}$$

이다. 이를 식(5.30)에 대입하면

$$E = -\frac{GMm}{2r} < 0 \quad \text{(원 궤도)} \tag{5.34}$$

이다. 즉 원 궤도의 경우 무거운 물체에 속박되어 있는 상태이다. (무거운 물체로부터 $r$보다 멀리 떨어질 수 없다.) 타원 궤도의 경우 계의 역학적 에너지는 다음과 같이 긴 반지름 $a$에 대한 식으로 표현된다. (증명은 심화 역학의 영역이다.)

$$E = -\frac{GMm}{2a} < 0 \quad \text{(타원 궤도)} \tag{5.35}$$

타원 궤도 또한 무거운 물체에 속박되어 있는 상태이다.

### 5.5.3. 탈출속력

무거운 물체의 속박에서 탈출하기 위해서는 식 (5.30)에서 $E \geq 0$ 이어야 한다. 즉 속력 $v$가 충분히 커야 한다. 질량이 $M$이고 반지름이 $R$인 행성의 표면에서 $E \geq 0$ 이 성립하는 물체의 최소 속력을 탈출속력 $v_{esc}$라 한다. 따라서

$$0 = \frac{1}{2} m v_{esc}^2 - \frac{GMm}{R} \tag{5.36}$$

식으로부터 $v_{esc}$는 다음과 같다.

$$v_{esc} = \sqrt{\frac{2GM}{R}} \tag{5.37}$$

---

## 기본문제 5.3

그림과 같이 질량이 $m$인 인공위성이 지구 주위를 반경이 $r$인 원궤도를 따라 공전하고 있다. 어느 순간 인공위성이 우주쓰레기와 충돌하여 속력이 $v$에서 $kv$로 감소하였고 ($k < 1$) 충돌 후 타원궤도를 따라 공전한다. 다음 물음에 답하시오. (단, 지구의 질량은 $M$이다. )

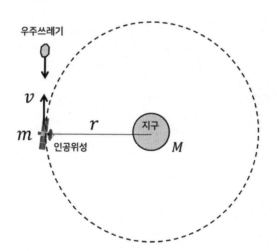

(a) 충돌 전 인공위성의 속력 $v$와 공전주기 $T$를 구하시오.

(b) 충돌 후 인공위성의 역학적 에너지를 $G, M, m, r, k$ 로 나타내시오.

(c) 충돌 후 인공위성의 공전주기를 $T_2$라 할 때 $\frac{T_2}{T}$를 $k$에 대한 식으로 구하시오.

(d) 충돌 후 지구에서 타원궤도의 근일점 까지의 거리 $r_2$를 구하시오.

(e) 충돌 후 인공위성의 근일점에서의 속력 $v_2$를 구하시오.

풀 이

---

(a) 충돌 후 인공위성은 아래 그림과 같은 타원궤도를 따라 공전한다.

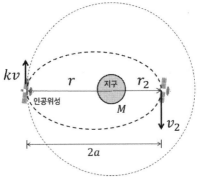

여기서 $a$는 타원의 긴 반지름이다. 충돌 전 만유인력이 구심력 역할을 하므로

$$\frac{GMm}{r^2} = \frac{mv^2}{r}$$

이를 정리하면

$$v = \sqrt{\frac{GM}{r}}$$

케플러 제3법칙으로부터

$$T = \sqrt{\frac{4\pi^2 r^3}{GM}}$$

(b) 충돌 후 인공위성의 역학적 에너지 $E$는

$$E = \frac{1}{2}m(kv)^2 - \frac{GMm}{r} = \frac{1}{2}k^2\frac{GMm}{r} - \frac{GMm}{r} = -\frac{GMm}{r}\left(1 - \frac{k^2}{2}\right)$$

(c) 충돌 후 타원궤도의 긴 반지름을 $a$라 하자. 타원궤도에 대하여

$$E = -\frac{GMm}{2a}$$

이므로

$$-\frac{GMm}{r}\left(1 - \frac{k^2}{2}\right) = -\frac{GMm}{2a}$$

이를 정리하면

$$a = \frac{r}{(2 - k^2)}$$

타원궤도에 대한 케플러 제3법칙으로부터

$$T_2 = \sqrt{\frac{4\pi^2 a^3}{GM}} = \sqrt{\frac{4\pi^2 r^3}{GM}}(2 - k^2)^{-\frac{3}{2}}$$

$$\therefore \frac{T_2}{T} = (2 - k^2)^{-\frac{3}{2}}$$

(d) $r + r_2 = 2a$ 이므로

$$r_2 = 2a - r = \frac{2r}{(2 - k^2)} - r = \frac{rk^2}{(2 - k^2)}$$

(e) 각운동량 보존법칙에 의해 원일점과 근일점에서의 각운동량 값이 같으므로

$$m(kv)r = mv_2 r_2$$

$$\therefore v_2 = \left(\frac{kr}{r_2}\right)v = \frac{(2 - k^2)}{k}v$$

# 6. 유체역학

## 6.1. 서설

　　**유체(fluid)**란 기체 및 액체와 같이 구성입자들이 고정된 형상을 갖지 않고 약한 응집력과 외부의 힘에 의해 계속 변형되는 물질을 말한다. 유체역학은 유체의 물리적인 특성 및 운동에 관한 물리법칙을 다룬다. 먼저 정적상태의 유체에 대해서 그리고 일정하게 흘러가는 운동을 하는 유체에 대해 공부해 본다.

## 6.2. 압력

### 6.2.1. 압력의 정의

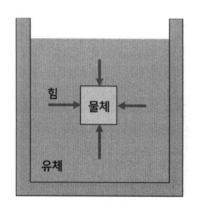

그림 6.1 유체 안의 물체가 받는 압력

　　물체가 유체속에 들어가면 유체를 이루는 구성입자들은 끊임없이 물체와 충돌하며 물체에 힘을 가하게 되는데 힘의 방향은 위 그림과 같이 항상 물체 면에 수직한 방향이다. 유체가 물체에 가하는 힘은 물체의 면적에 비례하므로 유체의 특성을 나타내는 물리량으로서 다음과 같이 유체의 압력을 정의한다. 유체의 **압력(pressure,** 단위: Pa = N/m², 파스칼**)** $P$은 유체가 용기 벽에 가해주는 단위 면적당 힘이다

$$P = \frac{F}{A} \tag{6.1}$$

유체가 접하는 면 위의 지점에 따라 압력이 변한다면 $dA$만큼의 면적에 작용하는 미소 힘 $dF$는 다음과 같고 전체 힘은 $dF$에 대해 적분해 주어야 한다.

$$dF = PdA \tag{6.2}$$

예를 들어, 우리 몸의 피부에 같은 힘이 가해져도 넓은 면에 힘이 골고루 가해지는 경우보다 좁은 면에 힘이 가해지는 경우 압력이 매우 커지기 때문에 피부에서 느끼는 고통도 커지게 된다.

## 6.2.2. 깊이에 따른 압력의 변화

유체가 용기 안에 들어 있어서 정적 평형상태에 있다고 생각하자. 유체를 구성하는 개개의 입자들은 끊임없이 움직이지만 거시적인 유체 덩어리의 질량중심은 정지상태에 있는 경우이다.

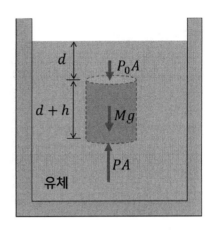

그림 6.2 깊이에 따른 압력

위 그림과 같이 점선은 경계로 하는 유체 덩어리를 생각하자. 유체 덩어리의 위 아래 단면적을 $A$라 하자. 아래 면은 윗면에서 깊이 $h$만큼 더 아래에 있다. 주변의 유체가 유체 덩어리에 위쪽면에 미치는 압력을 $P_0$, 아래쪽 면에 미치는 압력을 $P$라하자. 유체 덩어리의 질량은 $M$이다. 유체 덩어리는 힘의 평형을 이루므로 다음 식이 성립한다.

$$PA - P_0A - Mg = 0 \qquad (6.3)$$

옆면에서 작용하는 힘은 대칭성에 의해 명백하게 전부 상쇄되므로 위 식에 포함시키지 않았다. 여기서 질량 $M$은 유체의 밀도 $\rho$에 대해 $M = \rho V = \rho Ah$ 이므로 이를 위 식에 대입하여 정리하면

$$P = P_0 + \rho gh \qquad (\text{깊이에 따른 압력}) \qquad (6.4)$$

이다. 위 식으로부터 다음과 같은 결론을 얻게 된다. 유체의 압력은 깊이에 따라 비례하여 증가한다. 이는 용기의 모양과는 상관이 없다. 즉, 같은 유체일 때 용기가 어떠한 모양이라도 관계없이 같은 높이라면 압력은 같다.

## 6.2.3. 대기압

식 (6.4)에서 깊이 $h$가 유체의 표면으로부터의 깊이라면 $P_0$는 유체 표면의 압력, 즉 지구 표면에서 대기가 유체에 미치는 압력이다. 대기도 유체이므로 대기중에 있는 물체에 압력을 가하는데 이와 같이 대기가 지표면의 물체에 미치는 압력을 **대기압(atmospheric pressure)**이라 한다. 측정된 대기압 $P_0$는 다음과 같다.

$$P_0 = 1\text{atm} = 1.013 \times 10^5 \,\text{Pa} \tag{6.5}$$

이는 약100kg의 거구의 사람이 $10\text{cm} \times 10\text{cm}$ 의 좁은 면적위에 서있을 때 미치는 압력과 동일하므로 매우 큰 값이다. 압력계로 사용되는 수은은 밀도가 $\rho_{\text{Hg}} = 13.5 \times 10^3 \text{kg}/\text{m}^3$ 이므로 $P_0 = \rho_{\text{Hg}} gh$ 에서 $h = 760\text{mm}$ 으로 계산되는데 이는 곧 대기압은 760mm 의 수은기둥이 미치는 압력과 동일하다는 것이다. 이런 내용을 바탕으로 다음과 같은 mmHg, 또는 Torr 의 단위를 압력을 나타내는 단위로 정의하여 사용한다.

$$P_0 = 760\text{mmHg} = 760\text{Torr} \tag{6.6}$$

물은 밀도가 $\rho_w = 1 \times 10^3 \text{kg}/\text{m}^3$ 이므로 물로 환산하면 대기압은 10.3m의 물기둥이 미치는 압력과 동일하다.

### 6.2.4. 파스칼의 법칙

유체의 어느 한부분에 압력의 변화를 주면 어떻게 될까? **파스칼의 법칙(Pascal's law)**은 유체의 어느 한 부분에 작용하는 압력의 변화는 유체 내의 각 점과 용기의 벽에 똑같이 전달된다는 것이다. 긴 관 내부에 유체가 담겨져 있는 경우 한쪽 관 끝의 유체에 압력을 가하게 되면 반대편 관 끝의 유체에 그 압력이 그대로 전해진다.

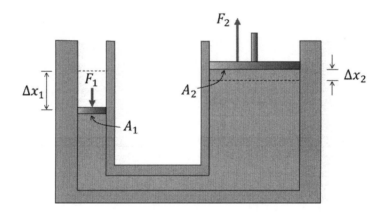

그림 6.3 파스칼의 법칙

위 그림과 같은 유체에서 왼쪽 면에 $F_1$ 의 힘을 가하여 압력을 변화시키자. 그러한 압력 변화는 파스칼의 법칙에 의해 오른쪽 면에 그대로 전달된다. 따라서

$$\frac{F_1}{A_1} = \frac{F_2}{A_2} \tag{6.7}$$

이다. 즉

$$F_2 = \left(\frac{A_2}{A_1}\right) F_1 \tag{6.8}$$

이므로 $A_2 \gg A_1$ 이라면 $F_2 \gg F_1$ 이다. 즉 작은힘 $F_1$ 을 가해서 큰 힘 $F_2$ 를 만들 수 있다. 이것이 유압기중기의 원리이다. 에너지 면에서 살펴보면 왼쪽 유체면이 $\Delta x_1$ 만큼 이동했고

오른쪽 유체면이 $\Delta x_2$만큼 이동했으면 이동한 유체의 양은 같으므로 $\Delta x_1 A_1 = \Delta x_2 A_2$ 이다. 힘 $F_1$이 해준 일 $W_1$은

$$W_1 = F_1 \Delta x_1 = F_1 \left(\frac{A_2}{A_1}\right) \Delta x_2 = F_2 \Delta x_2 = W_2 \tag{6.9}$$

즉 힘 $F_1$이 해준 일과 힘 $F_2$가 해준 일은 같다. 이는 에너지 보존법칙과 일치한다.

### 6.2.5. 압력의 측정

#### 6.2.5.1. 수은 기압계

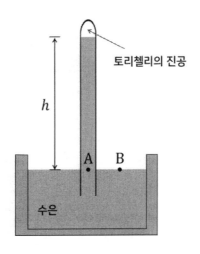

그림 6.4 수은 기압계

위 그림과 같이 용기에 수은을 담고 1m 정도의 긴 시험관에 수은을 가득 채운 뒤 시험관을 수은 용기에 거꾸로 담그면 시험관 안의 수은은 $h$만큼 높이의 수은이 남아 있게 된다. 점 B에서의 압력은 대기압이고 점 A와 B에서의 압력이 같아야 하므로 깊이에 다른 압력의 식에서

$$P_0 = \rho_{Hg} g h \tag{6.10}$$

가 성립한다. 대기압의 값 $P_0 = 1.013 \text{Pa}$, 수은의 밀도 $\rho_{Hg} = 13.5 \times 10^3 \text{kg/m}^3$ 및 중력가속도 $g = 9.8 \text{m/s}^2$ 를 대입하면 $h = 760 \text{mm}$ 가 된다. 즉 760mm 의 수은 기둥만 시험관 안에 남고 나머지 부분은 수은 용기로 빠져나가며 빠져나간 부분은 진공상태로 남게 되는데 이를 토리첼리의 진공이라 한다. 대기의 상태에 따라 대기압 $P_0$ 의 값이 달라지면 식(6.2)에 따라 수은의 높이 $h$ 가 달라지므로 $h$ 를 측정함으로써 대기압을 측정할 수 있게 된다.

#### 6.2.5.2. 열린 관 압력계

그림 6.5와 같이 압력이 $P$ 인 기체가 들어있는 플라스크에 U자 관을 연결하여 밀도가 $\rho$ 인 유체를 넣는다. 점B에서의 압력은 식(6.4)에 의해 $P_B = P_0 + \rho g h$ 이고

점A에서의 압력은 $P_A = P$ 이다. A,B는 같은 높이에 있으므로 $P_A = P_B$이다. 따라서

$$P = P_0 + \rho g h \tag{6.11}$$

이다. 즉, 유체의 높이 $h$를 측정하면 기체의 압력 $P$를 측정할 수 있다. 여기서 압력 $P$를 절대압력, $P - P_0$ 즉 $\rho g h$를 계기압력이라 한다. 압력계가 측정하는 값은 계기압력이다.

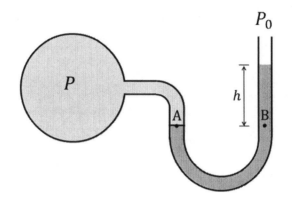

그림 6.5 열린관 압력계

## 6.3. 부력

### 6.3.1. 아르키메데스의 원리

공과 같이 부피가 크고 가벼운 물체는 물속에 넣으면 큰 힘을 받으며 물 표면으로 떠오르게 된다. 유체 속에서 유체로부터 받는 중력과 반대 방향의 힘을 **부력(buoyant force)** $B$ 이라고 한다. **아르키메데스의 원리**는 어떤 물체에 작용하는 부력은 그 물체에 의해 밀려난 유체의 무게와 같다는 것이다.

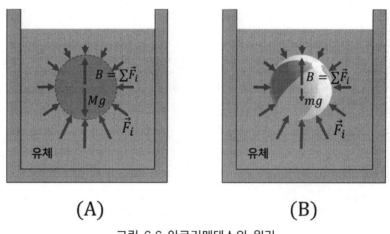

(A)   (B)

그림 6.6 아르키메데스의 원리

그림 6.6(A)에서 점선을 경계로 하는 구모양의 유체 덩어리를 생각하자. 이 유체 덩어리는 주변의 유체로부터 힘 $\vec{F_i}$들을 받는다. 이 힘들의 벡터합이 바로 중력 반대 방향의

힘인 부력이 된다.

$$\vec{B} = \sum_i \vec{F}_i \qquad (6.12)$$

그림 A는 유체 덩어리가 힘의 평형을 이루고 있으므로

$$\vec{B} = \sum_i \vec{F}_i = Mg\,\hat{y} \qquad (6.13)$$

이 성립한다. 이제 유체 덩어리 대신에 그림 6.6(B)와 같이 같은 부피의 고무공을 유체 속에 넣는다고 하자. 부피가 동일하므로 주변의 유체가 공에게 미치는 힘은 그림 6.6(A)와 같다. 즉 공이 받는 부력 $\vec{B}$는 식 (6.13)와 같이 공에 의해서 밀려난 유체의 무게인 $Mg$와 같다. 그런데 공의 무게는 같은 부피의 물의 무게보다 훨씬 가벼우므로 공이 받는 무게보다 부력이 훨씬 크다. 따라서 공이 받는 알짜힘 $\vec{F}_{\text{net}}$은

$$\vec{F}_{\text{net}} = \vec{B} - mg = (Mg - mg)\hat{y}$$

이다. 즉, 공은 중력 반대방향으로 부력에 의해 떠오르게 된다.

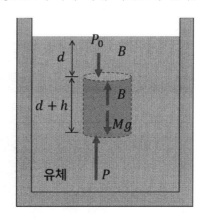

그림 6.7 아르키메데스의 원리

그림 6.7과 같이 점선 모양을 경계로 하는 유체 덩어리를 생각하자. 주변의 유체가 유체덩어리에 작용하는 힘들의 벡터합이 부력이 되므로

$$B = (P - P_0)A \qquad (6.13)$$

이다. 옆면에 작용하는 힘은 대칭성에 의해 상쇄된다. 식(6.4)를 이용하면

$$B = \rho_f g h A = \rho_f g V_d \qquad (6.14)$$

이다. $\rho_f$는 유체의 밀도, $V_d$는 물체가 잠긴 부피를 나타낸다. 여기서 $\rho_f V_d$는 잠긴 부분의 유체의 질량 $M_f$ 이므로 부력은

$$B = M_f g \qquad (6.15)$$

즉, 잠긴 부분의 유체의 무게와 동일하다.

## 6.3.2. 잠겨진 물체, 떠있는 물체

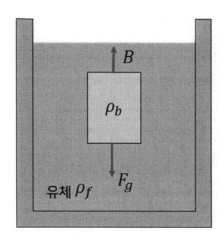

그림 6.8 유체에 잠긴 물체에 작용하는 부력

위 그림과 같이 밀도가 $\rho_b$, 부피가 $V_b$인 물체가 밀도가 $\rho_f$인 유체에 완전히 잠긴 경우 물체가 받는 알짜힘은 식 (6.14)를 이용하면 다음과 같다.

$$B - F_g = (\rho_f - \rho_b)gV_b \qquad (6.16)$$

따라서 $\rho_f > \rho_b$이면 알짜힘이 (+)이므로 물체는 떠오르고 $\rho_f < \rho_b$이면 알짜힘이 (-)가 되어 물체는 가라앉게 된다.

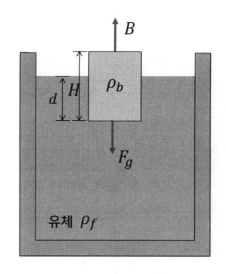

그림 6.9 떠 있는 물체에 작용하는 부력

다음으로 위와 같이 물체가 유체 위에 떠 있어서 물체의 일부분이 유체속에 잠긴 상태에서 평형을 이루는 경우를 생각해보자. 잠긴 부분의 부피는 $V_d$ 이다. 부력과 중력이

평형을 이루므로

$$B = F_g \quad \rightarrow \quad \rho_f g V_d = \rho_b g V_b$$

$$\therefore \frac{V_d}{V_b} = \frac{d}{H} = \frac{\rho_b}{\rho_f} \tag{6.17}$$

즉 이 경우 유체와 물체의 밀도의 비율은 물체 전체 부피와 잠긴 부분의 부피의 비율과 같게 된다.

---

## 기본문제 6.1

아르키메데스는 왕관이 순금으로 되어있는지를 판단하기 위해서 그림과 같이 공기중에서 왕관을 줄에 매달아 줄의 장력 $T_1$을 측정하고 또한 왕관을 밀도가 $\rho_w$ 인 물속에 넣은 후 줄의 장력 $T_2$를 측정하였다. 왕관의 밀도 $\rho_c$를 구하시오.

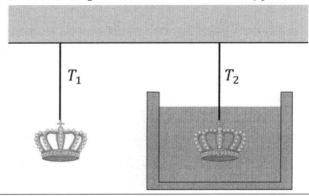

### 풀 이

자유물체도를 그리면 다음 그림과 같다.

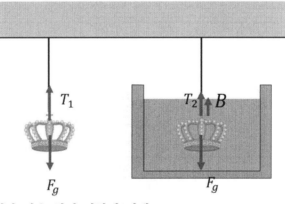

공중에 왕관을 매단 경우 힘의 평형에 의해

$$T_1 = F_g \quad \cdots (1)$$

이고 물속에서 왕관을 매단 경우 힘의 평형에 의해

$$T_2 + B = F_g$$

이다. 두 식으로부터 $T_1 = T_2 + B$ 이므로

$$\therefore V_c = \frac{T_1 - T_2}{\rho_w g}$$

여기서 $V_c$는 왕관의 부피이다. 또한 식 (1)에서 왕관의 질량을 $M_c$ 라 하면

$$T_1 = M_c g$$
$$\therefore M_c = \frac{T_1}{g}$$

따라서 왕관의 밀도 $\rho_c$는

$$\rho_c = \frac{M_c}{V_c} = \frac{T_1/g}{(T_1 - T_2)/\rho_w g} = \left(\frac{T_1}{T_1 - T_2}\right)\rho_w$$

이다. 이렇게 구한 왕관의 밀도 $\rho_c$와 순금의 밀도 $\rho_G$와 비교하면 왕관이 순금으로 만들어진 것인지 아닌지를 판별할 수 있게 된다.

## 6.4. 유체동역학

### 6.4.1. 이상유체

지금까지는 유체가 정적 평형을 이룬 상태에서 압력이라는 물리량에 대해서 살펴보았다. 이번 절에서는 유체가 일정한 흐름을 따라 이동하는 경우에 대해서 공부해본다.

출근길 지하철에서 사람들이 질서정연하게 움직이며 역을 빠져나가는 것처럼 유체를 구성하는 입자들이 어떠한 경로를 따라 서로 교차하지 않으며 질서 정연하게 이동하는 유체의 흐름을 정상류라고 한다. 정상류의 경우 특정 지점을 통과하는 입자들의 속도는 일정하다.

유체 동역학은 유체의 흐름에 관한 역학이다. 실제 유체의 흐름은 매우 복잡하지만 우리는 다음과 같은 특성을 가지는 **이상 유체(Ideal fluid)**에 대하여 공부한다.

1. 비점성 유체: 내부 마찰력이 무시되며 물체는 점성력을 받지 않고 유체를 통과한다.

2. 층흐름: 한 지점을 통과하는 모든 입자는 같은 속도를 갖고 같은 경로를 따른다.

3. 비압축성: 유체의 밀도는 유체 내에서 항상 일정하다.

4. 비회전성: 유체 내의 어느 한 입자도 자신의 질량중심 축에 대해 회전하지 않는다.

### 6.4.2. 유체의 연속 방정식

이상 유체가 그림 6.10과 같은 관을 따라 흘러간다고 하자. 이상유체는 비압축성이므로 $\Delta t$시간 동안에 $A_1$면으로 흘러 들어간 유체의 양은 $A_2$면에서 빠져나온 유체의 양과 같다. 따라서 $A_1 \Delta x_1 = A_2 \Delta x_2$ 이고 양변을 $\Delta t$로 나누면

$$A_1 v_1 = A_2 v_2 = \text{일정} \quad \text{(유체의 연속방정식)} \tag{6.18}$$

가 성립한다. 이를 **유체의 연속방정식**이라 한다. 즉 $Av$(단면적×속력)의 값은 유체의 흐름 어느 지점에서나 동일하다. $Av$ 의 의미는 단위시간동안 통과한 유체의 부피로서

부피선속(volume flux, SI 단위: m³/s), 흐름률(flow rate) 이라 한다.

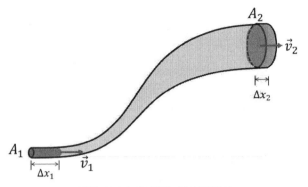

그림 6.11 유체의 연속방정식

### 6.4.3. 베르누이 방정식

유체가 흐르면서 속력이 변하거나 고도가 변화할 때 유체의 압력 또한 변화하게 된다. 유체의 흐름에서 이러한 상관관계를 나타내는 방정식이 베르누이 방정식이다. 아래 그림에서 왼쪽의 단면적 $A_1$인 면에 $\Delta t$동안에 힘 $F_1$이 가해져서 질량요소 $m$이 $\Delta x_1$ 만큼 이동하였고 속력은 $v_1$이며 오른쪽 단면적이 $A_2$인 면에 대하여는 같은 시간동인 힘 $F_2$가 가해져서 질량요소 $m$이 $\Delta x_2$만큼 빠져나왔고 속력은 $v_2$이다. 외부 힘이 해준일 $W$은

$$W = F_1\Delta x_1 - F_2\Delta x_2 = P_1A_1\Delta x_1 - P_2A_2\Delta x_2 = (P_1 - P_2)\Delta V \qquad (6.19)$$

이다.

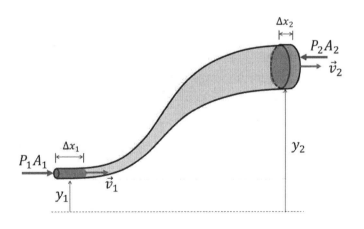

그림 6.12 베르누이 방정식

외부 힘이 해준 일은 역학적 에너지로 전환되므로

$$\Delta K + \Delta U = W$$

$$\therefore \frac{1}{2}mv_2^2 - \frac{1}{2}mv_1^2 + mgy_2 - mgy_1 = (P_1 - P_2)\Delta V \qquad (6.20)$$

여기서 질량요소 $m$은 $m = \rho\Delta V$ 이므로 이를 위 식에 대입하여 정리하면

$$P_1 + \frac{1}{2}\rho v_1^2 + \rho g y_1 = P_2 + \frac{1}{2}\rho v_2^2 + \rho g y_2 \quad \text{(베르누이 방정식)} \quad (6.21)$$

이를 베르누이 방정식이라 한다. 이는 또한 다음과 같이 나타낼 수 있다.

$$P + \frac{1}{2}\rho v^2 + \rho g y = \text{일정} \quad (6.22)$$

## 기본문제 6.2

그림과 같이 벤투리 관의 단면적이 P지점에서는 $A_1$이고 Q지점에서는 $A_2$이다. ($A_1 > A_2$) 이 벤투리 관을 밀도가 $\rho_g$ 인 유체가 P→Q 방향으로 균일하게 흐르고 있다. 벤투리관 아래에는 U자 모양의 관이 연결되어 있고 밀도가 $\rho_w$ 인 유체로 채워져 있다. P 지점에서 유체의 속력 $v$를 구하시오. (단, 중력가속도의 크기는 $g$이다.)

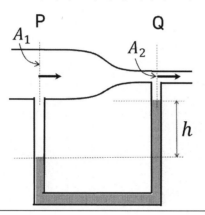

#### 풀 이

P, Q 지점에 대해 베르누이 방정식을 적용하자. 두 지점에서 유체의 속력을 각 $v$, $v_2$ 라 하자. 두지점의 높이는 같으므로

$$P_1 + \frac{1}{2}\rho_g v^2 = P_2 + \frac{1}{2}\rho_g v_2^2$$

유체의 연속방정식으로부터

$$A_1 v = A_2 v_2$$
$$\therefore v_2 = \left(\frac{A_1}{A_2}\right) v$$

U자 관의 유체에 대하여 깊이에 따른 압력의 식으로부터

$$P_1 = P_2 + \rho_w g h$$

위의 세 식을 연립하면

$$\rho_w g h + \frac{1}{2}\rho_g v^2 = \frac{1}{2}\rho_g \left(\frac{A_1}{A_2}\right)^2 v^2$$
$$\therefore v = \sqrt{2gh \frac{\rho_w}{\rho_g}\left(\frac{A_2^2}{A_1^2 - A_2^2}\right)}$$

## 기본문제 6.3

밀도가 $\rho$인 액체가 용기에 일정 높이까지 채워져 있고 용기의 뚜껑은 닫혀 있다. 액체 표면으로부터 $h$ 깊이의 용기 벽면에 매우 좁은 구멍이 있고 밸브로 잠겨 있다. 액체 표면 위의 압력은 $P$로 유지된다. 다음 물음에 답하시오. (단, 용기 옆면의 구멍의 단면적은 액체 표면의 단면적에 비해 매우 작다. 중력가속도의 크기는 $g$이고 대기압은 $P_0$이다.)

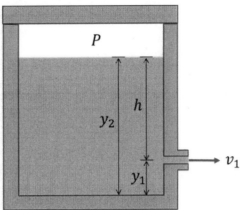

(a) 밸브를 열었을 때 구멍으로 빠져나가는 액체의 속력을 구하시오.

(b) 용기 뚜껑을 열고 밸브를 열었을 때 구멍으로 빠져나가는 액체의 속력을 구하시오

### 풀 이

(a) 용기 옆면의 구멍의 넓이를 $A_1$, 액체 표면의 넓이를 $A_0$, 액체 표면이 하강하는 속력을 $v_0$라 하자. 유체의 연속방정식에 의해 $A_0 v_0 = A_1 v_1$ 이다. $A_1 \ll A_0$이므로

$$v_0 = \left(\frac{A_1}{A_0}\right) v_1 \approx 0$$

이다. 즉 $v_0$ 는 무시할 수 있다. 구멍면과 액체표면에 대해 베르누이 방정식을 적용하자. 구멍면은 대기에 접하므로 압력이 대기압 $P_0$와 같다. 따라서

$$P_0 + \frac{1}{2}\rho v_1^2 + \rho g y_1 = P + \rho g y_2$$

이를 정리하면 $y_2 - y_1 = h$ 이므로

$$\frac{1}{2}\rho v_1^2 = P - P_0 + \rho g h$$

$$\therefore v_1 = \sqrt{\frac{2(P - P_0)}{\rho} + 2gh}$$

(b) 용기 뚜껑을 열면 액체 표면의 압력도 대기압과 같아지므로 $P = P_0$ 이다. 따라서

$$v_1 = \sqrt{2gh}$$

즉 유체의 속력은 높이 $h$에서 자유낙하한 물체의 속력과 동일하다. 이를 토리첼리의 법칙이라 한다.

# 7. 진동

## 7.1. 서설

진동은 어떤 물체가 주기적으로 반복적인 운동을 하는 것을 말한다. 이러한 운동은 놀이터의 그네의 운동에서부터 원자의 떨림에 이르기까지 다양하게 나타난다. 진동운동에 대한 수학적인 방정식 및 해, 그리고 에너지의 관점에서 이들을 분석해 보자.

## 7.2. 단조화 운동

### 7.2.1. 단조화 운동의 방정식과 해

그림7.1과 같이 용수철 상수가 $k$인 평형상태의 용수철에 질량이 $m$인 물체를 연결하여 마찰이 없는 수평면 위에서 $x = x_0$ 만큼 당긴 후에 정지상태에서 놓는다. 그러면 물체는 용수철의 힘 $F = -kx$에 의해 당겨져 $-x$ 축 방향으로 이동한다. 평형 위치에서 용수철의 힘은 0이지만 물체의 속력은 $v > 0$ 이기 때문에 물체는 $-x$축 방향으로 계속 진행한다. $x < 0$ 에서 용수철은 압축되며 물체는 $+x$방향으로 용수철로부터 힘을 받는다. 용수철은 $x = -x_0$ 위치까지 압축되고 물체는 멈추게 된다. 용수철이 다시 풀리며 물체는 $+x$ 방향으로 이동한다. 물체는 다시 $x = x_0$ 위치까지 도달해서 멈춘다. 그리고 물체는 위의 과정을 계속 반복하며 진동을 하는데 이것을 **단조화 운동(Simple harmonic motion)**이라 한다.

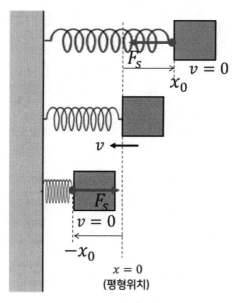

그림 7.1 단조화 운동

단조화 운동에 대한 운동방정식과 그 해를 구해보자. 물체의 위치가 $x$일 때 물체가 받는 힘은 $F = -kx$이므로 운동방정식을 구하면 $-kx = ma$ 이다. 따라서,

$$a = -\frac{k}{m}x \tag{7.1}$$

이다. 좌변의 가속도는 $a = \frac{d^2x}{dt^2}$, 즉, 위치를 시간으로 두 번 미분한 것이고 우변은 위치에 대한 함수이므로 이는 2차 미분방정식이다.

$$\omega^2 = \frac{k}{m} \tag{7.2}$$

으로 정의하면 위의 미분방정식은 다음과 같이 표현된다.

$$\frac{d^2x}{dt^2} = -\omega^2 x \quad \text{(단조화 운동방정식)} \tag{7.3}$$

이 방정식을 만족하는 운동을 단조화 운동(simple harmonic motion)이라고 하며 위 방정식을 **단조화 운동방정식**이라 한다.

단조화 운동방정식 (7.3)의 일반해는 다음과 같이 기술될 수 있다.

$$x(t) = A\cos(\omega t + \phi) \tag{7.4}$$

이 해를 식 (7.3)에 대입해보자.

$$\frac{d^2x}{dt^2} = \frac{d}{dt}(-A\omega\sin(\omega t + \phi)) = -A\omega^2\cos(\omega t + \phi) = -\omega^2 x \tag{7.5}$$

즉, 식 (7.4)는 단조화 운동방정식 (7.3)의 해가 됨을 알 수 있다. 식(7.4)로부터 물체의 속도는 다음과 같이 계산된다.

$$v(t) = \frac{dx}{dt} = -A\omega\sin(\omega t + \phi) \tag{7.6}$$

미정계수 $A, \phi$ 는 초기조건에 의해 결정이 된다. 예를 들어 용수철을 $x_0$ 만큼 당겨 정지상태에서 놓았다면 초기조건은 다음과 같다.

$$t = 0 \text{에서} \quad x = x_0, \ v = 0 \tag{7.7}$$

따라서 식(7.4), (7.6) 에서

$$x(0) = A\cos\phi = x_0, \quad v(0) = -A\omega\sin\phi = 0 \tag{7.8}$$

이므로

$$\phi = 0, \ A = x_0 \tag{7.9}$$

를 얻게 된다. 따라서 최종 해는 다음과 같다.

$$x(t) = x_0\cos(\omega t), \quad \omega = \sqrt{\frac{k}{m}} \tag{7.10}$$

일반해 식(7.4)를 어떻게 찾게 되었는지는 중요하지 않다. 그것이 추측에 의해서든지 어떠한 방법이든지 일반해 및 두개의 초기조건을 만족하는 해를 찾게 되었다면 2차미분방정식의 해의 유일성 정리(uniqueness theorem)에 의해 그 해는 유일하고 완전한 해임이 보장된다.

즉 그 것 이외에 다른 해는 존재하지 않고 그것이 바로 우리가 찾던 그 해이다.

### 7.2.2. 단조화 운동방정식의 해의 해석

단조화 운동방정식의 일반해인 식(7.4) 및 속도 함수 식(7.6) 의 그래프를 나타내면 다음과 같다.

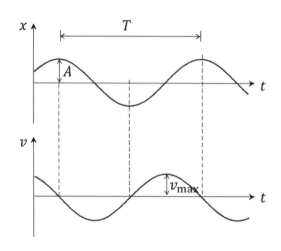

그림 7.2 단조화 운동의 위치와 속도의 그래프

위치와 속도 모두 시간에 따라 주기적으로 진동하는 함수이다. 변수 $A, \omega, \phi$ 는 단조화 운동의 특성을 나타내는 물리량이다. $A$는 운동의 **진폭(Amplitude)**이라 하고 평형위치로부터 물체의 최대 변위를 나타낸다. sin 주기 함수의 입력값인 $\omega t + \phi$ 를 위상이라 한다. **위상(phase)**이란 진동과 파동 등 주기적인 운동의 상태를 0~2π 사이의 라디안 단위의 각으로 나타낸 것을 말한다. 두 개의 위상이 같다는 것은 두 상태의 위상차 $\Delta\phi$가 2π 의 정수배로 나타난다는 것을 의미한다.

$$\Delta\phi = 2\pi m, \quad (m = 0, \pm1, \pm2, \dots) \quad \text{(위상이 같다)} \quad (7.11)$$

$\omega$는 **각진동수(angular frequency,** 단위: rad/s)라 하고 단위 시간동안의 위상의 변화율을 말한다. 각진동수는 회전운동에서의 각속도와 동일한 물리량이다. 진동이 빠를수록 $\omega$는 크다. $\omega$는 진동 운동을 하는 계의 고유한 값으로 정해진다. 용수철에 달린 물체의 계의 경우에는 $\omega = \sqrt{\dfrac{k}{m}}$ 으로 정해진다. $\phi$는 **위상상수(phase constant)**라 하고 $t = 0$에서의 초기 위상값을 나타낸다.

**주기(period,** 단위: s) $T$는 물체가 한번 진동하는데 걸린 시간을 말한다. 시간 $T$초 후에 같은 위상이 되므로 위치의 일반해의 위상 $\omega t + \phi$ 에서

$$\text{위상차} = (\omega(t + T) + \phi) - (\omega t + \phi) = 2\pi \quad (7.12)$$

에서 $\omega T = 2\pi$ 를 얻는다. 따라서

$$T = \frac{2\pi}{\omega} \qquad (7.13)$$

이다. 주기의 역수를 **진동수(frequency,** SI 단위: Hz $= s^{-1}$, 헤르츠**)**라 하며 단위 시간 동안에 몇 번 진동했는지를 나타낸다.

$$f = \frac{1}{T} = \frac{\omega}{2\pi} \qquad (7.14)$$

따라서 다음과 같이 진동수로부터 각진동수를 구할 수 있다.

$$\omega = 2\pi f = \frac{2\pi}{T} \qquad (7.15)$$

### 7.2.3. 단조화 운동의 에너지

용수철에 달린 물체의 운동과 같이 단조화 운동을 에너지 관점에서 분석해보자. 단조화 운동방정식의 해인 식(7.4), (7.6) 으로부터 탄성퍼텐셜 에너지 $U_s$ 와 운동에너지 $K$ 를 구해보면

$$U_s = \frac{1}{2}kx^2 = \frac{1}{2}kA^2\cos^2(\omega t + \phi) \qquad (7.16)$$

$$K = \frac{1}{2}mv^2 = \frac{1}{2}m\omega^2 A^2 \sin^2(\omega t + \phi) = \frac{1}{2}kA^2 \sin^2(\omega t + \phi) \qquad (7.17)$$

두번째 식에서 $\omega = \sqrt{k/m}$을 이용하였다. 따라서 역학적 에너지 $E$는

$$E = K + U = \frac{1}{2}kA^2(\sin^2(\omega t + \phi) + \cos^2(\omega t + \phi)) = \frac{1}{2}kA^2 \qquad (7.18)$$

즉, 역학적 에너지는 $E = \frac{1}{2}kA^2$으로 보존됨을 알 수 있다. 이를 그래프로 나타내면 다음과 같다.

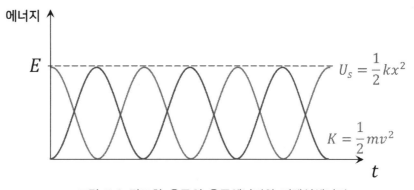

그림 7.3 단조화 운동의 운동에너지와 퍼텐셜에너지

시간에 따라 역학적 에너지는 운동에너지와 퍼텐셜 에너지 사이에서 반복적으로 전환되지만 전체 총량은 변함이 없다.

역학적 에너지 보존의 표현식으로부터 다음과 같이 임의의 위치 $x$에서 물체의 속력을 구할 수 있다.

$$E = K + U_s = \frac{1}{2}mv^2 + \frac{1}{2}kx^2 = \frac{1}{2}kA^2 \tag{7.19}$$

$$\rightarrow \quad v = \sqrt{\frac{k}{m}(A^2 - x^2)} \tag{7.20}$$

## 기본문제 7.1

질량이 $m = 0.2\text{kg}$인 물체가 용수철상수가 $k = 5\,\text{N/m}$ 인 용수철에 연결되어 마찰이 없는 수평면 위에서 단조화 운동을 한다. 처음에 용수철을 평형상태에서 $0.04\,\text{m}$ 늘린 후 정지상태에서 물체를 놓았다. 다음 물음에 답하시오.

(a) 단조화 운동의 각진동수를 구하시오.

(b) 단조화 운동의 주기를 구하시오

(c) 물체의 최대 속력을 구하시오.

(d) 물체의 최대 가속도를 구하시오.

(e) 계의 역학적 에너지를 구하시오

(f) 물체의 위치가 $x = 2\text{cm}$일 때 물체의 속력을 구하시오.

### 풀 이

(a) 각진동수 $\omega$는

$$\omega = \sqrt{\frac{k}{m}} = \sqrt{\frac{5}{0.2}} = 5\ \text{rad/s}$$

(b) 주기 $T$는

$$T = \frac{2\pi}{\omega} = \frac{2\pi}{5}\,\text{s}$$

(c) 물체의 위치에 대한 해는 $x = x_0 \cos(\omega t)$ 이고 물체의 속력은

$v = -\omega x_0 \sin(\omega t)$ 이므로 최대 속력 $v_{\max}$ 는

$$v_{\max} = \omega x_0 = 5 \times 0.04 = 0.2\ \text{m/s}$$

(d) 물체의 가속도는 $a = -\omega^2 x_0 \cos(\omega t)$ 이므로 최대 가속도 $a_{\max}$는

$$a_{\max} = \omega^2 x_0 = 5^2 \times 0.04 = 1\ \text{m/s}^2$$

(e) 계의 역학적 에너지는 $t = 0$에서 퍼텐셜 에너지만 있으므로

$$E = K + U = 0 + \frac{1}{2}kx_0^2 = \frac{1}{2} \times 5 \times 0.04^2 = 4 \times 10^{-3}\text{J}$$

(f) 다음의 계의 역학적 에너지 식에서

$$= \sqrt{\frac{2}{0.2} \cdot \left(4 \times 10^{-3} - \frac{1}{2} \cdot 5 \cdot 0.02^2\right)}$$
$$= \frac{\sqrt{3}}{10} \text{ m/s}$$

## 7.3. 진자

### 7.3.1. 단진자

**단진자(simple pendulum)**는 천장에 고정된 길이가 $L$인 줄에 연결된 점질량 물체가 진동 운동 하는 계를 말한다. 다음 그림을 살펴보자.

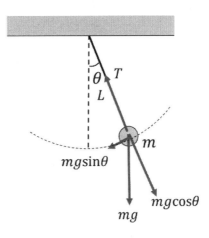

그림 7.4 단진자 운동

자유물체도는 그림에 나타난 바와 같다. 줄의 장력 $T$와 중력의 $mg\cos\theta$ 성분은 서로 일부 상쇄되어 구심력을 만들고, 중력의 $mg\sin\theta$ 성분은 접선방향의 운동을 변화시킨다. 반시계방향의 회전을 (+)방향으로 하면 접선방향에 대한 운동방정식 $F_t = ma_t$ 는 다음과 같이 기술된다.

$$-mg\sin\theta = m\frac{d^2s}{dt^2} \tag{7.21}$$

$s = L\theta$를 위 방정식에 대입하고 정리하면

$$\frac{d^2\theta}{dt^2} = -\frac{g}{L}\sin\theta \tag{7.22}$$

이 방정식도 $\theta$에 관한 2차 미분 방정식이지만 단조화 운동방정식 (7.3)과는 형태가 다르다. 불행히도 위 미분방정식은 대수적인 방법으로 풀 수 없다. 다만 각위치 $\theta$가 매우 작을 때 근사적으로 $\sin\theta \approx \theta$ 이므로 위 방정식은 다음과 같이 근사 된다.

$$\frac{d^2\theta}{dt^2} = -\frac{g}{L}\theta \qquad (7.23)$$

여기서

$$\omega = \sqrt{\frac{g}{L}} \qquad (7.24)$$

이라 하면

$$\frac{d^2\theta}{dt^2} = -\omega^2\theta \qquad (7.25)$$

이다. 이는 단조화 운동방정식 (7.3)이므로 일반해는 다음과 같으며

$$\theta = A\cos(\omega t + \phi) \qquad (7.26)$$

$t = 0$일 때 초기조건이 $\theta = \theta_0$이고 $v = 0$으로 주어진다면 $A = \theta_0$, $\phi = 0$이므로 최종해는 다음과 같은 해를 얻게 된다.

$$\theta = \theta_0\cos(\omega t) \qquad (7.27)$$

단진자의 주기는 다음과 같다.

$$T = \frac{2\pi}{\omega} = 2\pi\sqrt{\frac{L}{g}} \qquad (7.28)$$

### 7.3.2. 물리진자

**물리진자(physical pendulum)**란 진동하는 물체가 점입자가 아닌 강체이고 질량 중심을 통과하지 않는 고정축을 중심으로 진동하는 계를 말한다. 다음 그림을 살펴보자.

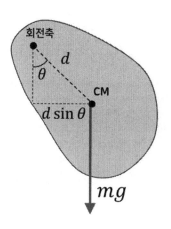

그림 7.5 물리진자

회전축에 대한 강체의 관성모멘트를 $I$라 하자. 강체에 작용하는 중력이 만드는 전체 토크는 모든 중력이 질량중심에 작용할 때의 토크와 같다. 그림에서 모멘트 팔이 $d\sin\theta$ 이므로 다음과 같은 회전 운동방정식을 구할 수 있다.

$$-mgd\sin\theta = I\frac{d^2\theta}{dt^2} \tag{7.29}$$

$\theta$가 매우 작을 때 $\sin\theta \approx \theta$의 근사식을 쓰고 위 식을 정리하면

$$\frac{d^2\theta}{dt^2} = -\left(\frac{mgd}{I}\right)\theta \tag{7.30}$$

이다. 여기서

$$\omega = \sqrt{\frac{mgd}{I}} \tag{7.31}$$

이라 하면

$$\frac{d^2\theta}{dt^2} = -\omega^2\theta \tag{7.32}$$

즉, 단조화 운동방정식을 얻게 된다. 물리진자의 주기는 다음과 같다.

$$T = \frac{2\pi}{\omega} = 2\pi\sqrt{\frac{I}{mgd}} \tag{7.33}$$

## 기본문제 7.2

　그림과 같이 질량이 $M$이고 길이가 $L$인 균일한 막대가 한쪽 끝을 회전축으로 하여 진자 운동을 한다. 다음 물음에 답하시오. (단, 중력가속도의 크기는 $g$이다.)

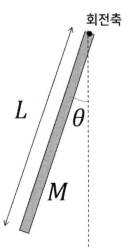

(a) 운동의 진폭이 작을 때 진동의 주기를 구하시오.

(b) 회전축이 막대 끝에서 $L/4$ 만큼 떨어진 위치일 때, 막대의 진동의 주기를 구하시오.

(a) 회전축에서 막대의 질량중심까지의 거리는 $d = L/2$ 이고 막대 끝을 회전축으로 하는 막대의 관성모멘트 $I$는 $I = \frac{1}{3}ML^2$ 이므로 각진동수 $\omega$ 는

$$\omega = \sqrt{\frac{Mgd}{I}} = \sqrt{\frac{MgL/2}{\frac{1}{3}ML^2}} = \sqrt{\frac{3g}{2L}}$$

따라서 주기 $T$는

$$T = \frac{2\pi}{\omega} = 2\pi\sqrt{\frac{2L}{3g}}$$

(b) 회전축에서 막대의 질량중심까지의 거리는 $d = L/4$ 이고 막대 끝을 회전축으로 하는 막대의 관성모멘트 $I$는 평행축 정리를 이용하면

$$I = I_{CM} + Md^2 = \frac{1}{12}ML^2 + M\left(\frac{L}{4}\right)^2 = \frac{7}{48}ML^2$$

따라서 각진동수 $\omega$ 는

$$\omega = \sqrt{\frac{Mgd}{I}} = \sqrt{\frac{MgL/4}{\frac{7}{48}ML^2}} = \sqrt{\frac{12g}{7L}}$$

따라서 주기 $T$는

$$T = \frac{2\pi}{\omega} = 2\pi\sqrt{\frac{7L}{12g}}$$

# 8. 파동

## 8.1. 서설

이번장에서는 역학적인 파동에 대해서 공부한다. 음파, 수면파, 지진파 등과 같이 역학적인 파동은 매질을 따라서 매질 요소들이 진동하며 에너지를 전달하는 계를 말한다. 역학적 파동의 속력은 매질의 특성에 의해서만 결정되며 파동의 주기 또는 진동수는 초기조건에 따라 달라질 수 있다. 한편, 전자기파는 역학적 파동이 아닌 대표적인 파동이다. 전자기파는 매질이 없는 진공상태에서도 진행하며 그 속력은 고정된 값을 가지는 매우 특별한 파동이다. 이는 전자기학 파트에서 다루게 된다. 그 외에 양자역학에서 도입되는 물질파가 존재한다.

## 8.2. 파동의 전파

### 8.2.1. 파동의 기술

파동의 매질요소들이 파동의 진행방향과 수직으로 진동하는 파동을 **횡파(transverse**

wave)라 하고 줄에서의 파동, 지진파의 S파 등이 이에 해당한다. 반면 매질요소가 진행방향과 평행하게 진동하는 파동을 **종파(longitudinal wave)**라 하고 음파, 지진파의 P파 등이 이에 해당한다.

파동의 수학적인 기술은 위치와 시간에 대한 함수 $y(x,t)$로서 표현할 수 있다. $y(x,t)$의 의미는 시간 $t$, 및 위치 $x$지점의 매질요소의 진동축 상에서의 위치가 $y(x,t)$ 라는 의미이다. (음파에서는 $x$지점의 공기의 압력 변화를 나타내기도 한다.) 함수 $y(x,t)$를 **파동함수(wave function)**라. 한다. $t = 0$에서 파동의 기하학적 모양을 나타내는 함수 $f(x)$를 **파형(waveform)** 이라고 하며 $f(x) = y(x,0)$ 이다.

파동의 파형 $f(x)$가 변하지 않고 시간에 따라 특정 방향으로 진행해 나가는 파동을 **진행파**라고 한다. 속력 $v$로 $+x$방향으로 진행하는 파동의 경우 파형의 그래프 $f(x)$ 가 $+x$방향으로 $vt$ 만큼 이동하였으므로 파동함수는

$$y(x,t) = f(x - vt) \tag{8.1}$$

가 된다. 마찬가지로 속력 $v$로 $-x$ 방향으로 진행하는 파동의 경우 파형의 그래프 $f(x)$ 가 $-x$방향으로 $vt$ 만큼 이동하였으므로 파동함수는

$$y(x,t) = f(x + vt) \tag{8.2}$$

가 된다. 예를 들어 파동함수가

$$y(x,t) = \frac{1}{(x - 2t)^2 + 1} \tag{8.3}$$

와 같이 주어졌다면 이 파동의 파형은

$$f(x) = y(x,0) = \frac{1}{x^2 + 1} \tag{8.4}$$

이고 파동은 $+x$방향으로 속력 $v = 2\text{m/s}$으로 진행하는 진행파이다.

## 8.2.2. 사인형 파동

가장 기본적인 진행파는 파형이 사인함수인 사인형 파동(sinusoidal wave)이다. 푸리에 급수를 이용하면 임의의 파형을 가지는 주기 파동을 여러 사인형 파동의 선형 결합으로 만들어 낼 수 있기 때문에 사인형 파동이 기본이 된다.

사인형 파동의 파형을 일반적으로 $f(x) = A\sin(kx + \phi)$ 라 하고 $+x$방향으로 속력 $v$로 진행하는 진행파라고 하자. 파동함수는 다음과 같다.

$$y(x,t) = f(x - vt) = A\sin(k(x - vt) + \phi) = A\sin(kx - kvt + \phi) \tag{8.5}$$

여기서 $\omega = kv$ 라 하면

$$y = A\sin(kx - \omega t + \phi) \quad \text{(사인형 파동의 일반형)} \tag{8.6}$$

이다. 식(8.6)은 사인형 파동의 일반형태를 나타낸다. $kx - \omega t + \phi$ 전체를 위상이라 하며 $\phi$ 는 $t = 0, x = 0$ 에서의 위상을 나타내는 위상상수이다. 사인형 파동에 관한 물리량들을 살펴보자. 먼저 식(8.6)에서 $\phi = 0$ 일 때 '진동위치($y$)-매질요소 위치($x$)' 및 '진동위치($y$)-시간($t$)'에 대한 그래프로 나타내면 다음과 같다.

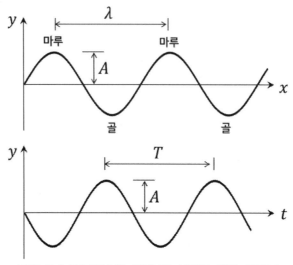

그림 8.1 파동함수의 공간 및 시간에 대한 그래프

$y$-$x$ 그래프에서 $A$를 파동의 **진폭(Amplitude)**라 한다. 진폭은 각 매질요소의 진동 위치의 최대값이 된다. 파동의 공간상에서 가장 높은 지점을 **마루(crest)**라 하고 가장 낮은 지점을 **골(trough)**라 한다. **파장(wave length)** $\lambda$ 는 파동의 마루와 마루 사이의 거리를 나타낸다. 마루에서는 파동의 위상이 같으므로 식(8.6)에서 두 마루 사이의 위상차는 $2\pi$가 된다:

$$\Delta\phi = (k(x + \lambda) - \omega t) - (kx - \omega t) = k\lambda = 2\pi \tag{8.7}$$

따라서

$$k = \frac{2\pi}{\lambda}, \quad or \quad \lambda = \frac{2\pi}{k} \tag{8.8}$$

이다. 여기서 $k$ 는 **파수(wave number**, SI 단위: rad/m )라고 하며, 단위 길이에 대한 위상각의 변화량으로 정의된다.

$y - t$ 그래프에서 에서 **주기(period)** $T$ 는 어떤 매질 요소가 한번 진동하여 같은 위치로 돌아오는데 걸리는 시간이다. 주기의 역수를 **진동수(frequency)** $f$ 라 하며 단위 시간 동안의 진동 횟수를 의미한다. $\omega$ 는 **각진동수(angular frequency)** 라 하고 단위 시간 동안의

위상각의 변화량으로 정의되며 다음 관계식을 만족한다.

$$\omega = 2\pi f = \frac{2\pi}{T}$$ 

(8.9)

파동의 진행 속력 $v$는 한 주기 $T$동안에 파장 $\lambda$만큼 파동이 진행하므로

$$v = \frac{\lambda}{T} = \lambda f$$ 

(8.10)

이며 $\lambda = 2\pi/k$, $T = 2\pi/\omega$ 이므로

$$v = \frac{\omega}{k}$$ 

(8.11)

으로 나타낼 수 있다.

## 기본문제 8.1

다음과 같이 주어진 사인형 진행파에 대하여 물음에 답하시오 (단, $y$의 단위는 cm 이다.)

$$y = 3\sin\left(2\pi x - 4\pi t + \frac{\pi}{6}\right)$$

(a) 파수 $k$, 파장 $\lambda$, 각진동수 $\omega$, 진동수 $f$, 주기 $T$ 를 각각 구하시오.

(b) 파동의 진폭 $A$, 위상상수 $\phi$ 를 구하시오

(c) 파동의 진행 속력 $v$를 구하시오.

### 풀 이

(a)

$$k = 2\pi \text{m}^{-1}, \ \lambda = \frac{2\pi}{k} = 1\text{m}, \ \omega = 4\pi \text{ rad/s}, \ f = \frac{\omega}{2\pi} = 2\text{Hz}, \ T = \frac{2\pi}{\omega} = 0.5 \text{ s}$$

(b)

$$A = 3\text{cm}, \ \phi = \frac{\pi}{6}$$

(c)

$$v = \frac{\lambda}{T} = \frac{1}{0.5} = 2\text{m/s}$$

## 8.3. 줄에서의 파동

### 8.3.1. 줄에서 사인형 파동

역학적 파동의 첫번째 예로 줄에서의 파동에 대해서 살펴본다. 질량을 가지는 줄의 한쪽 끝을 잡고 주기적으로 흔들어주면 동일한 주기의 사인형 파동이 만들어 진다.

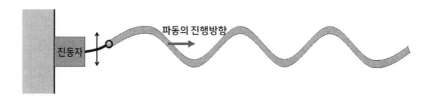

그림 8.2 줄에서의 파동

이를 수학적으로 기술하면 다음과 같다.

$$y = A \sin(kx - \omega t) \tag{8.12}$$

줄에서의 파동은 횡파 이므로 $y$는 진행방향과 수직한 방향에 대한 매질 요소의 횡위치를 나타낸다. 특정 위치 $x$에 존재하는 매질 요소의 **횡속도(transverse speed)** $v_y$와 **횡가속도(transverse acceleration)** $a_y$는 다음과 같이 계산된다. ($x$를 고정시키고 시간으로 미분하므로 시간에 대한 편미분으로 표현된다.)

$$v_y = \frac{\partial y}{\partial t} = -\omega A \cos(kx - \omega t) \tag{8.13}$$

$$a_y = \frac{dv_y}{dt} = -\omega^2 A \sin(kx - \omega t) \tag{8.14}$$

매질 요소의 횡속도 $v_y$는 특정 매질요소가 $y$축 방향으로 진동하는 속력을 나타내며 파동이 $x$축 방향으로 진행해 나가는 속력 $v$와는 다른 개념이다.

### 8.3.2. 줄에서 파동의 속력

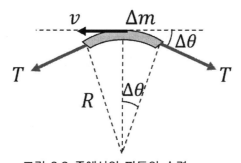

그림 8.3 줄에서의 파동의 속력

역학적 파동의 속력 $v$는 매질의 특성에 의해서만 결정된다. 줄에서의 파동의 진행속력을 구해보자. 줄에서의 사인형 파동이 $y = A\sin(kx - \omega t)$의 파동함수로 $+x$축 방향으로 속력 $v$로 진행해 나간다고 하자. 이 때 파형 $A\sin(kx)$는 속력 $v$로 진행해 나가지만 각 매질 요소는 $x$축으로 진행하지 않고 $y$축으로만 진동한다는 것에 유의하자. 이제 관측자가 파동과 동일한 속력 $v$로 진행하며 파동을 관측한다고 가정해 보자. 관측자가 관측하는 파동의 운동은 상대속도를 적용하면 파형은 정지상태에 있고 매질요소들은 파형을 따라 $-x$축 방향으로 속력 $v$로 진행하는 것으로 관측할 것이다. 이는 그림8.3과 같이 표현된다.

그림 8.3에서 줄 요소는 질량이 $\Delta m$이며 중심점에 대해 $2\Delta\theta$의 각변위로 분포하고 있고 순간적으로 반지름이 $R$인 원운동을 하고 있다. 이때 줄 양쪽에 작용하는 장력의 벡터합이 구심가속도의 역할을 한다. $\Delta\theta$가 매우 작다고 하자. 구심력 $F_r$은

$$F_r = 2T\sin\Delta\theta \approx 2T\Delta\theta \tag{8.15}$$

이다. 또한 줄의 밀도를 $\mu$라 하면 줄 요소의 질량 $\Delta m$은

$$\Delta m = \mu\,\Delta s = 2\mu R\Delta\theta \tag{8.16}$$

이다. 따라서 운동방정식을 세우면 $F_r = mv^2/R$ 이므로

$$2T\Delta\theta = \frac{2\mu R\Delta\theta\,v^2}{R} = 2\mu\Delta\theta v^2 \tag{8.17}$$

따라서

$$v = \sqrt{\frac{T}{\mu}} \tag{8.18}$$

이다. 즉 줄에서의 파동의 속력은 줄의 장력 $T$및 줄의 선밀도 $\mu$에 의해서 결정된다.

## 기본문제 8.2

그림과 같이 벽에 고정된 줄이 도르래를 통하여 질량이 2kg 인 물체와 연결되어 있고 진동하는 파동이 형성되었다. 줄의 질량은 $m = 0.3$kg 이고 길이는 $L = 6$m 이다. (a) 파동의 진행 속력 $v$ 를 구하시오. (b) 파동의 진동수 $f$ 를 구하시오. (단, 중력가속도의 크기는 10m/s² 이다.)

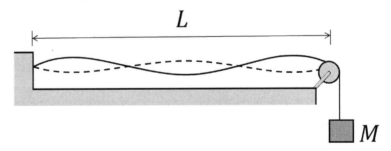

### 풀 이

(a) 먼저 줄의 장력 $T$는 물체의 중력과 평형을 이루므로

$$T = Mg$$

이다. 줄의 선밀도는

$$\mu = \frac{m}{L}$$

이므로 줄을 따라 진행하는 파동의 속력 $v$는 다음과 같다.

$$v = \sqrt{\frac{T}{\mu}} = \sqrt{\frac{MgL}{m}} = \sqrt{\frac{2 \cdot 10 \cdot 6}{0.3}} = 20\text{m/s}$$

(b) 그림에서 $L = \frac{3}{2}\lambda$ 이므로

$$\lambda = \frac{2}{3}L = 4\text{m}$$

$f\lambda = v$ 이므로

$$f = \frac{v}{\lambda} = \frac{20}{4} = 5\text{Hz}$$

### 8.3.3. 줄에서 사인형 파동의 에너지 전달률

줄에서 사인형 파동이 진행에 나갈 때 매질 요소들이 정지상태에서 횡방향 운동을 시작하므로 파동의 진행방향으로 에너지가 전달이 된다. $t = 0$에서 위치 $x$에 있는 매질 요소 $dm$의 운동 에너지 $dK$는 식(8.13)를 이용하면

$$dK = \frac{1}{2}dmv_y^2 = \frac{1}{2}\mu dx\, \omega^2 A^2 \cos^2(kx) \tag{8.19}$$

이다. 이 식을 한 파장 내에서 적분하면 한주기 $T$동안에 전달된 에너지의 총량이 된다. 이를 $K_\lambda$라 하면

$$K_\lambda = \int dK = \frac{1}{2}\mu\omega^2 A^2 \int_0^\lambda \cos^2(kx)\, dx = \frac{1}{4}\mu\omega^2 A^2 \lambda \tag{8.20}$$

용수철에 달린 물체의 진동운동에서 계가 가지는 운동에너지의 최대값과 퍼텐셜에너지의 최대값이 같은 것과 마찬가지로 줄의 진동에서 질량요소에 전달된 한 파장내에서의 퍼텐셜 에너지 값 $U_\lambda$는 $K_\lambda$와 같다.(증명은 생략한다):

$$U_\lambda = K_\lambda = \frac{1}{4}\mu\omega^2 A^2 \lambda \tag{8.21}$$

따라서 한 주기동안 전달된 전체 에너지 $E_\lambda$는

$$E_\lambda = K_\lambda + U_\lambda = \frac{1}{2}\mu\omega^2 A^2 \lambda \tag{8.22}$$

이다. 파동의 일률, 또는 에너지 전달률 $P$ 는 다음과 같다.

$$P = \frac{E_\lambda}{T} = \frac{1}{2}\mu\omega^2 A^2 \frac{\lambda}{T} \tag{8.23}$$

$$\therefore P = \frac{1}{2}\mu\omega^2 A^2 v \tag{8.24}$$

즉, 줄에서의 사인형 파동의 일률은 진동수의 제곱, 진폭의 제곱 및 파동의 속력에 비례한다.

## 8.4. 음파

### 8.4.1. 음파의 기술

**음파(sound waves)**는 공기를 매질로 하여 공기를 진동시키며 진행해 나가는 종파이다. 다음 그림과 같이 관속에서 피스톤을 주기적으로 왕복운동 시키면 압축 공기의 진동이 관내에서 전달이 되며 음파가 발생한다.

**그림 8.4 음파의 진행**

공기의 매질요소는 특정 위치에서 음파의 진행 방향 축에 대해 진동하게 되는데 시간 $t$에서 $x$위치에 존재하는 매질요소의 평형위치에($x$위치) 대한 상대적 위치를 $s$라 하면 사인형으로 진행해 나가는 음파를 다음과 같이 표현할 수 있다.

$$s = s_{max}\cos(kx - \omega t) \tag{8.25}$$

또한 매질요소의 진동에 의한 공기의 압력 변화가 발생하는데 위치구간 $\Delta x$ 에서의 압력 변화 $\Delta P$ 는 매질요소의 상대적 위치의 변화율 $\Delta s/\Delta x$ 에 비례한다. $\frac{ds}{dx} = -ks_{max}\sin(kx - \omega t)$ 이므로 시간 $t$에서 $x$위치에서의 압력 변화 $\Delta P$를 다음과 같이 나타낼 수 있다.

$$\Delta P = \Delta P_{max}\sin(kx - \omega t) \tag{8.26}$$

### 8.4.2. 음파의 속력

줄에서의 파동의 속력은 $v = \sqrt{\frac{T}{\mu}}$ 로 나타내어진다. $T$ 는 줄의 장력 즉 줄의 탄성적 성질이고 $\mu$ 는 선밀도 즉 줄의 관성적 특성을 나타내는 물리량이다. 일반적으로 역학적 파동의 속력은 다음과 같이 매질의 특성에 의해 결정된다.

$$v = \sqrt{\frac{탄성적 특성}{관성적 특성}} \quad \text{(역학적 파동의 속력의 일반형)} \tag{8.27}$$

마찬가지로 기체 속에서 음파의 속력은 다음과 같은 식으로 표현되어진다. (증명은 생략한다.)

$$v = \sqrt{\frac{B}{\rho}} \quad \text{(음파의 속력)} \tag{8.28}$$

여기서 $\rho$는 기체의 밀도이고 $B$는 부피탄성률이며 다음과 같이 정의된다.

$$B = -\frac{\Delta P}{\Delta V/V_i} \tag{8.29}$$

여기서 $V_i$는 초기 기체의 부피, $\Delta P$는 압력의 변화를 나타내며 $\Delta V$는 압력 변화에 따른 부피의 변화를 나타낸다.

### 8.4.3. 음파의 세기

식(8.24)에서 줄에서의 파동의 에너지 전달률 즉 일률에 대한 식을 유도하였다. 음파에 대해서도 다음과 같이 동일한 형태의 한 주기에 대한 평균 일률에 관한 식이 유도된다.

$$P_{\text{avg}} = \frac{1}{2}\rho A\omega^2 s_{\text{max}}^2 v \tag{8.30}$$

여기서 $\rho$는 기체의 밀도, $A$는 관의 단면적이다.

일반적으로 **파동의 세기(intensity)** $I$는 파동의 진행방향에 수직하는 단위 면적당 파동의 평균 일률로서 정의된다.:

$$I \equiv \frac{P_{\text{avg}}}{A} \quad \text{(파동의 세기의 정의)} \tag{8.31}$$

따라서 관을 따라 일차원으로 진행하는 음파의 세기는 다음과 같다.

$$I = \frac{P_{\text{avg}}}{A} = \frac{1}{2}\rho\omega^2 s_{\text{max}}^2 v \quad \text{(파동의 세기의 정의)} \tag{8.32}$$

지금까지는 파동의 진행방향이 직선인 일차원 파동에 대해서 알아보았다. 삼차원 공간상에서 이와 같이 파동이 직선방향으로 진행하는 경우를 생각해 보자. 파동의 위상이 같은 점들로 이루어진 면을 **파면(wave front)** 라 하는데 이러한 직선 방향의 파동의 경우 파면은 파동의 진행방향에 수직한 평면이 된다. 따라서 이를 **평면파(plane wave)**라고 한다. 반면, 다음 그림과 같이 파동이 점파원이고 3차원 상의 모든 방향으로 퍼져 나가는 파동에 대해서는 파면이 구면으로 형성되어 진다. 따라서 이를 **구면파(spherical wave)**라 한다.

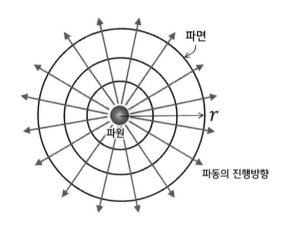

그림 8.5 구면파

구면파의 경우 일정한 일률 $P_{\text{avg}}$에 의해 생성된 파동이 모든 방향으로 균일하게 퍼져 나가므로 파원으로부터 $r$만큼 떨어진 지점에서의 파동의 세기는 다음과 같다.

$$I = \frac{P_{\text{avg}}}{A} = \frac{P_{\text{avg}}}{4\pi r^2} \tag{8.33}$$

즉 파동의 세기는 거리의 제곱에 반비례하여 감소하게 된다.

### 8.4.4. 도플러 효과

엠뷸런스의 사이렌 소리는 엠뷸런스가 관측자에게 다가올 때 높은음(큰 진동수)으로 들리고 관측자를 지나 관측자에게서 멀어질 때 낮은음(작은 진동수)로 들린다. 이와 같이 음원이 관측자에 대해 운동하거나 관측자가 음원에 대해 운동할 때 관측자가 측정하는 파동의 진동수가 달라지는 데 이를 **도플러 효과(Doppler effect)**라고 한다.

음원(source)이 관측자를 향해 속력 $v_s$로 운동하는 경우를 생각하자. 파동의 속력 $v$는 매질의 특성에 의해 결정되므로 변하지 않는다. 그런데 다음 그림과 같이 한 주기 $T$동안에 파원은 $v_s T$만큼 진행하므로 관측자가 측정하는 음원의 파장은 $v_s T$ 만큼 짧아지게 된다.

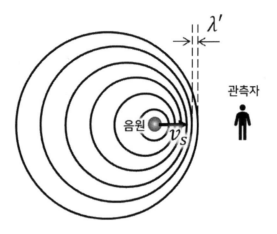

그림 8.6 도플러 효과 (음원이 운동할 때)

따라서 관측자가 측정하는 새로운 파장 $\lambda'$은

$$\lambda' = \lambda - v_s T = \frac{v}{f} - \frac{v_s}{f} = \frac{1}{f}(v - v_s) \tag{8.34}$$

이다. 따라서 관측자가 측정하는 진동수 $f'$은 다음과 같다.

$$f' = \frac{v}{\lambda'} = \left(\frac{v}{v - v_s}\right)f \quad \text{(음원이 운동할때)} \tag{8.35}$$

다음으로 음원이 정지해 있고 관측자(observer)가 파원을 향해 속력 $v_o$로 운동하는 경우를 생각해보자. 상대속도 관계식에 의해 관측자가 보는 파동의 속력은 $v + v_o$ 이다. 반면 관측자가 측정하는 파동의 파장은 원래의 파장인 $\lambda$이다.

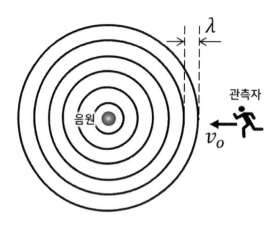

그림 8.7 도플러 효과 (관측자가 운동할 때)

따라서 관측자가 측정하는 새로운 파동의 주기 $T'$은

$$T' = \frac{\lambda}{v + v_o} = \frac{v/f}{v + v_o} \tag{8.36}$$

이다. 따라서 관측자가 측정하는 진동수 $f'$ 은

$$f' = \frac{1}{T'} = \left(\frac{v + v_o}{v}\right)f \quad \text{(관측자가 운동할때)} \tag{8.37}$$

음원과 관측자가 모두 서로를 향해 각각 속력 $v_s, v_o$로 운동하는 경우 관측자가 측정하는 파동의 진동수는 위 두 경우를 종합하면 다음과 같다.

$$f' = \left(\frac{v + v_o}{v - v_s}\right)f \quad \text{(도플러 효과)} \tag{8.38}$$

식 (8.38)에서 $v_s, v_o$ 의 부호는 서로 가까워지는 운동에 대해서 (+)임에 유의하자. 직관적으로도 서로 가까워지는 운동에 대해서는 진동수가 커지는 결과를 얻어야 한다. 서로 멀어지는 운동에 대해서는 해당되는 속력에 (-)부호를 붙여야 한다.

## 기본문제 8.3

그림과 같이 두대의 구급차 A, B가 서로를 향해 속력 $v = 17\text{m/s}$ 으로 달리고 있다. 구급차 A가 구급차 B를 향해 진동수 $f_0 = 361\text{Hz}$ 의 사이렌을 울렸다. 다음 물음에 답하시오. (단, 공기중에서 음속은 $v_0 = 340\text{m/s}$ 이다.)

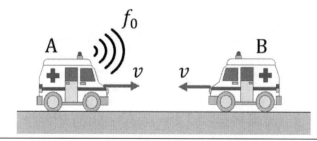

(a) 구급차가 서로 접근하는 동안 구급차 B에서 측정한 사이렌의 진동수를 구하시오.

(b) 구급차가 서로를 지나 같은 속력으로 멀어질 때 구급차 B에서 측정한 사이렌의 진동수를 구하시오 .

(c) 구급차가 서로 접근하는 동안 구급차 A에서 방출한 음파의 일부는 구급차 B에서 반사되어 구급차 A로 되돌아 간다. 반사된 사이렌을 구급차 A에서 측정했을 때의 진동수를 구하시오

**풀 이**

(a) 음원과 관측자가 같은 속력으로 가까워지고 있으므로 구급차 B가 측정한 사이렌의 진동수 $f'$은

$$f' = \left(\frac{v_0 + v}{v_0 - v}\right)f = \left(\frac{357}{323}\right) \cdot 361 = 399\text{Hz}$$

(b) 음원과 관측자가 같은 속력으로 멀어지고 있으므로 구급차 B가 측정한 사이렌의 진동수 $f'$은

$$f' = \left(\frac{v_0 - v}{v_0 + v}\right)f = \left(\frac{323}{357}\right) \cdot 361 = \frac{6859}{21} = 327\text{Hz}$$

(c) 구급차 B에서 관측한 사이렌의 진동수가 $f' = 399\text{Hz}$ 이고 구급차 B에서 반사된 음파에 대해서는 구급차 B가 음원이고 구급차 A가 관측자이다. 따라서 구급차 A가 측정한 반사파의 진동수 $f''$는

$$f'' = \left(\frac{v_0 + v}{v_0 - v}\right)f' = \left(\frac{357}{323}\right) \cdot 399 = 441\text{Hz}$$

## 8.5. 반사와 투과

파동이 진행하다가 파동의 진행을 허용하지 않는 벽을 만나거나 다른 특성을 가지는 매질매 만날 때 일부 또는 전부가 **반사(reflection)**하거나 **투과(transmission)**하게 된다. 다음 그림과 같이 줄을 따라 진행하는 파동이 고정단을 만나면 파동은 전부 반사하고 위상이 $\pi$ 만큼 바뀌게 된다(모양이 뒤집힌다). 위상이 바뀌는 이유는 고정단에서 뉴턴 3법칙에 의해 줄은 아래 방향의 파동을 만드는 힘을 받기 때문이다. 반면 자유단에 의한 반사는 위상이 변하지 않고 전부 반사한다.

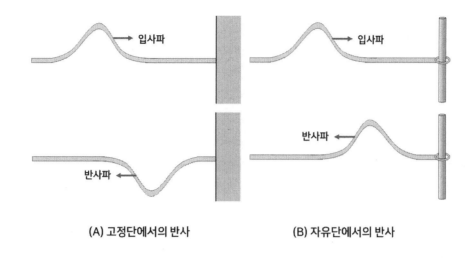

(A) 고정단에서의 반사　　　　　　(B) 자유단에서의 반사

그림 8.7 고정단 및 자유단에서의 반사

　　파동이 진행하다가 특성이 다른 매질을 만나게 되면 일부는 반사하고 일부는 투과하게 된다. 반사파의 경우에 앞서 살펴본 이유에 의해 밀도가 작은 매질에서 밀도가 큰 매질에 의한 반사인 경우 반사파는 위상이 $\pi$만큼 바뀌고 반대로 밀도가 큰 매질에서 밀도가 작은 매질에 의한 반사인 경우 반사파는 위상이 바뀌지 않는다. 이러한 반사와 투과의 원리는 모든 파동에 대해서 공통적으로 적용된다.

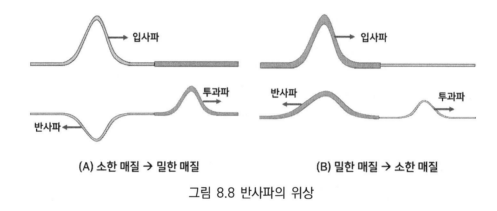

(A) 소한 매질 → 밀한 매질　　　　　　(B) 밀한 매질 → 소한 매질

그림 8.8 반사파의 위상

## 8.6. 간섭

### 8.6.1. 중첩의 원리

　　서로 다른 두 개 이상의 파동이 만나면 어떻게 될까? 공간 위의 한 점에서 독립된 파동들이 결합하여 합성 파동을 만드는 것을 **간섭(interference)**라 한다. **중첩의 원리(susperposition principle)**란 서로 독립적인 여러 개의 파동이 어떤 지점에서 만날때 합성 파동의 파동 함수는 각각의 파동 함수 값의 대수적인 합이라는 것이다. 즉, $y_1(x,t), y_2(x,t)$ 의 파동 함수를 가지는 두 파동이 만나서 생성되는 합성 파동의 파동함수는

$$y(x, t) = y_1(x, t) + y_2(x, t) \tag{8.39}$$

이다.

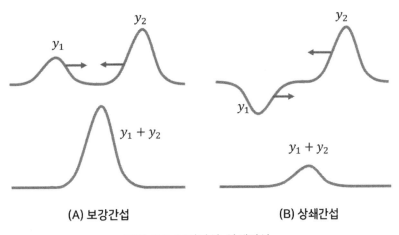

(A) 보강간섭              (B) 상쇄간섭

그림 8.9 보강간섭 상쇄간섭

위상이 같은 두 파동이 중첩되는 경우 합성 파동의 진폭은 중첩의 원리에 의해 서로 보강되어 위 그림(A)와 같이 각 파동의 진폭보다 크다. 이러한 파동의 간섭을 **보강간섭(constructive interference)**라 한다. 반면, 위상이 반대이 두 파동이 중첩되는 경우 합성 파동의 진폭은 중첩의 원리에 의해 서로 상쇄되어 위 그림(B)와 같이 합성 전보다 작아진다. 이러한 간섭을 **상쇄간섭(destructive interference)**라 한다.

### 8.6.2. 사인형 파동의 중첩

같은 방향으로 진행하고 진폭, 파장 및 진동수가 같은 동일한 사인형 파동이 위상차이가 $\phi$인 경우 중첩 파동의 파동함수를 구해보자. 각각의 파동함수는 다음과 같다.

$$y_1 = A\sin(kx - \omega t), \ y_2 = A\sin(kx - \omega t + \phi) \tag{8.40}$$

합성 파동의 파동함수 $y$는 중첩의 원리에 의해

$$\begin{aligned} y = y_1 + y_2 &= A(\sin(kx - \omega t) + \sin(kx - \omega t + \phi)) \\ &= 2A\cos\left(\frac{\phi}{2}\right)\sin\left(kx - \omega t + \frac{\phi}{2}\right) \end{aligned} \tag{8.41}$$

이다. 즉 합성 파동의 파동함수는 파장 및 진동수는 변함이 없고 같은 방향 및 같은 속력으로 진행하는 사인형 파동이지만 위상 상수가 $\frac{\phi}{2}$ 이고 진폭은 $\left|2A\cos\left(\frac{\phi}{2}\right)\right|$ 이다.

두 파동의 위상차가 $\phi = 2m\pi, (m = 0, \pm1, \pm2, \cdots)$ 인 경우 두 파동은 위상이 같다. 이경우 합성 파동의 진폭은

$$\left|2A\cos\left(\frac{\phi}{2}\right)\right| = |2A\cos(m\pi)| = 2A \tag{8.42}$$

이므로 진폭은 2배가 된다. 이는 보강간섭이다.

두 파동의 위상차가 $\phi = (2m + 1)\pi, (m = 0, \pm1, \pm2, \cdots)$ 인 경우 합성 파동의 진폭은

$$\left| 2A \cos\left(\frac{\phi}{2}\right) \right| = \left| 2A \cos\left(m\pi + \frac{1}{2}\pi\right) \right| = 0 \qquad (8.43)$$

이다. 즉 두 파동은 완전히 상쇄되므로 이는 소멸간섭이다.

두 파동의 이동 경로 차이가 $\Delta x$일 때 이를 위상차로 나타내면 $\Delta\phi = k\Delta x = \frac{2\pi}{\lambda}\Delta x$이므로 보강, 상쇄간섭 조건은 다음과 같다.

$$\Delta x = m\lambda \qquad \text{(보강간섭)} \qquad (8.44)$$

$$\Delta x = \left(m + \frac{1}{2}\right)\lambda \quad \text{(소멸간섭)} \qquad (8.45)$$

$$(m = 0, \pm1, \pm2, \cdots)$$

이를 표로 정리하면 다음과 같다.

| 위상차 $\phi$ | 경로차 $\Delta x$ | 간섭 종류 |
|---|---|---|
| $2m\pi$ | $m\lambda$ | 보강간섭 |
| $(2m + 1)\pi$ | $\left(m + \frac{1}{2}\right)\lambda$ | 상쇄간섭 |

## 기본문제 8.4

그림과 같이 진폭과 파장, 진동수, 위상상수가 같은 파동을 방출하는 동일한 두 점파원의 간격이 $d = 4\text{m}$ 이고 점파원으로부터 $L = 12\text{m}$ 떨어진 거리에 스크린이 설치되어 있다. 점파원이 방출하는 파동의 진폭이 $A = 3\text{cm}$, 파장이 $\lambda = 6\text{m}$ 일 때 스크린의 중심으로부터 $y = 7\text{m}$ 떨어진 점 P에서의 합성파동의 진폭을 구하시오.

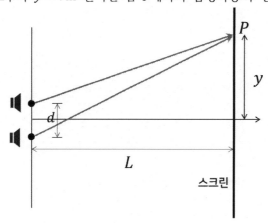

### 풀 이

각 점파원에서 점P까지의 거리를 각각 $r_1, r_2$라 하면

$$r_1 = \sqrt{12^2 + 5^2} = 13\text{m}$$
$$r_2 = \sqrt{12^2 + 9^2} = 15\text{m}$$

이므로 두 파동의 경로차 $\delta$는

$$\delta = r_2 - r_1 = 2\text{m}$$

이다. 따라서 점P에서 두 파동의 위상차 $\Delta\phi$는

$$\Delta\phi = k\delta = \frac{2\pi}{\lambda}\delta = \frac{2\pi}{6} \cdot 2 = \frac{2\pi}{3}$$

이다. 따라서 합성 파동의 진폭은

$$A' = 2A\cos\left(\frac{\Delta\phi}{2}\right) = 2 \cdot (3\text{cm}) \cdot \cos\frac{\pi}{3} = 3\text{cm}$$

## 8.7. 정상파

### 8.7.1. 정상파의 형성

서로 반대 방향으로 진행하고 진폭, 파장 및 진동수가 같은 동일한 두 사인형 파동의 중첩 파동을 구해보자. 입사파와 반사파의 중첩이 그 예가 된다. 두 사인형 파동의 파동함수는 다음과 같다.

$$y_1 = A\sin(kx - \omega t), \quad y_2 = A\sin(kx + \omega t) \tag{8.46}$$

합성 파동의 파동함수 $y$는 중첩의 원리에 의해

$$y = y_1 + y_2 = A(\sin(kx - \omega t) + \sin(kx + \omega t))$$
$$= 2A\sin(kx)\cos(\omega t) \tag{8.47}$$

파동함수 $y$는 $f(x \pm vt)$의 형태가 아니므로 진행파가 아니다. 이 파동은 정지한 채 각 매질요소가 위치 $x$에서 진폭이 $|2A\sin(kx)|$인 진동을 하는 파동이다. 이러한 파동을 **정상파(standing wave)**라 한다. 이를 그래프로 나타내면 다음과 같다.

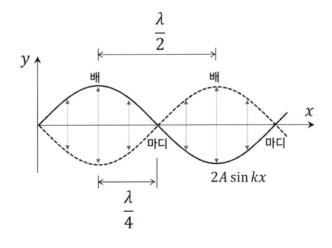

그림 8.10 정상파

위 그림에서

$$x = \frac{n\lambda}{2} = 0, \frac{\lambda}{2}, \lambda, \frac{3\lambda}{2}, \dots \qquad (8.48)$$

인 경우 진폭이 $|2A\sin(kx)| = |2A\sin(n\pi)| = 0$ 이 된다. 이와 같이 항상 진폭이 0인 위치를 **마디(node)**라고 한다. 반면에

$$x = (2n+1)\frac{\lambda}{4} = \frac{\lambda}{4}, \frac{3\lambda}{4}, \frac{5\lambda}{4}, \dots \qquad (8.49)$$

인 경우 진폭이 $|2A\sin(kx)| = \left|2A\sin\left(n\pi + \frac{1}{2}\pi\right)\right| = 2A$ 이다. 이와 같이 진폭이 최대인 위치들을 **배(antinode)** 라고 한다. 이웃한 마디와 마디 사이 또는 배와 배 사이의 길이는 $\frac{\lambda}{2}$ 이고 이웃한 마디와 배 사이의 길이는 $\frac{\lambda}{4}$이다.

### 8.7.2. 경계조건 하의 정상파

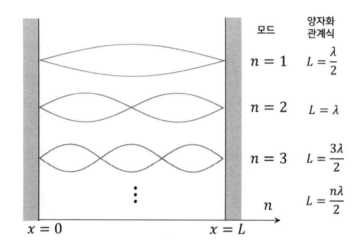

그림 8.11 경계조건 하에서의 정상파

양 끝이 고정된 줄을 퉁기면 진행파와 반사파가 중첩되어 정상파가 형성된다. 그런데 줄의 양 끝이 고정되어 있으므로 정상파의 진폭에 대한 함수

$$y(x) = 2A\sin(kx), \dots \qquad (8.50)$$

에 대하여 다음 경계조건을 만족해야 한다.

$$y(0) = 0, \ y(L) = 0 \qquad (8.51)$$

위 경계조건으로부터

$$kL = n\pi, \ (n = 1,2,3,\dots) \qquad (8.52)$$

식을 얻게 되고 $k = \frac{2\pi}{\lambda_n}$ 을 대입하면 (아래 첨자 $n$은 $\lambda$가 모드수 $n$에 의존하기 때문이다. )

$$L = \frac{n\lambda_n}{2} \qquad (8.53)$$

의 조건을 얻게 된다.

한편, 위 조건은 정상파의 마디와 마디 사이의 길이가 $\frac{\lambda}{2}$ 이라는 사실을 이용하여 그림 8.11로부터 쉽게 유추할 수 있다.

식(8.53)으로부터 자연수 $n$값에 따라 생성될 수 있는 정상파의 파장과 진동수가 불연속적인 값으로 결정됨을 알 수 있다. 어떠한 물리량이 이와 같이 불연속적인 값을 가질 때 그 물리량은 **양자화(quantization)** 되었다고 한다. 자연수 $n$값에 따라 나타나는 일련의 고유한 정상파들의 집합을 **정규 모드(normal modes)**라 한다. 식(8.53)으로부터 양자화된 파장은 다음과 같다.

$$\lambda_n = \frac{2L}{n}, \quad (n = 1,2,3, \dots) \tag{8.54}$$

이들을 **정규모드의 파장**이라고 한다. 양자화된 진동수는 다음과 같이 표현된다.

$$f_n = \frac{v}{\lambda_n} = n\frac{v}{2L}, \quad (n = 1,2,3, \dots) \tag{8.55}$$

이를 정규모드의 자연진동수라 한다. 줄에서의 파동은 속력이 $v = \sqrt{T/\mu}$ 이므로 팽팽한 줄에서의 자연진동수는 다음과 같다.

$$f_n = \frac{n}{2L}\sqrt{\frac{T}{\mu}} \tag{8.55}$$

여기서

$$f_1 = \frac{1}{2L}\sqrt{\frac{T}{\mu}} \tag{8.56}$$

를 **기본진동수(fundamental frequency)**라 하며 자연진동수들은 기본진동수의 자연수배이다.:

$$f_n = nf_1 \tag{8.57}$$

## 기본문제 8.5

그림과 같이 길이가 $L = 0.6$m이고 수평인 줄의 한쪽 끝은 진동자에 연결되어 있고 반대쪽은 도르래에 걸쳐 있다. 줄의 끝에는 질량이 2kg 인 물체가 매달려 있다. 줄에는 3배 진동의 정상파가 형성되어 있다. 이제 물이 담긴 용기를 들어올려 물체가 물에 완전히 잠기도록 하였다. 이 때 줄에는 4배 진동의 정상파가 형성되었다. 다음 물음에 답하시오 (줄의 선밀도는 $\mu = 0.008$kg/m, 중력가속도는 $g = 10$m/s² 이다.)

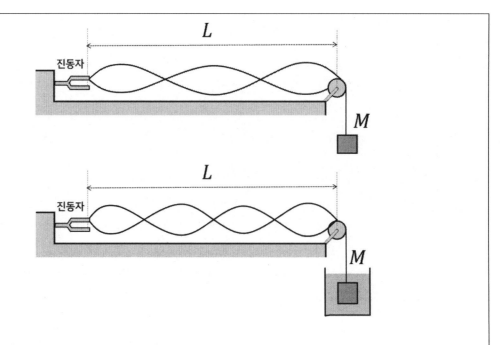

(a) 진동자의 진동수를 구하시오.

(b) 물체의 밀도를 물의 밀도 $\rho_w$에 대한 식으로 나타내시오.

---

**풀 이**

(a) 물체가 공기중에 매달려 있을 때의 장력을 $T_1$, 물 속에 있을 때의 장력을 $T_2$라 하자. 첫 번째 경우에서, 힘의 평형을 이루므로

$$T_1 = mg = 2 \cdot 10 = 20\text{N}$$

이다. 진동자의 진동수를 $f$라 하면 이는 진동자의 고유값이므로 두 경우 모두에서 같은 값을 가진다. 첫번째 경우에서 $f$는 모드 수가 $n = 3$인 고유모드 진동수와 같으므로

$$f = \frac{3}{2L}\sqrt{\frac{T_1}{\mu}} = \frac{3}{2 \cdot 0.6}\sqrt{\frac{20}{0.008}} = 125\text{Hz} \quad \cdots (1)$$

(b) 두번째 그림에서 힘의 평형을 이루므로

$$T_2 + B = mg \quad \cdots (2)$$

또한 진동자의 진동수 $f$가 모드 수가 $n = 4$인 고유모드 진동수와 같아야 하므로

$$f = \frac{4}{2L}\sqrt{\frac{T_2}{\mu}}$$

식(1)으로 나누어 주면

$$1 = \frac{4}{3}\sqrt{\frac{T_2}{T_1}}$$

$$\therefore T_2 = \frac{9}{16}T_1 = \frac{9}{16}mg$$

식 (2)로부터

$$B = \rho_w V g = mg - T_2 = \frac{7}{16}mg$$

따라서 물체의 밀도 $\rho$는

$$\rho = \frac{m}{V} = \frac{16}{7}\rho_w$$

### 8.7.3. 공기 관에서의 정상파

관 내에서 음파가 진행할 때 닫힌 관 및 열린 관 모두에서 음파의 반사가 일어나며 정상파가 만들어진다. 닫힌 관에 대해서는 매질이 진동할 수 없으므로 정상파의 마디가 형성되어지며 열린관에 대해서는 정상파의 배가 형성이 된다. 이러한 경계조건으로부터 정상파를 만드는 파장과 진동수가 양자화 되어진다.

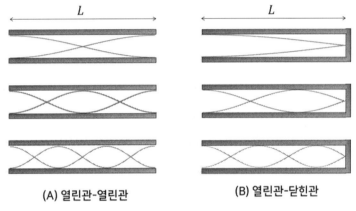

**(A) 열린관-열린관**　　　　**(B) 열린관-닫힌관**

그림 8.12 공기 관에서의 정상파

양 끝이 열린관에 대해서는 위 그림8.12(A)와 같이 길이가 $L$인 관의 양 끝에서 배가 만들어진다. 따라서 배와 배 사이의 길이는 $\frac{\lambda}{2}$ 라는 사실로부터

$$L = \frac{n\lambda_n}{2}, \ \ (n = 1,2,3,\cdots) \ \ (\text{열린관} - \text{열린관}) \tag{8.58}$$

의 양자화 관계식을 얻을 수 있다.

한쪽 끝이 열린관이고 다른쪽 끝이 닫힌관인 경우 한쪽끝에는 배가, 다른쪽 끝에는 마디가 형성이 되므로 다음과 같은 양자화 관계식을 얻게 된다.

$$L = \frac{m\lambda_n}{4L}, \ \ (m = 1,3,5,\cdots) \ \ (\text{닫힌관} - \text{열린관}) \tag{8.59}$$

그림은 공기기둥에서 공명이 일어나는 현상을 관측하여 소리굽쇠의 진동수를 측정하는 장치이다. 진동수 $f$ 로 진동하는 소리굽쇠에 의해 음파가 생성이 되고 관 내부의 물의 높이를 조절하면서 공명이 일어나는 물의 높이를 측정하였다. 두번째 공명이 일어나는 위치는 관의 끝에서부터 $x = 21\text{cm}$ 만큼 떨어져 있다. 소리굽쇠의 진동수를 구하시오. (단, 공기중에서의 소리의 속력은 $v = 343\text{m/s}$이다.)

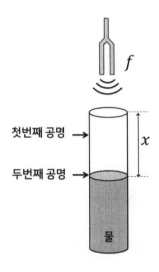

[풀이]

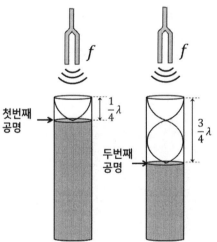

그림과 같이 두번째 공명이 일어날 때 $x = \frac{3}{4}\lambda$ 가 성립하므로

$$\lambda = \frac{4}{3}x$$

이다. $f\lambda = v$ 로부터

$$f = \frac{v}{\lambda} = \frac{3v}{4x} = \frac{3 \cdot 343}{4 \cdot 0.21} = 1225\text{Hz}$$

## 8.8. 맥놀이

진폭과 파장이 같은데 진동수가 약간 다른 두 사인형 파동의 합성 파동을 구해보자. 그 결과는 시간에 따라 한 점에서 파동의 진폭이 주기적으로 변화하는데 이 현상을 **맥놀이(beat)**라 한다. 원점에서($x = 0$) 위상상수 $\phi = \frac{\pi}{2}$ 를 가지고 약간 다른 진동수 $f_1, f_2 (f_1 \approx f_2)$를 가지는 두 파동을 생각하자. 각 파동함수는 다음과 같다.

$$y_1 = A \sin\left(\frac{\pi}{2} - \omega_1 t\right) = A \cos(2\pi f_1 t) \tag{8.59}$$

$$y_2 = A \sin\left(\frac{\pi}{2} - \omega_2 t\right) = A \cos(2\pi f_2 t) \tag{8.60}$$

합성 파동의 파동함수 $y$는 중첩의 원리에 의해

$$y = y_1 + y_2 = 2A \cos\left[2\pi\left(\frac{f_1 - f_2}{2}\right)t\right] \cos\left[2\pi\left(\frac{f_1 + f_2}{2}\right)t\right] \tag{8.61}$$

이다. 여기서 두개의 새로운 진동수 들은 $\frac{f_1 - f_2}{2} \approx 0$, $\frac{f_1 + f_2}{2} \approx f_1 \approx f_2$ 이다. 즉, 합성 파동함수는 시간에 따라 원래의 진동수와 비슷한 진동과 매우 느리게 진동하는 것의 조합으로 나타난다. 합성 파동의 그래프를 그리면 다음과 같다.

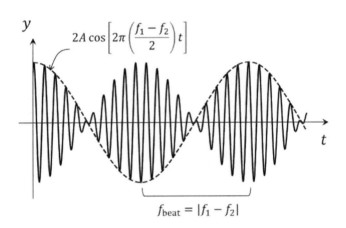

그림 8.12 맥놀이 현상

합성 파동은 느리게 진동하는 포락선 함수인 $2A \cos\left[2\pi\left(\frac{f_1 - f_2}{2}\right)t\right]$ 를 진폭으로 하여 원래 진동수와 비슷한 진동수의 진동을 한다. 포락선 파동의 진동수는 $\frac{f_1 - f_2}{2}$ 이고 포락선이 한번 진동할 때마다 최대 진폭은 두 번 나타난다. 맥놀이 진동수 $f_{\text{beat}}$ 는 최대 진폭에 대한 진동수 이므로

$$f_{\text{beat}} = |f_1 - f_2| \tag{8.62}$$

이다.

# Part 2. 열역학

# 1. 열역학 법칙

## 1.1. 온도

### 1.1.1. 열역학 제0법칙

온도가 다른 두 물체를 접촉시키면 온도가 높은 물체에서 온도가 낮은 물체로 에너지가 전달된다. 그러한 에너지 전달은 두 물체의 온도가 같아질 때까지 계속된다. **온도(Temperature)**란 자발적으로 에너지를 밖으로 배출하려고 하는 물체의 경향을 말한다. 두 물체를 열 접촉시켰을 때 에너지를 자발적으로 잃는 물체가 더 온도가 높은 물체이다. **열접촉(Thermal contact)**이란 열 에너지가 교환될 수 있는 접촉을 말한다. 즉, 온도가 각각 $T_h, T_c$ $(T_h > T_c)$ 인 두 물체를 열 접촉시키면 높은 온도 $T_h$ 의 물체에서 열 에너지가 낮은 온도 $T_c$의 물체로 전달되고, 충분한 시간이 흐르면 두 물체의 온도는 $T_f$로 같아지게 되는데, 이 때부터는 더 이상 열 에너지의 전달은 없게 된다. 이 상태를 **열평형(Thermal equilibrium)** 상태라 한다.

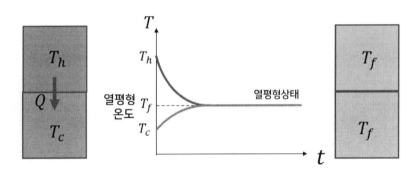

그림 1.1 열접촉 및 열평형

**열역학 제 0법칙(zeroth law of thermodynamics)**이란 두 물체 A와 B가 열평형 상태에 있고 또한 물체 B와 C가 열평형 상태에 있으면, A와 C도 서로 열평형 상태에 있다는 것을 말한다. 열역학 제0 법칙이 성립해야 두 물체의 온도가 같음을 정의할 수 있다.

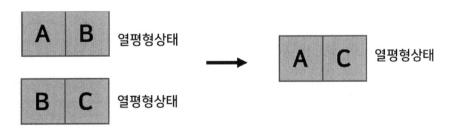

그림 1.2 열역학 제 0법칙

### 1.1.2. 절대 온도

온도계는 온도가 높아지면 물체가 팽창하는 성질을 이용한 것이다. 예를 들어 수은 온도계는 어는점에 있는 물과 열평형 상태에 있는 수은 기둥의 눈금을 0°C 라 하고 끓는 점에 있는 물과 열평형 상태에 있는 수은 기둥의 눈금을 100°C 라 하여 두 눈금을 100등분하여 온도를 정한다. 이와 같이 정의하는 온도를 **섭씨온도(Celsius temperature)**라 한다.

기체도 온도가 증가하면 팽창하므로 부피가 일정하면 온도가 증가할 때 압력이 증가한다. 기체의 온도가 감소할 때 압력은 선형적으로 감소하며 모든 기체는 섭씨온도 −273.15°C 에서 압력이 0이 된다. 이를 **절대 영도(absolute zero)**라 한다.

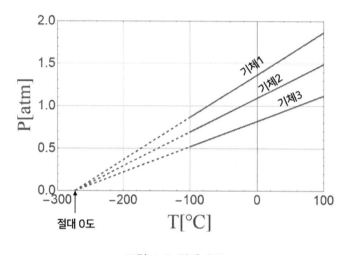

그림 1.3 절대 0도

이와 같이 −273.15°C 을 영점으로 하는 온도를 **절대 온도(absolute temperature)**라 하며 SI 단위로 K(캘빈)을 사용한다. 절대 온도 $T$와 섭씨 온도 $T_C$의 관계는 다음과 같다.

$$T = T_C + 273.15 \tag{1.1}$$

### 1.1.3. 이상 기체 상태 방정식

**이상기체(ideal gas)**는 기체 분자들이 크기를 가지지 않고 분자들 간에 상호작용하지 않으며 탄성 충돌만을 하는 이상적인 기체를 말한다. 이상기체의 압력 $P$, 부피 $V$ 및 온도 $T$에 관한 상태 방정식은 다음과 같이 기술된다.

$$PV = nRT \tag{1.2}$$

이때 온도 $T$ 는 절대온도이다. 여기서 $n$은 기체 분자의 몰수이고. 1몰(mole)은 다음의 아보가드로 수 $N_A$만큼의 개수를 말한다.

$$N_A = 6.02 \times 10^{23} \tag{1.3}$$

$R$은 **기체 상수(gas constant)**이며 SI 단위 및 atm, L를 사용하는 단위계에서 다음과 같은 값을 가진다.

$$R = 8.314 \text{J/mol} \cdot \text{K} \tag{1.4}$$

$$R = 0.082 \text{ L} \cdot \text{atm/mol} \cdot \text{K} \tag{1.5}$$

$n$ 몰의 기체분자의 전체 개수는

$$N = nN_A \tag{1.6}$$

이므로 이상기체 상태 방정식 (1.2)를 전체 기체 분자의 개수 $N$으로 표현하면 다음과 같다.

$$PV = NkT \tag{1.7}$$

여기서 $k$는 **볼츠만 상수(Boltzmann's constant)**이며 다음과 같이 정의된다.

$$k = \frac{R}{N_A} = 1.381 \times 10^{-31} \text{J/K} \tag{1.8}$$

볼츠만 상수는 주로 기체 분자 1개의 열역학적 특징을 기술하는데 사용된다.

### 1.1.4. 기체의 운동론

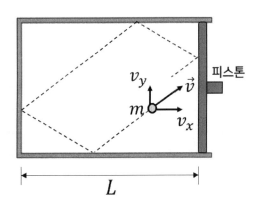

그림 1.4 기체 운동의 미시적 모형

위 그림에서 길이가 $L$이고 단면적이 $A$인 용기 안에서 기체 분자들의 미시적 운동을 통하여 거시적 상태인 피스톤에 미치는 평균 압력 $P$를 구해보자. 기체 분자 한 개가 피스톤과 탄성 충돌할 때 $x$축 방향의 속도는 $+v_x$ 에서 $-v_x$으로 변하므로 $x$축 방향의 운동량의 변화량은

$$\Delta p_x = -mv_x - mv_x = -2mv_x \tag{1.9}$$

이다. 따라서 기체분자가 받은 평균 힘 $\bar{F}$ 는 $\bar{F} = \Delta p_x / \Delta t = -2mv_x / \Delta t$ 이다. 따라서 뉴턴 3법칙에 의해 피스톤이 받는 평균 압력 $\bar{P}$는

$$\bar{P} = -\frac{\bar{F}}{A} = \frac{2mv_x}{A\Delta t} \tag{1.10}$$

이다. 여기서 $\Delta t$는 기체 분자가 길이 $L$을 왕복하는데 걸리는 시간이므로

$$\Delta t = \frac{2L}{v_x}$$

이다. 따라서

$$\bar{P} = \frac{2mv_x}{A(2L/v_x)} = \frac{mv_x^2}{V} \tag{1.11}$$

이다. 따라서 용기 안의 전체 $N$개의 분자가 피스톤에 미치는 압력을 $P$라 할 때 다음이 성립한다.

$$PV = m \sum_{i=1}^{N} v_{ix}^2 = Nm\overline{v_x^2} \tag{1.12}$$

여기서 $\overline{v_x^2}$ 는 기체분자들의 $x$축 방향 속도성분의 제곱의 평균이다. 기체들은 무작위로 운동하므로

$$\overline{v_x^2} = \overline{v_y^2} = \overline{v_z^2} \tag{1.13}$$

가 성립한다. 따라서

$$\overline{v^2} = \overline{v_x^2} + \overline{v_y^2} + \overline{v_z^2} = 3\overline{v_x^2} \tag{1.14}$$

이다. 이를 식(1.12)에 대입하면

$$PV = \frac{1}{3}Nm\overline{v^2} \tag{1.15}$$

이다.

식(1.7)의 이상기체 상태방정식에서 $PV = NkT$ 이므로

$$kT = \frac{1}{3}m\overline{v^2} \tag{1.16}$$

따라서

$$\bar{K}_{\text{trans}} = \frac{1}{2}m\overline{v^2} = \frac{3}{2}kT \tag{1.17}$$

이다. 즉, 기체 분자의 평균 병진 운동에너지는 온도에 비례한다. 그 비례상수는 볼츠만 상수 $k$에 유리수를 곱한 형태이다. 즉 볼츠만 상수는 입자 1개에 대해 온도를 에너지로 변환시키는 역할을 한다. 기체 분자의 **rms(root-mean-square) 속력** $v_{\text{rms}}$는 다음과 같이 정의되고 기술된다.

$$v_{\text{rms}} = \sqrt{\overline{v^2}} = \sqrt{\frac{3kT}{m}} \tag{1.18}$$

## 1.1.5. 에너지 등분배 법칙

식(1.17)은 병진 운동에너지만을 고려하여 얻은 결과이다. 일반적으로 위치 또는 속도의 제곱 형태로 기술되는 에너지들은 병진 운동에너지, 회전 운동에너지, 탄성 운동에너지 등이 있으며 다음과 같이 기술된다.

$$\frac{1}{2}mv_x^2, \quad \frac{1}{2}mv_y^2, \quad \frac{1}{2}mv_z^2, \quad \frac{1}{2}I\omega_x^2, \quad \frac{1}{2}I\omega_y^2, \quad \frac{1}{2}I\omega_z^2, \quad \frac{1}{2}kx^2, \ldots \tag{1.19}$$

어떠한 입자가 위와 같은 에너지의 형태를 가질 수 있는 방법의 수를 자유도(degree of

freedom)라 한다. 식(1.17)은 병진 운동 에너지에 관한 3개의 자유도에 대해 각 자유도마다 $\frac{1}{2}kT$ 의 에너지를 갖게 됨을 나타낸다. 이를 일반화 한 법칙이 **에너지 등분배 법칙(equipartition theorem of energy)**이며 다음과 같이 기술된다.

에너지 등분배 법칙: 온도 $T$에서 각 자유도마다 $\frac{1}{2}kT$ 의 평균 에너지를 가진다.

예를 들어 단원자 기체는 병진 운동에너지에 관하여 3개의 자유도를 가진다. 이원자 기체는 3개의 병진 운동의 자유도에 두 방향에 대한 회전 운동에너지에 관한 2개의 자유도가 더해져 전체적으로 5개의 자유도를 가진다.

따라서 자유도가 3인 단원자 기체에 대해서 기체 분자수가 $N$ 개일 때 기체의 내부에너지 $U$는 전체 평균 운동에너지와 같고 다음과 같이 기술된다.

$$U = \overline{K}_{\text{trans}} = \frac{3}{2}NkT = \frac{3}{2}nRT \tag{1.20}$$

일반적으로 자유도가 $f$고 분자수가 $N$개인 기체의 내부에너지 $U$는 다음과 같다.

$$U = \frac{f}{2}nRT \tag{1.21}$$

## 1.2. 열역학 제1법칙

### 1.2.1. 열과 일

열역학에서 계의 상태는 압력, 부피, 온도 및 내부 에너지와 같은 변수들로 기술된다. 이들을 **상태 변수(state variable)**라 한다. 계의 상태가 i에서 f로 변화하였을 때 계의 상태변수 들은 처음상태와 나중상태에 의해서 결정되며 변환 경로에는 무관하다. 반면 계의 상태가 변화할 때 외부에서 계에 전달되어지는 물리량에 관한 변수를 **전달 변수(transfer variable)**라 한다. 전달 변수는 계의 상태 변화의 경로에 의존하며 대표적으로 열과 일이 있다.

**열(Heat)**은 두 물체 사이에 온도 차이로 인해 *자발적*으로 발생하는 에너지의 흐름으로 정의한다. 열역학에서의 **일(Work)**은 열 이외에 계로 전달되거나 계로부터 흡수되는 에너지를 총칭한다. 피스톤을 밀어 기체를 압축을 시키는 것뿐 아니라 저항에 전류를 흐르게 하는 것도 일에 포함된다. 열과 일은 계에 저장되는 에너지의 형태가 아니라 계에 전달되는 에너지를 나타낸다. 어떠한 계의 전체 에너지를 $U$라 하고 계에 전달되는 열과 일을 각각 $Q, W$ 라 하자. $Q, W > 0$ 이면 계의 에너지가 증가한 것이고 $Q, W < 0$ 이면 계의 에너지가 감소된 것을 나타낸다. 따라서 에너지 보존 법칙에 의해 다음 식이 성립한다.

$$\Delta U = Q + W \tag{1.22}$$

위의 에너지 보존 식을 **열역학 제1법칙(first law of thermodynamics)** 이라 한다.

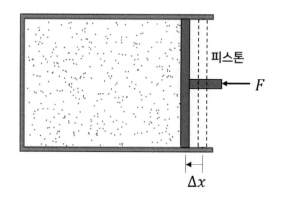

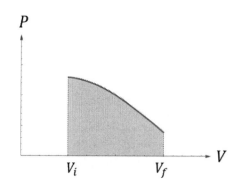

그림 1.5 기체에 전달된 일

계에 전달되는 일은 대표적으로 계가 압축이 되는 경우에 나타난다. 그림과 같이 단면적 $A$의 피스톤에 힘 $F$를 가하여 계가 $\Delta x > 0$만큼 압축되는 경우를 생각해보자. 계에 전달된 일 $W$는 다음과 같다.

$$W = F\Delta x \tag{1.23}$$

피스톤의 면 위에서 압력이 일정함을 가정하자. 이와 같이 계의 변환 과정의 매 순간마다 열역학적 평형상태를 유지하는 변환 과정을 **준정적(quasistatic)과정**이라 한다. 이 경우 $F = PA$ 가 성립하고, $A\Delta x = -\Delta V$ 이므로 $W$는 다음과 같다.

$$W = -P\Delta V \tag{1.24}$$

다음 그림과 같이 기체의 압력이 부피에 따라 변하는 경우 계에 전달된 에너지는 다음과 같이 적분으로 기술된다.

그림 1.6 PV도표에서의 일

$$W = -\int_{V_i}^{V_f} PdV \tag{1.25}$$

즉, 기체의 처음 상태에서 나중 상태까지의 준정적 과정에서 기체에 한 일은 $PV$그래프에서 곡선 아래의 넓이와 크기는 같고 부호는 반대이다.

### 1.2.2. 열의 일당량

열에 관한 초기의 연구자들은 열이란 열소라는 물질에 의한 현상으로 생각했었다. 열의 단위로 cal(칼로리)를 사용하였는데 1cal 은 1g의 물을 14.5°C 에서 15.5°C 로 높이는데 필요한 에너지로 정의되었다. 그러나 줄(Joule)의 체계적인 연구를 통해 열은 에너지의 한 종류임이 밝혀지게 되었다. 줄은 물체가 중력에 의해 하강하며 물속에서 터빈을 돌릴 때 물의 온도의 증가량을 측정하여 1cal 와 동등한 역학적 에너지를 구하였다. 이를 **열의 일당량(mechanical equivalent of heat)**이라 하며 다음과 같다.

$$1cal = 4.186J \tag{1.26}$$

## 1.2.3. 비열

물질의 **열용량(heat capacity)** $C$ 는 물질의 온도를 1°C 높이는데 필요한 에너지로 정의한다. 따라서 어떤 물질에 $\Delta T$의 온도 변화를 일으키기 위해 가해 주어야 할 에너지 $Q$는 다음과 같다.

$$Q = C\Delta T \tag{1.27}$$

물질의 **비열(specific heat)** $c$ 는 단위 질량당 열용량으로 정의한다. 즉 물질 1kg의 온도를 1°C 높이는데 필요한 에너지에 해당한다. 따라서 질량 $m$인 물질에 $\Delta T$의 온도 변화를 일으키기 위해 가해 주어야 할 에너지 $Q$는 다음과 같다.

$$Q = mc\Delta T \tag{1.28}$$

미지의 물질의 비열 $c_X$ 은 열량계를 이용하여 구할 수 있다. 다음 그림과 같이 질량이 $m_w$, 비열이 $c_W$, 온도가 $T_c$ 인 물에 시료를 넣는다. 시료는 질량이 $m_X$ 이고 비열이 $c_X$ 이며 가열되어 높은 온도 $T_h$ 의 상태이다. 충분한 시간이 흐르면 시료에서 물로 열이 전달되고 물과 시료는 온도 $T_f$ 에서 열평형 상태를 이루게 된다.

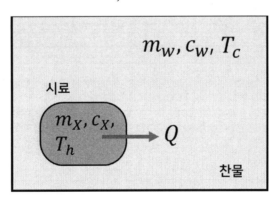

그림 1.7 미지의 시료의 비열 구하기

물이 얻은 열과 시료가 잃은 열은 같으므로

$$m_w c_w \Delta T_w = -m_X c_X \Delta T_X \tag{1.29}$$

$\Delta T_w = T_f - T_c$, $\Delta T_X = T_f - T_h$ 를 대입하여 정리하면 시료의 비열 $c_X$는 다음과 같다.

$$c_X = \frac{m_w c_w \left(T_f - T_c\right)}{m_X \left(T_h - T_f\right)} \tag{1.30}$$

## 기본문제 1.1

한 카우보이가 총알을 200m/s의 속력으로 나무 벽에 쏘았다. 충격에 의해 생기는 내부 에너지는 모두 총알에 남아 있다고 한다면 총알의 온도는 얼마나 변하는가? 단 총알의 비열은 250J/kg·°C 이다.

**풀 이**

총알의 운동에너지가 모두 열로 바뀌어 총알의 온도를 변화시키므로

$$\frac{1}{2}mv^2 = mc\Delta T$$

가 성립한다. 따라서 총알은 온도 변화는

$$\Delta T = \frac{v^2}{2c} = \frac{200^2}{2 \cdot 250} = 80°C$$

이다.

### 1.2.4. 숨은 열

물질의 물리적 상이 한 형태에서 다른 형태로 바뀌는 변화를 **상전이(phase transformation)**라 한다. 예를 들면 얼음이 녹거나 물이 끓는 경우이다. 이 때, 계에 전달된 에너지는 상전이를 통해 내부 에너지로 전환되고 계의 온도는 변화하지 않는다. 단위 질량을 상전이 시키는데 필요한 열을 **숨은 열(latent heat)** $L$이라 정의한다. 따라서 질량이 $m$인 물질을 상전이 시키기 위해 공급해 주어야 할 일 $Q$는 다음과 같다.

$$Q = Lm \tag{1.31}$$

고체에서 액체로 상전이 할 때 필요한 숨은열을 **융해열(latent heat of fusion)** $L_f$ 이라 하고, 액체에서 기체로 상전이 할 때 필요한 숨은열을 **기화열(latent heat of vaporization)** $L_v$ 이라 한다.

### 1.2.5. 이상기체의 몰비열

열용량 및 비열에 관한 정의식 (1.27), (1.28)은 기체에 관해 적용할 때, 계에 전달된 일에 관한 정보가 없기 때문에 모호한 점이 있다. 예를 들어 계가 외부에 $W$만큼 일을 해준 경우 계의 에너지는 $-W$ 만큼 감소했기 때문에 동일한 온도변화를 발생시키기

위해서는 계에 $W$만큼의 열을 더 가해주어야 하기 때문이다. 이러한 모호성을 해소하기 위해 부피가 일정한 경우 와 압력이 일정한 경우에 대해서 기체의 비열을 정의한다. 기체 1몰을 1°C 높이는데 가해주어야 할 에너지를 **몰비열(molar specific heat)** 이라 하며 부피가 일정한 경우의 몰비열을 **등적 몰비열** $C_V$, 압력이 일정한 경우의 몰비열을 **등압 몰비열** $C_P$ 이라 한다:

$$Q = nC_V\Delta T \quad \text{(일정 부피)} \tag{1.32}$$

$$Q = nC_P\Delta T \quad \text{(일정 압력)} \tag{1.33}$$

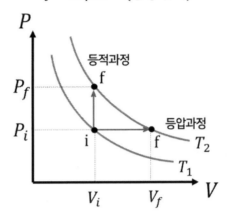

그림 1.8 등적몰비열 및 등압몰비열

위 그림에서 나타난 바와 같이 압력을 일정하게 유지하며 온도를 높일 때 기체는 팽창하며 외부에 일을 해주므로 손실된 에너지만큼 열을 더 가해주어야 한다. 따라서 등압 몰비열 $C_P$ 는 등적 몰비열 $C_V$ 보다 크다.

등적 몰비열의 경우 부피가 일정하므로 기체에 가해준 일은 $W = 0$ 이다. 따라서 식(1.22)에 의해

$$\Delta U = Q \tag{1.34}$$

이다. 단원자 기체의 경우 식(1.20)에 의해 $U = \frac{3}{2}nRT$ 이므로

$$\Delta U = \frac{3}{2}nR\Delta T = Q = nC_V\Delta T \tag{1.35}$$

따라서

$$C_V = \frac{3}{2}R \quad \text{(단원자 기체)} \tag{1.36}$$

이원자 기체의 경우 자유도가 $f = 5$이므로

$$C_V = \frac{5}{2}R \quad \text{(이원자 기체)} \tag{1.37}$$

이다.

등압 몰비열의 경우 온도가 $\Delta T$ 증가하는 동안 기체는 $\Delta V$ 만큼 팽창한다. 그러면

기체에 한 일은 $W = -P\Delta V$ 이다. 열역학 제1법칙을 적용하면

$$\Delta U = Q + W \tag{1.38}$$

$$nC_V\Delta T = nC_P\Delta T - P\Delta V \tag{1.39}$$

이다. (식1.39)의 좌변에서 식(1.35)을 대입하였다. 이상기체 상태 방정식에서 $P\Delta V = nR\Delta T$ 이므로 이를 식(1.39)에 대입하여 정리하면 다음 관계식을 얻는다.

$$C_P = C_V + R \tag{1.40}$$

이 식은 모든 이상기체에 대해 성립하며 등압 몰비열은 등적 몰비열보다 기체 상수 $R$ 만큼 크다는 것을 나타낸다. 따라서, 단원자 기체 또는 이원자 기체에 대해 식(1.36), (1.37)을 적용하면 등압 몰비열은 다음과 같다.

$$C_P = \frac{5}{2}R \quad \text{(단원자 기체)} \tag{1.41}$$

$$C_P = \frac{7}{2}R \quad \text{(이원자 기체)} \tag{1.42}$$

등압 몰비열과 등적 몰비열과의 비율을 **비열비(Ratio of specific heat)** $\gamma$ 라 한다.

$$\gamma \equiv \frac{C_P}{C_V} \quad \text{(비열비)} \tag{1.43}$$

단원자 기체 및 이원자 기체에 대한 비열비는 식(1.36), (1,37), (1.41),(1,42)로부터 다음과 같다.

$$\gamma = \frac{5}{3} \text{ (단원자 기체)}, \quad \gamma = \frac{7}{5} \text{ (이원자 기체)} \tag{1.44}$$

## 1.2.6. 이상기체와 열역학 제1법칙

### 1.2.6.1. 개요

이상기체 상태방정식 $PV = nRT$ 를 만족하는 이상기체의 상태 변화가 준정적 과정을 통해 일어난다고 가정하자. 대표적으로 ①등온과정, ②등압과정, ③등적과정, ④단열과정에 대해서 살펴본다. 이들 과정에 대해 $PV$ 도표 상에서의 변환 경로를 나타내면 다음과 같다.

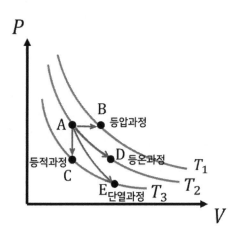

그림 1.9 여러가지 열역학적 과정

## 1.2.6.2. 등온과정

**등온 과정(isothermal process)**은 이상기체가 온도 $T$ 가 유지되는 과정이다. 계가 열원에 접촉한 상태에서 열평형을 유지하며 팽창 또는 수축하는 경우가 그 예이다. 기체의 내부에너지는 식(1.20)에 의해 $U = \frac{3}{2}nRT$, 즉 온도에만 의존하므로 다음 식이 성립한다.

$$\Delta U = W + Q = 0 \tag{1.45}$$

즉, 등온 과정에서 내부 에너지의 변화는 0이다.

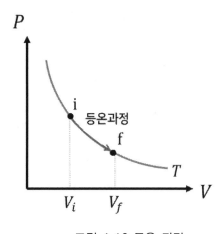

그림 1.10 등온 과정

계의 변화는 준정적 과정이므로 모든 순간마다 이상기체 상태방정식을 만족하므로 $P = nRT/V$ 이다. 따라서 기체에 가해준 일 $W$ 은 다음과 같다.

$$W = -\int_{V_i}^{V_f} PdV = -\int_{V_i}^{V_f} \frac{nRT}{V}dV$$

$T$ 는 일정하므로

$$W = -nRT \int_{V_i}^{V_f} \frac{dV}{V} = nRT \ln\left(\frac{V_i}{V_f}\right) \quad \text{(등온 과정)} \tag{1.46}$$

식 (1.45)에서 $Q = -W$ 이어야 하므로 계에 전달된 열 $Q$는 다음과 같다.

$$Q = -W = -nRT \ln\left(\frac{V_i}{V_f}\right) \quad \text{(등온 과정)} \tag{1.47}$$

### 1.2.6.3. 등압 과정

**등압 과정(isobaric process)**은 이상기체가 압력이 일정하게 유지되며 팽창 또는 수축되는 경우이다.

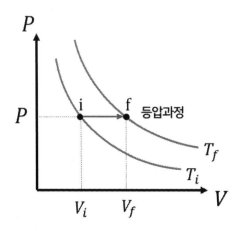

그림 1.11 등압 과정

위 그림에서 등압 과정동안 계에 해준 일 $W$는 다음과 같고

$$W = -P\Delta V = -P(V_f - V_i) \quad \text{(등압 과정)} \tag{1.48}$$

계에 공급된 열 $Q$는 다음과 같다.

$$Q = nC_P\Delta T = nC_P(T_f - T_i) \quad \text{(등압 과정)} \tag{1.49}$$

한편, 계의 에너지 변화 $\Delta U$ 는 다음과 같다.

$$\Delta U = W + Q = -P(V_f - V_i) + nC_P(T_f - T_i) \quad \text{(등압 과정)} \tag{1.50}$$

### 1.2.6.4. 등적 과정

**등적 과정(isochoric process)**은 이상기체가 부피가 일정하게 유지되며 압력과 온도가 변하는 과정이다.

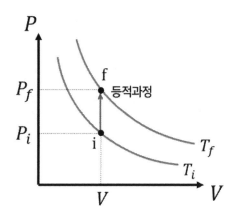

그림 1.12 등적 과정

기체가 팽창하거나 수축하지 않으므로 기체에 해준 일은

$$W = 0 \quad (\text{등적 과정}) \tag{1.51}$$

이다. 기체에 공급된 열 $Q$은 다음과 같다.

$$Q = nC_V \Delta T = nC_V(T_f - T_i) \quad (\text{등적 과정}) \tag{1.52}$$

계의 에너지 변화 $\Delta U$는 다음과 같다.

$$\Delta U = Q = nC_V \Delta T = nC_V(T_f - T_i) \quad (\text{등적 과정}) \tag{1.53}$$

### 1.2.6.5. 단열과정

**단열 과정(adiabatic process)**은 계에 열이 전달되지 않는 과정, 즉

$$Q = 0 \quad (\text{단열 과정}) \tag{1.54}$$

인 과정이다.

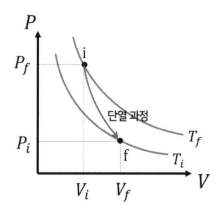

그림 1.13 단열 과정

식(1.35)에서 $dU = nC_V dT$ 이고 $Q = 0$ 이므로

$$dU = dW, \quad \therefore nC_V dT = -PdV \tag{1.55}$$

양변을 $PV = nRT$ 로 나누면

$$\frac{C_V}{R}\frac{dT}{T} = -\frac{dV}{V} \tag{1.56}$$

$R = C_P - C_V$ 를 대입하고 $\gamma = C_P/C_V$ 이므로 정리하면 다음과 같다.

$$\frac{dT}{T} + (\gamma - 1)\frac{dV}{V} = 0 \tag{1.57}$$

양변 적분하면

$$\ln T + (\gamma - 1)\ln V = 일정 \tag{1.58}$$

이고 따라서

$$TV^{\gamma-1} = 일정 \quad (단열 과정) \tag{1.59}$$

즉 이것이 단열 과정에서 온도와 부피와의 관계식이다. $T = PV/nR$ 이므로
식(1.59)에 대입하면 다음과 같이 단열 과정에서 압력과 부피와의 관계식을 얻는다.

$$PV^{\gamma} = 일정 \quad (단열 과정) \tag{1.60}$$

## 기본문제 1.2

온도 $T$에서 1몰의 이상기체의 부피가 $V$에서 $2V$로 팽창하였다. (a) 기체가
팽창하는 동안 기체에 한 일을 구하시오. (b) 이 과정에서 기체와 주위 환경
사이에 열에 의한 에너지 전달을 구하시오. (c) 기체가 등압 과정을 거쳐 원래의
부피로 돌아왔다면 이 과정에서 기체에 한 일을 구하시오. (단, 기체상수는
$R$이다.)

**풀 이**

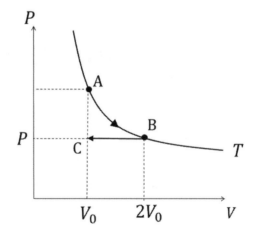

(a) 위 그림에서 A→B 의 등온 과정에서 기체에 해준 일 $W$는 다음과 같다.

$$W = -\int_{V_0}^{2V_0} P\,dV = -RT\int_{V_0}^{2V_0} \frac{dV}{V} = -RT\ln 2$$

(b) 등온 과정이므로 $\Delta U = Q + W = 0$, 따라서

$$Q = -W = RT\ln 2$$

(c) B→C 의 등압 과정에서 기체에 해준 일 $W_2$는 다음과 같다.

$$W_2 = -P\Delta V = -\left(\frac{RT}{2V_0}\right)(V_0 - 2V_0) = \frac{1}{2}RT$$

## 기본문제 1.3

디젤 기관 실린더 내에서, 처음 상태인 1.00atm, 20°C 공기를 800 cm$^3$ 의 부피에서 50 cm$^2$ 의 부피로 압축한다. 공기를 $\gamma = 1.4$인 이상 기체로 가정하고 단열 과정에서 압축이 일어난다고 할 때 공기가 압축된 후 나중온도와 압력을 구하시오.

#### 풀 이

단열 과정이므로 $PV^\gamma$ = 일정 이다. 따라서

$$P_1 V_1^\gamma = P_2 V_2^\gamma$$

이다. 따라서

$$P_2 = \left(\frac{V_1}{V_2}\right)^\gamma P_1 = \left(\frac{800}{50}\right)^{1.4} \cdot 1.00\text{atm} = 2^{5.6} \cdot (1.00\text{atm}) = 48.5\text{atm}$$

또한 $TV^{\gamma-1}$ = 일정 이므로

$$T_1 V_1^{\gamma-1} = T_2 V_2^{\gamma-1}$$

이다. 따라서

$$T_2 = \left(\frac{V_1}{V_2}\right)^{\gamma-1} T_1 = \left(\frac{800}{50}\right)^{0.4} \cdot 293\text{ K} = 2^{1.6} \cdot (293\text{ K}) = 888\text{K}$$

## 기본문제 1.4

초기에 이원자 이상기체 $n$몰의 압력은 $P_1$, 부피는 $V_1$이다. 이 기체가 단열 과정으로 팽창하여 부피 $V_2$ 이 되었다면 이 과정에서 기체가 한 일 $W$와 내부에너지의 변화 $\Delta U$는 얼마인가? 이 과정에서 분자들은 회전하지만 진동은 하지 않는다.

#### 풀 이

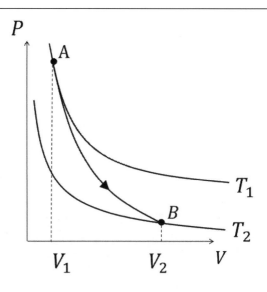

이원자 기체이므로 내부에너지 $U$는 $U = \frac{5}{2}nRT$ 이다. 따라서 내부 에너지 변화량은

$$\Delta U = \frac{5}{2}nR\Delta T = \frac{5}{2}nR(T_2 - T_1)$$

이다. 단열 팽창이므로

$$T_1 V_1^{\gamma-1} = T_2 V_2^{\gamma-1}$$

이 성립한다. 이원자 기체에 대해 $\gamma = \frac{7}{5}$ 이므로

$$T_2 = \left(\frac{V_1}{V_2}\right)^{2/5} T_1$$

이다. 따라서

$$\Delta U = \frac{5}{2}nRT_1 \left(\left(\frac{V_1}{V_2}\right)^{2/5} - 1\right) = \frac{5}{2}P_1 V_1 \left(\left(\frac{V_1}{V_2}\right)^{2/5} - 1\right) < 0$$

이다. 단열 팽창 이므로 $Q = 0$ 이다. 따라서 $\Delta U = W$ 이다. 기체가 외부에 해준일 $W_{\text{out}}$은 $-W$ 이므로 다음과 같다.

$$W_{\text{out}} = -W = -\Delta U = \frac{5}{2}P_1 V_1 \left(1 - \left(\frac{V_1}{V_2}\right)^{2/5}\right) > 0$$

## 1.3. 열역학 제2법칙

### 1.3.1. 엔트로피

기체를 담은 용기를 방안에서 열어 두면 기체분자들은 온 방안에 확산되어 나간다. 그러한 확산 과정은 자발적으로 일어난다. 그러나 확산된 분자들이 다시 용기 속에 들어오는 사건은 결코 자발적으로 일어나지 않는다.

또한 열은 온도가 높은 물체에서 온도가 낮은 물체로 자발적으로 이동하며 그 역과정은 자발적으로 일어나지 않는다.

위와 같이 한 방향으로만 자발적으로 일어나고 원래 상태로 되돌릴 수 없는 과정을 **비가역 과정(irreversible process)**이라 한다. 비가역 과정의 역과정은 자발적으로 일어나지 않는다는 것이 바로 열역학 제2법칙이다. 이것과 동등한 표현은 엔트로피는 항상 증가한다는 법칙이다.

**엔트로피(Entropy)**는 상태함수로서 정의된다. 열역학에서 계의 엔트로피의 미소 변화량 $dS$는 다음과 같이 정의된다.

$$dS = \frac{dQ_r}{T} \tag{1.61}$$

여기서 아래첨자 $r$ 은 가역과정을 나타낸다. **가역과정(reversible)**이란 계의 과정을 반대방향으로 하면 원래 상태로 되돌아 갈 수 있는 과정을 말한다. 이상기체가 준정적 과정을 따라 상태가 변화하는 경우 매 순간마다 계의 평형을 이루고 있으므로 이는 가역과정이다. 반면, 기체가 급격하게 팽창하는 경우 등은 비가역 과정이 된다.

계가 비가역 과정을 따라 상태가 변화한 경우 엔트로피는 상태함수 이므로 처음상태에서 나중상태까지 임의의 '가역적인' 열역학적 경로를 설정하여 식(1.61)을 그 경로에 따라 적분하면 구할 수 있다.

계의 처음 상태가 $V_i, T_i$, 나중상태가 $V_f, T_f$ 라 하자. 이 경우 엔트로피의 변화를 구해보자. 가역과정에 대해서

$$dU = dQ_r + dW \tag{1.62}$$

계가 비가역 과정을 따라 상태가 변화한 경우 엔트로피는 상태함수 이므로 처음상태에서 나중상태까지 임의의 '가역적인' 열역학적 경로를 설정하여 식(1.61)을 그 경로에 따라 적분하면 구할 수 있다.

계의 처음 상태가 $V_i, T_i$, 나중상태가 $V_f, T_f$ 라 하자. 이 경우 엔트로피의 변화를 구해보자. 가역과정에 대해서

$$dU = dQ_r + dW \tag{1.62}$$

이 성립하고 $dQ_r = TdS$ 이므로

$$nC_V dT = TdS - PdV \tag{1.63}$$

이다. 위 식의 양변에 $PV = nRT$를 나누어 주고 정리하면

$$dS = nR\frac{dV}{V} + nC_V\frac{dT}{T} \tag{1.64}$$

이다. 양변을 적분하면

$$\Delta S = S_f - S_i = nR \ln\left(\frac{V_f}{V_i}\right) + nC_V \ln\left(\frac{T_f}{T_i}\right) \tag{1.65}$$

이다.

## 1.3.2. 열역학 제2법칙

계가 비가역 과정을 통해 상태가 변화하는 경우 전체 엔트로피는 항상 증가하고 가역 가정을 통해 상태가 변화하는 경우 전체 엔트로피는 변함이 없다. 열역학 제2법칙은 다음과 같이 기술된다. 닫힌계에서 비가역과정이 일어나면 엔트로피 $S$ 는 항상 증가하며 결코 감소하지 않는다.

$$\Delta S \geq 0 \tag{1.66}$$

### 기본문제 1.5

질량이 $m$인 동일한 두 구리토막이  토막1의 온도는 $T_1$이고 토막 2의  온도는 $T_2$이다. $(T_1 > T_2)$ 토막들은 단열상자 안에 놓여 있고 단열 닫개로 서로 분리되어 있다. (a) 닫개를 제거한 후 토막들의 최종 평형온도는 $T_f$를 구하시오. (b) 이러한 비가역과정 동안 두 구리토막 계의 알짜 엔트로피 변화는 얼마인가? 구리의 비열은 c 이다.

#### 풀 이

(a) 두 구리토막의 질량과 비열이 같으므로 $-mc(T_f - T_1) = mc(T_f - T_2)$ 이고 따라서
$$T_f = \frac{(T_1 + T_2)}{2}$$
(b) 토막1에서 토막2로 열이 전달되는 과정이다. $dS = \frac{dQ_r}{T}$ 에서
$$dQ_r = mcdT$$
이므로
$$dS = \frac{mcdT}{T}$$
이다. 따라서 토막1의 엔트로피 변화 $\Delta S_1$ 은
$$\Delta S_1 = mc \int_{T_1}^{T_f} \frac{dT}{T} = mc \ln\left(\frac{T_f}{T_1}\right)$$
이고, 토막2의 엔트로피 변화 $\Delta S_2$ 는
$$\Delta S_2 = mc \int_{T_2}^{T_f} \frac{dT}{T} = mc \ln\left(\frac{T_f}{T_2}\right)$$
따라서 전체 엔트로피 변화 $\Delta S$ 는
$$\Delta S = \Delta S_1 + \Delta S_2 = mc \ln\left(\frac{T_f^2}{T_1 T_2}\right) = mc \ln\left(\frac{(T_1 + T_2)^2}{4T_1 T_2}\right)$$
이다.
$$(T_1 + T_2)^2 \geq 4T_1 T_2$$

이므로
$$\Delta S > 0$$
임을 알 수 있다. 즉 위 과정은 비가역 과정에 해당한다.

## 기본문제 1.6

1mol의 질소 기체가 그림처럼 용기의 왼쪽에 갇혀 있다. 마개를 열어서 기체의 부피가 두 배로 되었다. 비가역과정 동안 기체의 엔트로피 변화는 얼마인가? 기체는 이상기체로 취급하여라. 기체상수는 R이다.

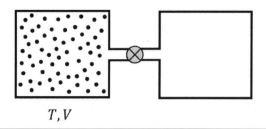

$T, V$

### 풀 이

기체의 자유팽창에 관한 문제이다. 자유팽창의 경우 기체분자의 평균 속력이 변함없으므로 기체의 온도는 $T$로 유지된다. 따라서 $\Delta U = 0$ 이다. 기체가 이와 같이 자유 팽창을 하는 경우 외부에 일을 하지 않는다. 따라서 $W = 0$ 이다. 그러면 $\Delta U = Q + W$ 에서 $Q = 0$ 이다.

기체의 처음상태 A와 나중상태 B를 PV 도표에 나타내면 다음과 같다.

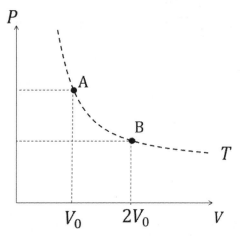

자유 팽창하는 과정은 매 순간마다 열평형 상태를 유지하지 않으므로 이는 비가역 과정이다. 비가역 과정에 대한 엔트로피 변화는 처음과 나중 상태를 연결하는 임의의 가역 과정 경로를 따라서 계산할 수 있다. 따라서 등온선을 따라 A에서 B까지 엔트로피 변화를 계산해보자. 이 경우 $dU = dQ + dW = 0$ 이므로 $dQ = -dW = pdV$ 이다. 따라서

$$dS = \frac{dQ_r}{T} = \frac{pdV}{T} = \frac{RdV}{V}$$

이고 기체의 전체 엔트로피 변화는

$$\Delta S = \int dS = R \int_{V_0}^{2V_0} \frac{dV}{V} = R \ln 2$$

이다. 여기서 $\Delta S > 0$ 이므로 이는 비가역 과정임을 알 수 있다.

만일 준정적 과정, 즉 가역 과정으로 등온 팽창하는 경우라면 외부는 열을 빼앗기므로 외부의 엔트로피 변화는 $\Delta S = -R \ln2$ 가 되어 전체적으로 엔트로피 변화는 0이다.

# 2. 열기관

## 2.1. 열기관과 열펌프

**열기관(heat engine)**이란 순환과정으로 작동하고 고온 저장고에서 열 에너지를 흡수하여 일부를 일의 형태로 내보내고 일부는 저온 저장고로 열에너지를 방출하는 장치를 말한다. **열펌프(heat pump)**란 일을 받아 저온 저장고에서 열 에너지를 흡수하여 고온 저장고로 열에너지를 방출하는 장치를 말한다.

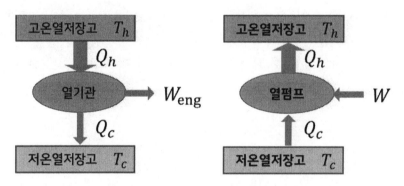

그림 1.13 열기관 및 열펌프의 모식도

열기관에서, 열기관이 외부에 해준 일 $W_{\text{eng}}$ 은 다음과 같다 .

$$W_{\text{eng}} = |Q_h| - |Q_c| \tag{2.1}$$

이는 한 순환 과정을 PV 그래프로 나타내었을 때 그래프로 둘러싸인 넓이에 해당한다. **열기관의 열효율(thermal efficiency)** $\eta$는 다음과 같이 정의된다.

$$\eta = \frac{W_{\text{eng}}}{|Q_h|} = \frac{|Q_h| - |Q_c|}{|Q_h|} = 1 - \frac{|Q_c|}{|Q_h|} \tag{2.2}$$

열펌프에서, **열펌프의 성능계수 (coefficient of performance, COP)** 는 다음과 같이 정의된다.

$$\text{COP(냉방)} \equiv \frac{|Q_c|}{W}, \quad \text{COP(난방)} \equiv \frac{|Q_h|}{W} \tag{2.3}$$

열역학 제2법칙을 다음과 같이 열기관 열펌프에 관해서 기술할 수 있다.

캘빈-플랑크 표현 : 저장고에서 열에 의해 에너지를 흡수하여 한 순환 과정 동안 작동하면서 그 에너지를 남김없이 모두 일로 바꾸는 열기관을 만드는 것은 불가능하다

클라우지우스 표현: 일에 의한 어떤 에너지도 받지 않고 에너지를 열의 형태로 한 물체에서 좀더 고온의 다른 물체로 계속 이동시키는 순환 기계를 만드는 것은 불가능하다

## 2.2. 카르노 기관

**카르노 기관(Carnot engine)**이란 두 에너지 저장고 사이에서 등온팽창 → 단열팽창 → 등온압축 → 단열압축의 이상적인 가역순환과정으로 작동하는 열기관을 말한다. 이러한 순환과정을 **카르노 순환 과정(Carnot cycle)**이라 한다. **카르노의 정리(Carnot's theorem)**는 두 에너지 저장고 사이에서 작동하는 열기관은 카르노 기관보다 효율이 더 좋을 수 없다는 것이다.

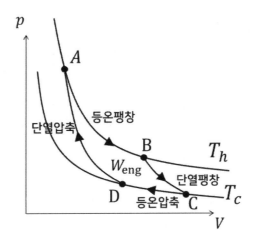

그림 1.14 카르노 기관

(1) 등온 팽창 (A→B) 과정에서 온도 변화가 없으므로 $\Delta U = 0$ 이다. 계에 전달된 일과 열 $W_1, Q_h$은 다음과 같다.

$$W_1 = -Q_h = nRT_h \ln \frac{V_A}{V_B} < 0 \tag{2.4}$$

(2) 단열 팽창 (B→C) 과정에서 계에 전달된 열은 $Q_2 = 0$ 이다. 계에 전달된 일 $W_2$과 계의 에너지 변화 $\Delta U_2$ 는 다음과 같다.

$$W_2 = \Delta U_2 = nC_V \Delta T = nC_V(T_c - T_h) \tag{2.5}$$

단열과정이므로 다음이 성립한다.

$$T_h V_B^{\gamma-1} = T_c V_C^{\gamma-1} \tag{2.6}$$

(3) 등온 압축 (C→D) 과정에서 $\Delta U = 0$ 이고 계에 전달된 일과 열 $W_3, Q_c$은 다음과 같다.

$$W_3 = -Q_c = nRT_c \ln\frac{V_C}{V_D} > 0 \tag{2.7}$$

(4) 단열 압축 (D→A) 과정에서 계에 전달된 열은 $Q_4 = 0$ 이다. 계에 전달된 일 $W_4$과 계의 에너지 변화 $\Delta U_4$ 는 다음과 같다.

$$W_4 = \Delta U_4 = nC_V\Delta T = nC_V(T_h - T_c) \tag{2.8}$$

단열과정이므로 다음이 성립한다.

$$T_h V_A^{\gamma-1} = T_c V_D^{\gamma-1} \tag{2.9}$$

식(2.6) 을 식(2.9)로 나누어주면

$$\left(\frac{V_B}{V_A}\right)^{\gamma-1} = \left(\frac{V_C}{V_D}\right)^{\gamma-1} \text{ 따라서, } \frac{V_B}{V_A} = \frac{V_C}{V_D} \tag{2.10}$$

식(2.4),(2.7) 및 식 (2.10) 을 이용하면 카르노 기관의 효율 $\eta$은 다음과 같다 .

$$\eta = 1 - \frac{|Q_c|}{|Q_h|} = 1 - \frac{T_c}{T_h}\frac{\ln(V_B/V_A)}{\ln(V_C/V_D)} = 1 - \frac{T_c}{T_h} \tag{2.11}$$

## 기본문제 2.1

단원자 이상기체를 이용하는 가솔린 기관이 다음의 오토 순환 과정으로 작동한다. A→B과정은 단열과정, B→C 과정은 등적과정, C→ D과정은 단열과정 D→A과정은 등적과정이다. 이 열기관의 열효율을 구하시오.

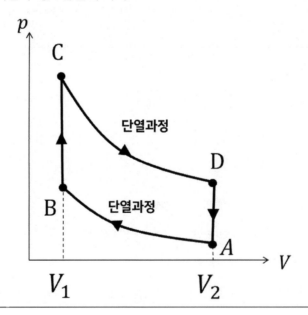

### 풀 이

B→C 과정에서 외부로부터 받은 열 $Q_h$는
$$Q_h = nC_V(T_C - T_B)$$

이고 D→A 과정에서 외부로부터 받은 열 $Q_c$는

$$Q_c = -nC_V(T_D - T_A)$$

이다. 따라서 열 효율 $\eta$는

$$\eta = 1 - \frac{|Q_h|}{|Q_c|} = 1 - \frac{T_D - T_A}{T_C - T_B} \quad \cdots (1)$$

이다. C→D 및 A→B 과정은 단열 과정이므로

$$T_C V_1^{\gamma-1} = T_D V_2^{\gamma-1}, \quad \therefore T_D = T_C \left(\frac{V_1}{V_2}\right)^{\gamma-1}$$

$$T_A V_2^{\gamma-1} = T_B V_1^{\gamma-1}, \quad \therefore T_A = T_B \left(\frac{V_1}{V_2}\right)^{\gamma-1}$$

위 두 식을 식(1)에 대입하면

$$\eta = 1 - \left(\frac{V_1}{V_2}\right)^{\gamma-1} = 1 - \left(\frac{V_1}{V_2}\right)^{2/3}$$

# Part 3. 전자기학

# 1. 정전기학

## 1.1. 서설

머리빗을 옷에 문지르고 머리카락에 가까이 가져가면 머리카락이 빗에 달라붙는다. 건조한 겨울철 이불을 뒤집어 쓰면 번쩍거리는 정전기 현상을 보게 되는데 이것은 번개가 치는 것과 동일한 원리이다. 이러한 전기적 현상을 일으키는 원인은 전하의 존재 때문인데 전하는 궁극적으로 원자를 구성하는 양성자와 전자들에 의해 나타나는 물리적 특성이다. 정전기학은 이와 같이 전하들이 정지한 상태에서의 전기적 현상에 관한 물리학이다.

## 1.2. 전기장

### 1.2.1. 전하

정전기학에서의 모든 전기적 현상은 전하의 존재 때문이다. 즉, **전하**(electric charge)는 전기현상을 일으키는 원인이 되는 물리적 성질을 말한다. 전하는 **양전하**(positive charge)와 **음전하**(negative charge) 두 종류가 있으며 기본적으로 같은 종류의 전하들 끼리는 척력이, 서로 다른 종류의 전하들 끼리는 인력이 작용한다. **전하량**(quantity of electric charge, SI단위: C, 쿨롱) $q$는 전하를 띤 정도를 정량적으로 나타낸 물리량이다. 양전하는 (+)부호로 음전하는 (-)부호로 나타낸다.

전하는 궁극적으로 원자를 구성하는 양성자 및 전자의 존재에 근원을 둔다. 다음 그림과 같이 원자의 구조는 그 내부가 대부분 빈 공간이고 그 중심에 **원자핵**(atomic nucleus)이 있으며 원자핵 주변을 **전자**(electron)가 운동하는 러더퍼드 모형을 따른다.

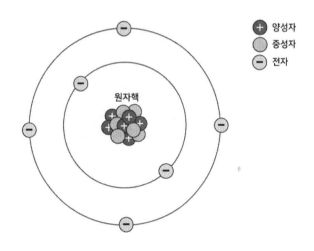

그림 1.1 원자의 구조

원자핵은 **양성자**(proton)와 **중성자**(neutron)로 구성된다. 중성자는 그 이름이 나타내는 바와 같이 전하를 띠지 않는다. 양성자는 양전하를 띠고 전자는 같은 크기의 음전하를 띤다.

양성자 및 전자가 가지는 전하량의 크기를 기호로 $e$로 나타내고 실험적으로 측정한 값은 다음과 같다.

$$e = 1.6 \times 10^{-19} \text{C} \qquad (1.1)$$

즉 양성자의 전하량은 $+e$, 전자의 전하량은 $-e$이다. 원자를 구성하는 양성자의 개수와 전자의 개수는 같으므로 원자는 전기적으로 중성이다.

모든 물체는 원자로 구성되어 있다. 리차드 파인만(Richard Feynman)은 이 사실이 가장 중요한 과학적 지식이라고 하였다. 주기율표의 원소마다 전자를 받아들이려는 성질을 나타내는 전자친화도가 다르다. 분자 또한 구조적 특징에 따라 전자를 얻으려는 경향이 다르다. 서로 다른 두 물질을 문지르면 마찰열에 의해 표면의 전자가 한 물질에서 다른 물질로 옮겨 갈 수 있다. 어떤 물체가 전자를 얻으면 상대적으로 전자가 많으므로 얻은 전자의 개수만큼 음전하를 띠게 된다. 반대로 전자를 잃게 되면 상대적으로 전자보다 양성자 수가 많으므로 잃은 전자 개수만큼 양전하를 띠게 된다. 따라서 전자의 전하량의 크기 $e$는 기본 전하량이며 물체가 띠는 전하량은 항상 $e$의 정수배이다:

$$q = Ne, \quad (N \text{은 정수}) \qquad (1.2)$$

즉 전하량은 연속적인 양이 아니며 양자화 되어 있다. 밀리컨(Millikan)은 실험적으로 이 사실을 확인하였다.

### 1.2.2. 물질의 전기적 특성 및 유도에 의한 대전

물질이 전자를 이동시킬 수 있는 능력에 따라 도체, 반도체, 절연체로 분류할 수 있다. **도체(conductor)**는 전자를 매우 잘 통과시키는 물질이다. 구리, 철, 니켈과 같은 금속 물질은 원자 사이를 자유롭게 이동할 수 있는 자유전자가 무수히 많기 때문에 도체로 분류된다. 반면에 유리나 고무 등과 같이 **절연체(insulator)**는 모든 전자가 핵에 구속되어 전자들이 자유롭게 움직일 수 없다. 실리콘 게르마늄과 같은 **반도체(semi-conductor)**는 전자를 통과시키는 정도가 도체와 절연체의 중간에 해당한다.

도체에 음전하를 띤 고무막대를 가져가면 도체 내의 자유전자들은 도체 반대편으로 이동하여 도체에서 막대 가까운 쪽이 (+)전하를 띠게 되고 반대편에는 (-)전하를 띠게 된다. 이러한 대전 과정을 **유도(induction)**라 한다. 부도체에서도 이와 유사한 유도 현상이 일어나는데 음전하를 띤 고무막대를 색종이 조각에 가져가면 부도체인 색종이가 고무막대에 붙게 된다. 이러한 부도체의 유도는 다음과 같이 설명된다. 부도체를 이루는 분자들은 전기적으로 중성이지만 (-)전하를 띤 고무막대를 가져가면 분자내의 전자 분포가 고무 막대 반대편으로 미세하게 쏠리기 되어 분자 수준에서 고무막대 쪽에 미세하게 (+)전하가 유도가 되고 반대편에 (-)전하가 유도된다. 이를 **유도 전기쌍극자**라고 한다. (-)전하의 고무막대와 고무막대 쪽의 유도된 전기쌍극자의 미세한 (+) 사이에 인력이 작용하는 것이다.

### 1.2.3. 쿨롱의 법칙

대전된 입자 사이에 작용하는 힘을 **전기력(electric force)**이라 한다. 쿨롱(Coulomb)은 비틀림 진자를 사용하여 대전 입자 사이의 전기력을 정량적으로 측정하였다. 그가 발견한 전기력에 관한 **쿨롱의 법칙(Coulomb's law)**은 다음과 같다. 서로 $r$ 만큼 떨어져 있고 전하량이 각각 $q_1, q_2$인 입자 사이에 작용하는 전기력의 크기는

$$F_e = k_e \frac{|q_1||q_2|}{r^2} \tag{1.3}$$

와 같이 기술된다. $k_e$는 **쿨롱 상수(Coulomb constant)**라 불리는 상수이며 측정값은 다음과 같다.

$$k_e = 8.988 \times 10^9 \text{ N} \cdot \text{m}^2/\text{C}^2 \tag{1.4}$$

쿨롱 상수는 다음과 같이 나타낼 수 있다.

$$k_e = \frac{1}{4\pi\varepsilon_0} \tag{1.5}$$

여기서 $4\pi$는 후술할 가우스 법칙을 간략히 기술하기 위해 의도적으로 도입한 것이고 $\varepsilon_0$는 **자유 공간의 유전율(permittivity of free space)**이라 하며 그 값은 다음과 같다.

$$\varepsilon_0 = 8.854 \times 10^{-12} \text{C}^2/\text{N} \cdot \text{m}^2 \tag{1.6}$$

쿨롱의 법칙을 따르는 전기력을 벡터로 표현하면 다음과 같다.

$$\vec{F}_{12} = k_e \frac{q_1 q_2}{r^2} \hat{r}_{12} \tag{1.7}$$

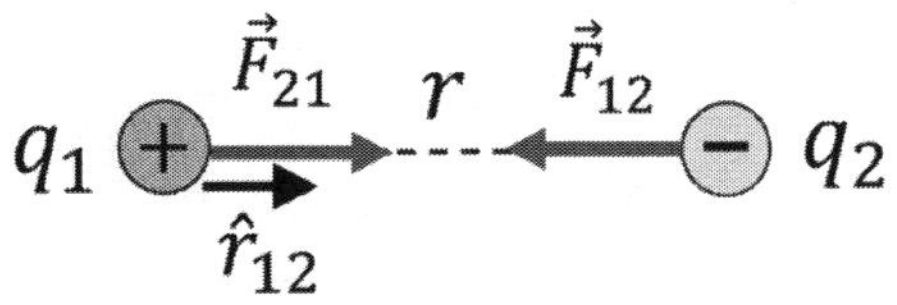

그림 1.2 쿨롱의 법칙에 의한 전기력

여기서 $\vec{F}_{12}$은 1번 입자가 2번 입자에게 작용하는 힘이고 $\hat{r}_{12}$는 1번 입자에서 2번입자를 향하는 단위벡터를 나타낸다. 만일 $q_1, q_2$가 같은 종류의 전하라면 그 부호가 같으므로 $q_1 q_2 > 0$가 되어 $\vec{F}_{12}$방향은 $\hat{r}_{12}$ 방향과 같다. 따라서 이는 척력이다. 반면에, $q_1, q_2$가 다른 종류의 전하라면 그 부호가 다르므로 $q_1 q_2 < 0$가 되어 $\vec{F}_{12}$의 방향은 $-\hat{r}_{12}$ 이고 이는 인력이 된다. 2번 입자가 1번 입자에게 작용하는 힘 $\vec{F}_{21}$은 뉴턴의 제3법칙에 의해

$$\vec{F}_{21} = -\vec{F}_{12} \tag{1.8}$$

이 성립한다

그림과 같이 세개의 전하가 $x$축을 따라 놓여 있다. $q_1 = 8\mu C$ 인 양전하가 원점에 있고 $q_2 = 2\mu C$ 인 입자가 $x = 2\text{m}$ 위치에 있다. $q_3$에 작용하는 알짜힘이 0일 때 $q_3$의 위치를 구하시오.

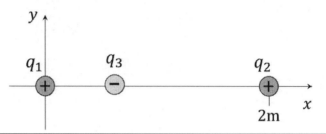

### 풀이

$q_3$의 위치를 $x$라 하자. $q_3$는 힘의 평형을 이루므로

$$k_e \frac{q_1 q_3}{x^2} = k_e \frac{q_2 q_3}{(2-x)^2}$$

이를 정리하면

$$\left(\frac{x}{2-x}\right)^2 = \frac{q_1}{q_2} = 4$$
$$\therefore \left(\frac{x}{2-x}\right) = \pm 2, \quad \rightarrow \quad x = \frac{4}{3}\text{m}, \ 4\text{ m}$$

## 1.2.4. 전기장

전기력도 중력과 마찬가지로 원격작용에 의한 힘이다. 서로 연결되거나 접촉하지 않고 멀리 떨어져 있음에도 대전된 두 입자 사이에는 인력 또는 척력이 작용한다. 이러한 원격작용에 의한 전기력을 장의 개념을 이용하여 두 단계로 설명할 수 있다.

첫번째 단계는 전하 $q$를 띤 입자(이를 원천 전하라 하자)는 온 공간에 **전기장(Electric Field)** $\vec{E}$ 를 형성한다는 것이다. 전기장은 벡터 물리량으로서 공간상의 모든 점마다 전기장 벡터가 만들어 진다. 전기장을 시각적으로 나타내면 다음 그림과 같다.

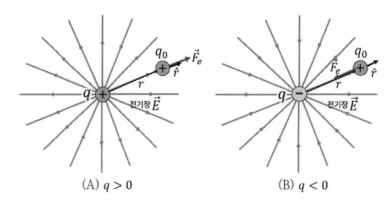

(A) $q > 0$         (B) $q < 0$

그림 1.3 점전하에 의한 전기장

위 그림과 같이 양전하 $q > 0$는 바깥으로 뻗어 나가는 방향으로 전기장을 $\vec{E}$를 형성하고 음전하 $q < 0$는 전하를 향해 들어가는 방향으로 전기장 $\vec{E}$를 형성한다. 전기장은 벡터 물리량으로서 공간상에 모든 위치마다 전기장 벡터가 생성이 된다.

두 번째 단계는 그러한 전기장 위에 시험 전하 $q_0$가 들어오면 그 시험 전하는 전기장의 작용에 의해 다음과 같은 전기력을 받게 된다는 것이다.

$$\vec{F}_e = q_0\vec{E} \tag{1.9}$$

이는 곧 전기장의 정의식에 해당한다. 식(1.9) 으로부터 전기장의 SI 단위는 N/C 이다. 전기장은 시험 전하가 받는 전기력을 시험 전하의 전하량으로 나눈 것이므로 시험 전하 관점에서 원천 전하와 시험 전하 사이의 전기력의 원인 부분에 해당하는 물리량이다. 쿨롱의 법칙에 대한 식(1.7)으로부터 시험 전하가 받는 전기력은 $\vec{F}_e = k_e\frac{qq_0}{r^2}\hat{r}$ 이므로 전기장의 정의인 식(1.9)으로부터 점전하 $q$에 의한 전기장은 다음과 같다.

$$\vec{E} = \frac{\vec{F}_e}{q_0} = k_e\frac{q}{r^2}\hat{r} = \frac{q}{4\pi\varepsilon_0 r^2}\hat{r} \tag{1.10}$$

여기서 $\hat{r}$은 $q$로부터 전기장을 측정하는 지점을 향하는 방향의 단위벡터를 나타낸다.

여러 개의 점전하 분포에 의한 전체 전기장은 각각의 전하가 만드는 전기장 벡터들의 벡터합과 같다.

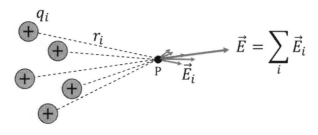

그림 1.4 여러 개의 점전하에 의한 전기장

$$\vec{E} = \sum_i \vec{E}_i = \sum_i k_e\frac{q_i}{r_i^2}\hat{r}_i = \sum_i \frac{q_i}{4\pi\varepsilon_0 r_i^2}\hat{r}_i \tag{1.11}$$

## 기본문제 1.2

그림과 같이 전하량 $+q, -q$ 을 가지는 두 전하가 $x$축 상에 $2a$만큼 떨어져 존재한다. (a) 점 P$(0, y)$ 및 점 Q$(x, 0)$에서의 전기장을 구하시오. (b) $y \gg a, x \gg a$ 일 때 전기장의 근사값을 구하시오. (단, 진공의 유전율은 $\varepsilon_0$이다.)

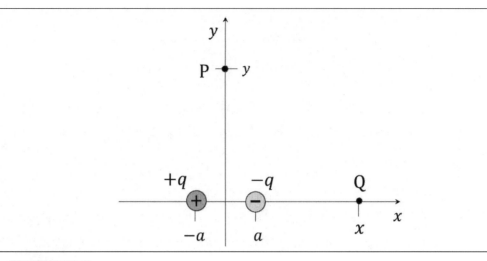

### 풀 이

(a) 이와 같이 $+q$, $-q$의 전하가 일정한 거리 $2a$만큼 떨어져 분포하는 계를 전기쌍극자라고 한다. 이때 전기쌍극자 모멘트의 크기 $p$는 다음과 같이 정의된다.

$$p = 2aq$$

점P에서 $+q$전하에 의한 전기장 $\vec{E}_1$의 크기는

$$E_1 = \frac{q}{4\pi\varepsilon_0 r^2}$$

이다. $r = (a^2 + y^2)^{1/2}$ 이다. 마찬가지로 점P에서 $-q$전하에 의한 전기장 $\vec{E}_2$의 크기는

$$E_2 = E_1 = \frac{q}{4\pi\varepsilon_0 r^2}$$

이다. $\vec{E}_1, \vec{E}_2$의 방향은 아래 그림과 같다.

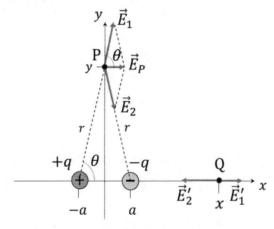

따라서 전체 전기장 $\vec{E}_P = \vec{E}_1 + \vec{E}_2$ 은 $+x$방향이고 그 크기는

$$E_P = 2E_1 \cos\theta = \frac{2E_1 a}{r} = \frac{aq}{2\pi\varepsilon_0 r^3}$$

이다. 따라서

$$\therefore \vec{E}_P = \frac{aq}{2\pi\varepsilon_0 (a^2 + y^2)^{3/2}}\hat{x} = \frac{p}{4\pi\varepsilon_0 (a^2 + y^2)^{3/2}}\hat{x} \quad \cdots (1)$$

점Q에서 $+q$전하에 의한 전기장 $\vec{E}_1'$ 의 크기는

$$E_1' = \frac{q}{4\pi\varepsilon_0(x+a)^2}$$

이고 전기장 $\vec{E}_2'$의 크기는

$$E_2' = \frac{q}{4\pi\varepsilon_0(x-a)^2}$$

따라서 전체 전기장 $\vec{E}_Q = \vec{E}_1' + \vec{E}_2'$ 은

$$\vec{E}_Q = \frac{q}{4\pi\varepsilon_0}\left[\frac{1}{(x+a)^2} - \frac{1}{(x-a)^2}\right]\hat{x}$$
$$= -\frac{qax}{\pi\varepsilon_0(x^2-a^2)^2}\hat{x} = -\frac{px}{2\pi\varepsilon_0(x^2-a^2)^2}\hat{x} \quad \cdots(2)$$

(b) $y \gg a$일 때 점P에서의 전기장인 식(1)은 다음 근사값을 가진다.

$$\vec{E}_P \approx \frac{p}{4\pi\varepsilon_0(0+y^2)^{3/2}}\hat{x} = \frac{p}{4\pi\varepsilon_0 y^3}\hat{x}$$

$x \gg a$일 때 점Q에서의 전기장인 식(2)은 다음 근사값을 가진다.

$$\vec{E}_Q \approx -\frac{px}{2\pi\varepsilon_0(x^2-0)^2}\hat{x} = -\frac{p}{2\pi\varepsilon_0 x^3}\hat{x}$$

전기쌍극자는 보통 분자 크기 수준에서 형성되므로 $y \gg a, x \gg a$ 의 근사식은 매우 합리적이다. 일반적으로 전기쌍극자로부터 $r$만큼 떨어진 위치에서의 전기장은 위와 같이 $r^3$에 반비례한다.

## 1.2.5. 연속적인 전하분포에 의한 전기장

전하가 연속분포를 이루는 경우에 그러한 원천 전하가 형성하는 전기장은 적분을 이용하여 계산한다.

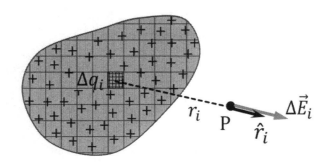

그림 1.5 연속적인 전하분포에 의한 전기장

위 그림과 같이 연속분포를 이루는 전하를 $N$ 등분한 후, 각 미소전하를 $\Delta q_i$ 라 하자. $\Delta q_i$가 공간상의 점 P에 만드는 미소전기장 $\Delta\vec{E}_i$는

$$\Delta\vec{E}_i = k_e \frac{\Delta q_i}{r_i^2}\hat{r}_i \tag{1.12}$$

이다. $r_i$ 은 $\Delta q_i$ 에서 점P까지의 거리이고 $\hat{r}_i$ 은 $\Delta q_i$ 에서 점P를 향하는 단위벡터이다. 각 미소전기장들의 벡터합 $\sum_i \Delta\vec{E}_i = \sum_i k_e \frac{\Delta q_i}{r_i^2}\hat{r}_i$ 은 전체 전기장과 근사적으로 일치한다. 이제

$N \rightarrow \infty$ 의 극한을 취하면 위 벡터합은 다음의 적분으로 표현되며 실제 전기장에 수렴한다.

$$\vec{E} = \int d\vec{E} = \int k_e \frac{\hat{r}}{r^2} dq = \int \frac{\hat{r}}{4\pi\varepsilon_0 r^2} dq \qquad (1.13)$$

위 전하분포에 대한 적분에서 적분요소 $dq$에 따라 $r$뿐만 아니라 방향벡터 $\hat{r}$도 변하는 것을 주의해야 한다.

전하분포에 대한 적분을 공간에 대한 변수로 치환하여 계산하기 위해 각 물체의 형태에 따라 필요한 전하 밀도의 정의 및 미소 전하량의 표현식은 다음 표와 같이 정리된다.

| 전하분포의 형태 | 전하 밀도 | 미소 전하량 $dq$ |
|---|---|---|
| 1차원 분포 | $\lambda = \dfrac{Q}{L}$ (선전하밀도) | $dq = \lambda dx$ |
| 2차원 분포 | $\sigma = \dfrac{Q}{A}$ (면전하밀도) | $dq = \sigma dA$ |
| 3차원 분포 | $\rho = \dfrac{Q}{V}$ (부피전하밀도) | $dq = \rho dV$ |

## 기본문제 1.3

그림과 같이 선 전하 밀도가 $\lambda$로 균일하고 길이가 $L$인 막대에 대해 (a) 막대의 중심으로부터 $y$만큼 떨어진 점 P에서의 전기장을 구하시오 (b) 무한한 길이의 막대인 경우 ($L = \infty$) 점 P에서의 전기장을 구하시오. (단, 진공의 유전율은 $\varepsilon_0$이다.)

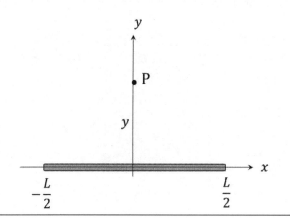

### 풀 이

(a) 아래 그림과 같이 미소 길이 $dx$ 부분의 전하량 $dq$가 만드는 점 P에서의 미소 전기장 $d\vec{E}$ 를 구해보자.

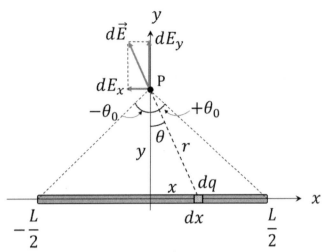

선 전하 밀도가 $\lambda$이므로

$$dq = \lambda dx$$

이다. 전하분포는 $y$축에 대하여 대칭이므로 미소 전기장 $d\vec{E}$의 $x$축 성분 $dE_x$ 는 적분하면 모두 상쇄된다. 따라서 $y$축 성분인 $dE_y$ 만이 0이 아닌 전기장을 만든다. $x$를 $\theta$로 치환하여 $dE_y$를 구해보자. 이때 $x < 0$일 때 $\theta < 0$ 이고 $x > 0$ 일 때 $\theta > 0$이도록 각도 $\theta$ 의 부호를 설정한다. 따라서

$$dE_y = dE \cos\theta = \frac{dq}{4\pi\varepsilon_0 r^2} \cdot \frac{y}{r} = \frac{\lambda y dx}{4\pi\varepsilon_e r^3}$$

$x = y\tan\theta$ 로부터 $dx = y\sec^2\theta\, d\theta$ 이고 $r = y\sec\theta$ 이므로

$$dE_y = \frac{\lambda}{4\pi\varepsilon_0} \cdot \frac{y^2 \sec^2\theta\, d\theta}{y^3 \sec^3\theta} = \frac{\lambda}{4\pi\varepsilon_0 y} \cdot \cos\theta\, d\theta$$

따라서

$$E_y = \frac{\lambda}{4\pi\varepsilon_0 y} \int_{-\theta_0}^{\theta_0} \cos\theta\, d\theta = \frac{\lambda}{2\pi\varepsilon_0 y}\sin\theta_0 \quad \cdots (1)$$

$\sin\theta_0 = \frac{L/2}{\sqrt{y^2 + L^2/4}}$ 이므로

$$\vec{E} = \frac{\lambda}{2\pi\varepsilon_0 y} \cdot \frac{L/2}{\sqrt{y^2 + L^2/4}}\hat{y}$$

(b) 무한한 길이의 막대인 경우 식(1)에서 $\theta_0 \to \frac{\pi}{2}$ 이고 $\sin\theta_0 \to 1$ 이므로

$$\vec{E_y} = \frac{\lambda}{2\pi\varepsilon_0 y}\hat{y}$$

으로 수렴한다.

## 기본문제 1.4

그림과 같이 양전하 $Q$가 반지름이 $a$인 고리에 균일하게 분포하고 있을 때, 고리의 중심으로부터 고리 면에 수직인 중심축 방향으로 $x$ 만큼 떨어져 있는 점 P에서 고리에 의한 전기장을 구하시오. (단, 진공의 유전율은 $\varepsilon_0$이다.)

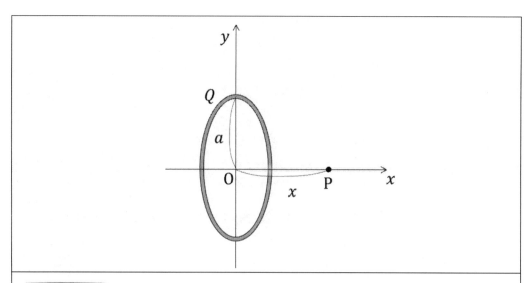

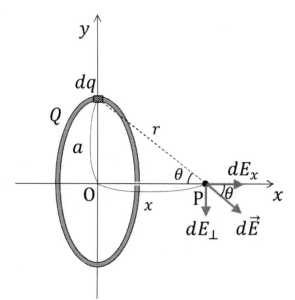

위 그림과 같이 고리 위의 미소 전하 $dq$가 만드는 점 P에서의 미소 전기장 $d\vec{E}$ 를 구해보자. 원형 대칭성에 의해 점P에서의 전기장의 방향은 $+x$방향이다. 따라서 미소 전기장 $d\vec{E}$의 $x$축에 수직한 성분 $dE_{\perp}$은 적분하면 전부 상쇄되어 0이된다.

$d\vec{E}$의 $x$축 성분 $dE_x$는

$$dE_x = dE\cos\theta = \frac{dq}{4\pi\varepsilon_0 r^2} \cdot \frac{x}{r} = \frac{xdq}{4\pi\varepsilon_0 r^3}$$

이다. 적분소 $dq$가 고리 위에서 이동하여도 $x, r$ 은 변하지 않는 상수이므로 전체 전기장 $E_x$는

$$E_x = \int dE_x = \frac{x}{4\pi\varepsilon_0 r^3}\int dq = \frac{xQ}{4\pi\varepsilon_0 r^3}$$

이다. 따라서 이를 벡터로 나타내면

$$\vec{E} = \frac{xQ}{4\pi\varepsilon_0(a^2+x^2)^{3/2}}\hat{x}$$

이때 $x \gg a$ 이면

$$\vec{E} \approx \frac{xQ}{4\pi\varepsilon_0(0+x^2)^{3/2}}\hat{x} = \frac{Q}{4\pi\varepsilon_0 x^2}\hat{x}$$

즉, 점전하 $Q$에 의한 전기장으로 수렴하는 것을 알 수 있다. 고리의 반경이 매우 작은 경우 점전하처럼 보일 것이므로 이는 직관적으로도 일치하는 결과이다.

## 기본문제 1.5

그림과 같이 균일한 표면 전하 밀도 $\sigma$를 가지고 반지름이 $R$인 원판의 중심으로부터 원판의 수직 방향으로 $x$만큼 떨어진 점 P에서의 전기장을 구하시오. (단, 진공의 유전율은 $\varepsilon_0$이다.)

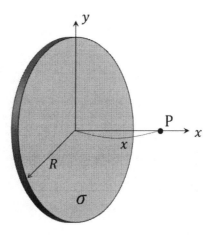

### 풀 이

아래 그림과 같이 원판을 두께가 $dr$인 고리모양들로 나눈 후, 반지름이 $r$인 고리가 점 P에 만드는 미소 전기장 $d\vec{E}$를 구해보자.

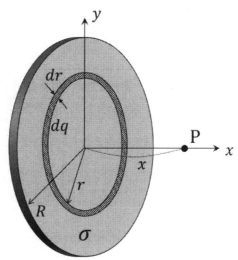

빗금친 고리 부분의 미소 넓이 $dA$는
$$dA = 2\pi r dr$$

이므로 빗금 친 고리 부분의 미소 전하량 $dq$는

$$dq = \sigma dA = 2\pi\sigma r dr$$

이다. 따라서 빗금친 고리 부분이 점P에 만드는 미소 전기장 $d\vec{E}$은 기본문제 1.4의
결과를 이용하면 다음과 같다.

$$d\vec{E} = \frac{xdq}{4\pi\varepsilon_0(r^2 + x^2)^{3/2}}\hat{x} = \frac{\sigma x r dr}{2\varepsilon_0(r^2 + x^2)^{3/2}}\hat{x}$$

따라서 전체 전기장 $\vec{E}$은

$$\begin{aligned}\vec{E} &= \int d\vec{E} = \frac{\sigma x}{2\varepsilon_0}\int_0^R \frac{rdr}{(r^2 + x^2)^{3/2}}\hat{x} \\ &= \frac{\sigma x}{2\varepsilon_0}\left[-(r^2 + x^2)^{-1/2}\right]_0^R \hat{x} \\ &= \frac{\sigma}{2\varepsilon_0}\left(1 - \frac{x}{\sqrt{x^2 + R^2}}\right)\hat{x} \quad \cdots (1)\end{aligned}$$

원판이 매우 큰 경우 $(R \to \infty)$, 식 (1)에서

$$\vec{E} \approx \frac{\sigma}{2\varepsilon_0}\hat{x}$$

이다. 즉 전기장은 원판으로부터의 거리에 무관하게 일정한 크기 $\frac{\sigma}{2\varepsilon_0}$ 를 가진다.

### 1.2.6. 균일한 전기장

점전하에 의한 전기장은 점전하로부터의 거리 및 상대적인 위치에 따라 크기와 방향이
달라진다. 그러나 기본 문제 1.5에서 살펴본 바와 같이 무한 평면위의 균일한 전하 분포에
대해서 위치에 무관하게 균일한 전기장이 형성된다. 이와 같이 균일한 전기장 $\vec{E}$가 분포하는
영역에 전하량이 $q$이고 질량이 $m$인 입자가 들어오면 입자가 받는 힘은 $\vec{F} = q\vec{E}$ 이므로
운동방정식을 구하면

$$\begin{aligned}\vec{F} &= q\vec{E} = m\vec{a} \\ \therefore \vec{a} &= \frac{q}{m}\vec{E} \ \text{(상수)}\end{aligned} \tag{1.14}$$

이다. 따라서 가속도가 상수이고 물체는 등가속도 운동을 한다.

## 기본문제 1.6

그림과 같이 평행 대전판 사이에 균일한 전기장 $\vec{E}$ 가 $+x$방향으로 형성이 되어
있다. $t = 0$ 에서, 질량이 $m_e$이고 전하량이 $-e$ 인 전자가 전기장 영역으로 수평방향의
속력 $v_0$으로 입사되었다. 다음 물음에 답하시오

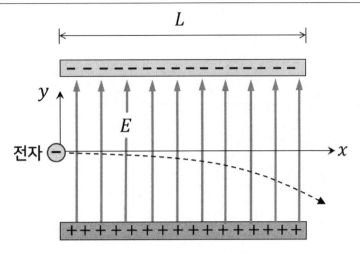

(a) 전기장 영역 내에서 전자가 받는 가속도를 구하시오.

(b) 전자가 전기장 영역을 떠나는 시간을 구하시오.

(c) 전자가 전기장 내로 들어오는 수직 위치를 0으로 하자. 전자가 전기장을 떠날 때의 수직 위치를 구하시오.

---

**풀 이**

(a) 전자가 받는 전기력은

$$\vec{F} = q\vec{E} = -e\vec{E} = -eE\,\hat{y}$$

이고 $\vec{F} = m_e\vec{a}$ 이므로

$$-eE\,\hat{y} = m_e\vec{a}$$
$$\therefore \vec{a} = -\frac{eE}{m_e}\hat{y}$$

(b) 전자는 $x$축 방향으로 등속 운동을 하므로

$$v_0 t = L$$
$$\therefore t = \frac{L}{v_0}$$

(c) $+y$축방향의 변위 $y$는

$$y = \frac{1}{2}at^2 = -\frac{1}{2}\left(\frac{eE}{m_e}\right)\left(\frac{L}{v_0}\right)^2 = -\frac{eEL^2}{2m_e v_0^2}$$

이다.

## 1.2.7. 전기력선

지금까지 전기장에 대해서 살펴보았다. 공간상의 모든 점마다 전기장 벡터가 결정이 된다. 이러한 전기장을 시각적으로 표현하기 위해 공간위의 일정한 격자마다 전기장 벡터를 다음 그림과 같이 화살표로 나타낼 수 있다. 이러한 방법은 직관적이지만 불편하다.

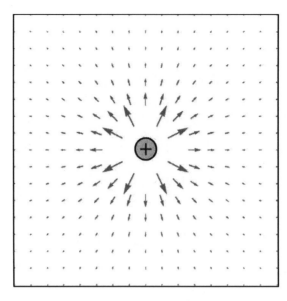

그림 1.6 점전하 주변의 전기장

**전기력선(electric field lines)**은 공간 상에 전기장을 시각적으로 표현하는 효과적인 방법이다. 전기장을 화살표로 나타내지 않고 다음과 같이 방향을 가진 일련의 선으로 표현한다.

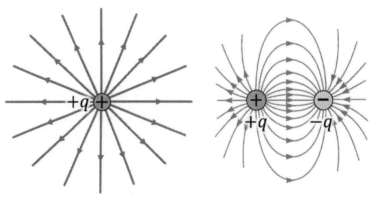

그림 1.7 전기력선

전기장으로부터 전기력선을 그리는 방법 또는 전기력선으로부터 전기장을 해석하는 방법은 다음과 같은 규칙을 따른다.

1. 전기력선은 양전하에서 시작하여 음전하에서 끝난다. 여분의 전하가 있으며 무한한 곳에서 시작하거나 끝난다.
2. 양(+)전하에서 나오거나 음(-)전하에 들어가는 전기력선의 수는 전하의 크기에 비례한다.
3. 두 전기력선은 교차할 수 없다.
4. 어느 위치에서 전기장의 방향은 전기력선의 접선방향이다.
5. 어느 위치에서 전기장의 크기는 전기력선의 밀도 (단위 면적당 전기력선의 수)에 비례한다.

## 1.2.8. 전기선속

전기력선은 공간상에 형성된 전기장을 효과적으로 표현할 뿐만 아니라 전기선속이라는 특별한 물리량을 정량적으로 이해하는데 있어서 중요한 역할을 한다. 전기력선을 그리는 여러 규칙 중에서 전기장의 크기는 전기력선의 밀도에 비례함을 다시 살펴보자. 이를 식으로 나타내면 다음과 같다.

$$E \propto \frac{(전기력선의\ 수)}{A}$$
$$\therefore (전기력선의\ 수) \propto EA$$

(1.15)

즉, 공간상에 표현하는 전기력선의 수는 전기장과 전기장에 수직한 면적의 곱에 비례하며 이를 **전기선속(electric flux,** SI단위: $N \cdot m^2/C$ **)** $\Phi_E$로 정의한다.

$$\Phi_E = EA$$

(1.16)

따라서 어떠한 면 $A$에 대한 전기선속의 물리적인 의미는 그 면을 수직으로 통과하는 전기력선의 개수이다. 전기선속의 정의는 다소 추상적이지만 그것의 의미는 시각적으로 명확하게 이해할 수 있다.

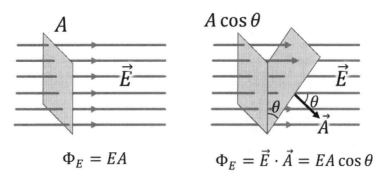

그림 1.8 전기선속의 정의

면 $A$가 전기장의 방향과 비스듬한 경우를 생각해보자. 면벡터 $\vec{A}$는 크기는 면적과 같고 방향은 면에 수직한 벡터를 나타낸다. 위의 오른쪽 그림에서 면벡터 $\vec{A}$와 전기장 $\vec{E}$는 $\theta$의 각을 이루고 있다. 면 $A$에 대해 전기장 방향으로 투영을 내린 부분의 면적에만 전기장이 통과하므로 전기장과 면벡터 방향이 이루는 각을 $\theta$라 할 때 전기선속 $\Phi_E$는 다음과 같다.

$$\Phi_E = \vec{E} \cdot \vec{A} = EA \cos\theta$$

(1.17)

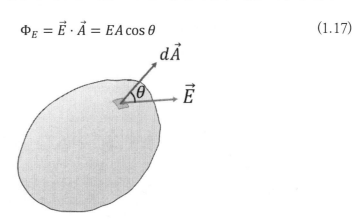

그림 1.9 곡면에 대한 전기선속

평면이 아닌 곡면에 대해서는 미소한 면적 벡터 $d\vec{A}$ 에 대한 미소 전기선속은 $d\Phi_E = \vec{E} \cdot d\vec{A}$ 이므로 전체 전기선속 $\Phi_E$는 다음과 같다.

$$\Phi_E = \int d\Phi_E = \int \vec{E} \cdot d\vec{A} \qquad (1.18)$$

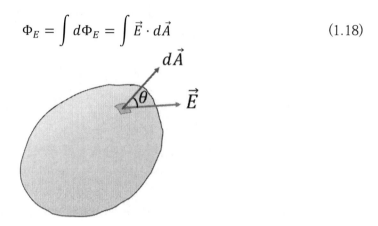

그림 1.9 곡면에 대한 전기선속

## 1.2.9. 가우스의 법칙

점전하에 의한 전기장은 거리의 제곱에 반비례하는 역제곱 법칙을 따른다. **가우스 법칙(Gauss' law)**은 이와 같이 역제곱 법칙을 따르는 전기장이 수학적으로 만족하는 방정식으로서 다음과 같이 기술된다.

$$\Phi_E = \oint \vec{E} \cdot d\vec{A} = \frac{q_{\text{in}}}{\varepsilon_0} \quad \text{(가우스 법칙)} \qquad (1.19)$$

$\oint$ 기호는 닫혀진 면에 대한 적분을 의미한다. 가우스 법칙에서의 닫혀진 적분면을 가우스 면이라 한다. 닫힌 면이란 구면이나 육면체 면과 같이 유한한 면적을 가진 면으로 공간을 두 부분으로 나누는 면을 말한다. 따라서 좌변은 닫혀진 면에 대한 전기선속을 나타낸다. 우변의 $q_{\text{in}}$ 은 닫힌 면 안의 총 전하량의 합을 의미하고 $\varepsilon_0$ 은 식(1.5)의 자유공간의 유전율이다.

식(1.19)에서 좌변은 면적분으로 간단하지 않은 적분이지만 그 결과는 우변과 같이 매우 간단히 표현된다. 따라서 가우스 법칙은 대칭적인 전하분포에 대해서 전기장을 유도하는데 주로 응용된다. 식(1.19)은 좌변 에서의 적분면의 모양에 무관하게 항상 성립함을 유의하자. 이는 전기선속의 물리적인 의미로부터 직관적으로 이해할 수 있다. 그림1.10과 같이 닫힌 가우스면 S을 통과하는 전기력선을 생각하자.

전기선속의 의미는 그 면을 수직으로 통과하는 전기력선의 수이므로 그림에서 닫힌 면을 들어가고 나오는 부분에 대한 전기선속은 그 부분을 전기선속의 방향으로 투영 시킨 면 P로 들어가고 면Q로 나가며 통과하는 전기선속과 동일하다. 닫힌 면의 바깥쪽 방향을 (+)방향으로 하면 P면을 통과하는 전기선속은 $\Phi_{E1} = -EA$ 이고 Q면을 통과하는 전기선속은 $\Phi_{E2} = EA$ 이므로 전체 전기선속은

$$\Phi_E = \Phi_{E1} + \Phi_{E2} = -EA + EA = 0 \tag{1.20}$$

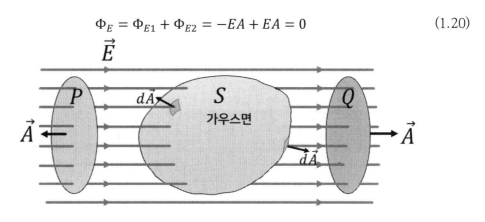

그림 1.10 폐곡면에 대한 전기선속

이다. 위 결과는 닫힌 면의 모양과 관계없다. 또한 위 전기력선의 분포는 닫힌 면 내부에 전하가 없는 경우이므로 식(1.19)의 우변이 0인 경우로서 가우스 법칙이 만족됨을 직관적으로 이해할 수 있다.

가우스 법칙을 3단계에 걸쳐서 이해해보자. 먼저 구형 가우스면의 중심에 전하 $q$가 있는 경우를 생각해보자.

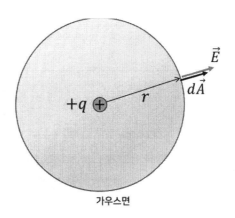

가우스면

그림 1.11 구형 가우스면에 대한 가우스 법칙

구면에 대한 전기선속을 구해보자. 구 면위에서 면벡터와 전기장의 방향은 일치하며 전기장의 크기는 $E = \frac{q}{4\pi\varepsilon_0 r^2}$ 으로 일정하다. 따라서

$$\Phi_E = \oint \vec{E} \cdot d\vec{A} = \oint E dA = E \oint dA = \frac{q}{4\pi\varepsilon_0 r^2} \cdot 4\pi r^2 = \frac{q}{\varepsilon_0} \tag{1.12}$$

즉, 가우스 법칙을 만족함을 알 수 있다.

두번째 단계로 임의의 모양의 가우스 면 안에 전하 $q$ 가 있는 경우를 살펴보자. 그림1.12(A)와 같이 전하 $q$ 를 기준으로 미소한 입체각 $d\Omega$ 을 가지는 미소 면적에 대한 전기선속을 생각해보자. **입체각**이란 원뿔 모양의 꼭지점이 공간상에서 벌어진 정도와 같이 2차원적인 각도로 표현할 수 있는 각을 말한다.

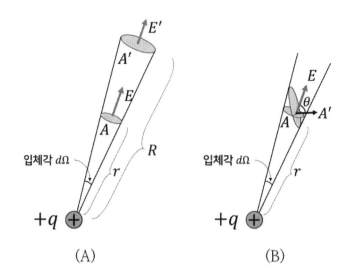

(A)          (B)

그림 1.12 같은 입체각을 가지는 여러 미소 면적에 대한 전기선속

면 $A$는 $q$로부터 $r$만큼 떨어져 있고 면 $A'$은 $q$로부터 $R$만큼 떨어져 있다. 면 $A, A'$ 모두 전기장과 평행한 방향이다. 면 $A'$와 $A$는 닮음이고 닮음비는 $R/r$ 이므로 넓이비는 $(R/r)^2$ 이다. 면 $A$에 대한 전기선속은 $\Phi_E = EA = \frac{qA}{4\pi\varepsilon_0 r^2}$ 이다. 한편, 면 $A'$에 대한 전기선속 $\Phi'_E$은

$$\Phi'_E = E'A' = \frac{q}{4\pi\varepsilon_0 R^2} \cdot \left(\frac{R}{r}\right)^2 A = \frac{qA}{4\pi\varepsilon_0 r^2} = \Phi_E \tag{1.13}$$

즉 같은 입체각에 대해서는 전하로부터 거리에 관계없이 전기선속이 일정하다.

다음으로 같은 입체각에 대해서 면의 방향이 전기장 방향과 평행이 아닌 경우를 생각해보자. 그림1.12(B)에서 면 $A'$은 전하 $q$로 부터 거리는 $A$와 같이 $r$이지만 전기장과 $\theta$의 각도를 이루고 있다. 마찬가지로 $A'$면에 대한 전기선속 $\Phi'_E$를 구해보자. $A'$ 면적을 전기장 방향으로 투영을 시킨 면적은 $A$이므로 $A = A'\cos\theta$임을 고려하면

$$\Phi'_E = \vec{E} \cdot \vec{A'} = \frac{q}{4\pi\varepsilon_0 r^2} A' \cos\theta = \frac{qA}{4\pi\varepsilon_0 r^2} = \Phi_E \tag{1.14}$$

즉, 같은 입체각에 대해서는 면의 방향에 관계없이 전기선속이 일정하다.

이를 종합해보면 같은 입체각에 대해서는 면의 방향과 중심으로부터의 거리에 관계없이 전기선속이 모두 같다.

그림1.13(A)와 같이 점전하를 기준으로 전체 공간을 $N$개의 입체각으로 나누어 어느 한 미소 입체각 $\Delta\Omega_i$에 대응되는 미소 면적소 $\Delta\vec{A}_i$에 대한 전기선속 $\Delta\Phi_i$를 생각하자. 이 면적소를 같은 입체각 $\Delta\Omega_i$ 내에서 전기장에 평행하고 중심으로부터 $r$만큼 떨어진 면적소 $\Delta\vec{A}'_i$로 변경하여도 전기선속 $\Delta\Phi_i$는 변하지 않는다. 그 결과, 그림1.13(C)와 같이 면적분은 반지름이 $r$인 구면에 대한 면적분과 같게 된다. 적분 결과는 식(1.12)와 같다. 따라서

$$\Phi_E = \oint \vec{E} \cdot d\vec{A} = \oint \vec{E} \cdot d\vec{A}' = \frac{q}{\varepsilon_0} \qquad (1.15)$$

즉, 임의의 모양의 가우스 면에 대해서도 가우스 법칙이 성립한다.

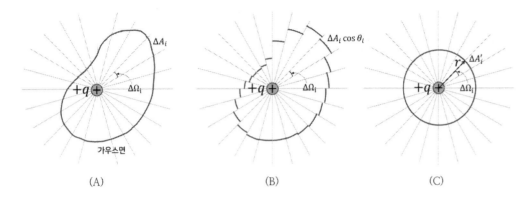

그림 1.13 가우스 법칙의 증명

마지막 세번째 단계로 가우스 면 안에 전하가 없는 경우를 생각해보자.

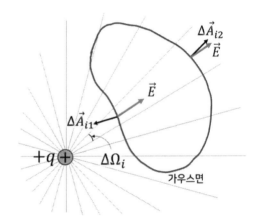

그림 1.14 가우스 법칙의 증명

위 그림에서 마찬가지로 점전하를 기준으로 전체 공간을 $N$개의 입체각으로 나누어 어느 한 미소 입체각 $\Delta\Omega_i$에 대응되는 전기선속을 구해보자. 이 경우 전기장이 안으로 들어가는 면적소 $\Delta\vec{A}_{i1}$과 밖으로 나가는 면적소 $\Delta\vec{A}_{i2}$에 대해 전기선속을 계산해야 한다. $\Delta\vec{A}_{i1}$의 방향은 전기장과 반대이고 $\Delta\vec{A}_{i2}$의 방향은 전기장과 방향이 같다. 또한 이들은 같은 입체각 내에 있으므로 이들 면적에 대한 전기선속 $\Delta\Phi_{i1}$ 및 $\Delta\Phi_{i2}$는 크기가 같고 부호가 반대이어서 정확히 상쇄된다. 이와 같이 모든 미소 입체각에 대한 전기선속이 0이므로 전체 전기선속은 0이다.

이와 같이 임의의 가우스 면 안에 한 개의 점전하가 있는 경우 및 전하가 없는 경우에 대해 가우스 법칙인 식(1.19)가 성립함을 보았다. 가우스 면 안에 또는 면 밖에 여러 개의 전하가 있는 경우에 대해서도 중첩의 원리를 적용하면 마찬가지로 식(1.19)가 성립함을 알 수 있다.

### 1.2.10. 가우스의 법칙의 응용

#### 1.2.10.1. 무한 직선 전하 분포

아래 그림과 같이 무한한 길이의 직선 도선이 균일한 선전하밀도 $\lambda$ ($\lambda > 0$)로 대전되어 있다. 전하 밀도의 대칭성으로 인해 전기장은 도선으로부터 바깥을 향하는 방향이다. 도선으로부터 거리 $r$ 인 지점에서의 전기장의 크기를 가우스 법칙을 이용하여 구해보자.

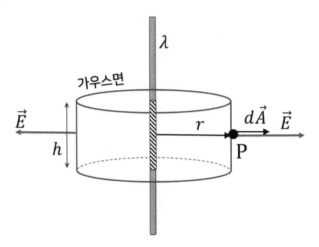

그림 1.15 원통 대칭성을 이용한 가우스 법칙의 적용

위 그림과 같이 반지름이 $r$ 이고 길이가 $h$ 인 원통형으로 가우스면을 설정하고 가우스 법칙 식(1.19)를 적용하자. 좌변의 전기선속의 적분은 다음과 같다.

$$\Phi_E = \oint \vec{E} \cdot d\vec{A} = \int_{\text{top}} \vec{E} \cdot d\vec{A} + \int_{\text{bottom}} \vec{E} \cdot d\vec{A} + \int_{\text{side}} \vec{E} \cdot d\vec{A} \quad (1.16)$$

윗면과 아랫면에서 면적벡터의 방향은 수직이므로 전기선속은 0이다. 옆면에서는 전기장 방향과 면적벡터 $d\vec{A}$ 방향이 같고 전기장은 상수이다. 따라서

$$\Phi_E = \int_{\text{side}} \vec{E} \cdot d\vec{A} = E \int_{\text{side}} dA = E \cdot 2\pi rh \quad (1.17)$$

가우스면 내부의 전체 전하 $q_{in}$ 은 $q_{in} = \lambda h$ 이다. 따라서 식(1.19)으로부터

$$E \cdot 2\pi rh = \frac{\lambda h}{\varepsilon_0} \quad (1.18)$$

이다. 따라서

$$E = \frac{\lambda}{2\pi \varepsilon_0 r} \quad (1.19)$$

이다. 이는 기본문제 1.3의 결과와 일치한다.

### 1.2.10.2. 구형 전하 분포

부피 전하 밀도가 $\rho$이고 양전하 $Q$로 균일하게 대전되어 있는 반지름이 $R$인 속이 꽉찬 부도체 구가 있다. 구형 대칭성에 의해 구 내부와 외부에서의 전기장의 방향은 중심으로부터 바깥을 향하는 방향인 $\hat{r}$이다. 구 내부의 전기장 및 구 외부의 전기장의 크기를 가우스 법칙을 이용하여 구해보자.

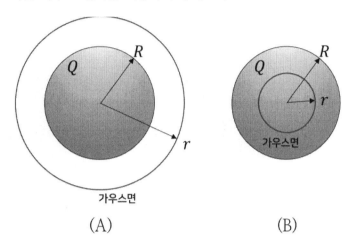

(A)  (B)

그림 1.16 구형 대칭성을 이용한 가우스 법칙의 적용

$r > R$인 경우 그림 1.16(A)와 같이 구 바깥에서 반지름이 $r$인 구형 가우스면을 설정한다. 가우스면 위에서 면방향과 전기장 방향은 일치하고 전기장은 균일하므로 가우스 법칙을 적용하면

$$(좌변) = \oint \vec{E} \cdot d\vec{A} = E \oint dA = E \cdot (4\pi r^2)$$

$$(우변) = \frac{q_{in}}{\varepsilon_0} = \frac{Q}{\varepsilon_0}$$

$$\rightarrow E \cdot (4\pi r^2) = \frac{Q}{\varepsilon_0},$$

$$\therefore E = \frac{Q}{4\pi \varepsilon_0 r^2} \quad (r > R) \tag{1.20}$$

$r < R$인 경우 위 그림 1.16(B)와 같이 구 내부에서 반지름이 $r$인 구형 가우스면을 설정한다. 마찬가지로 가우스면 위에서 면방향과 전기장 방향은 일치하고 전기장은 균일하므로 가우스 법칙을 적용하면

$$(좌변) = \oint \vec{E} \cdot d\vec{A} = E \oint dA = E \cdot (4\pi r^2)$$

$$(우변) = \frac{q_{in}}{\varepsilon_0} = \frac{1}{\varepsilon_0} \frac{\left(\frac{4}{3}\pi r^3\right)}{\left(\frac{4}{3}\pi R^3\right)} Q = \frac{r^3 Q}{\varepsilon_0 R^3}$$

$$\rightarrow E \cdot (4\pi r^2) = \frac{r^3 Q}{\varepsilon_0 R^3},$$

$$\therefore E = \frac{Q}{4\pi\varepsilon_0 R^3}r \quad (r < R) \tag{1.21}$$

### 1.2.10.3. 무한 전하 평면

표면 전하 밀도가 $\sigma$로 균일한 무한 평면 바깥에서의 전기장의 크기를 가우스 법칙을 이용하여 구해보자. 평면 대칭성에 의해 전기장의 방향은 평면에 수직한 방향이다.

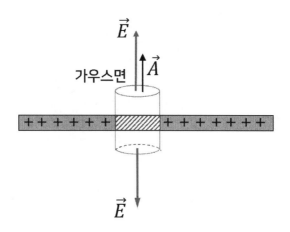

그림 1.17 평면 대칭성을 이용한 가우스 법칙의 적용

위 그림과 같이 단면적이 $A$인 원통형의 가우스면을 설정하고 가우스 법칙을 적용하자. 좌변의 전기선속의 적분은 다음과 같다.

$$(좌변) = \oint \vec{E} \cdot d\vec{A} = \int_{\text{top}} \vec{E} \cdot d\vec{A} + \int_{\text{bottom}} \vec{E} \cdot d\vec{A} + \int_{\text{side}} \vec{E} \cdot d\vec{A}$$

옆면에서는 면벡터 방향과 전기장 방향이 수직이므로 적분이 0이다. 윗면과 아랫면에서는 전기장은 상수이므로

$$(좌변) = \oint \vec{E} \cdot d\vec{A} = EA + EA + 0 = 2EA$$

가우스 면 안의 총 전하량은 $q_{\text{in}} = \sigma A$이므로

$$2EA = \frac{\sigma A}{\varepsilon_0}$$

$$\therefore E = \frac{\sigma}{2\varepsilon_0} \tag{1.22}$$

이는 기본문제 1.5의 결과와 일치한다.

## 1.3. 전위

### 1.3.1. 전위의 정의

원천전하 분포에 의해 공간상에 전기장 $\vec{E}$가 형성되어 있고 그 위에 전하 $q$를 띤 입자가 함께 존재하는 계를 생각하자. 입자는 전기장의 작용으로 인해 전기력을 받고 변위를 일으킨다. 전기력은 보존력이다. 전기력으로 인해 입자는 일을 받고 이는 운동에너지로

전환된다. 계는 고립계 이므로 입자가 받은 일은 계에 잠재되어 있던 퍼텐셜 에너지로부터 온 것이다. 이와 같이 전기력에 의한 퍼텐셜 에너지를 **전기 퍼텐셜 에너지 (electric potential energy)** $U_E$라 한다.

입자는 $q\vec{E}$ 의 전기력을 받고 전기력이 해준 일만큼 전기 퍼텐셜 에너지가 감소한다. 따라서 물체가 $\vec{r}_1$에서 $\vec{r}_2$로 변위를 일으킨 경우 다음과 같은 관계식을 얻을 수 있다.

$$\Delta U_E = -q \int_{\vec{r}_1}^{\vec{r}_2} \vec{E} \cdot d\vec{r} \qquad (1.23)$$

전기력은 보존력이므로 입자가 받은 일은 변위의 경로에 무관하고 처음 위치와 나중 위치 $\vec{r}_1, \vec{r}_2$에 의해서 결정된다. 따라서 어떤 기준 위치 $\vec{r}_0$에서 $U_E = 0$ 으로 설정하면 모든 공간의 위치 $\vec{r}$마다 전기 퍼텐셜 에너지 값을 다음과 같이 정의할 수 있다.

$$U_E = -q \int_{\vec{r}_0}^{\vec{r}} \vec{E} \cdot d\vec{r} \qquad (1.24)$$

식(1.23), (1.24) 에서 입자의 전하량 $q$의 부호에 따라 전기 퍼텐셜 에너지의 부호가 달라짐에 주의해야 한다. 전기장이 전기력을 시험 전하의 전하량으로 나누어 오로지 원천전하에 의한 원인 부분으로 정의되었던 것과 같이 **전위 (electric potential,** SI 단위: V = J/C, 볼트**)** $V$은 전기 퍼텐셜 에너지를 시험 전하의 전하량으로 나눈 것으로 정의된다

$$V = \frac{U_E}{q} = -\int_{\vec{r}_0}^{\vec{r}} \vec{E} \cdot d\vec{r} \quad \text{(전위의 정의)} \qquad (1.25)$$

즉, 전위는 공간상의 전기 퍼텐셜 에너지 분포에서 원전 전하에 의한 부분만을 나타낸 것이다. 또는 단위 전하가 가지는 전기 퍼텐셜 에너지로도 해석할 수 있다. 식(1.25)의 양변의 단위를 비교하면 전기장의 SI단위는 N/C 와 함께 V/m 로 쓸 수 있다. 식(1.25) 으로부터 전기장 방향으로 진행할수록 전위는 작아지고 전기장의 반대 방향으로 진행할수록 전위가 증가함을 알 수 있다. 전기장과 수직으로 진행하는 경우 $\vec{E} \cdot d\vec{r} = 0$ 이므로 전위는 일정하다. 이와 같이 공간상에서 전기장과 수직한 면 위에서는 전위가 일정한데 이를 **등전위면(equipotential surface)** 이라고 한다.

위치 $\vec{r}_1$에 대한 $\vec{r}_2$의 **전위차 (electric potential difference)** $\Delta V$는 마찬가지로 전기 퍼텐셜 에너지 차(식(1.23))를 시험 전하의 전하량 $q$로 나눈 값이다.:

$$\Delta V = \frac{\Delta U_E}{q} = -\int_{\vec{r}_1}^{\vec{r}_2} \vec{E} \cdot d\vec{r} \qquad (1.26)$$

식(1.25)으로부터 공간상에 전위 $V$가 주어지고 그 위에 시험 전하 $q$가 놓였을 때 시험 전하의 전기 퍼텐셜 에너지 $U_E$는 다음과 같다.

$$U_E = qV \qquad (1.27)$$

전하를 기준점에서 변위를 발생시키려면 퍼텐셜 에너지만큼 에너지가 공급되어야 하므로

$qV$ 는 기준점에서 전위가 $V$ 인 위치까지 전하 $q$ 를 이동시키는데 공급해 주어야 할 일을 의미한다. 또는 역으로 위치 $\vec{r}$ 에서 기준점까지 물체를 이동시키는데 전기력이 해준 일에 해당한다. 마찬가지로 식(1.26)로부터 전위차가 $\Delta V$ 인 두 지점 사이의 전기 퍼텐셜 에너지 차이 $\Delta U_E$ 는

$$\Delta U_E = q\Delta V \qquad (1.28)$$

이다. 이는 전하 $q$ 를 평형상태에서 전위차가 $\Delta V$ 인 위치까지 변위를 발생시키는데 해주어야 할 일을 나타낸다. 또한 전하 $q$ 가 전위차 $\Delta V$ 인 나중위치에서 처음위치까지 이동하는데 전기력이 해준 일에 해당한다. 만일 입자가 가속되었다면 $q\Delta V > 0$ 이다.

핵물리학이나 소립자 물리학 에서는 전자나 원자핵이 가지는 전기 퍼텐셜 에너지를 다루게 된다. 전자 혹은 양성자 한 개가 1V의 전위차에서 가속운동을 할 때 받는 에너지의 크기를 1eV(전자볼트) 라 하며 그 값은 다음과 같다

$$1eV = e\Delta V = (1.6 \times 10^{-19}\text{C}) \cdot (1\text{V}) = 1.6 \times 10^{-19}\text{J} \qquad (1.29)$$

### 1.3.2. 전위와 전기장과의 관계

식(1.25)의 전위의 정의식으로부터 미소한 전위의 변화량 $dV$ 는 다음과 같다.

$$dV = -\vec{E} \cdot d\vec{r} \qquad (1.30)$$

전기장이 1차원 $x$축 성분이라면

$$dV = -E_x dx \quad \text{(1차원 전기장)} \qquad (1.31)$$

이므로, 양면에 $-dx$를 나누고 정리하면

$$E_x = -\frac{dV}{dx} \quad \text{(1차원 전기장)} \qquad (1.32)$$

이다. 즉 전기장은 전위 함수를 위치로 미분하고 (-)를 붙인 관계에 있다. 3차원 전기장 이라면 전기장과 전위의 관계는 다음과 같이 gradient로 표현된다.

$$\vec{E} = -\nabla V \quad \text{(3차원 전기장)} \qquad (1.33)$$

전기장과 전위의 관계식으로부터 전기장의 방향은 전위가 가장 크게 감소하는 방향임을 다시 확인할 수 있다. 즉, 공간상에서 전기장의 방향으로 진행하면 전위가 줄어들고 전위의 반대방향으로 진행하면 전위가 증가한다.

### 1.3.3. 균일한 전기장에서의 전위차

균일한 전기장 $\vec{E}$ 가 존재하는 영역에서 전기장 방향으로의 변위의 크기가 $d$ 일 때 전위차는 다음과 같다.

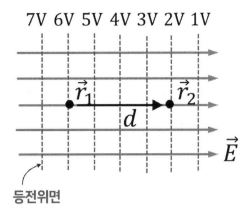

7V 6V 5V 4V 3V 2V 1V

등전위면

그림 1.18. 균일한 전기장에서의 전위차

$$\Delta V = -\int_{\vec{r}_1}^{\vec{r}_2} \vec{E} \cdot d\vec{r} = -E\int_{\vec{r}_1}^{\vec{r}_2} dr = -Ed \tag{1.34}$$

또한 전하 $q$가 $\vec{r}_1$에서 $\vec{r}_2$로 이동하였을 때 전기 퍼텐셜 에너지 변화는 다음과 같다.

$$\Delta U_E = q\Delta V = -qEd \tag{1.35}$$

## 기본문제 1.7

    그림과 같이 평행 대전판 사이에 균일한 전기장 $\vec{E}$ 가 $+x$방향으로 형성이 되어 있다. 질량이 $m_e$이고 전하량이 $-e$ 인 전자가 축전기 내에서 정지상태에서 놓여져 평행 대전판 사이의 거리 $d$을 이동하며 평행대전판을 빠져나간다. 전자가 평행 대전판을 빠져나갈 때의 속력 $v$를 구하시오.

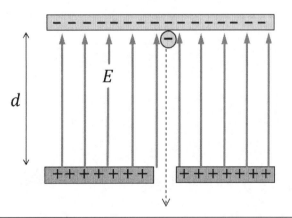

### 풀 이

역학적 에너지 보존에 의해

$$\Delta K + \Delta U = 0$$

이다. $\Delta K$는

$$\Delta K = \frac{1}{2} m_e v^2$$

이고 $\Delta U$는

$$\Delta U = -e\Delta V = -e(Ed) = -eEd$$

이다. 따라서

$$\frac{1}{2} m_e v^2 - eEd = 0$$

$$\therefore v = \sqrt{\frac{2eEd}{m_e}}$$

### 1.3.4. 점전하에 의한 전위

점전하 $q$에 의한 전위를 식(1.25)로부터 구해보자. 기준점 $r_0$는 전기장의 영향으로부터 완전히 벗어나는 위치인 $r_0 = \infty$으로 하고, 이때 $V = 0$ 으로 설정한다. 따라서 $\vec{r}$ 에서의 전위 $V(r)$은 다음과 같다.

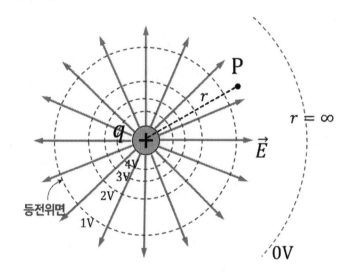

그림 1.19. 점전하에 의한 전위

$$V(r) = -\int_{\vec{r}_0}^{\vec{r}} \vec{E} \cdot d\vec{r} = -\int_{\infty}^{\vec{r}} \frac{q\hat{r}}{4\pi\varepsilon_0 r^2} \cdot dr\,\hat{r} = -\frac{q}{4\pi\varepsilon_0} \int_{\infty}^{r} \frac{dr}{r^2} = \frac{q}{4\pi\varepsilon_0} \left[\frac{1}{r}\right]_{\infty}^{r}$$

$$\therefore V(r) = \frac{q}{4\pi\varepsilon_0 r} \tag{1.36}$$

여러 개의 전하에 의한 점 P에서의 전위는 각 전하에 의한 전위의 합과 같다.

$$\therefore V = \sum_i \frac{q_i}{4\pi\varepsilon_0 r_i} \tag{1.37}$$

전하 $q_1, q_2$가 서로 $r_{12}$만큼 떨어져 있는 계의 퍼텐셜 에너지 $U_E$를 구해보자. 이는 전하 $q_1$ 에 의해 전위 $V_1$ 가 있는 공간에서 전하 $q_2$를 무한대에서부터 $r_{12}$ 만큼 가져오는 데

가해주어야 에너지와 같으므로

$$U_E = q_2 V_1 = q_1 \cdot \frac{q_1}{4\pi\varepsilon_0 r_{12}} = \frac{q_1 q_2}{4\pi\varepsilon_0 r_{12}} \tag{1.38}$$

이다.

전하 $q_1, q_2, q_3$ 사이의 거리가 $r_{12}, r_{23}, r_{31}$ 인 계의 전체 퍼텐셜 에너지 $U_E$ 는 아무 것도 없는 빈 공간에서 그와 같은 전하들의 배치를 구성하는데 가해주어야 할 에너지와 같다. 먼저 $q_1, q_2$ 를 배열시키는데 $\frac{q_1 q_2}{4\pi\varepsilon_0 r_{12}}$ 의 에너지가 필요하다. 전하 $q_1, q_2$ 에 의한 $q_3$ 위치에서의 전위 $V_{12}$ 는 $V_{12} = \frac{q_1}{4\pi\varepsilon_0 r_{31}} + \frac{q_2}{4\pi\varepsilon_0 r_{23}}$ 이다. 따라서 전하 $q_3$ 를 배치시키는데 $q_3 V_{12}$ 의 에너지가 더 필요하므로 전체 전기 퍼텐셜 에너지는 다음과 같다.

$$U_E = \frac{1}{4\pi\varepsilon_0} \left( \frac{q_1 q_2}{r_{12}} + \frac{q_2 q_3}{r_{23}} + \frac{q_3 q_1}{r_{31}} \right) \tag{1.39}$$

위의 결과를 일반화하면 전하 $q_1, q_2, \cdots q_N$ 에 의한 전체 퍼텐셜 에너지 $U_E$ 는 다음과 같이 기술된다.

$$U_E = \sum_{i<j} \frac{q_i q_j}{4\pi\varepsilon_0 r_{ij}} \tag{1.40}$$

### 1.3.5. 연속적인 전하 분포에 의한 전위

전하가 연속분포를 이루는 경우에 그러한 원천 전하가 형성하는 전위는 적분을 이용하여 계산한다.

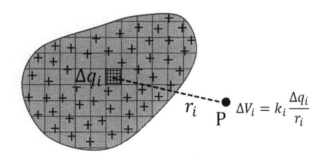

그림 1.20. 연속적인 전하 분포에 의한 전위

위 그림과 같이 연속분포를 이루는 전하를 $N$ 등분한 후, 각 미소전하를 $\Delta q_i$ 라 하자. $\Delta q_i$ 가 공간상의 점 P에 만드는 미소전위 $\Delta V_i$ 는

$$\Delta V_i = k_e \frac{\Delta q_i}{r_i} \tag{1.41}$$

이들 미소 전위들을 미소 전하들에 대해 전부 더한 뒤에 $N \rightarrow \infty$ 의 극한을 취하면 전체 전위 $V$ 는 다음과 같은 적분 형태로 기술된다.

$$V = \int dV_i = k_e \int \frac{dq}{r} = \frac{1}{4\pi\varepsilon_0} \int \frac{dq}{r} \tag{1.42}$$

그림과 같이 전하량 $+q, -q$ 을 가지는 두 전하가 $x$축 상에 $2a$만큼 떨어져 존재한다. (a) 점 $P(0, y)$ 및 점 $Q(x, 0)$에서의 전위를 구하시오. (b) 점 Q에서의 전기장을 전위로부터 구하시오. (c) $x \gg a$ 일 때 점 Q에서 전위의 근사값을 구하시오. (단, 진공의 유전율은 $\varepsilon_0$이다.)

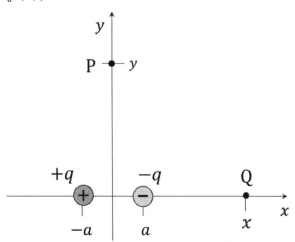

**풀 이**

(a) 점P에서 전하 $+q, -q$ 에 의한 전체 전위 $V_P$는

$$V_P = \frac{(+q)}{4\pi\varepsilon_0 r} + \frac{(-q)}{4\pi\varepsilon_0 r} = 0$$

이다. 점Q에서 전하 $+q, -q$에 의한 전체 전위 $V_Q$는

$$V_Q = \frac{(+q)}{4\pi\varepsilon_0 (x+a)} + \frac{(-q)}{4\pi\varepsilon_0 (x-a)}$$
$$= -\frac{aq}{2\pi\varepsilon_0 (x^2 - a^2)}$$
$$= -\frac{p}{4\pi\varepsilon_0 (x^2 - a^2)} \quad \cdots (1)$$

(b) 점 Q에서 전기장 $E_x$는

$$E_x = -\frac{dV}{dx} = -\frac{xp}{2\pi\varepsilon_0 (x^2 - a^2)^2}$$

이는 기본문제 1.2의 결과와 동일하다.

(c) $x \gg a$일 때 점Q에서의 전위 식(1)은 다음 근사값을 가진다.

$$V_Q \approx -\frac{p}{4\pi\varepsilon_0 (x^2 - 0)} = -\frac{p}{4\pi\varepsilon_0 x^2}$$

그림과 같이 양전하 $Q$가 반지름이 $a$인 고리에 균일하게 분포하고 있다. (a) 고리의 중심으로부터 고리 면에 수직인 중심축 방향으로 $x$ 만큼 떨어져 있는 점 P에서 고리에 의한 전위를 구하시오. (b) 점 P에서의 전기장을 전위식으로부터 구하시오. (단, 진공의 유전율은 $\varepsilon_0$이다.)

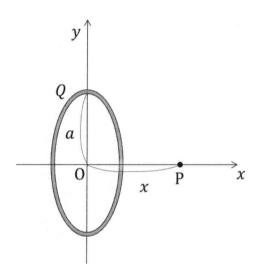

**풀 이**

(a) 아래 그림과 같이 고리 위의 미소 전하 $dq$가 만드는 점 P에서의 미소 전위 $dV$는 다음과 같다.

$$dV = \frac{dq}{4\pi\varepsilon_0 r}$$

적분소 $dq$가 고리 위에서 이동하여도 $x, r$ 은 변하지 않는 상수이므로 전체 전위는

$$V = \int dV = \frac{1}{4\pi\varepsilon_0 r} \int dq = \frac{Q}{4\pi\varepsilon_0 r}$$
$$= \frac{Q}{4\pi\varepsilon_0 (x^2 + a^2)^{1/2}}$$

즉, 점 P에서의 전위는 $r$만큼 떨어진 전하 $Q$가 만드는 전위와 동일하다. 고리 위의 모든 점은 점 P로부터 동일 거리 $r$만큼 떨어져 있고 전위는 스칼라이기 때문이다.

(b) 전위로부터 전기장을 구해보면

$$E_x = -\frac{dV}{dx} = \frac{Qx}{4\pi\varepsilon_0 (x^2 + a^2)^{3/2}}$$

이다. 이는 기본문제 1.4의 결과와 동일하다.

## 기본문제 1.10

(a) 그림과 같이 균일한 표면 전하 밀도 $\sigma$를 가지고 반지름이 $R$인 원판의 중심으로부터 원판의 수직 방향으로 $x$만큼 떨어진 점 P에서의 전기장을 구하시오. (b) 점 P에서의 전기장을 전위식으로부터 구하시오. (단, 진공의 유전율은 $\varepsilon_0$이다.)

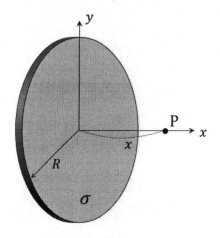

#### 풀 이

(a) 아래 그림과 같이 원판을 두께가 $dr$인 고리모양들로 나눈 후, 반지름이 $r$인 고리가 점 P에 만드는 미소 전위 $dV$를 구해보자.

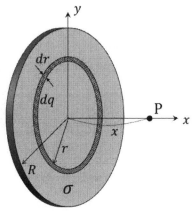

빗금친 고리 부분의 미소 넓이 $dA$는

$$dA = 2\pi r dr$$

이므로 빗금 친 고리 부분의 미소 전하량 $dq$는

$$dq = \sigma dA = 2\pi \sigma r dr$$

이다. 따라서 빗금친 고리 부분이 점P에 만드는 미소 전위 $dV$는 기본문제 1.9의
결과를 이용하면 다음과 같다.

$$dV = \frac{dq}{4\pi\varepsilon_0(r^2 + x^2)^{1/2}} = \frac{\sigma r dr}{2\varepsilon_0(r^2 + x^2)^{1/2}}$$

따라서 전체 전위 $dV$는

$$V = \int dV = \frac{\sigma}{2\varepsilon_0} \int_0^R \frac{r dr}{(r^2 + x^2)^{1/2}}$$
$$= \frac{\sigma}{2\varepsilon_0} \left[(r^2 + x^2)^{1/2}\right]_0^R$$
$$= \frac{\sigma}{2\varepsilon_0} \left(\sqrt{R^2 + x^2} - x\right)$$

(b) 전위로부터 전기장을 구해보면

$$E_x = -\frac{dV}{dx} = \frac{\sigma}{2\varepsilon_0} \left(1 - \frac{x}{\sqrt{x^2 + R^2}}\right)$$

이는 기본문제 1.5의 결과와 일치한다.

## 1.3.6. 정전기적 평형 상태의 도체

도체 내부에는 원자핵에 구속되지 않고 외부의 전기장이 가해지면 전기력에 의해 즉시로
이동할 수 있는 자유전자들이 무수히 많다. **정전기적 평형 상태(electrostatic equilibrium)**의
도체란 이와 같이 도체 내의 모든 전자들이 이동을 마치고 더 이상 움직임이 없는
평형상태에 도달한 것을 말한다. 정전기적 평형 상태에 있는 도체는 다음과 같은 성질을
가진다.

1. 도체 내부에는 전기장은 항상 0이다.

도체 내부에는 자유전자가 무수히 많이 있기 때문에 만일 전기장이 0이 아니라면

자유전자가 전기력을 받아 이동하기 때문에 더 이상 정전기적 평형 상태가 아니다. 즉, 정전기적 평형상태라면 반드시 도체 내부의 전기장이 0임이 보장된다

2. 전하는 도체 표면에만 분포한다.

즉, 도체 내부는 항상 전기적으로 중성이다. 만일 도체 내부의 어떤 위치에 전하가 존재한다면 그 전하를 둘러싸는 가우스면을 설정하자. 그러면 가우스 법칙에 의해 그러한 가우스 면에 대한 전기선속은 0이 아니고 이는 가우스면 위에서 $\vec{E} \neq 0$ 임을 의미한다. 이는 도체의 첫번째 성질에 위배된다.

3. 도체 표면 바로 바깥의 전기장은 도체 면에 수직이며 전기장의 크기는 다음과 같다.

$$E = \frac{\sigma}{\varepsilon_0} \tag{1.43}$$

만일, 도체 면에 평행한 전기장 성분이 존재한다고 하자. 그러면 도체 표면에 있는 자유전하는 그러한 전기장에 의해 전기력을 받아 도체 표면을 따라 이동할 것이다. 이는 더 이상 정전기적 평형상태가 아니다. 도체 면에 수직한 전기장 성분에 대해서는 전자가 수직 방향의 전기력을 받아도 원자핵의 구속력과 상쇄되기 때문에 정전기적 평형상태를 유지할 수 있다. 도체 표면 자체가 전기장에 수직이기 때문에 도체표면은 등퍼텐셜면을 이루게 된다.

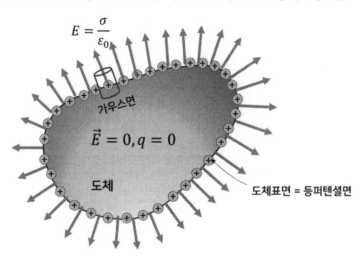

그림 1.21. 정전기적 평형상태에서 도체의 성질

도체에서의 전하 및 전기장 분포를 그림으로 나타내면 위와 같다. 도체 표면에서 그림과 같이 단면적이 $A$인 원통모양의 가우스면을 설정하고 가우스 법칙을 적용하자. 도체 내부는 전기장이 0이므로

$$(좌변) = \oint \vec{E} \cdot d\vec{A} = \int_{\text{top}} \vec{E} \cdot d\vec{A} + \int_{\text{bottom}} \vec{E} \cdot d\vec{A} + \int_{\text{side}} \vec{E} \cdot d\vec{A} = EA + 0 + 0$$

$$(우변) = \frac{q_{in}}{\varepsilon_0} = \frac{A\sigma}{\varepsilon_0}$$

이다. 따라서 $EA = A\sigma/\varepsilon_0$ 이므로 정리하면 도체 표면에서의 전기장은 다음과 같다.

$$E = \frac{\sigma}{\varepsilon_0}$$

4. 도체 표면의 전하 밀도는 면의 곡률반경이 작을수록 (뾰족할수록) 크다.

아래 그림과 같이 반지름이 각각 $R, r\,(R > r)$ 인 두 개의 도체 구가 얇은 도체막대로 연결된 하나의 도체를 생각하자. 두개의 구는 매우 멀리 떨어져 있음을 가정하자. 두 개의 구 표면은 등퍼텐셜 면을 이루어야 하므로 전위가 같다.

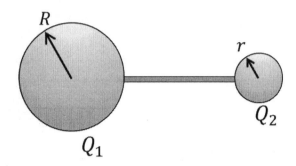

그림 1.22. 정전기적 평형상태에서 도체의 성질

따라서 각 구에 대전된 전하량을 $Q_1, Q_2$ 라 하면
$$\frac{Q_1}{4\pi\varepsilon_0 R} = \frac{Q_2}{4\pi\varepsilon_0 r}$$
이 성립한다. 따라서
$$\frac{Q_2}{Q_1} = \frac{r}{R} < 1$$
이다. 이제 표면 전하밀도의 비율을 구해보면
$$\frac{\sigma_2}{\sigma_1} = \frac{Q_2/4\pi r^2}{Q_1/4\pi R^2} = \left(\frac{Q_2}{Q_1}\right)\left(\frac{R}{r}\right)^2 = \frac{R}{r} > 1$$

즉, 곡률반경이 작은 구에서 표면 전하 밀도가 더 크다. $E = \sigma/\varepsilon_0$ 이므로 곡률반경이 작은 구에서 전기장도 더 크다.

## 기본문제 1.11

(a) 그림과 같이 안쪽 반경이 $b$이고 바깥쪽 반경이 $c$인 도체 구껍질에 양전하 $Q$가 대전되어 있다. 구껍질의 중심에는 반지름이 $a$이고 양전하 $Q$가 균일하게 대전되어 있는 부도체 구가 위치하여 있다. (a) 정전기적 평형 상태에서 도체 구껍질의 전하 분포에 대해 설명하시오. (b) 구의 중심으로부터 거리 $r$에 따른 전기장의 크기를 구하시오. (c) 구의 중심으로부터 거리 $r$에 따른 전위를 구하시오. (단, 무한대에서 전위를 0으로 한다. 진공의 유전율은 $\varepsilon_0$이다.)

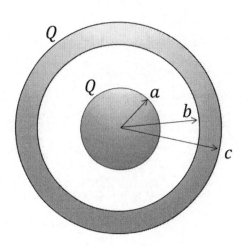

풀 이

(a) $b < r < c$ 일때 도체 내부이므로 $E = 0$이다. 구껍질의 안쪽 전하량을 $q_1$이라 하자.

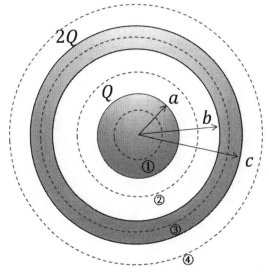

위 그림에서 ③번 점선 모양의 구형 가우스면을 설정하고 가우스 법칙을 적용하면

$$4\pi r^2 \cdot E = \frac{Q + q_1}{\varepsilon_0}$$

이다. 좌변=0 이므로 $q_1 = -Q$ 이다. 구껍질의 바깥쪽 전하량을 $q_2$라 하면 $q_1 + q_2 = Q$이므로 $q_2 = 2Q$이다.

(b) (1) $r < a$일 때, 위 그림에서 ①번 점선모양의 구형 가우스면을 잡고 가우스 법칙을
적용하면

$$E \cdot 4\pi r^2 = \frac{1}{\varepsilon_0} \frac{\left(\frac{4}{3}\pi r^3\right)}{\left(\frac{4}{3}\pi a^3\right)} Q = \frac{r^3 Q}{\varepsilon_0 a^3}$$

$$\therefore E = \frac{Q}{4\pi\varepsilon_0 a^3} r \quad (r \leq a)$$

(2) $a \leq r < b$ 일때, 위 그림에서 ②번 점선 모양의 구형 가우스면을 잡고 가우스

법칙을 적용하면

$$4\pi r^2 \cdot E = \frac{Q}{\varepsilon_0}$$

이다. 정리하면

$$E = \frac{Q}{4\pi\varepsilon_0 r^2} \quad (a \leq r < b)$$

(3) $b \leq r < c$ 일때, 도체 내부이므로 $E = 0$이다

(4) $c \leq r$ 일때, 위 그림에서 ④번 점선 모양의 구형 가우스면을 잡고 가우스 법칙을 적용하면

$$4\pi r^2 \cdot E = \frac{2Q}{\varepsilon_0}$$

이다. 정리하면

$$E = \frac{2Q}{4\pi\varepsilon_0 r^2} \quad (c \leq r)$$

(b) 전기장과 전위와의 관계식을 이용하여 각 영역에서 전위를 구해보자

$$V(r) = V(r_0) - \int_{r_0}^{r} \vec{E} \cdot d\vec{r} \quad \cdots (1)$$

(1) $c \leq r$일 때, $E = \frac{2Q}{4\pi\varepsilon_0 r^2}$ 이므로 (1)식으로부터

$$V(r) = -\int_{\infty}^{r} \frac{2Q}{4\pi\varepsilon_0 r^2} dr$$
$$= \frac{Q}{2\pi\varepsilon_0 r} \quad (c \leq r)$$

(2) $b \leq r < c$일 때 $E = 0$ 이므로 $V = $ (상수) 이다. 따라서

$$V(r) = V(c) = \frac{Q}{2\pi\varepsilon_0 c} \quad (b \leq r < c)$$

(3) $a \leq r < b$ 일 때 $E = \frac{Q}{4\pi\varepsilon_0 r^2}$ 이므로

$$V(r) = V(b) - \int_{b}^{r} \frac{Q}{4\pi\varepsilon_0 r^2} dr$$
$$= \frac{Q}{4\pi\varepsilon_0 r} - \frac{Q}{4\pi\varepsilon_0 b} + \frac{Q}{2\pi\varepsilon_0 c} \quad (b \leq r < c)$$

(4) $r < a$ 일 때 $E = \frac{Q}{4\pi\varepsilon_0 a^3} r$ 이므로

$$V(r) = V(a) - \int_{b}^{r} \frac{Q}{4\pi\varepsilon_0 a^3} r dr$$
$$= -\frac{Q}{8\pi\varepsilon_0 a^3} r^2 + \frac{3Q}{8\pi\varepsilon_0 a} - \frac{Q}{4\pi\varepsilon_0 b} + \frac{Q}{2\pi\varepsilon_0 c} \quad (r < a)$$

## 1.4. 전기용량

### 1.4.1. 전기용량의 정의

이번 절에서는 전기회로의 주요 소자로 활용되는 축전기에 대해서 공부해본다. **축전기(capaictor)**는 전하 또는 전기에너지를 저장할 수 있는 장치이다. 전하를 모으는

과정을 **충전(charge)**이라고 하고 전하를 비우는 과정을 **방전(discharge)**이라고 한다. 축전기는 두 도체 극판으로 구성되어 있고 극판 사이에 유전물질을 넣을 수 있다. 양 극판에 전위차를 걸어주면 양 극판에는 각각 크기가 같고 부호가 다른 전하 $+Q, -Q$가 저장되고 두 극판 사이에는 전기장이 형성된다. 도체 표면은 등전위면이므로 두 도체 표면 사이의 전위차는 $\Delta V$로 일정하다.

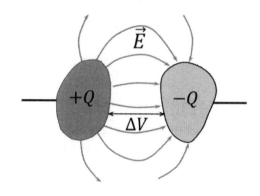

그림 1.23. 축전기의 구조

축전기에 저장되는 전하량 $Q$는 축전기에 가해주는 전위차 $\Delta V$에 비례한다. 축전기의 **전기용량(capacitance,** SI단위: F = C/V, 패럿**)** $C$는 축전기에 저장된 전하량의 크기와 두 도체 사이의 전위차의 크기의 비율로 정의된다.

$$C \equiv \frac{Q}{\Delta V} \tag{1.44}$$

축전기의 전기용량은 축전기의 성능을 나타내는 물리량으로 해석된다. 축전기의 전기용량을 결정짓는 요소는 축전기의 기하학적 모양 및 양 극판 사이의 물질의 전기적 특성이다. 일반적으로 축전기의 크기가 클수록 전기용량이 커진다. 또한 양 극판 사이의 물질에서 유전 현상이 크게 발생할수록 비례하여 커지므로 전기용량의 식은 유전율 상수가 항상 분자에 곱해지게 된다.

## 1.4.2. 전기용량의 계산

### 1.4.2.1. 한 개의 구형 도체

극판이 한 개 밖에 없는 특별한 경우에 대해서 전기용량을 계산해 보자. 다음 그림과 같이 반지름이 $R$인 구형 도체 극판에 전하량 $Q$가 저장되어 있다고 가정하자. 무한대 위치를 기준으로 하는 전위차 $\Delta V$는

$$\Delta V = \frac{Q}{4\pi\varepsilon_0 R} \tag{1.45}$$

이므로 전기용량 $C$는

$$C = \frac{Q}{\Delta V} = 4\pi\varepsilon_0 R \qquad (1.46)$$

이다. 결과적으로, 축전기의 전기용량은 극판의 크기인 반지름 $R$ 에 비례하고 유전율이 분자에 곱해진 형태이다.

### 1.4.2.2. 평행판 축전기

평행판 축전기는 가장 대표적인 축전기라 할 수 있다. 그림과 같이 단면적이 $A$ 인 평면으로 구성된 양 극판 사이의 간격이 $d$ 인 평행판 축전기에 전하량 $Q$ 가 저장되어 있다고 하자.

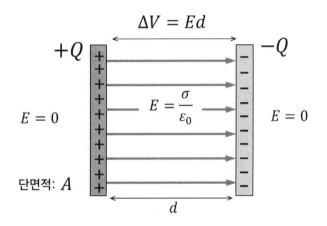

그림 1.24. 평행판 축전기

극판의 크기가 무한대인 경우에만 평면 극판 주변의 전기장은 균일하다. 그러나 유한한 크기의 평면이라 하더라도 평행판 축전기 내부에는 근사적으로 균일한 전기장이 형성된다. 문제를 단순화하기 위해 우리는 그러한 균일한 전기장을 가정한다. 다만 축전기의 가장자리 부근에서는 불균일한 전기장이 형성되는 '가장자리 효과'가 현실적으로 존재함을 유의하자. 균일한 면 전하 밀도 $\sigma$ 를 가지는 평면 극판 주변의 전기장의 크기는 $\sigma/2\varepsilon_0$ 이고 극판이 두 개이므로 평행판 축전기 사이의 전기장의 크기는

$$E = \frac{\sigma}{\varepsilon_0} \quad \text{(평행판 축전기 내부의 전기장)} \qquad (1.47)$$

이다. 축전기 바깥쪽 영역에서는 양 극판에 의한 전기장이 서로 상쇄되어 전기장이 0이 된다.

전기장은 균일하므로 양 극판 사이의 전위차 $\Delta V$ 는

$$\Delta V = Ed = \frac{\sigma d}{\varepsilon_0} = \frac{Qd}{\varepsilon_0 A} \qquad (1.48)$$

이다. 따라서 전기용량 $C$는 다음과 같다.

$$C = \frac{Q}{\Delta V} = Q \cdot \frac{\varepsilon_0 A}{Qd}$$

$$\therefore C = \frac{\varepsilon_0 A}{d} \quad \text{(평행판 축전기의 전기용량)} \tag{1.49}$$

즉, 평행판 축전기의 전기용량은 극판의 면적에 비례하고 극판 사이의 간격에 반비례한다.

### 1.4.2.3. 원통형 축전기

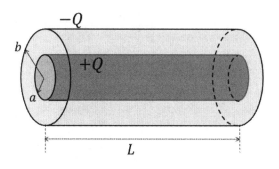

그림 1.25. 원통형 축전기

그림1.25와 같이 반지름이 $a$이고 길이가 $L$인 원통형 도체와 안쪽 반경이 $b$인 원통형 도체 껍질로 구성된 원통형 축전기에 전하량 $Q$가 저장되어 있다고 하자. 길이 $L$은 매우 길다고 가정한다. 양 극판 사이의 전기장을 가우스 법칙을 이용하여 구해보자. 반지름이 $a < r < b$이고 길이가 $L$인 원통형 가우스 면을 설정하고 가우스 법칙을 적용하자. 전기선속 계산에서 원통 윗면 및 아랫면에서는 전기장과 면벡터의 방향이 서로 수직이므로 적분값이 0이다. 옆면에 대해서는 전기장이 균일하므로

$$E \cdot 2\pi r L = \frac{Q}{\varepsilon_0}$$
$$\therefore E = \frac{Q}{2\pi\varepsilon_0 r L}$$

이다. 양 극판 사이의 전위차의 크기 $\Delta V$는

$$\Delta V = \int \vec{E} \cdot d\vec{r} = \int_a^b \frac{Q}{2\pi\varepsilon_0 r L} dr = \frac{Q}{2\pi\varepsilon_0 L} \int_a^b \frac{dr}{r} = \frac{Q}{2\pi\varepsilon_0 L} \ln\left(\frac{b}{a}\right)$$

이다. 따라서 전기용량 $C$는 다음과 같다.

$$\therefore C = \frac{2\pi\varepsilon_0 L}{\ln(b/a)} \quad \text{(원통형 축전기의 전기용량)} \tag{1.50}$$

### 1.4.2.4. 구형 축전기

그림1.26과 같이 반지름이 $b$인 구형 도체 껍질과 내부에 반지름이 $a$인 도체 구로 구성된 구형 축전기에 전하량 $Q$가 저장되어 있다고 하자.

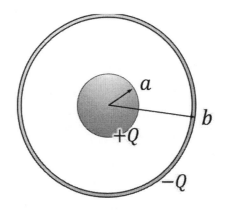

그림 1.26. 구형 축전기

양 극판 사이의 전기장을 구하기 위해 반지름이 $a < r < b$인 구형 가우스면을 잡고 가우스 법칙을 적용하면

$$E \cdot 4\pi r^2 = \frac{Q}{\varepsilon_0}$$
$$\therefore E = \frac{Q}{4\pi\varepsilon_0 r^2}$$

이다. 양 극판 사이의 전위차의 크기 $\Delta V$는

$$\Delta V = \int \vec{E} \cdot d\vec{r} = \int_a^b \frac{Q}{4\pi\varepsilon_0 r^2} dr = \frac{Q}{4\pi\varepsilon_0} \int_a^b \frac{dr}{r^2} = \frac{Q}{4\pi\varepsilon_0} \cdot \left(\frac{b-a}{ab}\right)$$

따라서 구형 축전기의 전기용량 $C$는 다음과 같다.

$$\therefore C = 4\pi\varepsilon_0 \left(\frac{ab}{b-a}\right) \quad \text{(구형 축전기의 전기용량)} \tag{1.51}$$

## 1.4.3. 축전기의 연결

### 1.4.3.1. 병렬 연결

회로 내에서 여러 개의 축전기를 다양한 방법으로 연결할 수 있다. 먼저 두 개의 축전기를 병렬로 연결했을 때 전기용량의 변화에 대해서 살펴보자. 회로에서 축전기의 기호는 양 극판을 형 상화 하여 ─┤├─ 와 같이 나타낸다. 다음 그림과 같이 전기용량이 각각 $C_1, C_2$ 인 축전기를 도선을 달리하여 병렬로 연결한 경우에 각 축전기에 저장된 전하량을 $Q_1, Q_2$라 하고, 전체 등가 전기용량을 $C_{\text{eq}}$라 하자

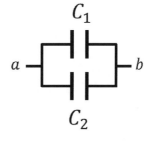

그림 1.27. 축전기의 병렬연결

각 축전기의 전위차는 ab양단의 전위차로서 $\Delta V$ 서로 같다. 따라서

$$Q_1 = C_1 \Delta V, \quad Q_2 = C_2 \Delta V$$

가 성립한다. 전체 전하량은 $Q = Q_1 + Q_2$ 이고 $Q = C_{eq}\Delta V$ 가 성립하므로

$$C_{eq}\Delta V = C_1 \Delta V + C_2 \Delta V$$

$$\therefore C_{eq} = C_1 + C_2 \quad (\text{병렬 연결}) \tag{1.52}$$

즉, 병렬 연결의 경우 전체 전기용량은 항상 커진다. 만일 $C_1 = C_2$ 라면 전체 전기용량은 두 배가 된다. 평행판 축전기의 경우에서는 동일 축전기의 병렬 연결은 단면적이 두배가 되는 효과이므로 식 (1.49)으로부터 전기용량이 두 배가 되는 것을 직관적으로 이해할 수 있다.

위 논의를 확장시키면 여러 개의 축전기를 병렬로 연결하는 경우에 전체 전기용량은 다음과 같다.

$$C_{eq} = C_1 + C_2 + \cdots + C_N \tag{1.53}$$

### 1.4.3.2. 직렬 연결

이번에는 다음 그림과 같이 두 개의 축전기가 직렬로 연결된 경우를 살펴보자.

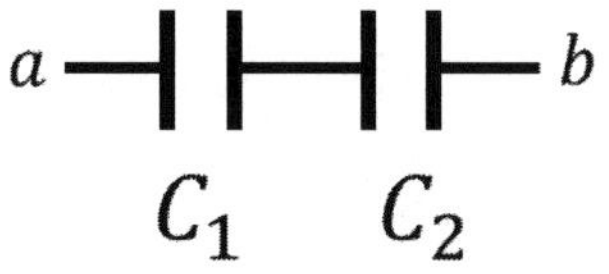

그림 1.28. 축전기의 직렬연결

각 축전기 양단의 전위차를 각각 $\Delta V_1, \Delta V_2$ 라 하자. 두 축전기가 연결된 부분에서는 전체적으로 알짜 전하량이 0이어야 하므로 두 축전기에 저장된 전하량의 크기는 $Q$로 같다. 따라서, $C = Q/\Delta V$ 로부터

$$\Delta V_1 = \frac{Q}{C_1}, \quad \Delta V_2 = \frac{Q}{C_2}$$

이다. ab 양단의 전위차 $\Delta V$는 $\Delta V_1 + \Delta V_2$와 같고 $\Delta V = Q/C_{eq}$이므로

$$\frac{Q}{C_{eq}} = \frac{Q}{C_1} + \frac{Q}{C_2}$$

이다. 따라서

$$\frac{1}{C_{eq}} = \frac{1}{C_1} + \frac{1}{C_2} \quad (\text{직렬 연결}) \tag{1.54}$$

즉, 직렬 연결의 경우 전체 전기용량은 각각의 개별적 전기용량 보다 작게 된다. 만일 $C_1 = C_2$ 라면 전체 전기 용량은 1/2 이 된다. 평행판 축전기의 경우에서는 동일 축전기의 직렬 연결은 극판 사이의 간격이 두배가 되는 효과이므로 식 (1.49)으로부터 전기용량이 1/2 배가 되는 것을 직관적으로 이해할 수 있다.

$$\frac{1}{C_{eq}} = \frac{1}{C_1} + \frac{1}{C_2} + \cdots + \frac{1}{C_N} \tag{1.55}$$

### 1.4.4. 축전기에 저장된 에너지

축전기에 전위차를 가해주어 전하를 충전하는 경우에 전기 퍼텐셜 에너지가 축전기에 저장이 된다. 이를 정량적으로 구해보자. 전기용량이 $C_1$인 축전기에 일정한 전위차 $V$를 걸어주었을 때 충전된 전하량의 최대값 $Q$는

$$Q = CV \tag{1.56}$$

이다. 중간 과정에서 축전기에 저장된 전하량이 $q$라고 하자. ($q < Q$) 이 경우 축전기 양단의 전위차 $V'$은

$$V' = \frac{q}{C} \tag{1.57}$$

이다. 여기에 $dq$만큼의 미소 전하량을 충전시키는데 가해 주어야할 에너지 $dU$는

$$dU = dqV' = \frac{q}{C}dq \tag{1.58}$$

이다. 따라서 양변을 적분해주면

$$U = \int dU = \int_0^Q \frac{q}{C}dq = \frac{Q^2}{2C} \tag{1.59}$$

이는 축전기에 최대 전하량 $Q$를 저장할 때까지 축전기에 가해준 에너지 즉, 축전기에 저장된 전기 퍼텐셜 에너지 $U_E$ 이다. 따라서 $U_E$는 다음과 같이 기술된다.

$$U_E = \frac{Q^2}{2C} = \frac{1}{2}QV = \frac{1}{2}CV^2 \quad \text{(축전기에 저장된 에너지)} \tag{1.60}$$

평행판 축전기에 저장된 단위 부피당 에너지, 즉, 에너지 밀도를 계산해 보자. 부피는 $Ad$이므로

$$u_E = \frac{U_E}{Ad} = \frac{1}{2}CV^2 \cdot \frac{1}{Ad} = \frac{1}{2}\frac{\varepsilon_0 A}{d}(Ed)^2 \cdot \frac{1}{Ad}$$

$$\therefore u_E = \frac{1}{2}\varepsilon_0 E^2 \quad \text{(전기 에너지 밀도)} \tag{1.61}$$

이는 평행판 축전기에 대해서 계산한 결과이지만 일반적으로 성립하는 관계식이다. 전기 에너지 밀도는 오로지 전기장에만 의존한다. 즉, 전기장 자체는 에너지를 가지고 있다.

### 1.4.5. 유전체가 있는 축전기

축전기 극판 사이에 유전체를 넣으면 어떻게 될까? **유전체(dielectric)**란 외부 전기장에 의해서 편극 현상을 일으키는 물질을 말한다. **편극(polarization)**이란 매질이 외부 전기장에 의해 알짜 전기 쌍극자를 만드는 현상을 말한다. 유전체는 영구적인 전기 쌍극자 또는 유도에 의한 전기쌍극자를 가지는 분자로 구성되어 있다. 물분자가 대표적인 영구적인 전기 쌍극자를 가지는 분자이다. 그러나 비극성 분자라 할지라도 외부에서 전기장이 가해지면

전자 분포가 전기장의 반대 방향으로 약간 쏠리게 되어 미세한 분극 현상이 일어나게 되는데. 이를 유도에 의한 전기쌍극자라 부른다. 유전체가 가지고 있는 이러한 전기쌍극자들은 처음에 무작위로 분포하기 때문에 알짜 전기장을 만들지 못한다. 그러나 외부 전기장이 주어지면 다음 그림과 같이 전기쌍극자 분자들이 일렬로 정렬되어 알짜 전기쌍극자를 만드는 편극 현상이 발생한다.

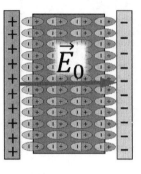 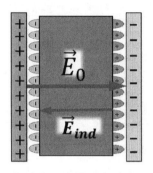

유전체의 쌍극자가 축전기
내에서 일렬로 배열된다.

유전체 표면에 유도전하가
형성되고 이로인해 반대방향
의 유도전기장이 생긴다.
(전체 전기장, 전위는 감소)

그림 1.29. 축전기 내에 유전체가 있을 때의 편극 현상

그림 1.29와 같이 유전체 내의 전기 쌍극자들이 일렬로 정렬된 전기적인 효과는 유전체 표면에서 나타난다. 유전체 내부에서는 어느 지점에서나 (+),(-)가 함께 존재하기 때문에 그 전기적 효과가 상쇄된다. 그러나 유전체 표면에서는 편극에 의해 유도된 표면전하 밀도가 발생하고 이들 표면 전하 밀도에 의한 전기장은 외부 전기장의 반대방향이 되어 외부 전기장을 상쇄시킨다. 따라서 유전체의 편극에 의해 전기장이 줄어들고 그에 따라 전위도 줄어들게 된다. 편극이 크게 일어날수록 전기장을 상쇄시키는 효과 또한 커진다. 이와 같은 효과를 정량적으로 나타내기 위해 유전체의 유전율을 도입한다.

**유전체의 유전율(permittivity)** $\varepsilon$은 다음과 같이 정의된다.

$$\varepsilon = \kappa \varepsilon_0 \tag{1.62}$$

여기서 $\kappa$는 **유전상수(dielectric constant)**라 하며 $\kappa > 1$이다. $\kappa$는 차원이 없는 인자이다. 이는 유전체의 편극 현상의 세기를 나타내는 유전체 고유의 값이다. 유전체가 있는 영역에서는 편극에 의한 효과를 자유공간의 유전율 $\varepsilon_0$ 을 유전체의 유전율 $\varepsilon$으로 치환하여 정량적으로 나타낸다. 예를 들어 점전하에 의한 전기장 및 전위는 분모에 $\varepsilon_0$ 가 있으므로 $\varepsilon_0 \rightarrow \varepsilon$ 으로 치환하면 유전체가 없을 때 전기장 $E_0$ 및 전위 $V_0$에 대하여 유전체가 있을때 전기장 $E$, 및 전위 $V$는

$$E = \frac{E_0}{\kappa}, \quad V = \frac{V_0}{\kappa} \tag{1.63}$$

와 같이 $1/\kappa$ 배 만큼 감소한다. 반면 진공에서의 전기용량 $C_0$는 항상 분자에 $\varepsilon_0$ 이 있으므로 유전체가 있는 경우에 전기용량 $C$는

$$C = \kappa C_0 \tag{1.64}$$

즉, $\kappa$배 만큼 전기용량이 증가한다. 축전기에 저장된 에너지는 경우를 나누어서 생각해야 한다. 축전기에 연결된 전지를 제거하면 축전기의 전하는 일정하게 유지된다. 이와 같이 전하가 유지되는 상태에서 유전체를 넣는 경우라면 $U_E = \frac{Q^2}{2c}$ 식을 사용하는 것이 바람직하며 전기용량이 $\kappa$배 만큼 증가하므로 에너지는 $\kappa$ 배 만큼 감소한다.

$$U_E = \frac{U_{E0}}{\kappa} \quad \text{(전하가 유지되는 경우)} \tag{1.65}$$

반면에 축전기에 전기를 연결한 상태인 경우와 같이 축전기 양단에 일정한 전위차를 유지하면서 유전체를 넣는 경우라면 $U_E = \frac{1}{2}CV^2$ 식을 사용함이 바람직하고 전기용량은 $\kappa$배 만큼 증가하므로 에너지도 $\kappa$ 배 만큼 증가한다.

$$U_E = \kappa U_{E0} \quad \text{(전위차가 유지되는 경우)} \tag{1.66}$$

## 기본문제 1.12

그림과 같이 한 변의 길이가 $L$인 정사각형 모양을 가지고 극판 사이의 간격이 $d$인 평행판 축전기에 전하 $Q$가 대전되어 있다. 축전기의 양 극판 사이에 유전율이 $\varepsilon$인 유전체를 $L-x$길이만큼 집어넣었다. 다음 물음에 답하시오 (단, 유전체와 축전기 사이의 마찰력은 무시한다)

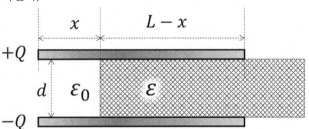

(a) 이 때 축전기의 전체 전기용량을 구하시오

(b) 이 때 축전기에 저장된 에너지를 구하시오.

(c) 유전체가 받는 힘의 크기와 방향을 구하시오.

### 풀 이

(a) 그림과 같은 상태의 축전기는 길이가 $x$인 부분과 유전체로 채워진 길이 $L-x$인 부분의 두 축전기가 병렬연결된 것과 동등하다. 두 부분의 축전기의 전기용량을 $C_1, C_2$라 하면

$$C_1 = \frac{\varepsilon_0 x L}{d}, \quad C_2 = \frac{\varepsilon(L-x)L}{d}$$

이다. 따라서 전체 전기용량 $C$는

$$C = C_1 + C_2 = \frac{L}{d}(\varepsilon L - (\varepsilon - \varepsilon_0)x)$$

(b) 축전기의 전하량 $Q$는 유지되므로 축전기에 저장된 에너지 $U$는

$$U = \frac{Q^2}{2C} = \frac{Q^2 d}{2L(\varepsilon L - (\varepsilon - \varepsilon_0)x)}$$

(c) 유전체가 받는 힘 $F_x$는

$$F_x = -\frac{dU}{dx} = -\frac{Q^2 d}{2L} \frac{(\varepsilon - \varepsilon_0)}{(\varepsilon L - (\varepsilon - \varepsilon_0)x)^2}$$

따라서 힘의 방향은 왼쪽이고 힘의 크기는

$$\frac{Q^2 d}{2L} \frac{(\varepsilon - \varepsilon_0)}{(\varepsilon L - (\varepsilon - \varepsilon_0)x)^2}$$

이다.

## 1.4.6. 전기쌍극자

**전기쌍극자(electric dipole)**은 크기가 같고 부호가 반대인 두 전하가 일정한 거리에 떨어져 있는 계를 말한다. 두 전하가 $+q, -q$ 이고 거리 $d$ 만큼 떨어져 있을 때 **전기 쌍극자 모멘트(electric dipole moment)** 벡터 $\vec{p}$ 는 그 방향은 $-q$ 전하에서 $+q$전하를 향하며 크기는 다음과 같이 정의된다.

$$p = qd \tag{1.67}$$

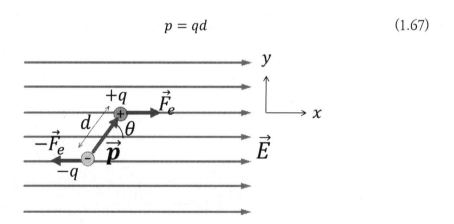

그림 1.23. 균일한 전기장 내에 놓여진 전기쌍극자

그림1.23과 같이 전기장 내에 놓여진 전기 쌍극자를 생각해 보자. 전기 쌍극자 모멘트 $\vec{p}$ 와 전기장 $\vec{E}$가 이루는 각도는 $\theta$ 이다. $+q$ 전하가 받는 힘은 $\vec{F}_e = q\vec{E}\,\hat{x}$ 이고 $-q$ 전하가 받는 힘은 $-\vec{F}_e = -q\vec{E}\,\hat{x}$ 이므로 전기 쌍극자가 받는 알짜 힘은 0이다. 따라서 전기쌍극자는 전기장 내에서 병진운동 하지 않는다.

다만 전기 쌍극자가 받는 알짜 토크는 0이 아니다. 위 그림에서 전기쌍극자의

질량중심축에 대한 알짜 토크를 계산해보자. 그림에서 두 전하에 작용하는 힘들은 전기쌍극자를 시계방향으로 회전시키는 힘이기 때문에 토크의 방향은 $-\hat{z}$ 방향이다. 토크의 크기는

$$\tau = \frac{d}{2}F_e \sin\theta + \frac{d}{2}F_e \sin\theta = F_e d \sin\theta = qEd \sin\theta = pE \sin\theta \qquad (1.68)$$

이다. 따라서 전기쌍극자에 작용하는 토크를 다음과 같이 벡터로 나타낼 수 있다.

$$\vec{\tau} = \vec{p} \times \vec{E} \qquad (1.69)$$

이러한 토크는 전기쌍극자가 전기장 방향으로 정렬이 되도록 전기쌍극자를 회전시킨다.

다음으로 전기장 내에서 전기쌍극자가 갖는 퍼텐셜 에너지를 구해보자. 회전운동에서 보존력이 해준일은 $W = \int \tau \, d\theta$ 이다. 보존력이 해준 일 만큼 퍼텐셜 에너지는 감소하므로 퍼텐셜 에너지가 0이 되는 기준점을 $\theta_0 = 90°$, 즉 전기쌍극자와 전기장이 수직인 경우로 정하면

$$U_E = -\int_{90°}^{\theta} \tau \, d\theta = \int_{90°}^{\theta} pE \sin\theta \, d\theta = -pE \cos\theta \qquad (1.69)$$

$$\therefore U_E = -\vec{p} \cdot \vec{E} \qquad (1.70)$$

여기서 $\tau$ 는 시계방향으로 회전시키는 토크이기 때문에 $\tau = -pE \sin\theta$ 로 부호가 (-)임에 유의한다. 따라서 전기 쌍극자가 갖는 퍼텐셜 에너지는 전기 쌍극자가 전기장과 방향이 같을 때 최소이고 방향이 반대일 때 최대이다.


# 2. 정자기학

## 2.1. 서설

정전기학은 전하들이 정적 평형상태에 있을 때의 전기현상에 관한 물리학이었다. 모든 전기현상은 전하들의 존재로 인해 생겨나는 것이다. 반면 모든 자기현상은 전류 곧 전하의 흐름에 의해 생겨나는 현상이다. 정자기학은 균일한 전류 또는 전하의 이동이 있을 때의 자기현상에 관한 물리학이다.

## 2.2. 전류와 저항

### 2.2.1. 전류의 정의

전하의 흐름이 자기현상을 만들기 때문에 이를 정량적으로 나타내는 것이 중요하다.

고속도로에서 길이 좁아지는 구간을 만나게 되면 길이 넓은 쪽에서는 병목현상에 의해 차의 속력이 감소하지만 일단 좁은 길에 들어서면 차의 속력이 다시 빨라진다. 이는 특정 시간간격 동안에 통과하는 자동차의 수는 길의 너비와 무관하게 일정하기 때문이다. **전류(electric current,** SI단위: A ≡ C/s, 암페어) $I$는 단위 시간당 주어진 단면을 통과하는 전하량으로 정의한다.

$$I = \frac{dQ}{dt} \qquad (2.1)$$

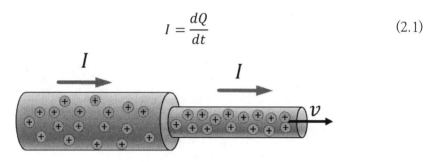

그림 2.1. 도선에 흐르는 전류

전류는 도선의 면적에 무관하게 도선의 어느 지점에서나 일정한 양이다. 전류의 방향은 양전하가 흐르는 방향으로 정한다. 따라서 음전하의 경우 음전하가 흐르는 반대방향이 전류의 방향이다.

### 2.2.2. 전류의 미시적 모형

도선에 전류가 흐르는 과정을 미시적인 관점에서 살펴보자. 도선 내에 형성된 전기장에 의해 전자가 이동하며 그 반대 방향으로 전류가 만들어진다. 전기장이 없는 경우에 도선 내의 전자는 열에너지를 받아서 무작위 운동을 하며 끊임없이 금속 원자과 충돌한다. 그러나 전자의 평균 속도는 0이다.

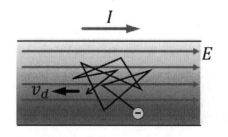

그림 2.2. 전류가 흐르는 도선 내의 전자의 운동

도선 내에 전기장이 형성된 경우 전자는 무작위 운동을 하면서 끊임없이 금속 원자와 충돌하지만 전기장에 의해 힘을 받으므로 전기장 반대방향으로 알짜 속력이 존재한다. 이러한 전자의 평균적인 속력을 **유동속력(drift speed)** $v_d$ 이라 한다. (일반적으로 유동속력 $v_d$는 전자의 무작위 운동에 대한 평균 속력보다 매우 작다)

일반적으로 전류를 만드는 전하를 띤 입자를 **전하 운반자(charge carrier)**라 한다.

대부분의 경우 전자가 전하 운반자의 역할을 한다. 다음 그림에서는 편의상 양전하를 전하운반자로 나타내었다. 전하운반자의 전하량을 $q$, 전하운반자의 유동속력을 $v_d$, 도선의 단면적을 $A$, 단위 부피당 전하운반자의 수를 $n$이라 하자.

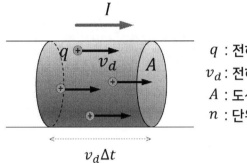

그림 2.3. 전류의 미시적 모형

$\Delta t$ 시간동안에 전하운반자는 $v_d\Delta t$ 만큼 진행하므로 위 그림에서 색칠된 부분의 원기둥 영역에 있는 모든 전하 운반자는 $\Delta t$동안 단면적 $A$를 통과한다. 색칠된 부분의 부피는 $Av_d\Delta t$ 이므로 총 $nAv_d\Delta t$ 만큼의 전하운반자의 개수가 있다. 따라서 단면적 $A$를 통과한 총 전하량 $\Delta Q$는

$$\Delta Q = qnAv_d\Delta t \tag{2.2}$$

이므로 도체의 평균 전류는 $I = \Delta Q/\Delta t$ 로부터 다음과 같이 표현된다.

$$I = nqv_dA \tag{2.3}$$

### 2.2.3. 저항

단면적이 $A$인 도선에 전류 $I$가 흐를 때 **전류밀도 (current density, SI단위: A/m²)** $J$는 단위 넓이당 전류로 정의한다.

$$J = \frac{I}{A} \quad \text{(전류밀도의 정의)} \tag{2.4}$$

전류의 미시적 모형에서 $I = nqv_dA$로 나타낼 수 있으므로

$$J = \frac{I}{A} = nqv_d \tag{2.5}$$

도체 내에서 전기장이 형성될 때 전류가 발생한다. 이를 정전기적 평형상태 즉 전하가 더 이상 이동하지 않을 때 도체 내에 전기장이 0인 것과 혼동해서는 안된다. 금속물질 등 많은 물질은 물질내부를 통과하는 전류밀도가 물질 내부에 형성된 전기장에 비례한다.

$$J = \sigma E \tag{2.6}$$

비례상수 $\sigma$를 **전기전도도(conductivity,** SI 단위: $(\Omega \cdot m)^{-1}$)라 하고 이는 전기장에 무관한 상수이다. 식(2.6)을 만족하는 물질을 **옴의 법칙(Ohm's law)**를 따르는 물질이라 한다.

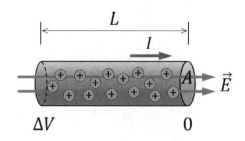

그림 2.4. 옴의 법칙

그림2.4에서 도선 양단의 전위차를 $\Delta V$라 하고 도선 내부의 균일한 전기장을 $\vec{E}$라 하자. 도선의 길이는 $L$이고 도선은 옴의 법칙을 잘 따른다고 가정하자. $\Delta V = EL$, $J = I/A$ 이므로 $J = \sigma E$ 에서

$$\frac{I}{A} = \sigma \frac{\Delta V}{L}$$

$$\therefore \Delta V = I\left(\frac{1}{\sigma}\frac{L}{A}\right) \tag{2.7}$$

이다. 여기서 도선의 **저항(resistance,** SI 단위: $\Omega \equiv V/A$, 옴) $R$ 을 다음과 같이 정의한다.

$$R = \frac{1}{\sigma}\frac{L}{A} \equiv \rho\frac{L}{A} \tag{2.8}$$

따라서 저항은 다음과 같은 관계식을 만족한다.

$$\Delta V = IR, \ \text{or} \ I = \frac{\Delta V}{R} \tag{2.9}$$

식(2.9)으로부터 저항 $R$은 도선에 가해준 전위차에 대해 전류의 흐름을 저지하려는 경향을 나타내는 물체의 특성이라고 할 수 있다. 식(2.8) 에서 저항은 물체의 길이에 비례하며 물체의 단면적에 반비례한다. 물체가 길수록 전하운반자는 흐름에 방해를 많이 받고 단면적이 클수록 전류의 흐름이 커지기 때문이다. $\rho$는 물질의 **비저항(resistivity,** SI 단위: $\Omega \cdot m$) 이라 하며 전류의 흐름을 방해하는 물질 고유의 성질이다.

도체는 온도에 따라 비저항 값이 커진다. 온도가 커질수록 열에너지에 의한 원자의 운동이 활발해져 전자와 금속 원자간의 충돌 횟수도 많아진다. 이는 전자가 전기장으로부터 가속을 받을 수 있는 시간을 단축시키므로 전자의 유동속력 $v_d$를 감소시킨다. 따라서 전류 $I = nqv_d A$ 식으로부터 전류가 감소하므로 저항이 커지는 효과를 나타낸다. 어떤 물질의 온도에 따른 비저항 변화를 다음과 같이 나타낸다

$$(\rho - \rho_0) = \alpha\rho_0(T - T_0) \tag{2.10}$$

즉, 온도 $T_0$ 에서의 비저항이 $\rho_0$ 인 물질의 온도가 $\Delta T$ 만큼 증가하면 저항은 $\alpha\rho_0\Delta T$ 만큼 증가하는데 비례상수 $\alpha$ 를 비저항의 **온도계수(temperature coefficient of resistivity, SI단위: (°C)$^{-1}$)** 라 한다. 비저항의 온도계수도 물질 고유의 특성에 의해 결정된다. 온도에 따른 저항 변화 또한 다음과 같이 동일한 형태로 표현된다:

$$(R - R_0) = \alpha R_0 (T - T_0) \tag{2.11}$$

도체는 온도에 따라 저항이 증가하므로 $\alpha > 0$ 이다. 그러나 실리콘, 게르마늄과 같은 반도체 물질은 온도가 증가함에 따라 저항이 감소한다. 즉 $\alpha < 0$ 이다. 그 이유는 반도체의 경우 온도가 증가하면 원자가 띠에 존재하였던 전하운반자들이 열에너지를 받아 전도띠로 이동하므로 전하운반자의 개수가 많아지기 때문이다. 즉 $I = nqv_dA$ 에서 온도가 증가함에 따라 $v_d$ 가 감소하는 효과보다 $n$ 이 증가하는 효과가 훨씬 크므로 전류는 더 커지고 따라서 저항은 감소하는 효과로 나타나는 것이다.

## 기본문제 2.1

그림과 같이 안쪽에는 반지름이 $a$ 이고 길이가 $L$ 이며 비저항이 $\rho_1$ 인 원통 모양의 도체로 되어 있고 바깥쪽에는 반지름이 $b$ 인 도체 원통 껍질로 구성된 동축케이블 사이에 비저항이 $\rho_2$ 인 부도체 물질로 채워져 있다. 다음 물음에 답하시오. (단, $\rho_2 \gg \rho_1$)

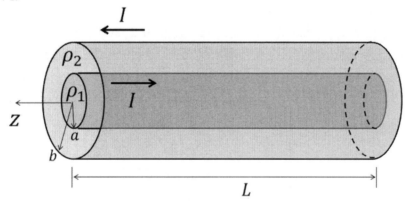

(a) $z$ 축 방향의 전류에 대한 안쪽 원통의 저항값을 구하시오.

(b) 안쪽 원통에서 바깥쪽 원통 껍질을 향하는 전류에 대한 두 도체 사이 부도체 부분의 저항값을 구하시오.

**풀 이**

(a) 저항식 (2.8)로부터

$$R = \rho_1 \frac{L}{\pi a^2}$$

(b) 아래 그림과 같이 반지름이 $r$이고 두께가 $dr$인 원통 껍질에 대해 지름 방향의 저항 $dR$을 계산하면

$$dR = \rho_2 \frac{dr}{2\pi rL}$$

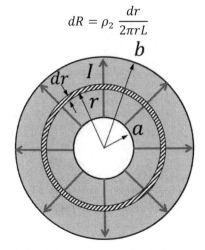

이다. 따라서 지름 방향의 전체 저항 $R$은 다음과 같다.

$$R = \int dR = \frac{\rho_2}{2\pi L} \int_a^b \frac{dr}{r} = \frac{\rho_2}{2\pi L} \ln\left(\frac{b}{a}\right)$$

## 기본문제 2.2

그림과 같이 단면적인 $A$인 평행판 축전기에 기전력이 $V$인 전지를 연결하였다. 축전기 사이에는 두개의 매질이 직렬로 채워져 있다. 각각의 매질의 두께는 $d_1, d_2$이고 전기전도도는 $\sigma_1, \sigma_2$이다. 다음 물음에 답하시오.

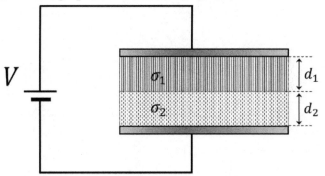

(a) 축전기 사이의 매질을 따라 흐르는 전류 $I$ 및, 전류밀도 $J$를 구하시오.

(b) 매질1 및 매질2에서의 전기장을 각각 구하시오.

**풀 이**

(a) 매질 1의 저항을 $R_1$, 매질 2의 저항을 $R_2$라 하면

$$R_1 = \frac{d_1}{\sigma_1 A}, \quad R_2 = \frac{d_2}{\sigma_2 A}$$

이다. 두 저항이 직렬연결되어 있으므로 전체 저항 $R$은 다음과 같다.

$$R = R_1 + R_2 = \frac{d_1}{\sigma_1 A} + \frac{d_2}{\sigma_2 A}$$

따라서 축전기 사이의 전류는

$$I = \frac{V}{R} = \frac{V}{\frac{d_1}{\sigma_1 A} + \frac{d_2}{\sigma_2 A}} = \frac{\sigma_1 \sigma_2 V A}{\sigma_1 d_2 + \sigma_2 d_1}$$

이고 전류밀도 $J$는

$$J = \frac{I}{A} = \frac{\sigma_1 \sigma_2 V}{\sigma_1 d_2 + \sigma_2 d_1}$$

이다.

(b) 옴의법칙 $J = \sigma E$ 이므로 위 결과로부터

$$E_1 = \frac{J}{\sigma_1} = \frac{\sigma_2 V}{\sigma_1 d_2 + \sigma_2 d_1}, \quad E_2 = \frac{J}{\sigma_2} = \frac{\sigma_1 V}{\sigma_1 d_2 + \sigma_2 d_1}$$

다른 방법으로 전기장 $E_1, E_2$를 구해보자. 매질 1에서의 전기장을 $E_1$, 매질 2에서의 전기장을 $E_2$라 하면

$$V = E_1 d_1 + E_2 d_2 \quad \cdots (1)$$

복합적인 소자에 각 부분의 전류는 일정해야 한다. 문제에서 매질의 단면적이 일정하므로 전류밀도는 매질 1,2에서 같아야 한다. 옴의법칙 $J = \sigma E$ 이므로

$$J_1 = J_2 \quad \rightarrow \quad \sigma_1 E_1 = \sigma_2 E_2 \quad \cdots (2)$$

(1), (2)식을 연립하면

$$E_1 = \frac{\sigma_2 V}{\sigma_1 d_2 + \sigma_2 d_1}, \quad E_2 = \frac{\sigma_1 V}{\sigma_1 d_2 + \sigma_2 d_1}$$

### 2.2.4. 전력

어떤 전원 공급장치가 $\Delta V$ 의 전위차로 전기 에너지를 공급한다고 가정하자. $dt$ 의 시간동안에 $dq$ 의 전하를 공급하였다고 한다면 공급한 미소 에너지는 $dU = dq \Delta V$ 이다. 이 때 전원 공급장치의 일률을 (공급) **전력 (electric power)** $P$ 이라 하며 다음과 같다.

$$P = \frac{dU}{dt} = \frac{dq}{dt} \Delta V = I \Delta V \tag{2.12}$$

마찬가지로 저항기에서 소모되는 전력은 저항 양단의 전위차를 $\Delta V$ 라 했을 때 $\Delta V = IR$이므로 다음과 같이 기술된다.

$$P = I \Delta V = I^2 R = \frac{\Delta V^2}{R} \tag{2.13}$$

## 2.3. 자기력

### 2.3.1. 자기장 내의 입자에 작용하는 자기력

자석의 N극과 S극은 서로 인력을 작용하고 같은 극은 서로 척력을 작용한다. 나침반은 지구 자기장에 의해 지구의 북극을 향해 회전한다. 이와 같은 현상은 자성을 띤 물체는

자기력을 받기 때문에 나타난다. 자성이라고 하는 본질 적인 특성은 전하의 흐름 또는 물질을 구성하는 전자의 본연의 특성에 기인한다. 자기력의 원인이라 할 수 있는 자기장 또한 마찬가지로 전하의 흐름 또는 전자의 본질직인 특성에 기인한다. 먼저 공간상에 형성된 자기장의 영역내의 대전된 입자가 받는 자기력에 대해 살펴보고, 후에 자기장의 원천에 대해 공부한다.

실험적으로 자기력에 관한 다음과 같은 특징들을 발견하게 되었다. 1. 자기력은 입자의 전하량 및 자기장의 크기 뿐만 아니라 입자의 속력에 비례한다. 2. 대전입자가 자기장에 평행하게 운동하면 자기력을 받지 않는다. 3. 자기력의 방향은 입자의 속도 $\vec{v}$ 및 자기장 $\vec{B}$ 모두에 수직한 방향이다. 이들을 종합하여 자기력 $\vec{F}_B$을 수학적으로 나타내면 다음과 같다.

$$\vec{F}_B = q\vec{v} \times \vec{B} \tag{2.14}$$

즉, 자기력의 크기는 속도 벡터와 자기장이 이루는 각도가 $\theta$일 때

$$F_B = qvB \sin\theta \tag{2.15}$$

이며 자기력의 방향은 다음 그림과 같다.

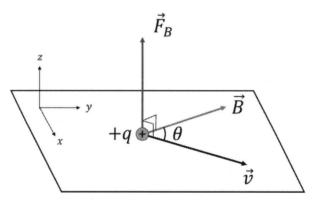

그림 2.5. 자기력의 방향

자기력도 전기력과 마찬가지로 원격 작용에 의한 힘이다. 식(2.14)가 나타내는 바와 같이 원격작용에 의한 자기력도 2단계로 설명한다. 첫번째 단계는 전류 분포가 온 공간상에 자기장을 형성하는 것이다. 두번째 단계는 대전된 입자가 자기장 영역에 수직으로 운동하면 자기장의 작용에 의해 자기력을 받는 것이다. 즉, 식(2.14)는 자기장의 정의라고 할 수 있으며 자기장은 자기력의 원천부분에 해당하는 것을 의미한다. 양전하 $q$ 를 띠는 입자가 자기장에 수직한 방향으로 속력 $v$ 로 운동할 때 입자에 작용하는 자기력을 $F_B$ 라 하면 **자기장(magnetic field)** $B$는

$$B = \frac{F_B}{qv} \tag{2.16}$$

으로 정의된다. 자기장의 SI 단위는 T(테슬라) 이며 위 식에 의해 $1\text{T} = 1\frac{\text{N}}{\text{C}\cdot\text{m/s}} = 1\frac{\text{N}}{\text{A}\cdot\text{m}}$ 이다.

### 2.3.2. 균일한 자기장 내에서 대전 입자의 운동

아래 그림과 같이 지면으로 들어가는 방향으로 균일한 자기장 내에서 어떤 시점에 $+q$로 대전 된 입자가 속도 $\vec{v}$로 운동하는 경우를 생각해보자. (지면으로 들어가는 자기장은 ×기호로 나타내고 지면에서 나오는 자기장은 · 으로 나타낸다.)

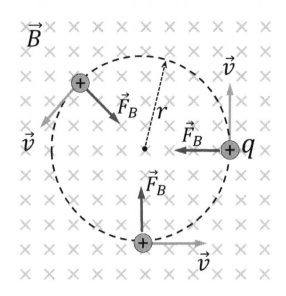

그림 2.6. 균일한 자기장 내에서 대전 입자의 운동

자기력은 속도방향에 수직하므로 이동경로 및 속도 방향은 자기력 방향 쪽으로 수정된다. 그러면 다시 자기력의 방향도 속도에 수직 방향으로 수정된다. 따라서 결과적으로 일정한 비율로 속도방향과 자기력의 방향이 바뀌는 원궤도 운동을 하게 되고 자기력의 방향은 항상 원의 중심을 향한다.

원궤도 반경을 $r$이라 하면 $F_B = qvB$ 이고 $F_B$가 구심력 역할을 하므로

$$F_B = qvB = \frac{mv^2}{r} \tag{2.17}$$

따라서 원의 반경 $r$은 다음과 같다.

$$r = \frac{mv}{qB} \tag{2.18}$$

원운동의 각속력 $\omega$는

$$\omega = \frac{v}{r} = \frac{qB}{m} \tag{2.19}$$

이다. 원운동의 주기 $T$는 다음과 같다.

$$T = \frac{2\pi}{\omega} = \frac{2\pi m}{qB} \tag{2.20}$$

$\omega$ 및 $T$ 는 입자의 속력과 원운동의 반경에 무관하고 오로지 입자의 질량 $m$, 전하량 $q$,

자기장의 크기 $B$ 에만 의존함을 유의하자.

## 기본문제 2.3

균일한 자기장 $\vec{B} = B_0\hat{z}$ 이 존재하는 영역에 전자가 $t = 0$ 에서 속도 $\vec{v} = -\frac{4}{5}v_0\hat{x} + \frac{3}{5}v_0\hat{z}$ 으로 입사되었다. 전자는 그림과 같은 나선운동을 한다. 다음 물음에 답하시오. (단, 전자의 전하량은 $-e$이고 질량은 $m$이다. )

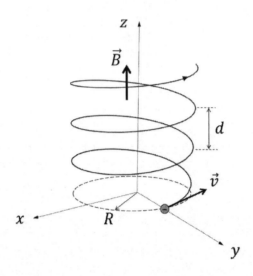

(a) 나선운동을 xy평면에 투영시킨 원의 반지름 $R$을 구하시오.

(b) 나선궤도 사이의 거리인 피치(pitch) $d$를 구하시오

### 풀 이

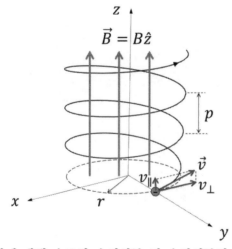

(a) 자기장 방향에 대해 속도의 수직성분 및 수평성분의 크기는 각각

$$v_\perp = \frac{4}{5}v_0, \quad v_\parallel = \frac{3}{5}v_0$$

이다. 속도의 수직성분이 원운동에 관여하므로 원운동의 반경은

$$R = \frac{mv_\perp}{eB} = \frac{4mv_0}{5eB}$$

(b) 원운동의 주기 $T$는

$$T = \frac{2\pi R}{v_\perp} = \frac{2\pi m}{eB}$$

전자는 +z방향으로 등속운동을 하므로, 피치 $d$는 다음과 같다.

$$d = v_\parallel T = \frac{6\pi mv_0}{5eB}$$

### 2.3.3. 자기력의 응용

#### 2.3.3.1. 로렌츠의 힘

전기장 $\vec{E}$ 와 자기장 $\vec{B}$ 가 함께 있는 영역에 전하량 $q$로 대전된 입자가 속도 $\vec{v}$로 운동할 때 대전입자가 받는 힘 $\vec{F}$ 는 전기력과 자기력의 합력이므로

$$\vec{F} = q\vec{E} + q\vec{v} \times \vec{B} \qquad (2.21)$$

이다. 이 힘을 **로렌츠 힘(Lorentz force)**이라고 한다.

#### 2.3.3.2. 속도선택기 및 질량분석계

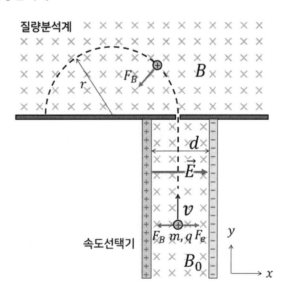

그림 2.7. 속도선택기 및 질량분석계

위 그림과 같이 일정한 전기장 $\vec{E}$ 와 자기장 $\vec{B}_0$가 수직으로 형성되어 있는 영역에 질량이 $m$이고 전하량이 $q$ $(q > 0)$인 입자가 속력 $v$로 전기장과 자기장에 모두 수직인

방향으로 입사된다. 전기력 $F_e = qE$ 는 $+x$ 방향이고 자기력 $F_B = qvB_0$ 는 $-x$ 방향이다. 전기장의 크기와 자기장의 크기 $E, B_0$ 는 자유롭게 조절할 수 있다. $E, B_0$ 를 조절하여 입자에 작용하는 합력이 0이 되게 한다. 입자가 입사방향으로 계속 진행하여 작은 구멍을 통과하게 되면 입자에 작용한 합력이 0임을 알 수 있다. $F_e = F_B$ 이므로

$$qE = qvB_0$$

이다. 따라서 입자의 속력은 다음과 같다.

$$v = \frac{E}{B_0} \qquad (2.22)$$

즉, 입자의 속력이 전기장과 자기장의 비율로 결정되므로 이를 속도선택기라 한다. 속도선택기를 떠난 입자는 균일한 자기장 $B$ 가 형성된 영역으로 속력 $v$ 로 입사된다. 입자는 반지름이 $r$ 인 원궤도를 따라 운동하다 스크린에 도달한다. 식(2.18)로부터

$$r = \frac{mv}{qB} \qquad (2.23)$$

이다. 입자가 도달한 스크린의 위치로부터 $r$ 은 측정할 수 있으므로 식(2.22)을 대입하여 정리하면

$$r = \frac{mE}{qBB_0} \qquad (2.24)$$

$$\therefore \frac{q}{m} = \frac{E}{rBB_0} \qquad (2.25)$$

입자의 전하량과 질량의 비 $q/m$ 를 입자의 **비전하**(charge to mass ratio)라 한다. 입자의 비전하는 입자 고유의 값이므로 입자를 판별하는데 사용할 수 있다. 이와 같이 속도선택기와 질량분석기를 이용하여 입자의 속력 및 비전하를 측정할 수 있다.

### 2.3.3.3. 톰슨의 비전하 측정

톰슨은 다음과 같은 음극선 실험 장치를 통해 전자의 비전하를 측정하였다. 그림과 같이 전자총에서 질량이 $m_e$ 이고 전하량의 크기가 $e$ 인 전자가 속력 $v$ 로 방출된다.

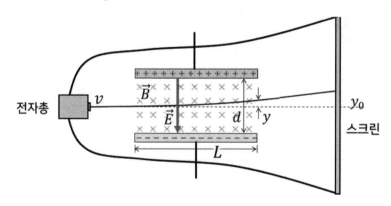

그림 2.8. 톰슨의 음극선 실험

먼저 자기장을 걸어주지 않고 균일한 전기장 $E$를 걸어준다. 그러면 전자는 $+y$축 방향으로 등가속도 운동을 하고 가속도의 크기는 다음과 같다.

$$a = \frac{eE}{m_e} \qquad (2.26)$$

수평방향으로 등속운동을 하므로 길이가 $L$인 평행 대전판을 통과하는 데 걸린 시간 $t$는 $t = \frac{L}{v}$ 이다. 따라서 평행 대전판 끝에서 $+y$축 방향 변위 $y$는

$$y = \frac{1}{2}at^2 = \frac{eEL^2}{2mv^2} \qquad (2.27)$$

이고 $y$는 측정 가능한 값이다. 다음으로 자기장 $B$를 함께 걸어주어 전자에 작용하는 합력이 0이 되게 한다. 이때 전자는 스크린의 중앙에 도달한다. 전자의 속력은 식(2.22)에 의해 $v = E/B$이므로 위 식에 대입하면

$$y = \frac{eB^2L^2}{2mE} \qquad (2.28)$$

따라서 전자의 비전하는 다음과 같이 측정된다.

$$\frac{e}{m} = \frac{2yE}{B^2L^2} \qquad (2.29)$$

톰슨은 이와 같이 전자의 비전하 값을 측정하였고 이는 양성자의 비전하보다 약2000배 정도 큰 값으로 새로운 입자라는 결론에 이르게 되었다.

### 2.3.3.4. 사이클로트론

**사이클로트론(cyclotron)**은 대전입자를 빠르게 가속할 수 있는 장치이다. 질량, 전하량이 각각 $m, q$인 대전 입자는 다음 그림과 같이 D모양의 중심에서 자기장 $B$의 영역으로 작은 속력 $v$로 입사된다.

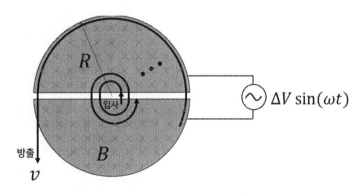

그림 2.9. 사이클로트론

대전입자는 식(2.18)에 따라 작은 반경

$$r = \frac{mv}{qB} \qquad (2.30)$$

을 돌아 D 사이의 간격에 도달한다. D영역에서 머무르는 시간은 식(2.20)에 의해

$$t = \frac{T}{2} = \frac{\pi m}{qB} \tag{2.31}$$

이다. D 사이의 간격에서 입자는 교류 전원으로부터 전위차 $\Delta V$ 의 가속을 받아 속력이 증가한다. 반대편 D에 입사된 대전 입자는 식(2.18)에 따라 좀더 큰 반경을 돌아 다시 D사이의 간격에 도달한다. 반지름과 속력은 증가하였지만 여전히 D영역에서 머무르는 시간은 $t = \pi m/qB$ 로 동일하다. 교류전원에 의해 D사이의 전기장 방향이 바뀌고 다시 대전 입자는 전위차 $\Delta V$의 가속을 받게 된다.

여기서 교류전원의 진동수 $\omega$ 를 식(2.19)의 진동수와 동일하게 하면 입자가 D사이의 간격에 도달할 때 마다 전기장의 부호가 바뀌어 D사이의 간격에서 대전 입자는 계속 $q\Delta V$ 의 에너지를 공급받게 된다. 이러한 이유로 식(2.19)의 진동수를 **사이클론 진동수(cyclotron frequency)**라 한다.

$$\omega = \frac{v}{r} = \frac{qB}{m} \quad \text{(사이클로트론 진동수)} \tag{2.32}$$

이와 같은 과정이 반복되며 입자의 반경 및 속력은 점점 증가하고 입자의 원궤도 반경이 최대 반경 $R$ 에 도달했을 때 입자는 사이클로트론을 빠져나간다. 입자의 최종속력은 식(2.18)로부터

$$v = \frac{qBR}{m} \tag{2.33}$$

이고 입자의 최종 운동에너지는 다음과 같다.

$$K = \frac{1}{2}mv^2 = \frac{q^2 B^2 R^2}{2m} \tag{2.34}$$

### 2.3.4. 전류가 흐르는 도체에 작용하는 자기력

자기장이 있는 영역에서 자기장과 수직한 방향으로 도체에 전류가 흐르는 경우 도체 내부를 흐르는 전하운반자들이 받는 자기력에 의해 도체도 자기력을 받게 된다. 다음 그림과 같이 자기장이 존재하는 경우에 전류의 미시적 모형을 생각하자.

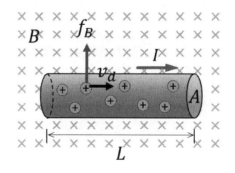

그림 2.10. 자기장 내에서의 전류의 미시적 모형

전하량이 $q$ 인 전하 운반자 한 개가 받는 자기력은 $\vec{f}_B = q\vec{v}_d \times \vec{B}$ 이고 길이가 $L$ 이고 단면적이 $A$, 전하운반자의 밀도가 $n$ 인 도선 내의 전하운반자의 개수는 $nAL$ 개이므로 도선 전체가 받는 자기력 $\vec{F}_B$ 는 다음과 같다.

$$\vec{F}_B = \left( q\vec{v}_b \times \vec{B} \right)nAL = (nq\vec{v}_b AL) \times \vec{B} \qquad (2.35)$$

$$\therefore \vec{F}_B = I\vec{L} \times \vec{B} \qquad (2.36)$$

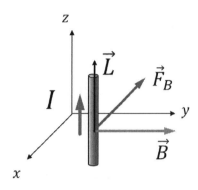

그림 2.11. 자기장 내에서 전류가 흐르는 도체에 작용하는 자기력

여기서 길이 벡터 $\vec{L}$ 의 방향은 전류의 방향이다. 식(2.35)는 직선 도선인 경우에 유효한 식이다. 곡선 도선인 경우에는 미소길이 $d\vec{s}$ 가 받는 미소 자기력은 $d\vec{F}_B = Id\vec{s} \times \vec{B}$ 이므로 $a$ 지점에서 $b$ 지점 까지 도선 전체가 받는 자기력은 다음과 같이 적분으로 기술된다.

$$\vec{F}_B = I\int_a^b d\vec{s} \times \vec{B} \qquad (2.37)$$

## 기본문제 2.4

그림과 같이 반지름이 $R$ 인 반원형 도선에 반시계 방향으로 전류 $I$ 가 흐르고 있다. 도선의 직선부분과 곡선부분에 작용하는 자기력을 각각 구하시오.

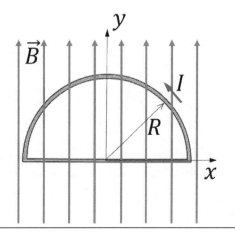

**풀 이**

직선부분에 작용하는 자기력 $\vec{F}_{B1}$은

$$\vec{F}_{B1} = I(2R\hat{x}) \times \vec{B} = 2IRB\,\hat{z}$$

곡선 부분에 대해서 아래 그림의 미소 길이 $d\vec{s}$에 작용하는 미소 자기력 $d\vec{F}_{B2}$는

$$d\vec{F}_{B2} = Id\vec{s} \times \vec{B} = -IBds\sin\theta\,\hat{z} = -IRB\sin\theta\,d\theta\hat{z}$$

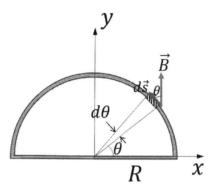

따라서 곡선부분에 작용하는 전체 자기력 $\vec{F}_{B2}$는

$$\vec{F}_{B2} = \int d\vec{F}_{B2} = -IRB\hat{z}\int_0^\pi \sin\theta\,d\theta = -2IRB\hat{z}$$

따라서 직선부분과 곡선부분에 작용하는 힘의 크기는 같고 방향이 반대이다. 즉 전류고리에 작용하는 알짜 힘은 0이다.

### 2.3.5. 자기 쌍극자 모멘트

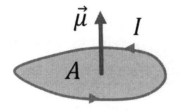

그림 2.12. 자기 쌍극자

그림2.12와 같이 면적이 $A$인 닫혀진 곡선을 따라 전류 $I$가 흐를 때 **자기 쌍극자(magnetic dipole)**가 형성되고 **자기 쌍극자 모멘트(magnetic dipole moment,** SI 단위: $A \cdot m^2$) $\vec{\mu}$는 다음과 같이 정의된다.

$$\vec{\mu} = I\vec{A} \tag{2.38}$$

여기서 $\vec{\mu}$의 방향은 전류의 방향을 오른손으로 감쌌을 때 엄지손가락이 가리키는 방향이다. 자기 쌍극자 모멘트는 매우 작은 자석과 같은 성질을 가진다. 먼저 균일한 자기장 내에서 자기쌍극자 모멘트가 받는 힘과 토크를 살펴보자.

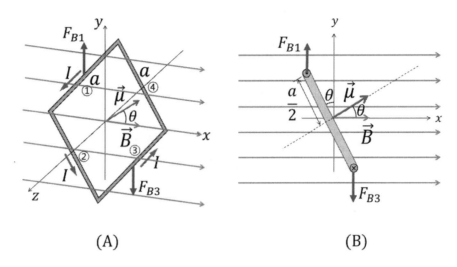

$$(A) \qquad\qquad (B)$$

그림 2.13. 균일한 자기장 내에서의 자기쌍극자에 작용하는 토크

그림2.13A에서 한변의 길이가 $a$인 정사각형 도선에 전류가 흘러 자기 쌍극자 모멘트 $\mu = Ia^2$가 형성되어 있고 균일한 자기장 $\vec{B}$는 $+x$ 방향을 향해 존재한다. 자기 쌍극자 모멘트와 자기장이 이루는 각도는 $\theta$이다. 그림 B는 이를 $+z$축에서 바라본 모습이다.

도선 ①이 받는 힘 $F_{B1}$과 도선 ③이 받는 힘 $F_{B3}$은 크기가 $IaB$로 같고 방향이 반대이므로 서로 상쇄된다. 마찬가지로 도선 ②와 ④가 받는 힘도 서로 상쇄된다. 즉 전류고리에 작용하는 알짜힘은 0이고 전류고리는 병진운동하지 않는다.

다음으로 $z$축을 회전축으로 하는 토크를 살펴보자. 도선 ②와 ④가 받는 힘의 작용점은 회전축 위에 있으므로 이들 힘에 의한 토크는 0이다. 도선 ①과 ③이 받는 힘에 의한 토크의 크기는

$$\tau = F_{B1}\frac{a}{2}\sin\theta + F_{B2}\frac{a}{2}\sin\theta = (IaB)a\sin\theta = Ia^2 B\sin\theta \qquad (2.39)$$
$$= \mu B\sin\theta$$

이다. 이는 시계방향으로 회전시키는 토크이므로 방향은 $(-\hat{z})$방향이다. 따라서 전류고리에 작용하는 토크를 벡터로 나타내면 다음과 같다.

$$\vec{\tau} = \vec{\mu} \times \vec{B} \qquad (2.40)$$

이러한 토크는 자기 쌍극자 모멘트의 방향이 전기장 방향으로 정렬이 되도록 전류고리를 회전시킨다. 자성을 띤 나침반이 지구자기장의 방향으로 정렬되는 현상이 이 토크에 의한 것이다.

자기장 내에서 전류고리가 갖는 퍼텐셜 에너지는 전기장 내에서 전기 쌍극자가 갖는 퍼텐셜 에너지와 마찬가지로 기준점을 $\theta_0 = 90°$, 즉, 자기 쌍극자 모멘트와 자기장이 수직인 경우로 정하면

$$U_B = -\int_{90°}^{\theta} \tau \, d\theta = \int_{90°}^{\theta} \mu B \sin \theta \, d\theta = -\mu B \cos \theta \qquad (2.41)$$

$$\therefore U_B = -\vec{\mu} \cdot \vec{B} \qquad (2.42)$$

여기서 $\tau$ 는 시계방향으로 회전시키는 토크이기 때문에 $\tau = -\mu B \sin \theta$ 로 부호가 (-)임에 유의한다. 따라서 자기장 내에서 전류고리가 가지는 자기 퍼텐셜 에너지는 자기 쌍극자 모멘트가 자기장과 방향이 같을 때 최소이고 방향이 반대일 때 최대이다.

### 2.3.6. 홀효과

**홀효과(Hall effect)**는 도체가 자기장 속에 놓여 있을 때 자기장에 수직한 방향으로 전류가 흐르게 하면 자기장과 전류 모두에 수직한 방향으로 전위차가 발생하는 현상을 말한다. 미지의 전기소자의 전하운반자의 종류 및 전하 운반자의 밀도를 측정하는데 이용되며 자기장 측정 장치인 가우스미터에 응용된다.

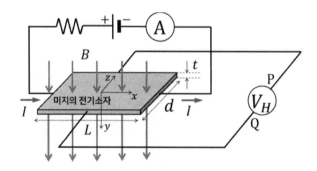

그림 2.14. 홀 효과 측정 장치

그림2.14와 같이 미지의 전기소자가 $+y$ 방향으로 균일한 자기장에 놓여져 있다. 이제 전기소자에 $+x$방향으로 전류 $I$가 흐르게 한다. 그러면 $z$축 방향의 전기소자 양단에 홀전압 $V_H$가 유도가 되는데 그 이유는 다음과 같다.

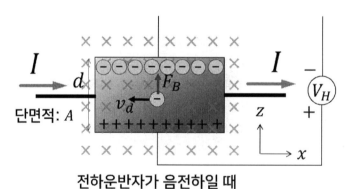

**전하운반자가 음전하일 때**

그림 2.15. 전하운반자가 음전하일 때의 홀 효과

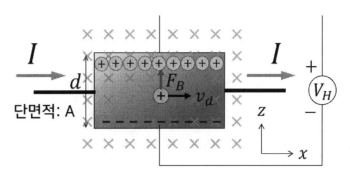

전하운반자가 양전하일때

그림 2.15. 전하운반자가 양전하일 때의 홀 효과

먼저 전하운반자가 음전하(전자)인 경우에 대해 살펴보자. 전하운반자는 $-x$ 방향으로 유동속력 $v_d$로 운동하므로 전하운반자는 $+z$ 방향으로 자기력 $F_B = |q|v_dB$를 받는다. 따라서 전하운반자들은 $+z$ 방향으로 이동하며 전기소자는 $+z$방향 가장자리에 음전하로, $-z$방향 가장자리에 양전하로 대전이 된다. 이렇게 쌓여진 전하에 의해 $+z$ 방향으로 전기장 $E$ 가 형성되며 전하운반자는 $-z$ 방향으로 전기력 $F_e = |q|E$ 를 받게 된다. 전기력과 자기력이 같아지면 더 이상 전하운반자는 $+z$방향으로 이동하지 않게 되므로

$$|q|E = |q|v_dB \tag{2.43}$$

이다. 또한 홀전압은 $V_H = Ed$ 이고 $v_d = I/(nqA) = \frac{I}{nqtd}$ 이므로

$$E = v_dB \ \rightarrow \ \frac{V_H}{d} = \frac{BI}{nqtd} \tag{2.44}$$

$$\therefore n = \frac{BI}{qtV_H} \tag{2.45}$$

$t$ 는 전기소자의 $y$ 축방향의 두께이다. 즉 홀전압 $V_H$ 를 측정하면 전하운반자의 밀도 $n$ 을 측정할 수 있다.

전하운반자가 양전하(양공)인 경우에는 $+x$ 방향으로 유동속력 $v_d$ 로 운동하므로 전하운반자는 $-z$ 방향으로 자기력 $F_B = |q|v_dB$ 를 받는다. 따라서 전하운반자들은 $-z$ 방향으로 이동하며 전기소자는 $+z$방향 가장자리에 양전하로, $-z$방향 가장자리에 음전하로 대전이 된다. 따라서, 홀전압의 부호는 전하운반자가 음전하인 경우에 대해 반대가 된다. 즉, 홀전압의 부호를 측정하게 되면 전기소자의 전하운반자의 종류를 알 수 있게 된다.

식(2.45)을 자기장에 대한 식으로 나타내면

$$B = \frac{nqtV_H}{I} \tag{2.46}$$

이다. 즉 전기소자의 전하운반자의 밀도 $n$ 을 알고 있는 경우, 홀전압의 측정을 통해 자기장의 크기를 측정할 수 있는데 이는 자기장 측정장치인 가우스미터에 적용된다.

## 2.4. 자기장

### 2.4.1. 비오-사바르 법칙

한스 외르스테드(Hans Ørsted)는 전류 주변에 놓쳐져 있던 나침반이 회전하는 현상을 우연히 관측하게 되었고 이로써 전류 주변에 자기장이 형성되는 것을 알게 되었다. 즉, 자기장의 원천은 전류라는 세기의 발견을 하게 된 것이다. 비오(Biot)와 사바르(Savart)는 전류 주변의 자석에 작용하는 힘을 정량적으로 측정하여 전류 주변에 형성되는 자기장에 관한 관계식을 찾게 되었다. 이는 다음과 같은 **비오-사바르 법칙 (Biot-Savart law)**으로 기술된다

$$dB = \frac{\mu_0}{4\pi} \frac{I d\vec{s} \times \hat{r}}{r^2} \quad \text{(비오 – 사바르 법칙)} \tag{2.47}$$

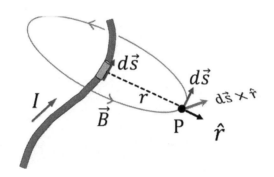

그림 2.16. 비오-사바르의 법칙

식(2.47)은 전류 $I$가 흐르는 미소 전류소 $d\vec{s}$ 가 거리 $r$만큼 떨어진 점 $P$에 형성하는 미소 자기장을 나타낸다. 쿨롱 법칙에 의한 전기장과 마찬가지로 거리의 제곱에 반비례하는 역제곱 법칙을 따르며 그 방향은 $d\vec{s} \times \hat{r}$ 임에 유의하자. 이는 전류 주변을 오른손으로 감싸는 방향으로 자기장이 형성됨을 의미한다. 상수 $\mu_0$ 는 **자유 공간의 투자율(permeability of free space)**이라 불리는 상수로서 다음과 같은 값을 가진다.

$$\mu_0 = 4\pi \times 10^{-7} \, \text{T} \cdot \text{m/A} \tag{2.48}$$

$\mu_0$값이 나타내는 바와 같이 이것은 측정값이 아니라 인위적으로 설정한 값이다. 이는 후술할 전류 $I$ 의 SI단위인 1A를 정하는데 있어서 인위적으로 설정할 수 있는 자유도에 기인한 것이다.

식(2.47)으로부터 전체 전류가 점 P에 형성하는 자기장 $\vec{B}$ 는 다음과 같이 적분으로 표현된다.

$$\vec{B} = \int d\vec{B} = \frac{\mu_0 I}{4\pi} \int \frac{d\vec{s} \times \hat{r}}{r^2} \quad \text{(비오 – 사바르 법칙)} \tag{2.49}$$

전류소를 따라 적분할 때 거리 $r$뿐만 아니라 $\hat{r}$ 도 달라짐에 유의하여야 한다. 미소 전류소의 길이 $d\vec{s}$ 에 대하여 $d\vec{s} \times \hat{r}$ 을 먼저 계산하여 그 방향을 파악하는 것이 바람직하다.

---

## 기본문제 2.5

그림과 같이 원점으로부터 $a$ 만큼 떨어진 지점에 유한한 길이의 도선에 전류 $I$ 가 $+y$방향으로 흐르고 있다. 원점에서 도체의 양 끝을 향하는 선분들과 $+x$축과 이루는 각도는 각각 $\theta_1, \theta_2$ 이다. ( $\theta_1 > 0, \theta_2 > 0$ ) (a) 원점에서의 자기장의 크기와 방향을 구하시오. (b) 도선의 길이가 무한할 때 원점에서의 자기장의 크기를 구하시오. (단, 진공의 투자율은 $\mu_0$ 이다.)

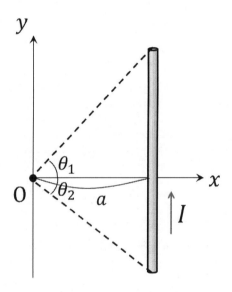

### 풀 이

(a) 아래 그림에서 미소 전류소 $Id\vec{y}$ 가 원점에서 만드는 미소 자기장 $d\vec{B}$를 구해보자. 적분변수는 $\theta$로 치환한다. 여기서 $x$축에 대해 반시계 방향 각도는 (+) 시계 방향 각도는 (–)임에 유의한다. 비오 사바르 법칙을 이용하면

$$d\vec{B} = \frac{\mu_0}{4\pi} \frac{Id\vec{y} \times \hat{r}}{r^2} = \frac{\mu_0}{4\pi} \frac{Idy}{r^2} \sin\alpha \, \hat{z}$$

이다.

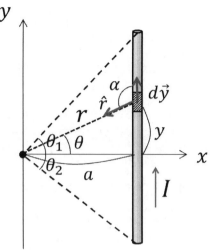

여기서 $\sin \alpha = \sin\left(\dfrac{\pi}{2} + \theta\right) = \cos\theta$ 이다. 또한 $r\cos\theta = a$ 이므로 $r = a\sec\theta$. $y = a\tan\theta$ 이므로 $dy = a\sec^2\theta \, d\theta$. 이를 정리하면

$$dB = \frac{\mu_0}{4\pi}\frac{Ia\sec^2\theta \, d\theta \cos\theta}{a^2 \sec^2\theta} = \frac{\mu_0}{4\pi}\frac{I\cos\theta \, d\theta}{a}$$

따라서

$$B = \int dB = \frac{\mu_0 I}{4\pi a}\int_{-\theta_2}^{\theta_1} \cos\theta \, d\theta$$
$$= \frac{\mu_0 I}{4\pi a}(\sin\theta_1 - \sin(-\theta_2))$$
$$= \frac{\mu_0 I}{4\pi a}(\sin\theta_1 + \sin\theta_2)$$

여기서 적분구간이 $-\theta_2$ 에서 $\theta_1$ 까지 임에 유의해야 한다. 자기장을 벡터로 나타내면

$$\vec{B} = \frac{\mu_0 I}{4\pi a}(\sin\theta_1 + \sin\theta_2)\,\hat{z}$$

(b) 도선의 길이가 무한할 때 $\theta_1, \theta_2$는 다음 값으로 수렴하므로

$$\theta_1 = \theta_2 = \frac{\pi}{2}$$

원점에서의 자기장의 크기는 다음과 같다.

$$B = \frac{\mu_0 I}{2\pi a} \quad \text{(무한 직선 전류 주변의 자기장)} \qquad (2.50)$$

## 기본문제 2.6

그림과 같이 직선 부분과 곡선부분으로 이루어진 도선에 전류 $I$ 가 흐르고 있다. 곡선부분은 중심각이 $\theta$ 이고 반지름이 $R$ 인 호를 이룬다. (a) 원점에서의 자기장의 크기와 방향을 구하시오. (b) 반지름이 $R$ 인 원형도선에 전류 $I$ 가 흐를 때 도선 중심에서의 자기장의 크기를 구하시오. (단, 진공의 투자율은 $\mu_0$ 이다.)

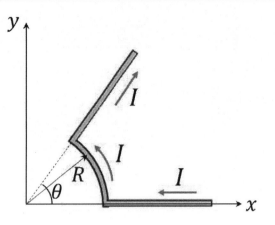

**풀 이**

(a) 비오 사바르 법칙을 이용하여 원점에서 자기장을 구해보자.

$$d\vec{B} = \frac{\mu_0}{4\pi} \frac{I d\vec{s} \times \hat{r}}{r^2},$$

직선도선 부분에 대해서는 $d\vec{s} \parallel \hat{r}$ 이므로 $d\vec{s} \times \hat{r} = 0$ 즉, $d\vec{B} = 0$이다.

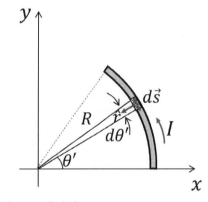

호 위의 미소 전류소 $d\vec{s}$ 가 만드는 자기장은

$$d\vec{B} = \frac{\mu_0 I ds}{4\pi R^2} \hat{z} = \frac{\mu_0 I d\theta'}{4\pi R} \hat{z}$$

따라서 전체 자기장은 다음과 같다.

$$\vec{B} = \int d\vec{B} = \frac{\mu_0 I}{4\pi R} \hat{z} \int_0^\theta d\theta' = \frac{\mu_0 I \theta}{4\pi R} \hat{z}$$

(a) 원형 고리 중심에서의 자기장의 크기 $B$ 는 $\theta = 2\pi$ 이므로

$$B = \frac{\mu_0 I}{2R} \quad \text{(원형 전류 중심에서의 자기장)} \qquad (2.51)$$

그림과 같이 $yz$ 평면에 위치한 반지름 $a$ 의 원형 도선에 전류 $I$ 가 흐르는 경우 중심으로부터 $+x$축 방향으로 $x$만큼 떨어진 점 P에서의 자기장을 구하시오. (단, 진공의 투자율은 $\mu_0$ 이다.)

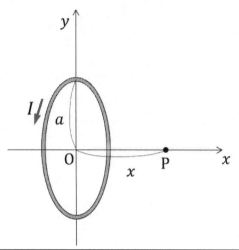

**풀 이**

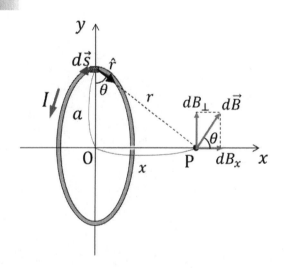

그림에서 미소 전류 $Id\vec{s}$가 만드는 미소 자기장 $d\vec{B}$는 비오 사바르 법칙에서

$$d\vec{B} = \frac{\mu_0}{4\pi} \frac{Id\vec{s} \times \hat{r}}{r^2},$$

이다. $d\vec{s} \perp \hat{r}$ 이므로 $d\vec{B}$의 크기는

$$dB = \frac{\mu_0}{4\pi} \frac{Ids}{r^2}$$

이고 방향은 위 그림과 같다. 이를 성분 분해하자. 이 때 수직성분 $dB_\perp$은 대칭성에 의해 고리 위의 모든 전류소에 대해 적분하면 상쇄되어 0이된다. 수평성분 $dB_x$은

$$dB_x = dB \cos\theta = dB\frac{a}{r}$$

이므로

$$dB_x = \frac{\mu_0 I}{4\pi} \frac{a\,ds}{r^3}$$

이다. 따라서 전체 자기장 $B_x$는

$$B_x = \int dB_x = \frac{\mu_0 I a}{4\pi r^3} \int ds = \frac{\mu_0 I a^2}{2r^3}$$

이므로 점 P 에서의 자기장은 다음과 같다.

$$\vec{B} = \frac{\mu_0 I a^2}{2(a^2 + x^2)^{3/2}} \hat{x}$$

원형 고리 전류에서 자기쌍극자 모멘트 $\mu$는 $\mu = IA = I\pi a^2$ 으로 정의된다. 자기쌍극자 모멘트는 원자 크기 정도에서 형성이 되므로 $x \gg a$ 임을 무리 없이 가정할 수 있다. 이 경우 자기장은 근사적으로 다음과 같다.

$$\vec{B} \approx \frac{\mu_0 \mu}{2\pi(a^2 + x^2)^{3/2}} \hat{x} = \frac{\mu_0 \mu}{2\pi x^3} \hat{x}$$

즉 거리의 세제곱에 반비례한다. 기본문제 1.2에서 전기쌍극자의 방향으로 $x$만큼 떨어진 위치에서의 전기쌍극자에 의한 전기장의 크기는 다음과 같음을 보았다.

$$E = \frac{p}{2\pi\varepsilon_0 x^3}$$

즉 전기쌍극자와 자기쌍극자가 주변에 형성하는 전기장과 자기장의 식은 매우 유사하다.

전류고리에 주변에 형성되는 자기력선을 그림으로 나타내면 다음과 같다.

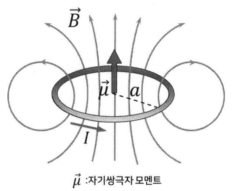

$\vec{\mu}$ : 자기쌍극자 모멘트

## 2.4.2. 두 평행 도체 사이의 자기력

전류 주변에는 자기장이 형성되고 그러한 자기장 영역에 놓인 전류가 흐르는 도선은 자기력을 받는다. 따라서 전류가 흐르는 도선 사이에는 서로에게 자기력이 작용하는 것을 알 수 있다.

그림2.17(A)에서 평행한 두 도선이 $r$만큼 떨어져 있고 각 도선에 전류 $I_1, I_2$ 가 같은 방향으로 흐르고 있다. 전류 $I_1$이 전류 $I_2$에 형성하는 자기장은 식(2.50)에 의해 $B_1 = \frac{\mu_0 I_1}{2\pi r}$ 이므로 길이가 $L$인 부분의 전류 $I_2$ 에 작용하는 자기력 $F_B$의 크기는

$$F_B = I_2 L B_1 = \frac{\mu_0 I_1 I_2 L}{2\pi r} \tag{2.52}$$

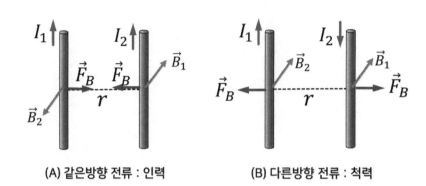

**(A) 같은방향 전류 : 인력**        **(B) 다른방향 전류 : 척력**

그림 2.17. 전류가 흐르는 평행한 두 도체 사이의 자기력

이다. 힘의 방향을 고려하면 이는 인력에 해당한다. 같은 방법으로 길이가 $L$인 전류 $I_1$에 작용하는 자기력의 크기도 위와 같으며 인력임을 알 수 있다. 이는 뉴턴의 3법칙에 따른 결과이다.

그림2.17(B)와 같이 전류의 방향이 반대인 경우 전류 $I_2$가 받는 힘의 크기는 식(2.52)와 같고 힘의 방향은 척력에 해당한다.

과거에는 식(2.52)을 이용하여 전류의 기본단위인 1A를 정의하였다. 이 때 상수값 $\mu_0$를 인위적으로 설정할 자유도가 있다. 그 설정값이 바로 $\mu_0 = 4\pi \times 10^{-7}$ T·m/A 이다.

### 2.4.3. 앙페르 법칙

식(2.47)는 전류 분포 주변에 어떻게 자기장이 정량적으로 형성되는 지를 보여주는 관계식이다. 자기장 역시 전기장과 마찬가지로 역제곱 법칙을 따른다. 이러한 역제곱 법칙을 만족하는 장이 만족하는 특별한 수학적인 방정식을 구할 수 있는데 자기장의 경우에는 다음과 같은 **앙페르 법칙(Ampere's law)** 으로 기술할 수 있다. (증명은 생략한다.)

$$\oint \vec{B} \cdot d\vec{s} = \mu_0 I_{\text{in}} \quad \text{(앙페르 법칙)} \tag{2.53}$$

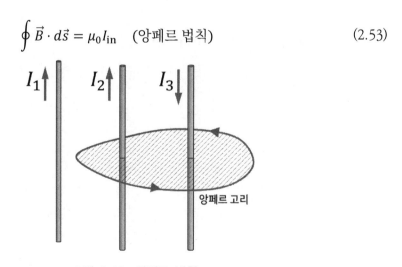

앙페르 고리

그림 2.18. 앙페르 법칙

식(2.53)의 좌변은 임의의 닫혀진 곡선을 따라 $\vec{B} \cdot d\vec{s}$ 를 선적분 하는 것을 의미한다. 좌변의 적분경로를 '**앰페르 고리**'라 한다. 우변의 $I_{in}$ 은 선적분 경로 내부를 통과하는 전체 전류의 합을 나타낸다. 부호 규약을 유의해야 하는데, 폐곡선 적분경로를 오른손으로 감쌌을 때 엄지가 가리키는 방향과 일치하는 방향으로 전류가 통과하면 (+), 엄지의 방향과 반대방향으로 전류가 통과하면 (-)이다. 따라서 위 그림의 경우라면 $I_{in} = I_2 - I_3$이다.

앰페르 법칙 (2.53)은 전기장이 만족하는 가우스 법칙과 대응되는 자기장에 관한 법칙이다. 좌변의 복잡한 적분의 결과가 우변의 간단한 형태로 표현되는 데 의의가 있다. 따라서 앰페르 법칙은 대칭적인 전류분포에 대하여 자기장의 크기를 쉽게 도출할 수 있게 한다.

그림과 같이 원형 경로 중심을 전류 $I$가 통과하는 경우에 대하여 앰페르 법칙이 성립함을 확인해 보자.

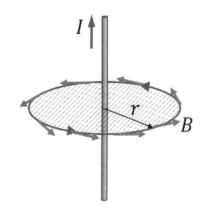

그림 2.19. 원형 경로에 대한 앰페르 법칙

적분 경로 위에서 경로 방향과 자기장의 방향은 일치하며 대칭성에 의해 자기장의 크기는 일정하다. 식(2.50)를 이용하면

$$\oint \vec{B} \cdot d\vec{s} = B \oint ds = B \cdot (2\pi r) = \frac{\mu_0 I}{2\pi r} \cdot (2\pi r) = \mu_0 I \tag{2.54}$$

와 같으므로 앰페르 법칙 (2.53)이 만족됨을 알 수 있다.

## 2.4.4. 앰페르 법칙의 적용

### 2.4.4.1. 무한히 긴 원통형 도선

다음 그림과 같이 무한 길이의 반지름이 $R$인 원통형 도선의 단면적에 균일하게 전류 $I$가 $+z$ 방향으로 흐를 때 도선 내부와 도선 외부에서 형성되는 자기장을 구해보자.

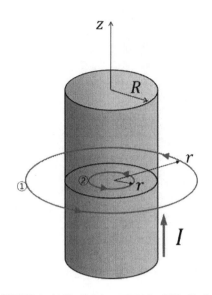

그림 2.20. 원통형 도선에 흐르는 전류에 대한 앙페르 법칙 적용

## (1) 도선 외부 ($r > R$)

경로①을 따라 반지름 $r$ 인 원형 앙페르 고리를 설정하자. 전류분포의 원통형 대칭성에 의해 자기장은 경로의 방향과 일치하며 크기는 일정하다. 따라서 식(2.53)의 좌변은

$$\oint \vec{B} \cdot d\vec{s} = B \oint ds = B \cdot 2\pi r \tag{2.55}$$

이다. 우변에서 앙페르 고리 안으로 전류 $I$ 가 모두 통과하므로 (우변) $= \mu_0 I$ 이다. 따라서

$$B \cdot 2\pi r = \mu_0 I \tag{2.56}$$

$$\therefore B = \frac{\mu_0 I}{2\pi r} \quad \text{(반시계 방향)} \tag{2.57}$$

이는 무한 직선 전류 주변의 자기장인 식(2.50)과 일치한다.

## (2) 도선 내부 ($r < R$)

경로②를 따라 반지름 $r$ 인 원형 앙페르 고리를 설정하자. 전류분포의 원통형 대칭성에 의해 마찬가지로 자기장은 경로의 방향과 일치하며 크기는 일정하다. 따라서 식(2.53)의 좌변은

$$\oint \vec{B} \cdot d\vec{s} = B \oint ds = B \cdot 2\pi r \tag{2.58}$$

이 성립한다. 위 그림에서 앙페르 고리 내부를 통과하는 전류는 전체 전류에 대하여 앙페르 고리의 면적과 도선의 단면적의 넓이 비율만큼 통과하므로

$$(\text{우변}) = \mu_0 q_{\text{in}} = \mu_0 \frac{(\pi r^2)}{(\pi R^2)} I = \frac{\mu_0 r^2 I}{R^2} \tag{2.59}$$

이다. 따라서

$$B \cdot 2\pi r = \frac{\mu_0 r^2 I}{R^2} \tag{2.60}$$

$$\therefore B = \frac{\mu_0 I}{2\pi R^2} r \quad (\text{반시계 방향}) \tag{2.61}$$

### 2.4.4.2. 토로이드

다음 그림과 같이 가운데 구멍이 있는 도넛 모양으로 도선을 감은 것을 **토로이드(toroid)**라 한다. 토로이드 내부의 자기장을 구해보자.

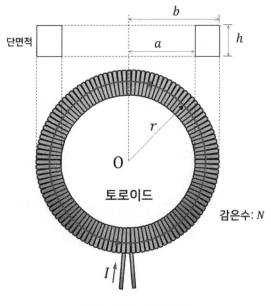

그림 2.21. 토로이드

토로이드에 도선을 균일하게 $N$번 감고 전류 $I$를 통과시키자. 토로이드 중심으로부터 토로이드 내부를 통과하는 반지름이 $r$인 원형 앙페르 고리를 설정하고 앙페르 법칙을 적용하자. 토로이드의 구조적인 대칭성에 의해 토로이드 내부의 자기장은 적분 경로에 평행하며 적분 경로 위에서 일정하다. 그림에서 앙페르 고리를 통과하는 총 전류의 크기는 $NI$이다. 따라서

$$\oint \vec{B} \cdot d\vec{s} = B \oint ds = B \cdot 2\pi r = \mu_0 NI \tag{2.62}$$

이므로 토로이드 내부의 자기장의 크기는 다음과 같다.

$$\therefore B = \frac{\mu_0 NI}{2\pi r} \tag{2.63}$$

### 2.4.4.3. 솔레노이드

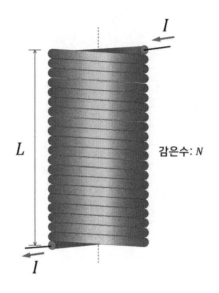

그림 2.22. 솔레노이드

**솔레노이드(solenoid)**는 도선을 원통모양으로 감은 것을 말한다. 이상적인 솔레노이드는 길이가 무한하고 도선을 빈틈없이 감은 것을 말하는데, 이 경우 솔레노이드 내부에는 균일한 자기장이 형성되고 솔레노이드 외부는 자기장이 0이 된다. (이상적인 평행판 축전기 내부에는 균일한 전기장이 형성되고 외부는 전기장이 0인 것과 유사하다.) 이상적인 솔레노이드에 대하여 내부에 형성되는 균일한 자기장의 크기를 구해보자.

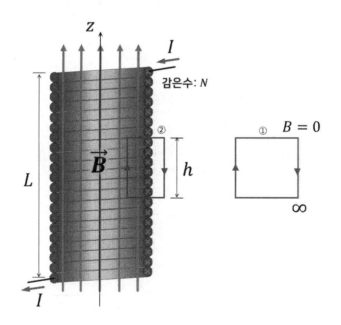

그림 2.23. 솔레노이드에서 앙페르법칙의 적용

먼저 솔레노이드 바깥의 자기장을 살펴보자. 대칭성에 의해 솔레노이드 내부와 외부에 형성되는 자기장의 방향은 $z$ 축 방향이다. 솔레노이드로부터 무한히 먼 곳에서는 역제곱 법칙에 의해 $B = 0$이다. 이제 위 그림의 1번 직사각형 앙페르 고리를 생각하자. 고리의 높이는 $h$ 이다. 오른쪽 변은 무한대의 위치에 있고 왼쪽 변은 솔레노이드로부터 유한한 거리에 있다. 왼쪽 변에서의 자기장을 $B_1$이라 하자. 앙페르 법칙의 좌변의 선적분에서 수평방향의 적분은 적분경로와 자기장 방향이 수직이므로 항상 0이다. 따라서 $\oint \vec{B} \cdot d\vec{s} = B_1 h + 0 + 0 + 0 = B_1 h$ 이다. 앙페르 고리를 통과하는 전류는 없으므로 ($I_{in} = 0$)

$$\oint \vec{B} \cdot d\vec{s} = B_1 h = 0 \quad \rightarrow \quad \therefore B_1 = 0 \tag{2.64}$$

왼쪽변이 임의의 위치에 있을 때에도 성립하므로 결국 솔레노이드 바깥 어느 지점에서나 $B = 0$이다. 즉 이상적인 솔레노이드 바깥에는 항상 자기장이 0이다.

다음으로 위 그림의 2번 경로를 앙페르 고리로 설정하고 앙페르 법척을 적용하자. 솔레노이드의 단위길이당 감은수를 $n = \frac{N}{L}$ 으로 정의하자. 그러면 2번 앙페르 고리를 통과하는 총 전류는 $I_{in} = nhI$ 이다. 솔레노이드 내부의 자기장을 $B$ 라 하면, 수평방향으로의 적분은 0이고 솔레노이드 바깥의 자기장은 0 이므로.

$$\oint \vec{B} \cdot d\vec{s} = Bh + 0 + 0 + 0 = Bh = \mu_0 nhI \tag{2.65}$$

따라서 솔레노이드 내부의 자기장의 크기 $B$ 는 다음과 같다.

$$B = \mu_0 nI \quad \text{(솔레노이드 내부의 자기장)} \tag{2.66}$$

## 2.4.5. 자기에서의 가우스 법칙

전기력선과 마찬가지로 자기력선도 자기장을 시각적으로 표현하는 방법이다. 단위 면적을 통과하는 자기력선의 수가 클수록 자기장이 크다. **자기선속(magnetic flux, SI단위: Wb $\equiv$ T · m$^2$, 웨버)** $\Phi_B$는 자기장과 자기장에 수직한 면적과의 곱으로 정의한다.

$$\Phi_B \equiv \vec{B} \cdot \vec{A} = BA \cos \theta \tag{2.67}$$

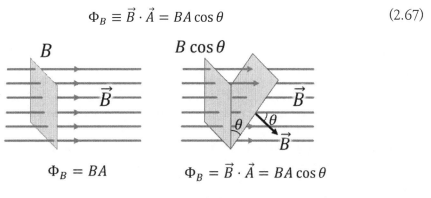

그림 2.24. 자기선속

자기선속의 물리적인 의미는 주어진 면을 수직으로 통과하는 자기력선의 개수이다. 평면이 아닌 곡면에 대해서는 미소한 면적 벡터 $d\vec{A}$ 에 대한 미소 자기선속은 $d\Phi_B = \vec{B} \cdot d\vec{A}$ 이므로 전체 자기선속 $\Phi_B$는 다음과 같다.

$$\Phi_B = \int d\Phi_B = \int \vec{B} \cdot d\vec{A} \tag{2.68}$$

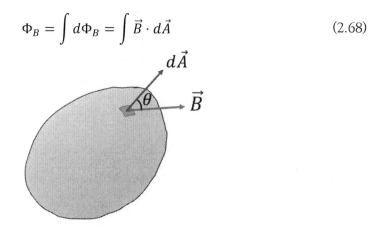

그림 2.25. 곡면에 대한 자기선속

자기장은 전류 주변으로 고리형태로만 형성됨을 주목하자. 따라서 닫혀진 폐곡면에 대해서 자기선속을 구해보면 어느 한쪽 면을 통과하여 내부로 들어온 자기력선이 모두 다른쪽 면을 통과하여 빠져나가므로 닫혀진 면을 수직으로 통과하는 알짜 전기력선의 수는 0이다. 즉 다음과 같은 자기장에 관한 가우스 법칙이 성립한다.

$$\oint \vec{B} \cdot d\vec{A} = 0 \quad \text{(자기에 관한 가우스 법칙)} \tag{2.69}$$

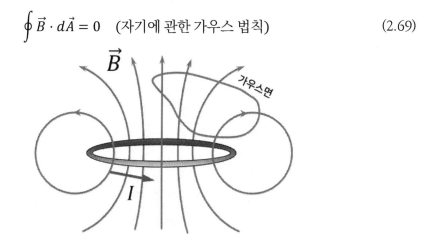

그림 2.26. 자기에 관한 가우스 법칙

전기장에 관한 가우스 법칙은 가우스면 안에 알짜 전하가 포함되면 우변이 0이 아닌 값을 가진다. 그러나 자기장에 관해서는 전자나 양성자와 같이 N극 또는 S극 만을 홀로 가지는 **자기 홀극자 (magnetic monopole)**는 우리 우주에 존재하지 않는다. 그래서 식(2.69)의 우변은 항상 0이다. 즉, 식(2.69)은 자기 홀극자는 존재하지 않음을 나타내는 식이다. 자기 홀극자를 찾는 수많은 실험이 수행되었으나 아직도 발견하지 못하였다.

# 3. 전자기유도

## 3.1. 서설

한스 외르스테드가 전류가 자기장을 만드는 사실을 발견함으로 인해 전기와 자기는 서로 연관되어 있음을 알게 되었다. 외르스테드와 동시대를 살았던 마이클 패러데이는 이와 반대로 자기장의 변화가 전류를 흐르게 만드는 기전력 또는 전기장을 만들어 낸다는 역사적인 발견을 하였다. 패러데이 법칙이라 불리는 이 법칙은 오늘날 발전소를 비롯한 산업 분야 곳곳에서 응용되어진다. 이로서 전기 자기학은 거의 완성 단계에 이르게 되었다.

## 3.2. 패러데이 법칙

### 3.2.1. 패러데이의 유도법칙

패러데이는 코일에 자석을 통과시키는 실험을 통해 다음과 같이 시간에 따라 변하는 자기선속이 기전력을 만들어 내는 **패러데이의 유도법칙 (Faraday's law of induction)**을 발견하였다.

$$\varepsilon = -N\frac{d\Phi_B}{dt} \quad \text{(패러데이의 유도법칙)} \tag{3.1}$$

**기전력 (electromotive force, emf, SI단위: V, 볼트)** $\varepsilon$ 이란 회로에 전류가 흐르도록 단자 사이에 일정하게 유지시켜주는 전위차이다. 즉 전압 또는 전위차의 개념이다. 식(3.1)에서 좌변은 유도된 기전력이고 $N$은 코일의 감은 수이다. 부호 (-)는 다음 절에서 살펴볼 렌츠의 법칙을 나타낸다. 자속 $\Phi_B$는 $\Phi_B = BA\cos\theta$ 이므로

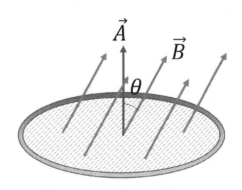

그림 3.1. 패러데이 법칙의 적용

패러데이의 법칙에 따라 코일에 유도기전력이 발생할 수 있는 경우는 다음과 같다.
1. 자기장의 크기 $B$가 변하는 경우, 2. 면적 $A$가 변하는 경우, 3. 면적벡터와 자기장이 이루는 각 $\theta$가 변하는 경우. 4. 위 세가지중 여러 개가 동시에 발생하는 경우.

### 3.2.2. 렌츠의 법칙

패러데이 법칙에 따라 코일을 통과하는 자속이 시간에 따라 변화하면 코일에는

유도기전력이 발생하고 그에 따라 유도전류가 흐르게 된다. 그러한 기전력의 방향 또는 유도전류의 방향은 렌츠의 법칙을 따른다. **렌츠의 법칙 (Lenz's law)** 이란 유도기전력과 유도전류는 자속의 변화를 방해하는 방향으로 발생한다는 것이다.

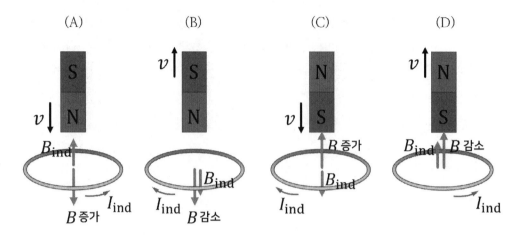

그림 3.2. 렌츠의 법칙

그림3.2(A)에서 자석의 N극을 코일에 가져가면 코일을 아래방향으로 통과하는 자기장 B가 커지므로 패러데이 법칙에 의해 유도 기전력이 발생한다. 유도 기전력에 의한 유도 전류의 방향은 렌츠의 법칙에 의해 유도전류 $I_{ind}$ 에 의해 발생하는 유도 자기장 $B_{ind}$ 이 아래 방향으로 증가하는 자기장을 상쇄시키도록 위쪽을 향하도록 해야 한다. 따라서 유도 전류의 방향은 반시계 방향이어야 한다. 그림3.2(B)에서 자석의 N극을 코일에서 멀어지게 하는 경우를 살펴보자. 코일에는 아래방향의 자기장이 감소한다. 따라서 렌츠의 법칙에 의해 유도 전류는 그러한 감소하는 자기장을 상쇄시키도록 아래 방향의 유도 자기장이 발생되는 방향이어야 한다. 즉 시계방향의 유도 전류이어야 한다. 그림3.2(C)의 경우 코일을 통과하는 위쪽 방향의 자기장이 증가하고 따라서 유도 자기장은 아래 방향이어야 하므로 유도 전류는 시계방향이다. 그림3.2(D)의 경우 코일을 통과하는 위쪽 방향의 자기장이 감소하고, 따라서 유도 자기장은 위쪽 방향이어야 하므로 유도 전류는 반시계 방향이다.

### 3.2.3. 운동 기전력

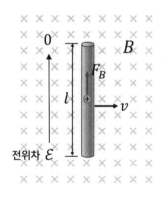

그림 3.3. 운동 기전력

운동 기전력 (motional emf)이란 일정한 자기장 내에서 도체가 운동할 때 도체에 유도되는 기전력을 말한다. 그림3.3과 같이 지면으로 들어가는 방향의 균일한 자기장 $B$ 가 존재하는 영역에 자기장과 수직한 방향을 향하는 길이 $l$ 인 도체가 길이방향과 자기장 방향에 모두 수직한 방향으로 속력 $v$ 로 운동하는 경우를 생각하자.

도체 내에 있는 양전하 $q$ 는 (문제를 간단히 하기 위해 양전하로 논의한다.) 그림에서 위쪽으로 자기력 $F_B = qvB$ 을 받는다. 이에 대한 등가 전기장을 구해보면 $qE = qvB$ 이므로 $E = vB$ 이다. 즉, 이는 도선 내에 크기가 $vB$ 인 전기장이 가해진 경우와 동등이다. 도선 내에 균일한 전기장이 형성되어 있음을 가정하면 도선 양단에 유도된 기전력은 $\mathcal{E} = El = Blv$ 이다. 따라서 운동기전력은 다음과 같다.

$$\mathcal{E} = Blv \quad (\text{운동 기전력}) \tag{3.2}$$

## 기본문제 3.1

그림과 같이 지면으로 들어가는 방향의 균일한 자기장 $B$ 가 존재하는 영역에서 질량이 $m$ 이고 길이가 $l$ 인 도체 막대가 마찰이 없는 두 평행 도체 레일 위를 운동하고 있다. 레일에는 저항 $R$ 이 도선을 통해 연결되어 회로를 구성하고 있다. 막대에는 일정한 힘 $F$ 가 수평방향으로 작용하고 막대는 $v_0$ 의 속도로 일차원 등속운동을 한다. 다음 물음에 답하시오. (단, 막대와 레일의 저항은 무시한다.)

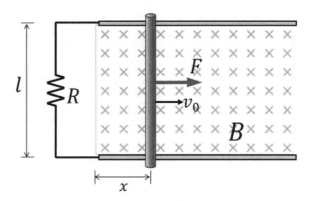

(a) 회로에 흐르는 전류의 크기와 방향을 구하시오.

(b) 힘 $F$ 의 크기를 구하시오.

(c) 저항에서의 소모전력을 구하시오.

(d) $t = 0s$ 에서 힘 $F$ 가 제거되었다. 막대의 속도를 시간에 따른 함수로 구하시오.

### 풀 이

(a) 도체 막대 내의 양전하는 위쪽으로 힘을 받으므로 회로에는 반시계방향으로 유도

전류가 흐른다. 유도기전력이 $\mathcal{E} = Blv$ 이므로 유도 전류의 크기는 다음과 같다.

$$I = \frac{\mathcal{E}}{R} = \frac{Blv}{R}$$

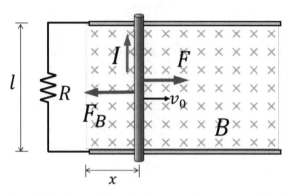

(b) 자기장 내에서 직선 도체에 유도 전류 $I$가 흐르고 있으므로 도체 막대가 $-x$방향으로 받는 자기력 $F_B$의 크기는 다음과 같다.

$$F_B = IlB = \frac{B^2 l^2 v}{R}$$

막대에 작용하는 힘이 평형을 이루어야 하므로

$$F = F_B = \frac{B^2 l^2 v}{R}$$

이다.

(c) 소모전력 $P$는

$$P = I^2 R = \frac{B^2 l^2 v^2}{R}$$

이다.

(d) 막대의 운동방정식을 구하면

$$-F_B = m\frac{dv}{dt}$$
$$\rightarrow -\frac{B^2 l^2 v}{R} = m\frac{dv}{dt}$$

이를 변수 분리하면

$$\frac{dv}{v} = -\left(\frac{B^2 l^2}{mR}\right)dt \equiv -\frac{dt}{\tau}$$

이다. 양변 적분하면

$$\int_{v_0}^{v}\frac{dv}{v} = -\frac{1}{\tau}\int_{0}^{t}dt$$
$$\rightarrow \ln\left(\frac{v}{v_0}\right) = -\frac{t}{\tau}$$

따라서

$$v = v_0 e^{-t/\tau} = v_0 e^{-(B^2 l^2/mR)t}$$

이다.

## 기본문제 3.2

그림과 같이 지면으로 들어가는 방향의 균일한 자기장 $B$ 가 존재하는 영역에서 길이가 $a$ 인 도체막대가 원형 레일 위를 막대 한쪽 끝을 고정축으로 하여 반시계방향으로 각속력 $\omega$ 로 회전하고 있다. 막대의 끝과 레일은 저항 $R$ 과 도선을 통해 연결되어 회로를 구성하고 있다. 회로에 흐르는 유도 전류의 크기와 방향을 구하시오.

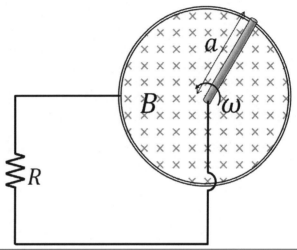

### 풀 이

막대의 미소길이에 $dr$ 부분에 유도된 미소 기전력 $d\mathcal{E}$ 는 다음과 같으므로

$$d\mathcal{E} = Bv\,dr = B\omega r\,dr$$

전체 유도기전력 $\mathcal{E}$ 는

$$\mathcal{E} = \int d\mathcal{E} = B\omega \int_0^a r\,dr = \frac{1}{2}B\omega a^2$$

이다. 따라서 유도 전류는 다음과 같다.

$$I = \frac{\mathcal{E}}{R} = \frac{B\omega a^2}{2R}$$

### 3.2.4. 유도 전기장

패러데이의 법칙을 기전력의 관점에서 벗어나 전기장의 관점에서 살펴보자. 다음 그림에서 원형 단면적을 지면으로 들어가는 방향으로 통과하는 균일한 자기장이 시간에 따라 증가한다. 그리고 그러한 자기장 영역 내에 반지름이 $r$ 인 고리 도선이 놓여져 있다. 패러데이 법칙 및 렌즈의 법칙에 의해 도선에는 시계방향으로 유도전류가 흐른다.

그러면 실제적으로 무엇이 전류를 흐르게 만드는가? 옴의 법칙에 의해 도체 내에 전기장이 존재해야 전류가 흐른다는 것을 우리는 알고 있다. 즉 원형 도선 내에 반시계방향으로 전기장이 유도가 된 것이다. 사실 반지름이 $r$인 도선 내부 뿐만 아니라 ($r$은 임의의 값을 가질수 있다) 시간에 따라 변화하는 자기장 주변의 모든 영역에 자기장을 감싸는 방향으로 전기장이 유도된다. 이것이 패러데이 법칙을 다른 관점에서 해석한 것이다. 전류 주변에 자기장이 발생하듯, 변하는 자기장 주변에 전기장이 발생한다.

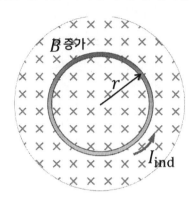

그림 3.4. 패러데이의 법칙

식(3.1)의 좌변의 기전력과 전기장을 연관시켜보자. 기전력은 단위 전하를 회로에 흐르도록 가해 주어야 할 에너지 이므로 위 그림의 원형 회로에서

$$\mathcal{E} = \oint \vec{E} \cdot d\vec{s} \qquad (3.3)$$

이다. 이를 식(3.1) 에 대입하자. $N = 1$인 경우이므로 다음 식을 얻는다.

$$\oint \vec{E} \cdot d\vec{s} = -\frac{d\Phi_B}{dt} \quad \text{(패러데이 법칙의 적분형)} \qquad (3.4)$$

이를 패러데이 법칙의 적분형 이라고 한다. 식(3.4)의 폐곡선의 적분 경로는 임의의 닫힌경로이다. 우변에서 자기선속 $\Phi_B$ 는 좌변의 폐곡선을 경계로 하는 면적에 대한 자기선속이다. 면적 벡터의 방향은 폐곡선의 적분방향을 오른손으로 감쌌을 때 엄지가 가리키는 방향이 면적벡터의 (+) 방향임에 유의하여야 한다.

식(3.4)은 앙페르 법칙과 유사하게 대칭적으로 분포하는 자기장이 시간에 따라 변할 때 유도되는 전기장을 쉽게 구할 수 있게 한다.

## 기본문제 3.3

그림과 같이 중심축으로부터 반경이 $R$, 길이가 $L$, 감은수가 $N$인 솔레노이드에 전류 $I$를 흘러보내주어 솔레노이드 내부에 $-z$ 방향으로 균일한 자기장이 형성이 되어 있다. 전류 $I$가 $I = \alpha t$ 와 같이 시간에 따라 증가한다. 다음 물음에 답하시오.

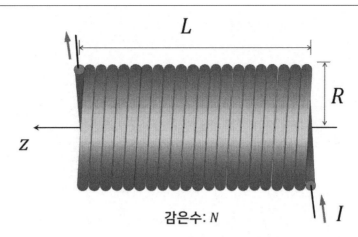

감은수: $N$

(a) 솔레노이드 내부의 자기장의 크기를 시간에 따른 함수로 나타내시오.

(b) 솔레노이드 내부의 중심축으로부터 거리가 $r$인 지점에서 유도된 전기장의 크기와 방향을 구하시오.

(c) 솔레노이드 외부의 중심축으로부터 거리가 $r$인 지점에서 유도된 전기장의 크기와 방향을 구하시오.

### 풀 이

(a) 솔레노이드 내부의 자기장의 크기는 $B = \mu_0 n I$ 이고 $n = N/L$ 이므로

$$B = \frac{\alpha \mu_0 N t}{L}$$

이다.

(b) 아래 그림에서 솔레노이드 내부의 반지름이 $r$인 원형경로 ① 의 반시계 방향으로 적분 경로를 설정하고 패러데이 법칙 식(3.4)을 적용하자. 대칭성에 의해 유도된 전기장의 방향은 경로 방향과 평행하며 일정하다.

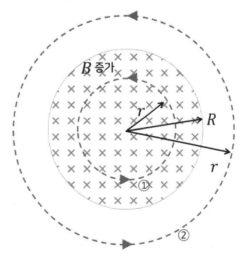

따라서

$$(좌변) = \oint \vec{E} \cdot d\vec{s} = E \oint ds = E \cdot 2\pi r$$

이다. 자기선속을 계산할 때 면적벡터 방향과 자기장 방향이 반대임에 유의하자.

$$(우변) = -\frac{d\Phi_B}{dt} = \frac{d(BA)}{dt} = \pi r^2 \frac{dB}{dt} = \frac{\pi\alpha\mu_0 N r^2}{L}$$

따라서

$$E \cdot 2\pi r = \frac{\pi\alpha\mu_0 N r^2}{L}$$
$$\therefore E = \left(\frac{\alpha\mu_0 N}{2L}\right)r$$

방향은 반시계 방향이다.

(c)  솔레노이드 외부의 반지름이 $r$인 원형경로 ② 의 반시계 방향으로 적분 경로를 설정하고 패러데이 법칙 식(3.3)을 적용하자. 대칭성에 의해 유도된 전기장의 방향을 경로 방향과 평행하며 일정하다. 따라서

$$(좌변) = \oint \vec{E} \cdot d\vec{s} = E \oint ds = E \cdot 2\pi r$$

이다. 우변의 자기선속을 계산할 때 면적벡터 방향과 자기장 방향이 반대임에 유의하자. 또한 자기장은 $r < R$ 인 영역에서만 존재하므로

$$(우변) = -\frac{d\Phi_B}{dt} = \frac{d(BA)}{dt} = \pi R^2 \frac{dB}{dt} = \frac{\pi\alpha\mu_0 N R^2}{L}$$

따라서

$$E \cdot 2\pi r = \frac{\pi\alpha\mu_0 N R^2}{L}$$
$$\therefore E = \left(\frac{\alpha\mu_0 N}{2L}\right)\frac{R^2}{r}$$

방향은 반시계 방향이다.

## 3.2.5. 발전기

패러데이 법칙은 대표적으로 발전기의 원리로 응용된다. 그림과 같이 $+x$방향으로 균일한 자기장의 영역에서 코일을 $+z$축 방향의 일정한 각속력 $\omega$로 회전시킨다.

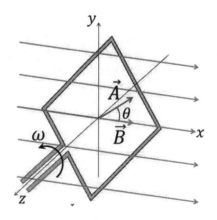

그림 3.5. 발전기의 원리

코일을 통과하는 자기선속 $\Phi_B = BA\cos\theta$ 에서 시간에 따라 $\theta$ 가 변화하므로 패러데이

법칙에 의해 코일에 유도 기전력이 발생한다. 코일의 감은수를 $N$ 이라 하자. $\theta = \omega t$ 이므로 코일에 유도되는 유도 기전력은 다음과 같다.

$$\mathcal{E} = -N\frac{d\Phi_B}{dt} = -N\frac{d}{dt}(BA\cos\omega t) = NBA\omega\sin\omega t \qquad (3.5)$$

## 3.3. 유도계수

### 3.3.1. 자체유도 계수

지금까지 살펴본 바와 같이 코일은 두가지 중요한 전자기 현상을 발생시킨다. 첫째는 코일에 일정한 전류가 흐르면 코일 내부에 일정한 자기장이 형성되는 것이고 둘째는 코일내에 변하는 자기장을 통과시키면 코일에는 그러한 변화를 상쇄시키는 유도 기전력이 발생하는 것이다. 전기 회로내에서의 코일에는 위의 두가지 현상이 동시에 발생한다. 코일에 전류가 흐르면 코일에는 자기장이 발생하고, 코일에 흐르는 전류가 시간에 따라 변화하면 자기장도 변하므로 패러데이 법칙에 의해 기전력이 유도된다. 이러한 기전력은 렌츠의 법칙에 의해 전류의 변화를 상쇄시키는 방향로 발생하므로 이므로 역기전력이라고 한다. 동일 회로 내에서 발생한 이러한 유도 현상을 **자체 유도(self-induction)**라 한다. 코일은 **인덕터(inductor)**라고도 하는 이유이다.

자체 유도에 의해 발생한 유도 기전력을 **자체 유도 기전력(self-induced emf)** $\mathcal{E}_L$ 이라 한다. 자체 유도의 원인은 회로 내의 전류 변화이고, 자체 유도 기전력은 시간에 따른 전류의 변화율에 비례한다. 그러한 비례 상수를 **자체 유도 계수(self-inductance, SI단위: H = V · s/A, 헨리)** (또는 **유도 계수**) $L$ 이라 하고 다음과 같이 정의한다.

$$\mathcal{E}_L = -L\frac{dI}{dt} \quad \text{(자체 유도 계수의 정의)} \qquad (3.6)$$

자체 유도 계수 $L$ 은 코일(인덕터)의 기하학적 모양 또는 내부의 물질 등에 의해서 결정되는 물리량이다.

패러데이 법칙으로부터 자체유도를 계산해보자. 도선이 $N$ 번 감겨진 코일에 일정한 전류 $I$ 가 흐를 때 코일 단면적을 지나는 자기선속을 $\Phi_B$ 라 하자. 패러데이 법칙에 의해 자체유도 기전력은 다음과 같다.

$$\mathcal{E}_L = -N\frac{d\Phi_B}{dt} \qquad (3.7)$$

식(3.6), (3,7)으로부터 $LI = N\Phi_B$ 이므로 다음과 같이 자체 유도 계수의 계산식을 얻게 된다.

$$L = \frac{N\Phi_B}{I} \quad \text{(자체 유도 계수의 계산식)} \qquad (3.8)$$

즉, 코일의 자체유도를 계산하는 방법은 $N$번 감은 코일에 전류 $I$가 흐를 때 코일 단면적을 통과하는 자기선속이 $\Phi_B$라 하면 자체 유도 계수는 $L = N\Phi_B/I$ 으로 계산된다.

## 기본문제 3.4

그림과 같이 길이가 $L$, 감은수 $N$, 단면적이 $A$인 솔레노이드의 자체유도계수 $L$을 구하시오. (단, 자유 공간의 투자율은 $\mu_0$ 이다.)

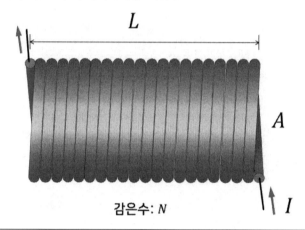

감은수: $N$

### 풀 이

솔레노이드에 전류 $I$가 흐를 때 내부의 자기장 $B$는 식(2.66)으로부터 다음과 같다.

$$B = \mu_0 n I = \frac{\mu_0 N I}{L}$$

따라서 자기선속 $\Phi_B$는

$$\Phi_B = BA = \frac{\mu_0 N I A}{L}$$

이므로 자체유도 계수 $L$은 다음과 같다.

$$L = \frac{N\Phi_B}{I} = \frac{\mu_0 N^2 A}{L}$$

이를 솔레노이드의 단위 길이당 감은 수 $n = \frac{N}{L}$과 솔레노이드 내부 부피 $V = AL$로 표현하면 다음과 같다.

$$L = \mu_0 n^2 V \tag{3.9}$$

## 3.3.2. 자기장 내의 에너지

기전력 $\mathcal{E}$와 저항 $R$ 및 유도 계수가 $L$인 인덕터로 구성된 회로를 생각하자. 저항에서는 $IR$ 만큼 전압 강하가 생기고 인덕터 양단에는 식(3.6)에 의해 $-L\frac{dI}{dt}$ 만큼 역기전력이 발생하므로 $\mathcal{E} = IR + L\frac{dI}{dt}$ 의 식을 얻게 된다. 양변에 $I$를 곱하면 다음과 같은 전력에 관한 식을 얻을 수 있다.

$$I\mathcal{E} = I^2 R + LI\frac{dI}{dt} \tag{3.10}$$

$I\mathcal{E}$ 는 기전력 장치가 공급하는 전력이고 $I^2 R$ 은 저항에서 소모되는 전력이다. 인덕터에서는 에너지를 소모하지 않고 자기 에너지 형태로 에너지를 저장한다. 즉 $LI\frac{dI}{dt}$ 는 인덕터에 저장되는 에너지의 시간에 대한 비율이다:

$$\frac{dU_B}{dt} = LI\frac{dI}{dt} \tag{3.11}$$

양변을 적분하면 인덕터에 전류 $I$ 가 흐를 때 인덕터에 저장된 전체 에너지 $U_B$ 는 다음과 같다.

$$U_B = \frac{1}{2}LI^2 \quad \text{(인덕터에 저장된 에너지)} \tag{3.12}$$

솔레노이드의 경우에 단위 부피당 에너지 즉 자기에너지 밀도 $u_B$ 를 계산해보자. 식 (2.66), (3.9) 을 이용하면

$$u_B = \frac{U_B}{V} = \frac{1}{2V} \cdot \mu_0 n^2 V \cdot \left(\frac{B}{\mu_0 n}\right)^2 = \frac{B^2}{2\mu_0} \tag{3.13}$$

$$\therefore u_B = \frac{B^2}{2\mu_0} \quad \text{(자기 에너지 밀도)} \tag{3.14}$$

이다. 이는 솔레노이드에 대해서 유도한 식이지만 실제로 모든 인덕터에 대해서 성립한다. 식(3.14)은 전기 에너지 밀도식 (1.61)과 매우 유사하다. 자기 에너지 밀도 또한 오로지 자기장에만 의존한다. 즉, 자기장 자체 또한 에너지를 가지고 있는 것이다.

그림과 같이 안쪽 반지름이 $a$, 바깥쪽 반지름이 $b$ 이고 높이가 $h$ 인 직사각형 단면적을 가지며 도선이 $N$ 번 감긴 토로이드에 전류 $I$ 가 흐르고 있다. 다음 물음에 답하시오. (단, 자유 공간의 투자율은 $\mu_0$ 이다.)

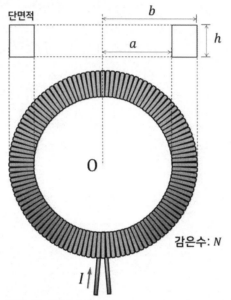

(a) 토로이드의 자체유도계수를 구하시오

(b) 토로이드에 저장된 자기 에너지를 구하시오.

### 풀 이

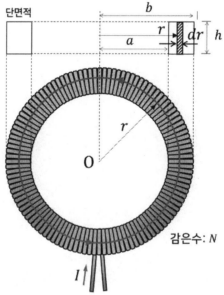

(a) 토로이드의 단면적을 통과하는 자기선속 $\Phi_B$를 구해보자. 중심으로부터 $r$만큼 떨어진 위치에서의 자기장은 앙페르 법칙을 이용하면

$$B \cdot 2\pi r = \mu_0 NI$$

으로부터

$$B = \frac{\mu_0 NI}{2\pi r}$$

이다. 중심에서 $r$만큼 떨어진 길이가 $dr$이고 높이가 $h$인 미소 직사각형을 통과하는 미소 자기선속 $d\Phi_B$는

$$d\Phi_B = Bhdr = \frac{\mu_0 NIh}{2\pi r}dr$$

이다. 따라서 전체 자기선속은 다음과 같다.

$$\Phi_B = \int d\Phi_B = \frac{\mu_0 NIh}{2\pi}\int_a^b \frac{dr}{r} = \frac{\mu_0 NIh}{2\pi}\ln\left(\frac{b}{a}\right)$$

이로부터 자체 유도 계수 $L$은 다음과 같이 계산된다.

$$L = \frac{N\Phi_B}{I} = \frac{\mu_0 N^2 h}{2\pi}\ln\left(\frac{b}{a}\right)$$

(b) 토로이드 내부에 저장된 자기에너지 $U_B$는

$$U_B = \frac{1}{2}LI^2 = \frac{\mu_0 N^2 I^2 h}{4\pi}\ln\left(\frac{b}{a}\right)$$

이다.

\* 참고로 자기에너지 밀도를 이용하여 토로이드 내부의 자기에너지 $U_B$를 구해보자. 반지름이 $r$이고 두께가 $dr$, 높이가 $h$인 원통 껍질 부분에 저장된 미소한 자기에너지 $dU_B$는

$$dU_B = u_B dV = \frac{B^2}{2\mu_0}dV$$
$$= \frac{1}{2\mu_0}\left(\frac{\mu_0 NI}{2\pi r}\right)^2 2\pi r dr h$$
$$= \frac{\mu_0 N^2 I^2 h}{4\pi r}dr$$

이다. 따라서 토로이드 내부의 전체 자기에너지 $U_B$는

$$U_B = \int dB = \frac{\mu_0 N^2 I^2 h}{4\pi}\int_a^b \frac{dr}{r} = \frac{\mu_0 N^2 I^2 h}{4\pi}\ln\left(\frac{b}{a}\right)$$

즉, 위에서 자체 유도 계수로부터 구한 결과와 일치한다.

그림과 같이 안쪽 반지름이 $a$이고 바깥쪽 반지름이 $b$이며 길이가 $l$인 동축케이블에 전류 $I$가 흐르고 있다. 다음 물음에 답하시오. (단, 자유 공간의 투자율은 $\mu_0$ 이다.)

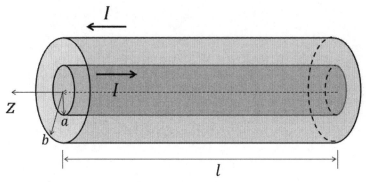

(a) 동축케이블의 자체유도계수를 구하시오

(b) 동축케이블에 저장된 자기 에너지를 구하시오.

**풀 이**

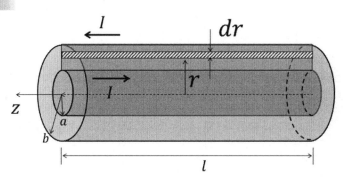

(a) 동축케이블의 단면적을 통과하는 자기선속 $\Phi_B$를 구해보자. 중심으로부터 $r$만큼 떨어진 위치에서의 자기장은 앙페르 법칙을 이용하면

$$B \cdot 2\pi r = \mu_0 I$$

이므로

$$B = \frac{\mu_0 I}{2\pi r}$$

이다. 중심에서 $r$만큼 떨어진 높이가 $dr$ 이고 길이가 $l$인 미소 직사각형을 통과하는 미소 자기선속 $d\Phi_B$는

$$d\Phi_B = Bldr = \frac{\mu_0 Il}{2\pi r} dr$$

이다. 따라서 전체 자기선속은 다음과 같다.

$$\Phi_B = \int d\Phi_B = \frac{\mu_0 Il}{2\pi} \int_a^b \frac{dr}{r} = \frac{\mu_0 Il}{2\pi} \ln\left(\frac{b}{a}\right)$$

이로부터 자체 유도 계수 $L$은 다음과 같이 계산된다.

$$L = \frac{\Phi_B}{I} = \frac{\mu_0 l}{2\pi} \ln\left(\frac{b}{a}\right)$$

(b) 동축케이블 내부에 저장된 자기에너지 $U_B$는

$$U_B = \frac{1}{2}LI^2 = \frac{\mu_0 I^2 l}{4\pi}\ln\left(\frac{b}{a}\right)$$

이다.

### 3.3.3. 상호유도 계수

물리적으로 떨어져 위치하는 두개의 회로에 각각 인덕터가 있는 경우를 생각해보자. 다음 그림에서 1번 코일에 흐르는 전류가 시간에 따라 변한다고 가정하자.

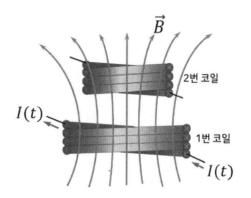

그림 3.6. 상호유도계수

그러면 1번 코일 내의 자기장 또한 시간에 따라 변화하고 위에서 논의한 바와 같이 1번 코일에는 자체 유도 현상이 나타난다. 뿐만 아니라 2번 코일의 단면적을 통과하는 자기선속도 시간에 따라 변하므로 2번 코일에도 패러데이 법칙에 의해 역기전력이 유도가 된다. 이와 같이 인접한 코일 상호간에 발생하는 유도 현상을 **상호 유도 (mutual Induction)**라 한다.

상호 유도에 의한 2번 코일에 유도되는 유도 기전력을 $\mathcal{E}_2$ 라 하자. $\mathcal{E}_2$ 는 자체유도 기전력과 마찬가지로 1번코일의 시간에 따른 전류의 변화율에 비례한다. 그러한 비례 상수를 **상호 유도 계수(mutual-inductance,** SI단위: $H = V \cdot s/A$, 헨리) $M_{12}$ 이라 하고 다음과 같이 정의한다.

$$\mathcal{E}_2 = -M_{12}\frac{dI_1}{dt} \tag{3.15}$$

반대로 2번 코일의 시간에 따른 전류의 변화율에 대해 1번 코일에 유도되는 유도기전력 $\mathcal{E}_1$에 대한 상호 유도 계수 $M_{21}$는 다음과 같이 정의 된다.

$$\mathcal{E}_1 = -M_{21}\frac{dI_2}{dt} \tag{3.16}$$

그런데 수학적으로 $M_{12}$과 $M_{21}$는 같음을 증명할 수 있다. (증명생략):

$$M_{12} = M_{21} \equiv M \qquad (3.17)$$

직관적으로 $M_{12}, M_{21}$ 은 각 인덕터의 모양 및 인덕터 사이의 거리 및 방향 등 기하학적 요인에 의해 결정되는 물리량이고 $1 \leftrightarrow 2$ 에 대해 그러한 기하학적 요소는 서로 대칭적이기 때문이다. 따라서 상호 유도 계수의 정의식은 다음과 같이 기술된다.

$$\mathcal{E}_2 = -M\frac{dI_1}{dt}, \ \ \mathcal{E}_1 = -M\frac{dI_2}{dt} \quad (\text{상호 유도 계수의 정의}) \qquad (3.18)$$

패러데이 법칙으로부터 상호 유도 계수를 계산해보자. 도선이 $N_1$ 번 감겨진 1번 코일에 일정한 전류 $I_1$ 이 흐를 때 2차 코일 단면적을 지나는 자기선속을 $\Phi_{12}$ 라 하자. 패러데이 법칙에 의해 $N_2$ 번 도선이 감긴 2차 코일에 유도되는 유도 기전력은 다음과 같다.

$$\mathcal{E}_2 = -N_2\frac{d\Phi_{12}}{dt} \qquad (3.19)$$

식(3.16)과 비교하면 $MI_1 = N_2\Phi_{12}$ 이므로 다음과 같이 상호 유도 계수의 계산식을 얻게 된다.

$$M = \frac{N_2\Phi_{12}}{I_1}, \ \ \text{or} \ \ M = \frac{N_1\Phi_{21}}{I_2} \quad (\text{상호 유도 계수의 계산식}) \qquad (3.20)$$

두 번째 식은 2차 코일에 전류 $I_2$ 가 흐를 때 1차 코일에 유도되는 유도 기전력으로부터 얻을 수 있다. 식(3.20)로부터 두 코일 간의 상호 유도를 계산하는 방법은 다음과 같다. 1차 코일에 전류 $I_1$ 이 흐를 때 $N_2$ 번 감긴 2차 코일의 단면적을 통과하는 자기선속이 $\Phi_{12}$ 이라 하면 자체 유도 계수는 $M = N_2\Phi_{12}/I_1$ 으로 계산된다. 상호 유도 계수를 계산할 때 식(3.20)의 첫번째 식과 두번째 식 중 어떤 것을 쓰던지 무관하게 결과는 동일하다. 그러나 계산의 난이도는 상당한 차이가 날 수 있기 때문에 신중하게 선택을 해야 한다.

## 기본문제 3.7

그림과 같이 반지름이 $R_1$, 길이가 $L_1$ 이고 $N_1$ 번 감긴 솔레노이드의 중앙 부분을 반지름이 $R_2$, 길이가 $L_2$ 이고 $N_2$ 번 감긴 다른 솔레노이드가 감싸고 있다. 다음 물음에 답하시오. (단, 자유 공간의 투자율은 $\mu_0$ 이다.)

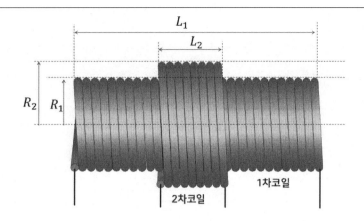

(a) 두 솔레노이드 사이의 상호유도계수를 구하시오.

(b) 첫번째 솔레노이드에 $I_1 = I_0 \cos(\omega t)$ 의 전류가 흐를 때 두번째 솔레노이드에 유도되는 기전력을 구하시오.

### 풀 이

(a) 이 경우 상호 유도 계수를 구할 때 1차 코일에 전류가 흐르도록 하여 계산하는 $M = \frac{N_2 \Phi_{12}}{I_1}$ 식을 이용해야 계산이 간단하다. $M = \frac{N_1 \Phi_{21}}{I_2}$ 식을 이용하여 계산하는 경우 그 결과는 같지만, 여기서 2차 코일에 전류가 흐를 때 1차코일 내부를 통과하는 자기선속은 균일하지 않기 때문에 계산이 매우 어렵다.

1차 코일에 전류 $I_1$이 흐를 때 1차 코일 내부의 자기장은

$$B_1 = \mu_0 n_1 I_1 = \frac{\mu_0 N_1 I_1}{L_1}$$

이다. 이 자기장은 반지름이 $R_1$인 원형 내부에만 존재하므로 2차 코일의 단면적을 통과하는 자기선속 $\Phi_{12}$ 은

$$\Phi_{12} = B_1 \cdot (\pi R_1^2) = \frac{\mu_0 \pi R_1^2 N_1 I_1}{L_1}$$

이다. 따라서 상호 유도 계수 $M$은

$$M = \frac{N_2 \Phi_{12}}{I_1} = \frac{\mu_0 \pi R_1^2 N_1 N_2}{L_1}$$

이다.

(b) 상호유도계수의 정의식 (3.18) 으로부터

$$\mathcal{E}_2 = -M \frac{dI_1}{dt} = M I_0 \omega \sin(\omega t)$$
$$= \frac{\mu_0 \pi R_1^2 N_1 N_2 I \omega_0}{L_1} \sin(\omega t)$$

그림과 같이 무한한 직선 도선과 두 변의 길이가 각각 $b, h$ 인 직사각형 도선이 평행하게 놓여 있다. 직사각형 도선의 변과 직선도선과 가장 가까운 거리는 $a$이다. 다음 물음에 답하시오. (단, 자유 공간의 투자율은 $\mu_0$ 이다.)

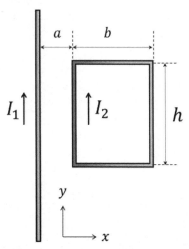

(a) 직선도선에 $+y$방향으로 전류 $I_1$가 흐르고 직사각형 도선에 시계방향으로 전류 $I_2$가 흐를 때 직사각형 도선에 작용하는 알짜 힘을 구하시오.

(b) 두 도선 사이의 상호유도 계수를 구하시오.

(c) 직선도선에 $I(t) = \alpha t$ 의 전류가 흐를 때 직사각형 도선에 유도되는 기전력을 구하시오.

---

**풀 이**

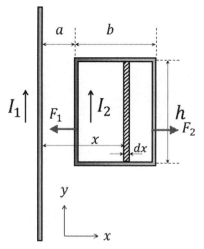

(a) 위 그림에서 직사각형 도선의 $x$축 방향의 전류에 작용하는 힘은 서로 상쇄된다. $y$축 방향의 전류에 작용하는 힘을 $F_1, F_2$라 하면 직사각형 도선에 작용하는 알짜 힘은

다음과 같다.

$$F_{\text{tot}} = F_1 + F_2 = -\frac{\mu_0 I_1 I_2 h}{2\pi a} + \frac{\mu_0 I_1 I_2 h}{2\pi(a+b)} = -\frac{\mu_0 I_1 I_2 hb}{2\pi a(a+b)}$$

(b) 직선도선에 전류 $I_1$ 이 흐른다고 가정하자. 직선도선으로부터 $x$만큼 떨어진 지점에서의 자기장은

$$B = \frac{\mu_0 I_1}{2\pi x}$$

이다. 이 지점에서 길이가 $dx$ 이고 높이가 $h$인 미소 직사각형 (빗금친 부분)을 통과하는 미소 자기선속 $d\Phi_B$는

$$d\Phi_B = Bhdx = \frac{\mu_0 I_1 h}{2\pi x}dx$$

이다. 따라서 직사각형 도선을 통과하는 전체 자기선속 $\Phi_B$는 다음과 같다.

$$\Phi_B = \int d\Phi_B = \frac{\mu_0 I_1 h}{2\pi}\int_a^{a+b}\frac{dx}{x} = \frac{\mu_0 I_1 h}{2\pi}\ln\left(1+\frac{b}{a}\right)$$

이로부터 상호유도계수 $M$은 다음과 같이 계산된다.

$$M = \frac{\Phi_B}{I_1} = \frac{\mu_0 h}{2\pi}\ln\left(1+\frac{b}{a}\right)$$

(c) 상호유도계수의 정의식 (3.18) 으로부터

$$\mathcal{E}_2 = -M\frac{dI_1}{dt} = -\alpha M$$
$$= -\frac{\alpha\mu_0 h}{2\pi}\ln\left(1+\frac{b}{a}\right)$$

# 4. 회로

## 4.1. 서설

전자기학의 응용으로서 전기회로의 기본적인 내용을 살펴본다. 전기회로를 분석하는 기술적 방법인 키프히호프 법칙을 먼저 공부하고 직류회로 및 교류회로를 분석한다. 기본적인 전기소자인 저항기, 축전기, 인덕터의 각 회로에서의 기능 및 작용을 공부한다.

## 4.2. 키르히호프의 법칙

### 4.2.1. 기전력

**기전력 (electromotive force, emf, SI 단위: V 볼트)** $\mathcal{E}$ 이란 회로에 전류가 흐르기 위해 단위 전하에 해주어야 할 일을 말하며 두 단자 사이에 일정하게 유지시켜주는 퍼텐셜 차이로

나타낸다. 전지와 같이 기전력을 공급하는 장치를 기전력 장치라 한다. 전지 내부에는 내부저항이 있으므로 전기의 기전력과 전지 양단의 전압은 다르다.

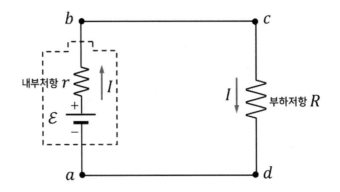

그림 4.1. 내부저항이 $r$인 전지가 부하저항에 연결된 회로도

그림4.1의 회로도에서 전지 내부의 저항 $r$을 **내부 저항(internal resistance)** 이라 한다. 전지 양단 사이에 연결된 외부 저항을 **부하 저항(load resistance)**이라 한다. 기전력은 $\mathcal{E}$이고 내부 저항에서 $Ir$ 의 전압 강하가 발생하고 부하저항에서 $IR$ 만큼의 전압 강하가 발생하므로

$$\mathcal{E} = Ir + IR \tag{4.1}$$

이 성립한다. 전지 양단인 ab사이의 전위차를 **단자 전압(terminal voltage)**라 하며 기전력에서 내부저항에 의한 전압강하를 빼주어야 한다.

$$\Delta V_{ab} = \mathcal{E} - Ir \tag{4.2}$$

즉, 단자전압은 전지의 기전력보다 작다.

## 4.2.2. 저항의 연결

### 4.2.2.1. 직렬 연결

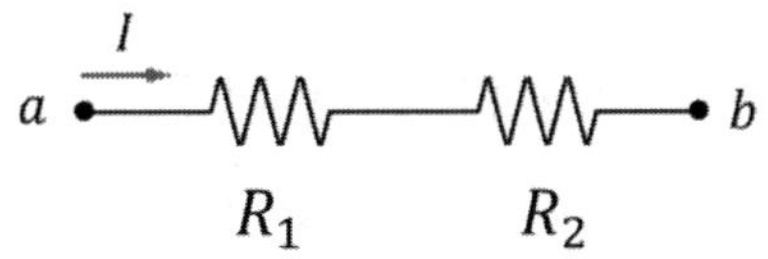

그림 4.2. 저항의 직렬연결

위 그림과 같이 저항이 $R_1, R_2$인 두 개의 저항기를 직렬로 연결했을 때의 등가 저항 $R_{eq}$ 을 구해보자. 두 저항기에 흐르는 전류는 $I$ 로 같다. ab양단의 전압 강하는 각 저항기의 전압 강하의 합과 같으므로

$$IR_{eq} = IR_1 + IR_2 \tag{4.3}$$

따라서

$$R_{\text{eq}} = R_1 + R_2 \quad \text{(직렬 연결)} \tag{4.4}$$

이다. 만일 $R_1 = R_2$ 라면 전체 저항은 두배가 된다. 직렬연결인 경우 식(2.8)에서 도선의 길이가 길어지는 효과를 나타내므로 저항이 증가하는 것을 직관적으로 이해할 수 있다.

여러 개의 저항기를 직렬로 연결하는 경우 전체 저항은 다음과 같다.

$$R_{eq} = R_1 + R_2 + \cdots + R_N \quad \text{(직렬 연결)} \tag{4.5}$$

### 4.2.2.2. 병렬 연결

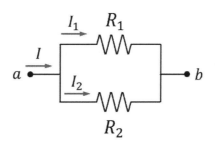

그림 4.3. 저항의 병렬연결

위 그림과 같이 저항이 $R_1, R_2$인 두 개의 저항기를 병렬로 연결했을 때의 등가 저항 $R_{\text{eq}}$을 구해보자. 두 저항기에 흐르는 전류 전류 $I$는

$$I = I_1 + I_2 \tag{4.6}$$

이다. 반면, 두 저항기 양단의 전압강하는 ab 양단의 전위차 $\Delta V$ 로서 서로 같다. 따라서

$$I_1 = \frac{\Delta V}{R_1}, \; I_2 = \frac{\Delta V}{R_2}, \; I = \frac{\Delta V}{R_{\text{eq}}} \tag{4.7}$$

가 성립한다. 이를 $I = I_1 + I_2$ 에 입하면 다음 식을 얻는다.

$$\frac{1}{R_{eq}} = \frac{1}{R_1} + \frac{1}{R_2} \quad \text{(병렬 연결)} \tag{4.8}$$

만일 $R_1 = R_2$ 라면 전체 저항은 1/2 이 된다. 병렬연결인 경우 식(2.8)에서 도선의 단면적이 커지는 효과를 나타내므로 저항이 감소하는 것을 직관적으로 이해할 수 있다.

여러 개의 저항기를 병렬로 연결하는 경우 전체 저항은 다음과 같다.

$$\frac{1}{R_{\text{eq}}} = \frac{1}{R_1} + \frac{1}{R_2} + \cdots + \frac{1}{R_N} \quad \text{(병렬 연결)} \tag{4.9}$$

### 4.2.3. 키르히호프의 법칙

**키르히호프의 법칙(Kirchhoff's rules)**은 복잡한 전기회로를 분석하는데 있어서 문제를 단순화하고 기계적으로 해결하는 방법이다. 분기점 법칙과 고리 법칙의 두가지 규칙으로 기술된다.

**분기점 법칙 (junction rule)**은 회로 내의 모든 분기점에서 들어오는 전류(+)의 합은 나가는 전류(-)의 합과 같다는 것이다. 이는 전하량이 보존되는 것을 나타내며 다음 식으로 나타내어진다.

$$\sum_j I_j = 0 \tag{4.10}$$

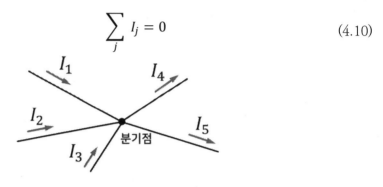

그림 4.4. 분기점 법칙

예를 들어 위 그림과 같은 분기점에서는 $I_1 + I_2 + I_3 - I_4 - I_5 = 0$ 가 성립한다.

**고리 법칙(loop rule)**은 회로 내에서 임의의 닫힌 경로에 대하여 각 소자의 전위차의 합은 0이 된다는 것이다. 이는 전기력이 보존력인 사실에서 기인한다.

$$\sum_j \Delta V_j = 0 \tag{4.11}$$

고리 법칙을 적용할 때 다음과 같은 부호 규칙을 따른다.
1. 경로의 방향이 전류의 방향을 따라 저항 $R$을 지나는 경우 전위차는 $-IR$이다.
2. 경로의 방향이 전류의 반대 방향을 따라 저항 $R$을 지나는 경우 전위차는 $+IR$이다
3. 경로의 방향이 기전력 $\mathcal{E}$를 (-)극에서 (+)극을 통과하는 경우 전위차는 $+\mathcal{E}$이다.
4. 경로의 방향이 기전력 $\mathcal{E}$를 (+)극에서 (-)극을 통과하는 경우 전위차는 $-\mathcal{E}$이다.

$$I$$

$a$ •————⋁⋁⋁———• $b$    $\Delta V_{ba} = -IR$
$R$
- - - - - - - - →
경로방향

$$I$$

$a$ •————⋁⋁⋁———• $b$    $\Delta V_{ba} = +IR$
$R$
- - - - - - - - →
경로방향

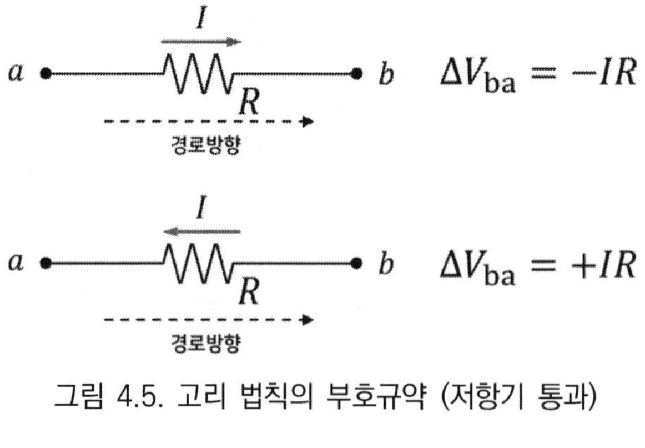

그림 4.5. 고리 법칙의 부호규약 (저항기 통과)

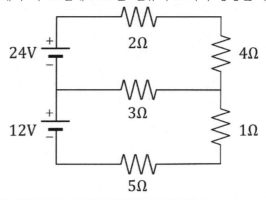

$$\Delta V_{ba} = +\mathcal{E}$$

경로방향

$$\Delta V_{ba} = -\mathcal{E}$$

경로방향

그림 4.6. 고리 법칙의 부호규약 (기전력 통과)

키르히호프 법칙을 적용하며 회로를 분석할 때 다음과 같은 정형화된 단계를 따른다.

1. 각 도선마다 전류를 미지수로 둔다. 이때 전류의 방향은 임의로 설정해도 괜찮다.
2. 각 분기점 마다 분기점 법칙을 적용한다.
3. 각 고리마다 고리법칙을 적용한다.
4. 만들어진 연립 방정식을 풀어 전류를 구한다.

## 기본문제 4.1

그림과 같은 회로에서 각 도선에 흐르는 전류의 크기와 방향을 구하시오

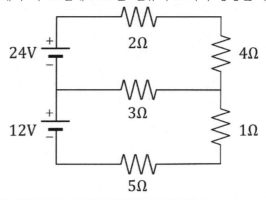

**풀 이**

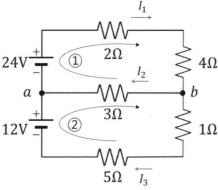

그림과 같이 각 도선에서 전류에 대한 미지수 $I_1, I_2$ 및 $I_3$를 설정하자. 분기점 a에서 분기점 법칙을 적용하면

$$I_1 = I_2 + I_3$$

이다. 단자 a에서 출발하여 경로 ①을 따라 고리법칙을 적용하면
$$24 - 2I_1 - 4I_1 - 3I_2 = 0$$
이다. 단자 a에서 출발하여 경로 ②를 따라 고리법칙을 적용하면
$$3I_2 - I_3 - 5I_3 + 12 = 0$$
이다. 위의 세 식을 연립하여 풀면 다음과 같다.
$$I_1 = 3.5\,\text{A}, \quad I_2 = 1\text{A}, \quad I_3 = 2.5\text{A}$$

## 4.3. 직류회로

### 4.3.1. RC 회로

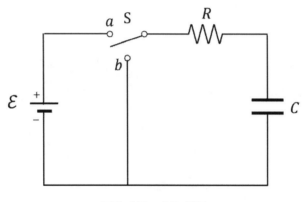

그림 4.7. RC 회로

위 그림과 같이 기전력 $\mathcal{E}$, 저항 $R$, 축전기 $C$ 및 스위치로 구성된 회로를 생각하자. 스위치가 a로 연결되면 축전기에는 전하가 충전되기 시작한다. 전류를 시계방향으로 설정하고 시계 방향으로 돌면서 고리법칙을 적용한다. 축전기는 (+)극에서 (-)극으로 진행할 때 $-\frac{q}{C}$ 만큼 전위차가 발생하므로

$$\mathcal{E} - IR - \frac{q}{C} = 0 \tag{4.12}$$

이다. $I = \frac{dq}{dt}$ 이므로 다음과 같이 축전기에 저장된 전하량 $q$에 대한 미분방정식을 얻는다.

$$R\frac{dq}{dt} + \frac{q}{C} = \mathcal{E} \tag{4.13}$$

다음과 같이 변수 분리하자

$$\frac{dq}{C\mathcal{E} - q} = \frac{1}{RC}dt \tag{4.14}$$

양변을 적분한다. 이때 적분 구간은 각 적분변수들이 서로 대응되는 구간으로 한다.

$$\int_0^q \frac{dq}{C\mathcal{E} - q} = \int_0^t \frac{1}{RC}dt \tag{4.15}$$

따라서

$$-\ln\left(\frac{C\mathcal{E}-q}{C\mathcal{E}}\right)=\frac{t}{RC} \tag{4.16}$$

이고 이를 정리하면 다음과 같이 충전시의 전하량 $q$에 대한 해를 얻는다.

$$q(t)=C\mathcal{E}\left(1-e^{-t/\tau}\right) \quad \text{(RC회로 충전시)} \tag{4.17}$$

여기서 $\tau$ **는 시간상수(time constant**, SI단위: s)라 하며 RC회로에서는 다음의 값을 가진다.

$$\tau=RC \quad \text{(RC 회로의 시간상수)} \tag{4.18}$$

식(4.17)에서 $t=\tau$ 일 때 $q(\tau)=C\mathcal{E}(1-e^{-1})=0.63\,C\mathcal{E}$ 이므로 시간상수는 충전시에 축전기에 63%의 전하가 충전될 때까지 걸리는 시간이다.

식(4.17)으로부터 회로에 흐르는 전류 및 축전기 양단 사이의 전압에 대한 다음과 같은 해를 얻는다.

$$I(t)=\frac{dq}{dt}=\frac{\mathcal{E}}{R}e^{-t/\tau} \quad \text{(RC회로 충전시)} \tag{4.19}$$

$$V(t)=\frac{q}{C}=\mathcal{E}\left(1-e^{-t/\tau}\right) \tag{4.20}$$

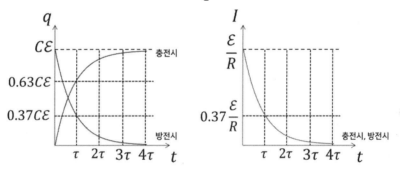

그림 4.8. 충전시 및 방전시의 전하량 및 전류의 그래프

위의 그래프에서 나타낸 바와 같이 전하량은 시간이 흐름에 따라 0에서 시작하여 최대값인 $C\mathcal{E}$ 값에 수렴한다. 전류는 $t=0$ 에서 축전기가 단락된 것처럼 최대 전류 $\frac{\mathcal{E}}{R}$ 이 흐르고 시간이 흐름에 따라 0으로 수렴한다.

축전기가 완전히 충전되어 전하량 $Q$가 저장된 후에 그림 4.7에서 스위치를 b에 연결시켜 회로에서 전지를 제거시키면 축전기에서 방전이 시작된다. 전류를 시계방향으로 설정하고 시계 방향으로 돌면서 고리법칙을 적용하면

$$-IR-\frac{q}{C}=0 \tag{4.21}$$

이다. $I=\frac{dq}{dt}$ 를 대입하면 다음과 같이 축전기에 저장된 전하량 $q$ 에 대한 미분방정식을

얻는다.

$$-R\frac{dq}{dt} = \frac{q}{C} \tag{4.22}$$

다음과 같이 변수 분리하자

$$\frac{dq}{q} = -\frac{1}{RC}dt \tag{4.23}$$

양변을 적분한다. 이때 적분 구간은 각 적분변수들이 서로 대응되는 구간으로 한다.

$$\int_Q^q \frac{dq}{q} = -\int_0^t \frac{1}{RC}dt \tag{4.24}$$

따라서

$$\ln\left(\frac{q}{Q}\right) = -\frac{t}{RC} \tag{4.25}$$

이고 이를 정리하면 다음과 같이 방전시의 전하량 $q$에 대한 해를 얻는다.

$$q(t) = Qe^{-t/\tau} \quad \text{(RC회로 방전시)} \tag{4.26}$$

식(4.26)에서 $t = \tau$ 일 때 $q(\tau) = Qe^{-1} = 0.37\,Q$ 이므로 시간상수는 방전시 축전기에 37%의 전하가 남을 때까지 걸리는 시간이다.

식(4.26)으로부터 회로에 흐르는 전류 및 축전기 양단 사이의 전압에 대한 다음과 같은 해를 얻는다.

$$I(t) = \frac{dq}{dt} = -\frac{Q}{RC}e^{-t/\tau} \quad \text{(RC회로 방전시)} \tag{4.27}$$

$$V(t) = \frac{q}{C} = \frac{Q}{C}e^{t/\tau} \tag{4.28}$$

## 기본문제 4.2

그림과 같이 전지, 저항, 축전기 및 스위치로 구성된 회로를 생각하자. 다음 물음에 답하시오.

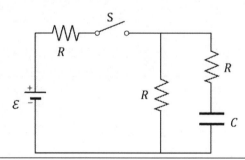

(a) 스위치를 닫은 직후 전지에 흐르는 전류를 구하시오.

(b) 스위치를 닫은 후 시간이 충분히 흘렀을 때 전지에 흐르는 전류를 구하시오.

(c) (b)의 상황에서 축전기에 저장된 전하량을 구하시오.

(d) (b)의 상황에서 스위치를 열었다. 축전기의 전하량이 1/2이 될 때 까지 걸린 시간을 구하시오.

### 풀 이

(a) 스위치를 닫는 순간 축전기에는 전하가 저장되어 있지 않아 축전기 양단의 전압은 0이고 전류는 축전기 양단을 자유롭게 흐르게 된다. 즉 마치 축전기가 단락된 것처럼 회로에는 전류가 흐른다. 따라서, 전체 등가 저항은 $R + \frac{R}{2} = \frac{3}{2}R$ 이다. 따라서, 스위치를 닫는 순간 전지에 흐르는 전류는 다음과 같다.

$$I_1 = \frac{\mathcal{E}}{\frac{3}{2}R} = \frac{2\mathcal{E}}{3R}$$

(b) 스위치를 닫은 후 충분한 시간이 흘러 축전기에 저장된 전하가 최대가 되면 축전기 쪽으로는 전류가 흐르지 않는다. 즉, 축전기는 열린 상태이므로 회로의 등가저항은 두 개의 저항 $R$이 직렬연결된 것이므로 $2R$이다. 따라서 그 때의 전류는

$$I_2 = \frac{\mathcal{E}}{2R}$$

이다.

(c) 축전기 양단의 전압은 $\Delta V = I_2 R = \frac{\mathcal{E}}{2}$ 이다. 따라서 축전기에 저장된 전하량은 다음과 같다.

$$Q = C\Delta V = \frac{C\mathcal{E}}{2}$$

(d) 스위치를 열게 되면 축전기와 저항 $R$ 두 개가 직렬로 연결된 회로이며 축전기에 저장된 전하는 방전된다. $RC$회로의 시간상수는 $\tau = 2RC$이므로 축전기에 저장된 전하량의 시간에 대한 함수 $q(t)$는

$$q(t) = Qe^{-t/\tau}$$

이다. 여기서 $Q = \frac{C\mathcal{E}}{2}$ , $\tau = 2RC$ 이다. 축전기의 전하량이 절반이 되는데 걸리는 시간을 $t$ 라 하면

$$\frac{Q}{2} = Qe^{-t/\tau}, \quad \rightarrow \quad e^{-t/\tau} = \frac{1}{2}$$
$$\therefore t = \tau \ln 2 = 2RC \ln 2$$

### 4.3.2. RL 회로

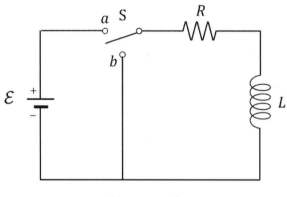

그림 4.9. RL회로

그림4.9과 같이 기전력 $\mathcal{E}$, 저항 $R$, 인덕터 $L$ 및 스위치로 구성된 회로를 생각하자. 스위치가 a로 연결되면 인덕터에는 자기 에너지가 저장되기 시작한다. 전류를 시계방향으로 설정하고 시계 방향으로 돌면서 고리법칙을 적용한다. 인덕터 양단에는 $-L\frac{dI}{dt}$ 만큼 역기전력이 발생하므로 다음 식을 얻는다.

$$\mathcal{E} - IR - L\frac{dI}{dt} = 0 \tag{4.29}$$

다음과 같이 변수 분리하자

$$\frac{dI}{\mathcal{E}/R - I} = \frac{R}{L}dt \tag{4.30}$$

양변을 적분한다. 이때 적분 구간은 각 적분변수들이 서로 대응되는 구간이다.

$$\int_0^I \frac{dI}{\mathcal{E}/R - I} = \int_0^t \frac{R}{L}dt \tag{4.31}$$

따라서

$$-\ln\left(\frac{\mathcal{E}/R - I}{\mathcal{E}/R}\right) = \frac{Rt}{L} \tag{4.32}$$

이고 이를 정리하면 다음과 같이 전지연결시의 전류 $I$에 대한 해를 얻는다.

$$I(t) = \frac{\mathcal{E}}{R}\left(1 - e^{-t/\tau}\right) \quad \text{(RL회로 전지연결시)} \tag{4.33}$$

여기서 RL회로에서의 시간상수 $\tau$는 다음의 값을 가진다.

$$\tau = \frac{L}{R} \quad \text{(RL 회로의 시간상수)} \tag{4.34}$$

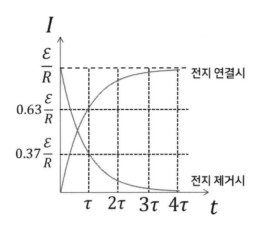

그림 4.9. 전지 연결시 및 전지 제거시의 전류의 그래프

그림4.9의 그래프에서 나타낸 바와 같이 전류는 $t = 0$ 에서 마치 인덕터의 도선이 열린 상태인 것처럼 전류가 0이었다가 시간이 흐름에 따라 최대값인 $\frac{\varepsilon}{R}$에 수렴한다

회로에 최대 전류 $I_0$ 가 흐르는 중에 그림 4.9에서 스위치를 b에 연결시켜 회로에서 전지를 제거시키면 인덕터에 저장된 에너지가 방출되기 시작된다. 전류를 시계방향으로 설정하고 시계 방향으로 돌면서 고리법칙을 적용하면 다음 식을 얻는다.

$$-IR - L\frac{dI}{dt} = 0 \qquad (4.35)$$

다음과 같이 변수 분리하자

$$\frac{dI}{I} = -\frac{R}{L}dt \qquad (4.36)$$

양변을 적분한다. 이때 적분 구간은 각 적분변수들이 서로 대응되는 구간이다.

$$\int_{I_0}^{I} \frac{dI}{I} = -\int_{0}^{t} \frac{R}{L}dt \qquad (4.37)$$

따라서

$$\ln\left(\frac{I}{I_0}\right) = -\frac{Rt}{L} \qquad (4.38)$$

이고 이를 정리하면 다음과 같이 전지제시의 전류 $I$에 대한 해를 얻는다.

$$I(t) = I_0 e^{-t/\tau} \quad \text{(RL회로 전지제거시)} \qquad (4.39)$$

그림과 같이 전지, 저항, 인덕터 및 스위치로 구성된 회로를 생각하자. 다음 물음에 답하시오.

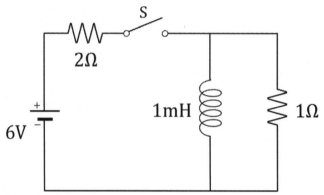

(a) 스위치 S를 닫은 직후 전지에 흐르는 전류를 구하시오.

(b) 스위치 S를 닫은 후 시간이 충분히 흘렀을 때 전지에 흐르는 전류를 구하시오.

(c) (b)의 상황에서 스위치 S를 연 후 인덕터에 저장된 에너지가 1/2이 될 때까지 걸린 시간을 구하시오.

---

**풀 이**

(a) 스위치를 닫는 순간 인덕터는 전류의 변화를 억제하므로 인덕터에는 순간적으로 전류가 흐르지 않는다. 즉 인덕터는 열린 상태와 같다. 따라서 스위치를 닫은 순간의 회로는 기전력과 $2\Omega, 1\Omega$ 의 두개의 저항이 직렬연결된 회로와 등가이다. 등가저항이 $3\Omega$ 이므로 이때 전지에 흐르는 전류는

$$I_1 = \frac{6V}{3\Omega} = 2A$$

이다.

(b) 스위치를 닫은 후 충분히 시간이 흐르면 회로에 더 이상 전류의 변화가 없어 인덕터는 단락된 상태와 같게 되고 전류가 자유롭게 흐른다. 따라서 $1\Omega$의 저항에는 전류가 흐르지 않고 전체 회로의 등가 저항은 $2\Omega$ 이다. 따라서 이때 전지에 흐르는 전류는

$$I_2 = \frac{6V}{2\Omega} = 3A$$

이다.

(c) 스위치를 열면 저항 $1\Omega$ 과 인덕터 $1mH$ 로 구성된 RL 회로가 되며 초기 전류는 $I_0 = 3A$ 이다. 전지가 제거된 경우이므로 시간에 따른 전류는 다음과 같다.

$$I = I_0 \, e^{-t/\tau}$$

여기서 시간상수는 $\tau = \frac{L}{R} = 1ms$ 이다. 인덕터에 저장된 에너지 $U_B$는

$$U_B = \frac{1}{2} L I^2 = \frac{1}{2} L I_0^2 \, e^{-2t/\tau} \equiv U_{B0} e^{-2t/\tau}$$

이다. 에너지가 1/2이 되는데 걸리는 시간 $t$ 를 구해보면

$$\frac{U_{B0}}{2} = U_{B0}e^{-2t/\tau}, \quad \rightarrow \quad e^{-2t/\tau} = \frac{1}{2}$$
$$\rightarrow 2t = \tau \ln 2$$
$$\therefore t = \left(\frac{1}{2}\ln 2\right) \text{ms}$$

### 4.3.3. LC 회로

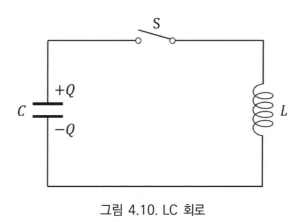

그림 4.10. LC 회로

그림4.10과 같이 전하량 $Q$ 가 저장된 축전기와 인덕터 $L$ 및 스위치로 구성된 회로를 생각하자. 처음에 축전기에 저장된 에너지는 $U_E = \frac{Q^2}{2C}$ 의 최대 값을 가지고 자기 에너지는 $U_B = 0$ 이다. 스위치를 닫으면 축전기가 방전되며 회로에 전류가 흐르게 된다. 인덕터는 전류의 급격한 변화를 방해하므로 $t = 0$에서 전류는 $I = 0$ 이고 축전기가 완전히 방전이 되어 전하량이 0일 때 최대값 $I_0$ 를 갖게 된다. 이 때 축전기의 에너지는 $U_E = 0$ 이고 인덕터에 저장된 에너지는 최대값 $U_B = \frac{1}{2}LI_0^2$ 을 갖는다. 이후 인덕터에 저장된 에너지가 방출되며 시간이 흐름에 따라 전류는 0으로 감소한다. 그동안 축전기의 양 극판에는 처음과 반대의 부호의 전하가 대전되고 $I = 0$일 때 축전기에 저장된 전하량은 처음의 것과 같은 $Q$가 된다. 이 때 다시 축전기에 저장된 에너지가 $U_E = \frac{Q^2}{2C}$ 로 최대이며 자기 에너지는 $U_B = 0$ 이 된다. 그 후 다시 처음과 반대방향으로 전류가 흐르기 시작하고 위의 과정이 방향만이 다르게 똑같이 반복되고 축전기에 다시 처음 상태와 같은 전하가 대전된다. 이러한 과정이 주기적으로 반복되므로 $LC$ 회로는 진동하는 회로이다.

이상적인 $LC$ 회로인 경우에 회로에서 소모되는 에너지는 없으므로 전체 에너지는 보존된다. 즉 전체 에너지는 축전기와 인덕터 사이를 주기적으로 왕복하며 저장되어 진다. 어느 시점에서 축전기의 전하량을 $q$, 회로에 흐르는 전류를 $I$라 하자. 그러면 전체 에너지는 다음과 같다.

$$U = U_E + U_B = \frac{q^2}{2C} + \frac{1}{2}LI^2 \tag{4.40}$$

양변을 시간으로 미분하면 전체 에너지 $U$는 상수이므로

$$0 = \frac{q}{C}\frac{dq}{dt} + LI\frac{dI}{dt} \tag{4.41}$$

$I = \frac{dq}{dt}$ 를 대입하고 정리하면 다음과 같은 단조화 운동 방정식을 얻는다.

$$\frac{d^2q}{dt^2} + \omega^2 q = 0 \tag{4.42}$$

$$\omega = \frac{1}{\sqrt{LC}} \tag{4.43}$$

위의 단조화 운동 방정식의 일반해는 다음과 같다.

$$q(t) = Q\cos(\omega t + \phi) \tag{4.44}$$

$$I(t) = \frac{dq}{dt} = -\omega Q\sin(\omega t + \phi) \tag{4.45}$$

즉, 축전기에 저장된 전하량의 최대값이 $Q$일 때 전류의 최대값 $I_0$는 다음과 같다.

$$I_0 = \omega Q = \frac{Q}{\sqrt{LC}} \tag{4.46}$$

위 해로부터 전기에너지와 자기에너지는 다음과 같이 기술된다.

$$U_E = \frac{q^2}{2C} = \frac{Q^2}{2C}\cos^2(\omega t + \phi) \tag{4.47}$$

$$U_B = \frac{1}{2}LI^2 = \frac{1}{2}L\omega^2 Q^2 \sin^2(\omega t + \phi) = \frac{Q^2}{2C}\sin^2(\omega t + \phi) \tag{4.48}$$

따라서

$$U_E + U_B = \frac{Q^2}{2C} \tag{4.49}$$

즉, 전체 에너지는 $\frac{Q^2}{2C}$로 일정하다.

그림과 같이 전지, 저항, 축전기, 인덕터 및 스위치로 구성된 회로를 생각하자. 다음 물음에 답하시오.

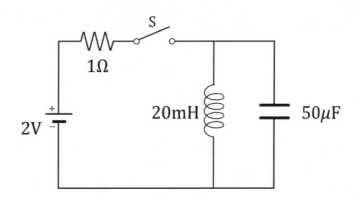

(a) 스위치를 닫은 후 시간이 충분히 흘렀을 때 전지에 흐르는 전류를 구하시오.

(b) (a)의 상황에서 스위치를 연 후에 회로에 흐르는 전류가 처음으로 0이 될 때까지 걸리는 시간을 구하시오.

(c) (a)의 상황에서 스위치를 연 후에 축전기에 저장되는 전하량의 최대값을 구하시오.

### 풀 이

(a) 스위치를 닫은 후 시간이 충분히 흐른 경우 축전기에는 전류가 흐르지 않고 인덕터에는 자유롭게 전류가 흐르므로 회로에 흐르는 전류 $I$는

$$I = \frac{2\text{V}}{1\Omega} = 2\text{A}$$

이다.

(b) 스위치를 닫으면 LC 진동회로가 되고 초기조건은 $t = 0$에서 $I = 2\text{A}$, $q = 0$ 이다. LC회로의 각진동수는

$$\omega = \frac{1}{\sqrt{LC}} = \frac{1}{\sqrt{20 \times 10^{-3} \cdot 50 \times 10^{-6}}} = 10^3 \text{ rad/s}$$

이다. 전류가 0이 될 때까지 걸리는 시간 $t$는 주기 $T$에 대하여 다음과 같다.

$$t = \frac{T}{4} = \frac{\pi}{2\omega} = \frac{\pi}{2} \cdot 10^{-3} \text{ s}$$

(c) $I_0 = Q\omega$ 로부터 전류의 최대값은 $I_0 = 2\text{A}$ 이므로

$$Q = \frac{I_0}{\omega} = 2 \times 10^{-3} \text{C}$$

이다.

### 4.3.4. RLC 직류회로

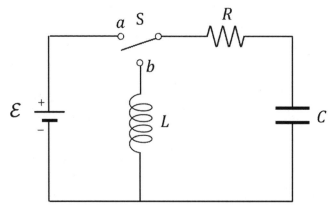

그림 4.11. RLC 직류회로

그림4.11의 RLC 직류회로를 생각하자. 먼저 스위치를 $a$에 연결하여 축전기 $C$를 충전시킨다. 그리고 스위치를 $b$에 연결하면 저항 $R$, 축전기 $C$, 인덕터 $L$이 직렬로 연결된 회로가 구성된다. 전류를 시계방향으로 설정하고 시계 방향으로 돌면서 고리법칙을 적용하면 다음 식을 얻는다.

$$-IR - \frac{q}{C} - L\frac{dI}{dt} = 0 \tag{4.50}$$

$I = \frac{dq}{dt}$를 대입하면 다음의 미분방정식을 얻는다.

$$L\frac{d^2q}{dt^2} + R\frac{dq}{dt} + \frac{q}{C} = 0 \tag{4.51}$$

이를 정리하면 다음과 같다.

$$\frac{d^2q}{dt^2} + 2\beta\frac{dq}{dt} + \omega_0^2 q = 0 \tag{4.52}$$

$$\beta = \frac{R}{2L}, \quad \omega_0 = \frac{1}{\sqrt{LC}} \tag{4.53}$$

저항이 없는 경우 LC 회로 이므로 단조화 운동을 하지만 저항에서 에너지가 소모되기 때문에 진동의 폭이 점점 작아진다. 이렇게 진폭이 작아지며 진동하는 계를 **감쇠 진동자(damped oscillator)**라 한다. 위 미분 방정식에서 $\beta$를 **감쇠 인자(damping factor)**라 하고 $\omega_0$를 **자연 진동수(natural frequency)**라 한다.

$q = e^{rt}$ 형식의 해를 미분방정식에 대입해보면 다음의 특성방정식을 얻게 된다.

$$r^2 + 2\beta r + \omega_0^2 = 0 \tag{4.54}$$

특성방정식의 해는 다음과 같으므로

$$r_{1,2} = -\beta \pm \sqrt{\beta^2 - \omega_0^2} \qquad (4.55)$$

위 미분방정식의 일반해는 다음과 같다.

$$q(t) = e^{-\beta t}\left[A\exp\left(\sqrt{\beta^2 - \omega_0^2}\,t\right) + B\exp\left(-\sqrt{\beta^2 - \omega_0^2}\,t\right)\right] \qquad (4.56)$$

감쇠 인자와 자연진동수의 관계에 따라 감쇠 진동자는 운동은 다음과 같이 세 경우로 분류할 수 있으며 각 경우에 대해서 일반해는 다음과 같이 표현된다.

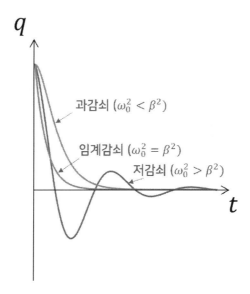

그림 4.12. 감쇠진동의 3가지 해의 그래프

(1) 저감쇠 $\omega_0^2 > \beta^2$

감쇠 인자가 자연진동수보다 작은 경우이다. 저항이 약하므로 진폭은 서서히 줄어들며 진동한다. 일반해는 다음과 같이 표현된다.

$$q(t) = Ae^{-\beta t}\cos(\omega_1 t - \delta) \qquad (4.57)$$

$$\omega_1 = \sqrt{\omega_0^2 - \beta^2} \qquad (4.58)$$

(2) 임계감쇠 $\omega_0^2 = \beta^2$

감쇠 인자가 자연진동수와 일치하는 경우로서 저항이 임계점에 도달해서 회로는 평형 지점을 통과하지 못하고 진폭이 0으로 수렴한다. 일반해는 다음과 같다.

$$q(t) = (A + Bt)e^{-\beta t} \qquad (4.59)$$

(3) 과감쇠 $\omega_0^2 < \beta^2$

감쇠 인자가 자연진동수보다 큰 경우로서 저항이 크므로 진폭이 빠르게 0으로 수렴한다. 일반 해는 다음과 같다.

$$q(t) = e^{-\beta t}[Ae^{\omega_2 t} + Be^{-\omega_2 t}] \qquad (4.60)$$

$$\omega_2 = \sqrt{\beta^2 - \omega_0^2} \qquad (4.61)$$

## 4.4. 교류회로

### 4.4.1. 위상자

**교류(alternating current)**는 시간에 따라 크기와 방향이 주기적으로 변하는 전류를 말한다. 즉, $I = I_0 \sin(\omega t)$와 같이 사인 또는 코사인 함수로 나타내어지는 전류이다. 교류 회로에서는 각 전기소자를 통과하는 전류의 위상이 달라지게 된다. 이와 같이 서로 다른 위상을 가지는 전류들에 대한 연산을 편리하게 수행하기 위해 위상자를 도입한다.

**위상자(phasor)**는 교류의 크기와 위상의 정보를 2차원 벡터로 나타낸 것이다. 예를 들어 교류 $I_0 \sin(\omega t)$ 를 크기가 $I_0$ 위상각이 $\omega t$ 인 벡터로 나타내고 그에 관한 모든 연산은 벡터를 이용하여 수행하고 최종 결과를 $y$축 투영 값을 취하여 나타낸다. 이 때 위상자 벡터를 다음과 같은 오일러 공식을 이용하여 복소 평면 위에서 지수함수로 나타낸다.

$$re^{i\theta} = r\cos\theta + ir\sin\theta \quad \text{(오일러 공식)} \qquad (4.62)$$

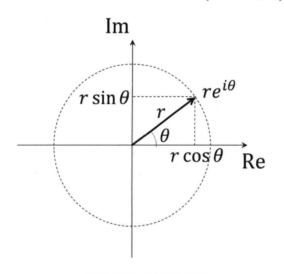

그림 4.13. 위상자 벡터

$r\sin\theta$ 는 위상자 벡터 $re^{i\theta}$ 의 $y$축 성분 값 또는 허수부 이므로 사인형 표현식 $r\sin\theta$ 에 대한 대수적인 연산은 $re^{i\theta}$ 을 이용하여 수행한다. (지수함수을 이용한 연산은 매우 간단하고 명료하기 때문이다.) $\text{Im}(re^{i\theta}) = r\sin\theta$ 이므로 최종 결과값에서 허수부를 취하면 실제 값을 얻게 된다. 또한 위의 2차원 복소 평면위의 위상자 벡터를 이용하여 기하학적으로 연산을 수행하고 최종적으로 얻은 위상자 벡터에서 허수부 축 투영값을 취하여 실제 값을

얼을 수 있다. 예를 들어 두 사인형 물리량의 덧셈을 다음 그림과 같이 벡터합을 이용하여 기하학적으로 연산할 수 있다:  $r_1 \sin \theta_1 + r_2 \sin \theta_2 = r \sin \theta$

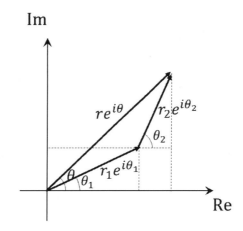

그림 4.14. 위상자 벡터를 이용한 삼각함수의 덧셈

## 4.4.2. 교류 회로에서의 저항기

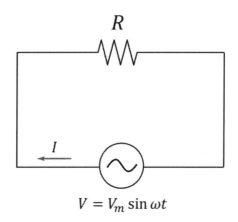

$$V = V_m \sin \omega t$$

그림 4.15. 저항기가 있는 교류회로

그림4.15에서 각진동수가 $\omega$인 교류 전원 $V = V_m \sin \omega t$ 을 위상자로 나타내면 다음과 같다.

$$V = V_m e^{i\omega t} \tag{4.63}$$

이러한 교류 회로에서 저항 $R$의 기능을 살펴보자. 루프 법칙을 적용하면

$$V_m e^{i\omega t} - IR = 0 \tag{4.64}$$

이다. 따라서 회로에 흐르는 전류 $I$는

$$I = \frac{V_m}{R} e^{i\omega t} \equiv I_m e^{i\omega t} \tag{4.65}$$

즉, 전류의 최대값은 다음과 같고

$$I_m = \frac{V_m}{R} \tag{4.66}$$

전류의 위상은 $\omega t$로서 전압의 위상값과 일치한다.

저항기에서의 전압과 전류의 그래프를 나타내면 다음과 같다.

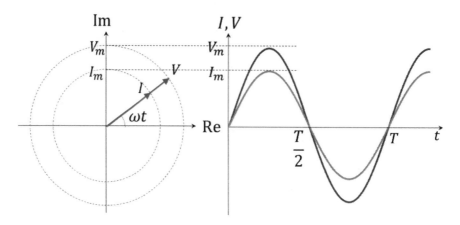

그림 4.16. 교류회로에서 저항기가 있는 경우 전류와 전압의 그래프

그림4.16의 왼쪽 그림은 전압과 전류의 위상자 벡터를 나타낸 것이며 오른쪽 그림은 전압과 전류의 실제값(위상자의 허수부)을 시간에 따른 함수로 나타낸 것이다.

### 4.4.3. 교류 회로에서의 인덕터

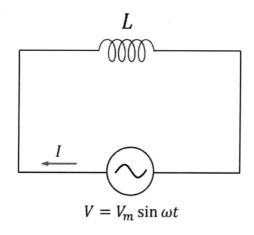

그림 4.17. 인덕터가 있는 교류회로

그림4.17과 같이 교류 회로에서 인덕터의 기능을 살펴보자. 교류 전원을 $V = V_m\, e^{i\omega t}$ 와 같이 위상자로 나타내고 루프 법칙을 적용하면

$$V_m e^{i\omega t} - L\frac{dI}{dt} = 0 \tag{4.67}$$

이므로 정리하면

$$\frac{dI}{dt} = \frac{V_m}{L} e^{i\omega t} \qquad (4.67)$$

이다. 양변 적분하면

$$I = \frac{V_m}{i\omega L} e^{i\omega t} \qquad (4.68)$$

이다 오일러 공식을 이용하면 $i^{-1} = -i = e^{i\left(-\frac{\pi}{2}\right)}$ 이므로

$$I = \frac{V_m}{\omega L} e^{i\left(\omega t - \frac{\pi}{2}\right)} \equiv I_m e^{i\left(\omega t - \frac{\pi}{2}\right)} \qquad (4.69)$$

여기서 $\omega L$ 은 교류회로에서 인덕터가 전자기 유도에 의해 전류의 흐름을 방해하는 정도를 나타내는 물리량으로서 **유도 리액턴스(inducive reactance**, SI단위: Ω) $X_L$ 이라고 정의한다.

$$X_L = \omega L \quad (\text{유도 리액턴스}) \qquad (4.70)$$

즉, 전류의 최대값은 다음과 같고

$$I_m = \frac{V_m}{X_L} = \frac{V_m}{\omega L} \qquad (4.71)$$

전류의 위상은 $\omega t - \frac{\pi}{2}$ 으로서 전압의 위상보다 90° 뒤진다. 역으로 인덕터의 전압은 전류의 위상보다 90° 앞선다.

　　인덕터에서의 전압과 전류의 위상자 및 시간에 대한 그래프를 나타내면 다음 그림과 같다.

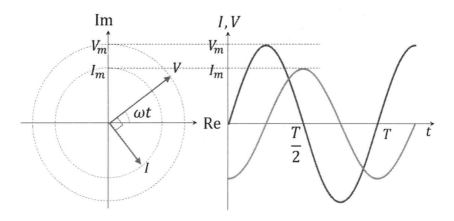

그림 4.18. 교류회로에서 인덕터가 있는 경우 전류와 전압의 그래프

## 4.4.4. 교류 회로에서의 축전기

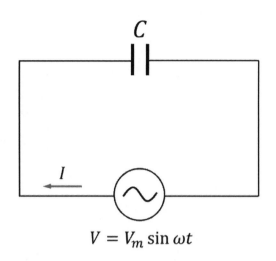

$$C$$

$$I$$

$$V = V_m \sin \omega t$$

그림 4.19. 축전기가 있는 교류회로

그림4.19와 같이 교류 회로에서 축전기의 기능을 살펴보자. 교류 전원을 $V = V_m\,e^{i\omega t}$ 와 같이 위상자로 나타내고 루프 법칙을 적용하면

$$V_m e^{i\omega t} - \frac{q}{C} = 0 \qquad (4.72)$$

이므로 정리하면

$$q = CV_m e^{i\omega t} \qquad (4.73)$$

이다. 양변을 시간으로 미분하면

$$I = i\omega CV_m e^{i\omega t} \qquad (4.74)$$

이다 오일러 공식을 이용하면 $i = e^{i\frac{\pi}{2}}$ 이므로

$$I = \omega CV_m e^{i\left(\omega t + \frac{\pi}{2}\right)} \equiv I_m e^{i\left(\omega t + \frac{\pi}{2}\right)} \qquad (4.75)$$

여기서 $1/\omega C$ 는 교류회로에서 축전기가 전하를 저장하면서 전류의 흐름을 방해하는 정도를 나타내는 물리량으로서 **용량 리액턴스(inducive reactance**, SI단위: Ω) $X_C$ 이라고 정의한다.

$$X_C = \frac{1}{\omega C} \quad \text{(용량 리액턴스)} \qquad (4.76)$$

즉, 전류의 최대값은 다음과 같고

$$I_m = \frac{V_m}{X_C} = \omega CV_m \qquad (4.77)$$

전류의 위상은 $\omega t + \frac{\pi}{2}$ 으로서 전압의 위상보다 90° 앞선다. 역으로 축전기의 전압은 전류의 위상보다 90° 뒤진다.

축전기에서의 전압과 전류의 위상자 벡터 및 시간에 대한 그래프를 나타내면 다음 그림과 같다.

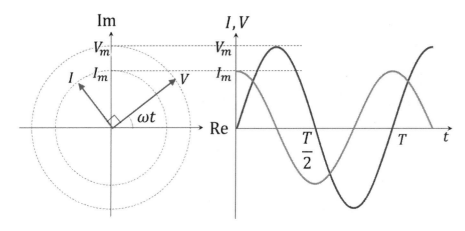

그림 4.20. 교류회로에서 축전기가 있는 경우 전류와 전압의 그래프

## 4.4.5. RLC 직렬 회로

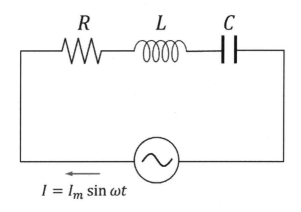

$$I = I_m \sin \omega t$$

그림 4.22. RLC 직렬 교류회로

위 그림과 같이 교류 $I = I_\mathrm{m} \sin \omega t$ 가 흐르는 교류 회로에 저항 $R$, 인덕터 $L$, 축전기 $C$ 가 직렬 연결된 회로를 생각하자. 교류를 $I = I_m\, e^{i\omega t}$ 와 같이 위상자로 나타내자. 교류전원 양단의 전압을 $V$라 하고 루프 법칙을 적용하면

$$V - IR - L\frac{dI}{dt} - \frac{q}{C} = 0 \tag{4.78}$$

이때 $\frac{dI}{dt} = i\omega I_0 e^{i\omega t} = i\omega I$ 이고 $q = \int I dt = \frac{I_m}{i\omega} e^{i\omega t} = I/i\omega$ 이므로 이들을 대입하면

$$V - IR - i\omega L I - \frac{1}{i\omega C} I = 0 \tag{4.79}$$

$$\therefore V = I\big(R + i(X_L - X_C)\big) \tag{4.80}$$

여기서 오일러 공식을 이용하여 $R + i(X_L - X_C)$ 을 다음과 같이 나타내자.

$$R + i(X_L - X_C) \equiv Ze^{i\phi} \tag{4.81}$$

그러면

$$V = IZe^{i\phi} = I_m Ze^{i(\omega+\phi)} \equiv V_m e^{i(\omega+\phi)} \tag{4.82}$$

이다. 따라서 전압과 전류의 최대값 $V_m, I_m$은 다음 식을 만족하며

$$I_m = \frac{V_m}{Z} \tag{4.83}$$

$\phi$ 는 전류에 대한 전압의 위상차이다. 여기서 $Z$ 는 RLC 직렬회로에서 전류의 흐름을 방해하는 정도를 나타내는 물리량으로 **임피던스(impedance,** SI단위: $\Omega$) 라 한다. 식(4.81) 과 다음 그림으로부터 임피던스는

$$Z = \sqrt{R^2 + (X_L - X_C)^2} \tag{4.84}$$

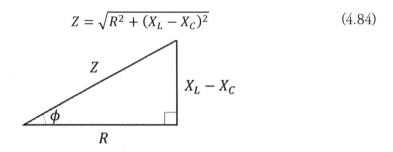

그림 4.23. 임피던스와 위상차

와 같다. 위상차 $\phi$에 대해서는 다음 식이 성립한다.

$$\tan\phi = \left(\frac{X_L - X_C}{R}\right) \tag{4.85}$$

RCL 직렬회로에서 전압과 전류의 위상자 벡터 및 시간에 대한 그래프를 나타내면 다음 그림과 같다.

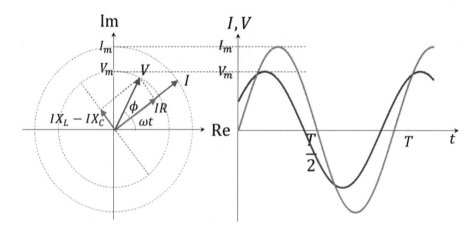

그림 4.24. RLC 직렬 교류회로에서 전류와 전압의 그래프

지금까지 살펴본 교류회로의 특성을 정리하면 다음 표와 같다.

| | 저항 | 위상 | 진폭 관계식 |
|---|---|---|---|
| 저항기 | $R$ | 같음 | $V_m = I_m R$ |
| 인덕터 | $X_L = \omega L$ | 전압이 전류보다 $90^0$ 앞섬 | $V_m = I_m X_L$ |
| 축전기 | $X_C = \dfrac{1}{\omega C}$ | 전압이 전류보다 $90^0$ 뒤짐 | $V_m = I_m X_C$ |
| RLC 직렬회로 | $Z = \sqrt{R^2 + (X_L - X_C)^2}$ | 전압이 전류보다 $\phi = \tan^{-1}\left(\dfrac{X_L - X_C}{R}\right)$ 만큼 앞섬 | $V_m = I_m Z$ |

### 4.4.6. 교류 회로에서의 전력

저항기만 있는 교류회로를 생각하자. 교류는 전류의 크기와 방향이 주기적으로 바뀌므로 공급전력 또한 주기적으로 바뀌게 된다. 따라서 공급한 총 에너지를 계산하기 위해서는 공급전력을 시간에 대해 적분해야 한다. 그러나 평균 전력을 알고 있으면 시간 간격을 곱하여 공급한 총 에너지를 간편하게 구할 수 있다.

저항이 $R$ 인 저항기에 전류 $I = I_m \sin(\omega t)$ 의 전류가 흐를 때 공급 전력은 $P = I^2 R$ 이므로 한 주기 동안의 평균 전력 $P_{\text{avg}}$ 는

$$P_{\text{avg}} = \frac{1}{T}\int_0^T P\,dt = \frac{1}{T}\int_0^T I^2 R\,dt = I_m^2 R \frac{1}{T}\int_0^T \sin^2(\omega t)dt \qquad (4.86)$$

여기서

$$\frac{1}{T}\int_0^T \sin^2(\omega t)dt = \frac{1}{T}\int_0^T \left(\frac{1}{2} - \frac{\cos(2\omega t)}{2}\right)dt = \frac{1}{2} \qquad (4.87)$$

이므로,

$$P_{\text{avg}} = \frac{1}{2}I_m^2 R \equiv I_{\text{rms}}^2 R \qquad (4.88)$$

여기서, $I_{\text{rms}}$ 값은 $I^2$ 의 제곱을 평균을 내고 루트를 씌운 **값이므로 rms 전류 (root-mean-square)** 라고 하며 다음과 같은 값을 가진다.

$$I_{\text{rms}} = \frac{I_m}{\sqrt{2}} \qquad (4.89)$$

마찬가지로 rms 전압 $V_{\text{rms}}$는 다음과 같이 정의된다.

$$V_{\text{rms}} = \frac{V_m}{\sqrt{2}} \qquad (4.90)$$

이제 RLC 직렬회로에서의 공급 전력을 생각해보자. 회로에 교류 $I = I_m \sin(\omega t)$가 흐를 때 교류 전원 양단의 전압 $V$는 식(4.82)의 허수부를 취하면 얻을 수 있으므로 $V = V_m \sin(\omega t +$

$\phi$) 이다. 따라서 공급전력은

$$P = IV = I_m V_m \sin\omega t \sin(\omega t + \phi)$$
$$= I_m V_m \sin^2\omega t \cos\phi + I_m V_m \sin\omega t \cos\omega t \sin\phi \qquad (4.91)$$

이다. 평균 공급 전력 $P_{avg}$은

$$\frac{1}{T}\int_0^T \sin^2(\omega t)dt = \frac{1}{2}, \quad \frac{1}{T}\int_0^T \sin\omega t \cos\omega t \, dt = 0 \qquad (4.92)$$

이므로 다음과 같다.

$$P_{avg} = \frac{1}{2} I_m V_m \cos\phi = I_{rms} V_{rms} \cos\phi \qquad (4.93)$$

여기서 $\cos\phi$를 **전력 인자(power factor)** 라고 한다. 위상차 $\phi$를 작게 하여 $\cos\phi$를 크게 할수록 회로에 전달되는 전력은 커지게 된다. 그림 4.23 으로부터 $\cos\phi = \frac{R}{Z}$ 이므로

$$P_{avg} = I_{rms} V_{rms} \frac{R}{Z} = I_{rms}^2 R \qquad (4.94)$$

즉, 공급전력은 저항에서만 소모된다.

### 4.4.7. RLC 직렬 교류회로에서의 공명

직렬 RLC 회로의 자연진동수는 식(4.53)과 같이 $\omega_0 = \frac{1}{\sqrt{LC}}$이다. 교류전원의 각진동수 $\omega$ 가 회로의 자연진동수 $\omega_0$ 와 일치할 때 회로는 공명현상이 나타나며 전류의 진폭은 매우 커지게 된다.

직렬 RLC 회로의 rms 전류는

$$I_{rms} = \frac{V_{rms}}{Z} \qquad (4.95)$$

이고 식(4.84)를 대입하면

$$I_{rms} = \frac{V_{rms}}{\sqrt{R^2 + (X_L - X_C)^2}} = \frac{V_{rms}}{\sqrt{R^2 + \left(\omega L - \frac{1}{\omega C}\right)^2}} \qquad (4.96)$$

따라서 $X_L = X_C$ 일 때 $I_{rms}$ 가 최대 이므로 $\omega L = 1/\omega C$ 즉,

$$\omega = \omega_0 = \frac{1}{\sqrt{LC}} \qquad (4.97)$$

일 때 공명현상이 일어난다. 공명이 일어나는 진동수 $\omega_0$ 를 공명진동수라 한다. 이 경우 공명진동수와 자연진동수가 일치한다. 진동수에 따른 $I_{rms}$ 의 그래프는 다음과 같다.

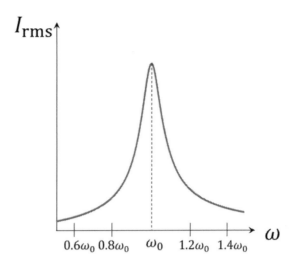

그림 4.25. RLC 직렬 교류회로에서의 공명

# 5. 전자기파

## 5.1. 서설

맥스웰은 패러데이 법칙까지 그동안 알려졌던 전기 자기에 관한 물리법칙에서 한가지 미흡한 점을 보완하여 전자기학을 비로소 완성시켰다. 전자기학을 전기장과 자기장에 관한 대칭적이고도 조화로운 4가지의 편미분 방정식으로 기술하여 물리학의 새로운 패러다임을 여는 기틀을 마련하였다. 그는 빛도 전자기 파동으로 기술할 수 있음을 증명하여 광학 또한 전자기학에 포함될 수 있음을 보여 주었다. 맥스웰의 전자기학은 아인슈타인의 상대론에 영감을 불어넣었으며 빛의 이중성은 양자역학이 발전하게 된 계기가 되었다.

## 5.2. 맥스웰 방정식

### 5.2.1. 앙페르-맥스웰 법칙

패러데이의 유도법칙을 다시 고찰해보자.

$$\oint \vec{E} \cdot d\vec{s} = -\frac{d\Phi_B}{dt} \tag{5.1}$$

이것의 물리적 의미는 시간에 따라 변하는 자기장 주변에 전기장이 형성된다는 것이다. 맥스웰은 이에 대응되는 다음과 같은 맥스웰의 유도법칙을 발견하였다.

$$\oint \vec{B} \cdot d\vec{s} = \mu_0 \varepsilon_0 \frac{d\Phi_E}{dt} \tag{5.2}$$

이것의 물리적인 의미는 시간에 따라 변하는 전기장 주변으로 자기장이 형성된다는 것이다. 즉, 자기장의 원천은 전류뿐만 아니라 시간에 따라 변하는 전기장도 이에 해당한다. 따라서 앙페르 법칙 $\oint \vec{B} \cdot d\vec{s} = \mu_0 I_{in}$ 은 맥스웰의 유도법칙이 추가되어 다음과 같은 **앙페르-맥스웰 법칙**으로 수정되어 진다.

$$\oint \vec{B} \cdot d\vec{s} = \mu_0 I_{in} + \mu_0 \varepsilon_0 \frac{d\Phi_E}{dt} \quad \text{(앙페르 – 맥스웰 법칙)} \tag{5.3}$$

맥스웰의 유도법칙에 의해 변위전류의 개념이 도입되어지고 이를 바탕으로 모순 없이 유도된 자기장을 설명할 수 있게 되었다. 즉, 맥스웰의 유도법칙을 발견함으로 인해 전자기학은 비로소 완성된 이론이 된 것이다.

## 5.2.2. 변위 전류

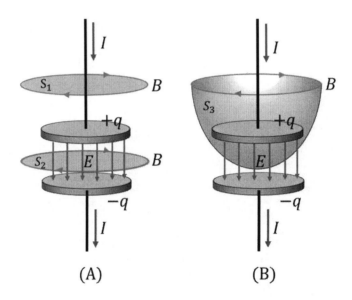

그림 5.1. 변위 전류와 앙페르 맥스웰 법칙

위 그림은 모두 RC 회로에서 평행판 축전기에 전하가 충전되는 모습을 나타낸다. 그림5.1(A) 의 $S_1$ 면은 원형 경계선을 가지는 평면이다. 반면 그림5.1(B)의 $S_3$ 면은 동일한 원형 경계선을 가지지만 그릇 모양의 곡면이다. $S_1$과 $S_3$ 은 동일한 경계선을 가지므로 그러한 경계선을 따라 앙페르-맥스웰 법칙을 적용하면 같은 결과를 얻을 수 있어야 한다.

식(5.3)에서 $S_1$과 $S_3$ 에 대해 명백하게 좌변은 동일하다. 식(5.3)의 우변은 $\mu_0 \left( I_{in} + \varepsilon_0 \frac{d\Phi_E}{dt} \right)$ 이다. $I_{in}$은 면을 통과하는 실제 전류를 나타낸다. 식의 형태로부터 $\varepsilon_0 \frac{d\Phi_E}{dt}$ 은 전류와 등가인 물리량으로 볼 수 있다. 이는 실제 전류가 아니지만 전류와 동일한 물리현상을 발생시키므로 이를 **변위 전류**(displacement current) $I_d$ 라 정의한다.

$$I_d = \varepsilon_0 \frac{d\Phi_E}{dt} \quad \text{(변위 전류의 정의)} \tag{5.4}$$

즉, 식(5.3)의 우변에서 $\varepsilon_0 \frac{d\Phi_E}{dt}$ 은 면을 통과하는 변위전류를 나타낸다. 그림5.1(A)에서 $S_1$ 내부에는 실제전류 $I$ 가 통과하므로 우변은 $\mu_0 I$ 이다. 그러나 그림5.1(B)에서 $S_3$ 는 실제전류가 통과하지 않고 시간에 따라 변하는 전기선속, 즉 변위전류 $I_d$ 만이 통과할 뿐이다. 따라서 맥스웰의 유도법칙 없이 앙페르 법칙만으로는 우변의 값이 0이되어 $S_1$ 과 $S_3$ 에 대해 서로 다른 결과가 발생한 다는 문제가 생긴다.

면 $S_3$ 를 통과하는 전기선속은 그림(A)에서 면$S_2$를 통과하는 전기선속과 같다. (전기선속은 면을 수직으로 통과하는 전기력선의 수의 의미를 가짐을 기억하자.) 축전기 내부의 전기장은

$$E = \frac{\sigma}{\varepsilon_0} = \frac{q}{A\varepsilon_0} \tag{5.5}$$

이므로 면$S_2$에 대해서 식(5.3)의 우변은 다음과 같다.

$$\mu_0 \varepsilon_0 \frac{d\Phi_E}{dt} = \mu_0 \varepsilon_0 A \frac{dE}{dt} = \mu_0 \varepsilon_0 A \cdot \frac{1}{A\varepsilon_0} \cdot \frac{dq}{dt} = \mu_0 I \tag{5.6}$$

이는, 면$S_1$에 대한 식(5.3)의 우변과 동일하다! 정리하면, 앙페르-맥스웰 법칙은 면 $S_1$과 $S_3$ 에 대해서 모순없이 동일한 결론을 얻을 수 있게 한다.

### 5.2.3. 맥스웰 방정식

전자기학에 관한 모든 물리법칙은 다음과 같은 네 가지 방정식으로 기술된다.

$$\oint \vec{E} \cdot d\vec{A} = \frac{q_{in}}{\varepsilon_0} \qquad \textbf{가우스 법칙} \tag{5.7}$$

$$\oint \vec{B} \cdot d\vec{A} = 0 \qquad \textbf{자기에 관한 가우스 법칙} \tag{5.8}$$

$$\oint \vec{E} \cdot d\vec{s} = -\frac{d\Phi_B}{dt} \qquad \textbf{패러데이의 법칙} \tag{5.9}$$

$$\oint \vec{B} \cdot d\vec{s} = \mu_0 I_{\text{in}} + \mu_0 \varepsilon_0 \frac{d\Phi_E}{dt} \qquad \textbf{앙페르-맥스웰 법칙} \tag{5.10}$$

가우스 법칙은 전기력에 관한 쿨롱 법칙의 다른 표현이다. 자기에 관한 가우스 법칙은 자기 홀극자는 존재하지 않음을 나타낸다. 패러데이의 법칙은 시간에 따라 변하는 자기장이 전기장을 만든다는 것이다. 앙페르-맥스웰 법칙은 전류 또는 시간에 따라 변하는 전기장이 자기장을 만든다는 것이다. 대전입자가 전기장과 자기장 내에서 받는 힘은 다음의 로렌츠의 힘으로 기술된다

$$\vec{F} = q\vec{E} + q\vec{v} \times \vec{B} \qquad \textbf{로렌츠의 힘} \tag{5.11}$$

맥스웰 방정식과 함께 로렌츠의 힘은 전기 자기에 관한 모든 현상을 성공적으로 설명한다.

전하와 전류가 없는 자유공간의 경우

$$q = 0, \ I = 0 \tag{5.12}$$

이므로 자유공간에서의 맥스웰 방정식은 다음과 같이 기술된다.

$$\oint \vec{E} \cdot d\vec{A} = 0 \tag{5.13}$$

$$\oint \vec{B} \cdot d\vec{A} = 0 \tag{5.14}$$

$$\oint \vec{E} \cdot d\vec{s} = -\frac{d\Phi_B}{dt} \tag{5.15}$$

$$\oint \vec{B} \cdot d\vec{s} = \mu_0 \varepsilon_0 \frac{d\Phi_E}{dt} \tag{5.16}$$

## 5.3. 평면 전자기파

### 5.3.1. 평면전자기파의 해

맥스웰의 방정식으로부터 진동하는 전기장은 그와 수직방향으로 진동하는 자기장을 만들고 또 진동하는 자기장은 다시 진동하는 전기장을 만듦을 알 수 있다. 이 과정이 반복되며 전기장 및 자기장의 파동이 서로 수직방향으로 진동하며 각 진동방향과 수직한 방향으로 같은 진동수 같은 위상으로 진행하게 된다. 전기장은 $y$축 방향으로 진동하고 자기장은 $z$축 방향으로 진동하며 전자기파는 $+x$ 방향으로 속력 $c$ 로 진행한다고 가정하자. 이를 그림으로 나타내면 다음과 같다.

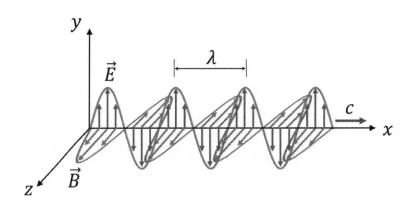

그림 5.2. 평면 전자기파

전자기파는 전기장과 자기장이 각각 사인형으로 진동하며 $+x$ 방향으로 진행하며 에너지를 전달하므로 이는 파동에 해당한다. 다만 역학적 파동과 다른 점은 매질이 없는 진공에서도 진행할 수 있다는 것이다.

어떤 시점에서 전기장과 자기장의 분포를 생각해보자.

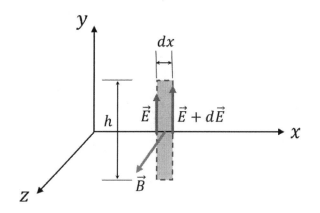

그림 5.3. 평면 전자기파의 해

그림5.3의 빗금 친 경로를 반시계로 회전하며 패러데이 법칙을 적용해보면 $\oint \vec{E} \cdot d\vec{s} = -\frac{d\Phi_B}{dt}$ 에서

$$\oint \vec{E} \cdot d\vec{s} = 0 + (E + dE)h + 0 - Eh = hdE \qquad (5.17)$$

$$-\frac{d\Phi_B}{dt} = -hdx\frac{dB}{dt} \qquad (5.18)$$

이므로

$$hdE = -hdx\frac{dB}{dt} \quad \rightarrow \quad \frac{dE}{dx} = -\frac{dB}{dt} \qquad (5.19)$$

이다. 좌변은 시간이 고정된 상태에서 위치에 대한 미분이고 우변은 위치가 고정된 상태에서 시간에 대한 미분의 의미이므로 이들 미분은 편미분에 해당한다. 따라서

$$\frac{\partial E}{\partial x} = -\frac{\partial B}{\partial t} \qquad (5.20)$$

이다.

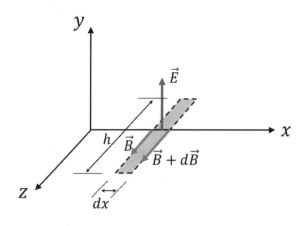

그림 5.4. 평면 전자기파의 해

다음으로 그림5.4의 빗금 친 경로를 반시계로 회전하며 앙페르-맥스웰 법칙을

적용해보면 $\oint \vec{B} \cdot d\vec{s} = \mu_0 \varepsilon_0 \frac{d\Phi_E}{dt}$ 에서

$$\oint \vec{B} \cdot d\vec{s} = 0 - (B + dB)h + 0 + Bh = -hdB \qquad (5.21)$$

$$\mu_0 \varepsilon_0 \frac{d\Phi_E}{dt} = \mu_0 \varepsilon_0 hdx \frac{dE}{dt} \qquad (5.22)$$

이므로

$$-hdB = \mu_0 \varepsilon_0 hdx \frac{dE}{dt} \quad \rightarrow \quad \frac{dB}{dx} = -\mu_0 \varepsilon_0 \frac{dE}{dt} \qquad (5.23)$$

이다. 좌, 우변의 미분은 마찬가지로 편미분에 해당하므로

$$\frac{\partial B}{\partial x} = -\mu_0 \varepsilon_0 \frac{\partial E}{\partial t} \qquad (5.24)$$

식(5.20) 과 식(5.24)를 연립하면 다음과 같은 전기장과 자기장에 관한 파동방정식을 얻는다.

$$\frac{\partial^2 E}{\partial x^2} = \mu_0 \varepsilon_0 \frac{\partial^2 E}{\partial t^2} \qquad (5.25)$$

$$\frac{\partial^2 B}{\partial x^2} = \mu_0 \varepsilon_0 \frac{\partial^2 B}{\partial t^2} \qquad (5.26)$$

이 파동방정식의 해는 다음과 같이 잘 알려져 있다.

$$E = E_{\text{max}} \cos(kx - \omega t) \qquad (5.27)$$

$$B = B_{\text{max}} \cos(kx - \omega t) \qquad (5.28)$$

$$k^2 = \mu_0 \varepsilon_0 \omega^2 \qquad (5.29)$$

$k$는 파수, $\omega$는 각진동수이다. 따라서 전자기파의 속력 $c$는

$$c = \frac{\lambda}{T} = \frac{\omega}{k} = \frac{1}{\sqrt{\mu_0 \varepsilon_0}} = \frac{1}{\sqrt{4 \times 10^{-7} \cdot 8.85 \times 10^{-12}}} = 2.99792 \times 10^9 \text{m/s} \qquad (5.30)$$

이다. 즉 전자기파의 속력은 물리상수인 $\varepsilon_0, \mu_0$ 에 의해서만 결정되는 고유한 값이다. 이는 피조(Fizeau)의 빛의속력 측정실험을 통해 알려져 있던 빛의 속력과 정확히 일치하므로 빛도 전자기파임에 대한 강력한 증거가 된다.

식(5.20)에 파동방정식의 해 식(5.27),(5,27) 를 대입하여 정리하면 $kE_{\text{max}} = \omega B_{\text{max}}$ 이므로 다음과 같은 관계식을 얻는다.

$$\frac{E}{B} = \frac{E_{\text{max}}}{B_{\text{max}}} = c \qquad (5.31)$$

### 5.3.2. 전자기파의 스펙트럼

전자기파의 파장을 $\lambda$, 진동수를 $f$ 라 하면 다음 식이 성립한다.

$$\lambda f = c \tag{5.32}$$

빛의 속력 $c$ 는 불변의 상수이므로 전자기파의 파장이 정해지면 진동수는 식(5.32)에 의해 결정된다. 그 역도 마찬가지로 성립한다. 전자기파의 스펙트럼은 전자기파의 파장 또는 진동수 영역에 따라 전자기파를 분류한 것이다.

|  | 파장 영역 |
|---|---|
| 라디오 파 (radio wave) | $10^4$m ~ 0.1m |
| 마이크로파 (microwave) | 0.3m ~ $10^{-4}$m |
| 적외선(infrared wave) | $10^{-3}$m ~ $7 \times 10^{-7}$m |
| 가시광선(visible light) | $4 \times 10^{-7}$m ~ $7 \times 10^{-7}$m |
| 자외선(ultraviolet wave) | $4 \times 10^{-7}$m ~ $6 \times 10^{-10}$m |
| X선(X-ray) | $10^{-8}$m ~ $10^{-12}$m |
| 감마선(gamma-ray) | $10^{-10}$m ~ $10^{-14}$m |

## 5.4. 전자기파의 에너지

$+x$ 방향으로 진행하는 평면 전자기파를 생각하자. 전기장과 자기장 자체는 에너지를 가지고 있으므로 전자기파의 진행 방향으로 에너지가 전달된다. **포인팅 벡터(Poynting vector)** $\vec{S}$ 는 전자기파의 에너지 전달률로서 다음과 같이 정의된다. (SI 단위: $J/m^2 \cdot s$)

$$\vec{S} = \frac{1}{\mu_0} \vec{E} \times \vec{B} \tag{5.33}$$

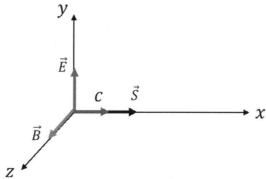

그림 5.5. 포인팅 벡터

포인팅 벡터의 물리적인 의미는 단위시간당, 단위 면적당 전달된 에너지, 즉 단위 면적당 일률이다. 평면전자기파에서 $\vec{E}$와 $\vec{B}$ 는 수직이므로 포인팅 벡터의 크기는 다음과 같다.

$$S = \frac{1}{\mu_0}EB = \frac{E^2}{c\mu_0} = \frac{cB^2}{\mu_0} \tag{5.34}$$

이 때 식(5.31)을 이용하였다.

전기장과 자기장은 진동하므로 포인팅 벡터 또한 시간에 따라 진동한다. 따라서 전달된 에너지를 구하기 위해서는 시간에 따라 적분해야 한다. 그러나 포인팅 벡터의 평균을 이용하면 쉽게 전체 에너지를 구할 수 있다. 포인팅 벡터의 한주기에 대한 평균을 전자기파의 세기라 하며 다음과 같다.

$$I = S_{\text{avg}} = \frac{1}{c\mu_0}\langle E^2 \rangle_{\text{avg}} = \frac{1}{c\mu_0}\langle E_m^2 \sin^2(kx - \omega t)\rangle_{\text{avg}} = \frac{1}{c\mu_0}\frac{E_m^2}{2} \tag{5.35}$$

$$\therefore I = \frac{E_{\text{rms}}^2}{c\mu_0} \tag{5.36}$$

전자기파에서 전기에너지밀도는

$$u_E = \frac{1}{2}\varepsilon_0 E^2 = \frac{1}{2}\varepsilon_0(c^2 B^2) = \frac{1}{2}\varepsilon_0 \frac{B^2}{\mu_0 \varepsilon_0} = \frac{B^2}{2\mu_0} = u_B \tag{5.37}$$

즉, 전기에너지밀도와 자기 에너지 밀도가 서로 같다. 따라서 전자기파가 갖는 전체 순간 에너지 밀도는

$$u = u_E + u_B = 2u_E = 2u_B = \varepsilon_0 E^2 = \frac{B^2}{\mu_0} \tag{5.38}$$

이를 식(5.34)과 비교하면 다음 식을 얻는다.

$$S = cu \tag{5.39}$$

## 5.5. 전자기파의 운동량과 복사압

전자기파는 에너지 뿐만 아니라 운동량도 가지고 있다. 빛은 파동의 성질뿐만 아니라 입자성도 가지고 있는데 이를 광자라고 한다. 상대론에서 광자의 에너지 $E$와 운동량 $p$ 의 관계는 다음과 같다.

$$E = pc \tag{5.40}$$

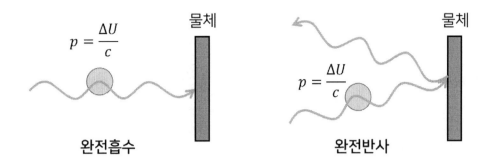

그림 5.6. 전자기파의 복사압

전자기파가 물체에서 완전히 흡수되는 경우를 생각해보자. $\Delta t$의 시간동안 단면적이 $A$인 물체에 전달된 전자기파의 에너지를 $\Delta U$ 라 하자. 그러한 전자기파가 갖는 운동량은 $p = \Delta U / c$ 이므로 운동량 충격량 정리에 의해 물체가 받는 힘을 구해보면

$$F\Delta t = \Delta p = \frac{\Delta U}{c} \tag{5.41}$$

이므로

$$F = \frac{\Delta U}{c\Delta t} = \frac{IA}{c} \quad \text{(완전 흡수)} \tag{5.42}$$

전자기파가 물체에서 완전히 반사되는 경우 물체의 운동량 변화는 $\Delta p = 2\Delta U / c$ 이므로

$$F = \frac{2IA}{c} \quad \text{(완전 반사)} \tag{5.43}$$

이다. 따라서 물체가 전자기파로부터 받는 복사압 $p_r$은 다음과 같다.

$$p_r = \frac{I}{c} \quad \text{(완전 흡수)} \tag{5.44}$$

$$p_r = \frac{2I}{c} \quad \text{(완전 반사)} \tag{5.45}$$

# Part 4. 광학

# 1. 기하광학

## 1.1. 서설

빛의 본질이 무엇인가에 관한 질문은 오랫동안 물리학자들의 과제로 남아 있었다. 빛이 파동인가 입자인가에 대해서는 논쟁이 지속되어 왔다. 맥스웰(Maxwell)이 빛도 전자기파임을 이론적으로 밝혀내고 헤르츠(Hertz)가 전자기파의 존재를 실험적으로 확인하면서 빛은 파동이라는 것이 명확해졌다. 이로부터 광학 또한 결국 전자기학의 영역 안에 있는 것이고 모든 광학적 현상도 전자기학의 물리법칙으로 성공적으로 설명할 수 있음을 알게 되었다. 그런데 20세기에 이르러 빛이 파동성 뿐 아니라 입자성도 가지고 있음을 보여주는 실험들이 속속 등장하게 되었다. 이것을 빛의 이중성이라 하는데 이는 양자역학이 탄생되어지는 도화선이 되었다.

기하광학(geometric optics)에서는 빛의 파동성을 바탕으로 빛의 직진성 및 매질 경계에서의 빛의 반사와 굴절 등, 빛의 기하학적인 특성에 대해서 다룬다. 이를 광선 광학(ray optics)이라고도 한다.

## 1.2. 반사와 굴절

### 1.2.1. 반사의 법칙

광선이 직진하다가 다른 매질을 만나면 그 일부가 반사하게 된다. 입사 광선이 매질의 경계면과 수직인 직선(법선이라 한다.)과 이루는 각 $\theta_1$을 **입사각**이라 하고 반사광선이 법선과 이루는 각 $\theta_1'$을 반사각이라 한다. 이론적으로 입사각과 반사각은 같다:

$$\theta_1 = \theta_1' \quad \text{(반사의 법칙)} \tag{1.1}$$

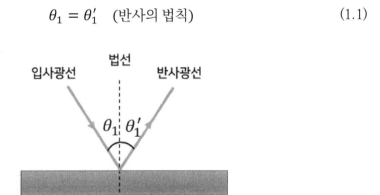

그림 1.1. 반사의 법칙

이러한 관계를 **반사의 법칙(law of reflection)**이라 한다.

### 1.2.2. 굴절의 법칙

빛의 진공중에서의 속력은 $c = 2.99792 \times 10^8 \text{m/s}$ 으로 불변이지만 매질 내에서의 빛의 속력은 진공에서보다 느려진다. (빛의 속도가 불변이라는 특수 상대성 이론은 진공중에서 성립하는 것과 혼동해서는 안된다.) 매질 내에서의 빛의 속력을 $v$ 라 할 때 매질의 **굴절률(refraction index)** $n$은 다음과 같이 정의된다.

$$n = \frac{c}{v} \tag{1.2}$$

이때 항상 $n > 1$ 이 성립한다. 빛의 속력이 매질 내에서 감소하는 이유에 대해서 수학적으로는 매질 내에서의 맥스웰 방정식의 해로부터 설명할 수 있다. 매질 내에서의 평면 전자기파의 속력 $v$는 다음과 같다.

$$v = \frac{1}{\sqrt{\mu \varepsilon}} \tag{1.3}$$

여기서 $\mu$는 매질의 투자율로서 대부분의 경우 $\mu \simeq \mu_0$ 이다. $\varepsilon$은 매질의 유전율로서 $\varepsilon > \varepsilon_0$ 이므로

$$v < c = \frac{1}{\sqrt{\mu_0 \varepsilon_0}} \tag{1.4}$$

이다. 물리적으로는 매질내에서의 전자기파는 매질을 구성하는 분자 내의 전자와 상호작용하게 되고, 매질 내의 전자는 진동하며 새로운 전기장을 만들어 내는데 입사된 전기장과 전자가 만드는 전기장의 합성 파동의 속력은 입사된 전자기파의 속력보다 작은 값을 가지게 된다. 즉, 매질내에서의 전자기파는 진동수는 불변하고 파장과 속력은 작아진다. 전자기파가 매질과 상호작용하는 정도는 매질마다 다르기 때문에 각 매질마다 전자기파의 속력은 다르고 굴절률도 다르다.

진공에서 진동수와 파장이 각각 $f, \lambda$ 인 빛이 굴절률이 $n$인 매질에 입사되었을 때 매질 내에서의 진동수, 파장, 속력 등을 정리하면 다음과 같다.

|  | 진동수 | 파장 | 속력 |
|---|---|---|---|
| 진공 중에서 | $f$ | $\lambda$ | $c$ |
| 매질 내에서 (굴절률: $n$) | $f$ | $\dfrac{\lambda}{n}$ | $\dfrac{c}{n}$ |

표1.1. 매질 내에서의 진동수, 파장 및 속력

진동수가 $f$ 인 빛이 매질 1에서 매질 2로 진행하는 경우를 생각하자. 각 매질에서의 굴절률은 $n_1 < n_2$ 이다. 각 매질에서의 파장, 속력을 각각 $\lambda_1, v_1$ 및 $\lambda_2, v_2$ 라 하면 $v = f\lambda$이므로 다음 식이 성립한다.

$$\frac{\lambda_1}{\lambda_2} = \frac{v_1}{v_2} = \frac{c/n_1}{c/n_2} = \frac{n_2}{n_1} > 1 \tag{1.5}$$

광선이 어떤 매질 내를 진행하다 다른 매질을 만나게 되면 일부는 반사하고 일부는

굴절하게 된다. 매질의 법선 방향과 굴절 광선이 이루는 각 $\theta_2$ 을 굴절각이라 한다. 굴절률이 큰 매질 내에서는 광선의 속력이 줄어듦으로 굴절 광선은 굴절률이 큰 매질 방향으로 더 휘어지게 된다. 이 때 입사각과 굴절각 및 굴절률은 다음 관계식을 만족한다.

$$\frac{\sin\theta_1}{\sin\theta_2} = \frac{v_1}{v_2} = \frac{n_2}{n_1} \tag{1.6}$$

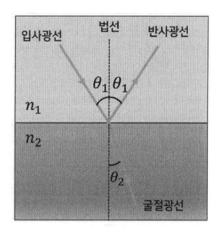

그림 1.2. 스넬의 굴절 법칙

위 식은 1.2.3절에서 기술할 하위헌스의 원리에 의해 설명할 수 있고, 근본적으로는 매질의 경계에서의 맥스웰 방정식의 해로부터 유도가 된다. 위 식으로부터 다음의 **스넬의 굴절 법칙 (Snell's law of refraction)** 을 얻게 된다.

$$n_1 \sin\theta_1 = n_2 \sin\theta_2 \tag{1.7}$$

## 기본문제 1.1

그림과 같이 굴절률이 $n$이고 두께가 $d$인 매질에 공기로부터 $\theta$의 입사각으로 단색광이 입사되었다. 광선이 매질을 통과하여 동일한 $\theta$의 투과각으로 공기중으로 빠져나갔다.

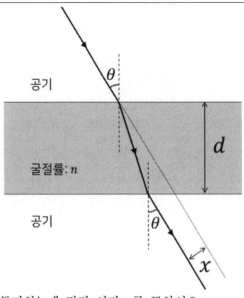

(a) 광선이 매질내를 통과하는데 걸린 시간 $t$를 구하시오.

(b) 입사광의 연장선과 매질을 빠져나간 광선 사이의 거리 $x$를 구하시오. (단, 공기의 굴절률은 1이다.)

---

**풀 이**

(a) 굴절각을 $\alpha$라 하자. 스넬의 법칙에 의해 $\sin\theta = n\sin\alpha$ 이다. 따라서

$$\sin\alpha = \frac{\sin\theta}{n}$$

이다. 아래 그림에서 매질내에서의 빛의 경로의 길이 $l$은 다음과 같다.

$$l = \frac{d}{\cos\alpha} = \frac{d}{\sqrt{1 - \dfrac{\sin^2\theta}{n^2}}}$$

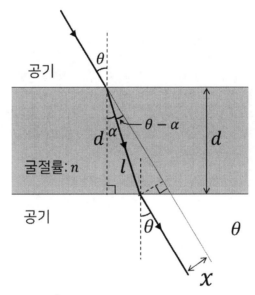

매질 내에서 빛의 속도는 $\frac{c}{n}$ 이므로 매질내에서 빛이 통과하는데 걸린 시간 $t$는

$$t = \frac{l}{c/n} = \frac{\left(\dfrac{nd}{c}\right)}{\sqrt{1 - \dfrac{\sin^2 \theta}{n^2}}}$$

(b) 위 그림에서

$$x = l\sin(\theta - \alpha) = \frac{d}{\cos\alpha}(\sin\theta\cos\alpha - \cos\theta\sin\alpha)$$
$$= d\left(\sin\theta - \cos\theta\frac{\sin\alpha}{\cos\alpha}\right)$$
$$= d\left(\sin\theta - \cos\theta\frac{\dfrac{\sin\theta}{n}}{\sqrt{1 - \dfrac{\sin^2\theta}{n^2}}}\right)$$
$$= d\sin\theta\left(1 - \frac{\cos\theta}{\sqrt{n^2 - \sin^2\theta}}\right)$$

## 기본문제 1.2

 그림과 같이 굴절률이 $n$ 이고 꼭지각이 $\phi$인 프리즘에서 입사각과 프리즘을 투과하여 나간 광선이 법선과 이루는 각이 같을 때 두 광선 사이의 각도가 최소값 $\delta_{min}$ 을 가진다. 이 때 프리즘의 굴절률 $n$을 $\delta_{min}$과 $\phi$에 관한 식으로 나타내시오 .

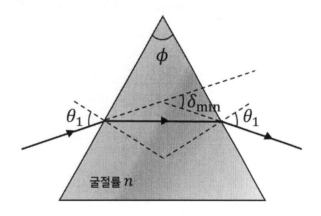

굴절률 $n$

 풀 이

아래 그림에서 아래쪽 삼각형에서 $2\theta_2 + \pi - \phi = \pi$ 이므로

$$\theta_2 = \frac{\phi}{2}$$

이다. 위 쪽 삼각형에서

$$\delta_{min} = 2\alpha$$

이다.

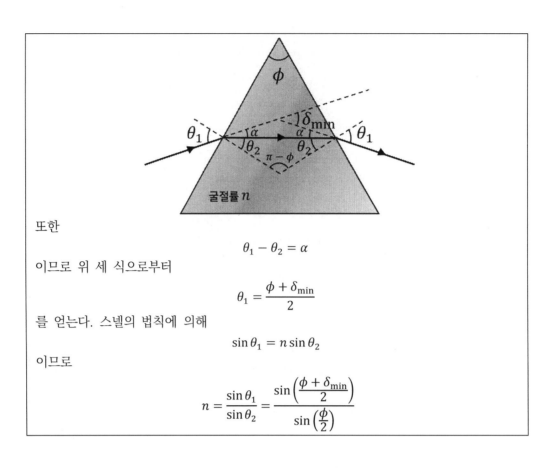

또한

$$\theta_1 - \theta_2 = \alpha$$

이므로 위 세 식으로부터

$$\theta_1 = \frac{\phi + \delta_{min}}{2}$$

를 얻는다. 스넬의 법칙에 의해

$$\sin \theta_1 = n \sin \theta_2$$

이므로

$$n = \frac{\sin \theta_1}{\sin \theta_2} = \frac{\sin \left( \frac{\phi + \delta_{min}}{2} \right)}{\sin \left( \frac{\phi}{2} \right)}$$

### 1.2.3. 하위헌스의 원리

하위헌스는 빛의 파동성을 주장한 대표적인 물리학자이다 하위헌스는 다음과 같은 하위헌스의 원리 를 이용하여 반사의 법칙과 굴절의 법칙을 설명하였다. **하위헌스의 원리(Huygens's principle)**란 파면 상의 모든 점은 2차 구면파를 생성하는 점 파원으로 생각할 수 있으며 얼마의 시간이 경과 후 새로운 파면의 위치는 이 점파원들에 접하는 면이라는 것이다.

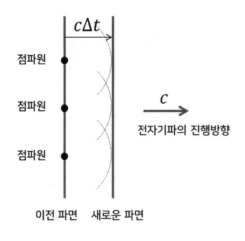

그림 1.3. 하위헌스의 원리

하위헌스의 원리를 빛의 반사에 적용하면 그림1.4과 같다. 그림에서 선AB가 입사광선의 파면이고 점파원 A에서 만들어진 파동은 $\Delta t$ 동안 반사광을 따라 점D에 도달하고 같은 시간동안 점파원 B에서 만들어진 파동은 입사광을 따라 점C에 도달한다. 선CD는 반사광의 파면이 되며 $\overline{AD} = \overline{BC} = c\Delta t$ 이다. 따라서, 삼각형 $\Delta ABC$ 와 $\Delta ACD$ 는 합동이므로 $\gamma = \gamma'$ 이고 $\gamma = 90° - \theta_1$, $\gamma' = 90° - \theta_1'$ 이므로 다음의 반사의 법칙 관계식을 얻게 된다.

$$\theta_1 = \theta_1' \tag{1.8}$$

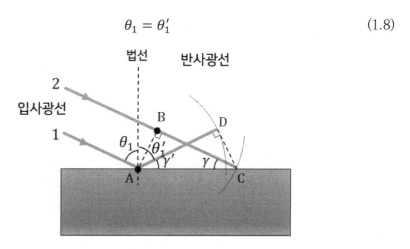

그림 1.4. 반사의 법칙에 대한 하위헌스의 원리

하위헌스의 원리를 빛의 굴절에 적용하자. 그림1.5에서 선AB가 입사광선의 파면이고 점파원 A에서 만들어진 파동은 $\Delta t$ 동안 반사광을 따라 점D에 도달하고 같은 시간동안 점파원 B에서 만들어진 파동은 입사광을 따라 점C에 도달한다. 선CD는 반사광의 파면이 되며 $\overline{BC} = v_1\Delta t$ $\overline{AD} = v_2\Delta t$ 이다. 또한 $\overline{BC} = \overline{AC}\sin\theta_1$, $\overline{AD} = \overline{AC}\sin\theta_2$ 이다. 따라서

$$\begin{aligned}\overline{AC}\sin\theta_1 &= v_1\Delta t \\ \overline{AC}\sin\theta_2 &= v_2\Delta t\end{aligned} \tag{1.9}$$

이고 두 식을 나누면 다음과 같이 스넬의 굴절 법칙을 얻게 된다.

$$\frac{\sin\theta_1}{\sin\theta_2} = \frac{v_1}{v_2} = \frac{n_2}{n_1} \tag{1.10}$$

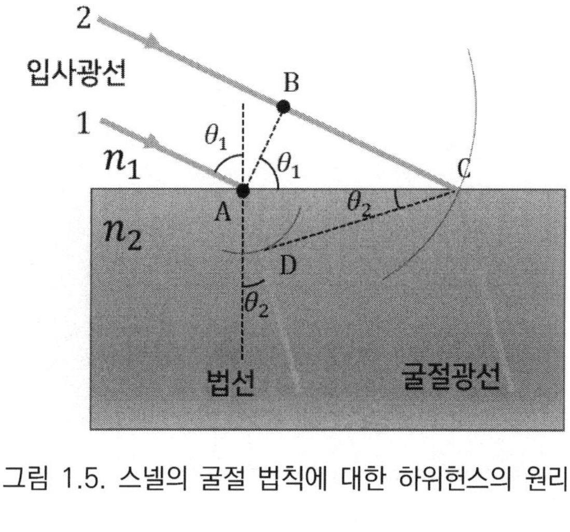

그림 1.5. 스넬의 굴절 법칙에 대한 하위헌스의 원리

### 1.2.4. 내부 전반사

**내부 전반사(total internal reflection)**란 굴절률이 큰 매질에서 작은 매질로 광선이 진행할 때 특정 임계각보다 큰 입사각으로 입사한 빛이 굴절하지 않고 전부 반사되는 현상을 말한다. 그림1.6에서 입사각 $\theta$가 증가함에 따라 굴절각이 90°이 되는 경우가 생기는 데, 이 때 굴절 광선은 경계면에 평행하게 진행하게 되는데 이때의 입사각이 임계각 $\theta_c$이다. 임계각 $\theta_c$ 보다 큰 입사각에 대해서는 굴절 광선이 생기지 않고 입사 광선은 전부 반사된다.

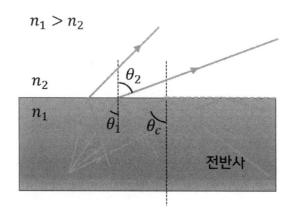

그림 1.6. 내부 전반사

입사각이 임계각 $\theta_c$일 때 굴절각이 90°이므로 스넬의 법칙에 의해

$$n_1 \sin \theta_c = n_2 \sin 90° = n_2 \tag{1.11}$$

따라서

$$\sin \theta_c = \frac{n_2}{n_1} \quad (n_1 > n_2) \text{ (전반사의 임계각)} \tag{1.12}$$

---

### 기본문제 1.3

그림과 같이 수평방향을 향하고 굴절률이 $n$인 광섬유의 왼쪽 면에 입사각 $\theta$로 광선이 입사되었다. 이 광선이 광섬유 내에서 전반사를 일으키기 위한 $n$의 최소값을 구하시오.

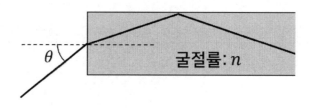

굴절률: $n$

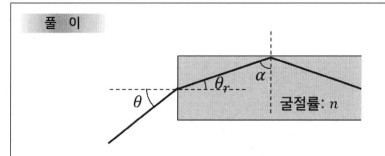

그림에서 $\alpha$가 전반사 임계각일 때가 굴절률 $n$이 최소값일 때이다. 따라서

$$\sin\alpha = \sin(90° - \theta_r) = \cos\theta_r = \frac{1}{n}$$

왼쪽면에 입사할 때 스넬의 법칙에 의해

$$\sin\theta = n\sin\theta_r$$

따라서

$$\sin^2\theta = n^2\sin^2\theta_r = n^2(1 - \cos^2\theta_r) = n^2\left(1 - \frac{1}{n^2}\right) = n^2 - 1$$

$$\therefore n_{\min} = \sqrt{1 + \sin^2\theta}$$

## 1.3. 거울, 렌즈

### 1.3.1. 평면 거울에 의한 상

거울은 입사 광선을 분산시키거나 흡수하지 않고 한 방향으로 반사시키는 면을 말한다. 다음 그림에서 점 P에서 나온 광선의 일부는 점Q에서 반사되어 다시 점P로 되돌아 나가고 일부는 점R에서 반사되어 반사의 법칙에 의해 입사각과 같은 반사각으로 나간다. 이러한 두 반사광의 연장선은 점 P′에서 만나므로 마치 두 광선은 점 P′에서 나온 것처럼 보인다. 이와 같이 어떤 광학계를 통과한 광선들 또는 그러한 광선들의 연장선이 만나는 지점을 물체의 **상(image)**라 한다.

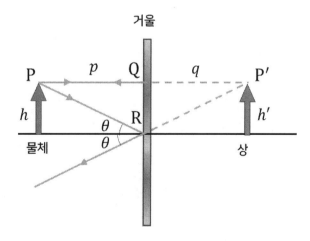

그림 1.7. 거울면에서의 물체의 상

광선들이 실제로 발산하는 지점에 맺히는 상을 **실상(real image)**이라고 하고 광선들의 연장선이 만나기 때문에 발산되는 것처럼 보이는 지점에 맺히는 상을 **허상(virtual image)**라 한다. 광학기기에서 물체까지의 거리 $p$를 **물체 거리(object distance)**라 하고 광학기기에서 상까지의 거리 $q$를 **상 거리(image distance)**라 한다. $h$는 물체의 높이 $h'$는 상의 높이 이다. 이 때, $p$, $q$, $h$, $h'$은 광학기기의 부호 규약에 따라 (+), (−) 부호를 가질 수 있음에 유의한다. 예를 들어, 상의 위아래가 뒤집히는 도립상의 경우 $h' < 0$ 으로 정의한다. **상의 수직 배율(횡배율, lateral magnification)** $M$은 다음과 같이 정의된다.

$$M = \frac{h'}{h} \quad \text{(횡배율의 정의)} \tag{1.13}$$

평면 거울의 경우 $\Delta PQR \equiv \Delta P'QR$ 이므로 $p = q$, 즉, 물체 거리와 상거리가 같고 $h = h'$ 이다. 따라서, 횡배율은 다음과 같다.

$$M = +1 \quad \text{(평면 거울의 횡배율)} \tag{1.14}$$

$M > 0$ 은 상이 정립상임을 의미한다. ($M < 0$ 이면 도립상이다.)

### 1.3.2. 구면 거울에 의한 상

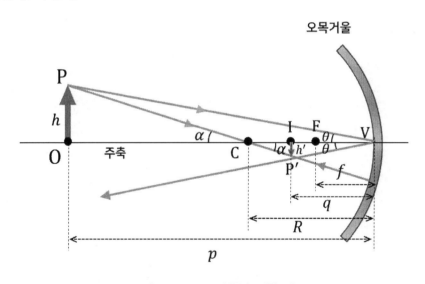

그림 1.8. 오목 거울에 의한 상

그림1.8과 같이 반지름이 $R$인 구형 오목거울에서 구의 곡률 중심 위치를 점C, 거울면의 중심 위치를 점V라 하자. C와 V를 연결하는 직선을 거울의 **주축(principal axis)**이라 한다. 물체에서 발산하는 모든 광선들은 거울의 주축과 작은 각도를 이룬다고 가정하자. 즉 위 그림에서 $\theta, \alpha \ll 1$ 이다. 이런 광선을 **근축 광선 (paraxial ray)**이라 한다.

물체 끝에서 나온 광선이 점 V에 도달하면 반사의 법칙에 의해 입사각과 동일한 반사각으로 반사되어 나간다. 또한 물체 끝에서 나온 광선이 점C를 통과하면 구면에 수직하게 도달하므로 반대방향으로 반사되어 나간다. 이 두 반사광은 점 I위치에서 주축 아래 점 P′에서 만나므로 점 I 위치에서 도립 실상이 맺히게 된다. 이와 같이 물체에서 나오는 광선들이 만나는 점으로부터 상의 위치를 찾는 방법을 **광선 추적도(ray diagrams)** 방법이라 한다.

거울에서 부호 규약은 모든 거리는 점V를 기준으로 재고 거울 앞의 위치는 (+) 거울 뒤의 위치는 (-)이다. $\Delta OPV$ 와 $\Delta IP′V$ 는 닮음 이므로 $h′/h = -q/p$ 이다. (도립 이므로 $h′ < 0$ 임에 유의한다.) 따라서, 상의 횡배율은 다음과 같다.

$$M = \frac{h′}{h} = -\frac{q}{p} \quad \text{(거울에 의한 상의 횡배율)} \tag{1.15}$$

또한 $\Delta OPC$ 와 $\Delta IP′C$ 의 닮음으로부터

$$\frac{h′}{h} = -\left(\frac{R-q}{p-R}\right) \tag{1.16}$$

이다. 위 두 식을 연립하면

$$\frac{1}{p} + \frac{1}{q} = \frac{2}{R} \tag{1.17}$$

을 얻는다. 물체가 거울로부터 매우 멀리 있는 경우 $(p = \infty)$ 식(1.17)로부터 $q = R/2$ 이다. 이 때, 물체에서 나온 광선은 주축과 평행하므로 결국 주축과 평행한 광선은 항상 주축 위의 $q = R/2$ 인 점 F를 통과하게 된다. 점F를 구면 거울의 **초점 (focal point)**라 하고 점V에서 초점까지의 거리를 **초점 거리(focal length)** $f$라 한다. 따라서

$$f = \frac{R}{2} \quad \text{(구면 거울의 초점거리)} \tag{1.18}$$

이다. 식(1.17) 와 식(1.18) 으로부터 다음의 **거울방정식(mirror equation)**을 얻는다.

$$\frac{1}{p} + \frac{1}{q} = \frac{1}{f} \quad \text{(거울 방정식)} \tag{1.19}$$

볼록 거울의 경우에 광선 추적도를 그리면 그림1.9와 같다.

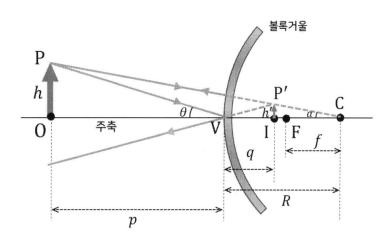

그림 1.9. 볼록 거울에 의한 상

볼록 거울의 경우 곡률 중심 및 초점 모두 거울 뒤에 있으므로 부호 규약에 의해 $R < 0$, $f < 0$ 임에 유의한다. 오목 거울에서 논의하였던 내용이 볼록거울에 동일하게 적용되며 횡배율에 관한 식(1.15)와 거울 방정식(1.19)이 그대로 적용된다.

거울에서의 부호규약을 정리하면 다음 표와 같다.

| 거울의 부호규약 | (+) | (-) |
|---|---|---|
| $p$ (물체의 위치) | 거울 앞에 있을 때(실물체) | 거울 뒤에 있을 때 (허물체) |
| $q$ (상의 위치) | 거울 앞에 있을 때 (실상) | 거울 뒤에 있을 때 (허상) |
| $h'$ (상의 높이) | 정립상 | 도립상 |
| $f$ (초점거리) | 오목거울 | 볼록거울 |
| $M$ (횡배율) | 정립상 | 도립상 |

표1.2. 거울에서의 부호규약

단일 거울에 의한 상은 다음 세가지 경우로 나뉜다.

(1) 오목거울 – 도립실상  ($p > f$ 인 경우)

$$f > 0, \ p > f$$
$$q > 0, \ h' < 0, \ M < 0$$
(1.20)

오목거울

(2) 오목거울 – 정립허상  ($p < f$ 인 경우)

$$f > 0, \ p < f$$
$$q < 0, \ h' > 0, \ M > 1$$
(1.21)

오목거울

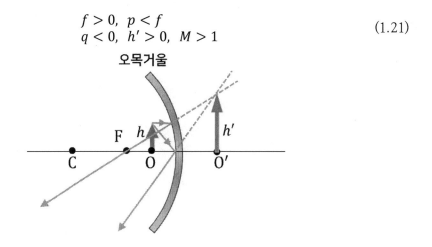

(3) 볼록거울 - 정립허상

$$f < 0$$
$$q < 0, \ h' > 0, \ 1 > M > 0$$

(1.22)

**볼록거울**

$h$

O       $h'$    I F      C

---

## 기본문제 1.4

(a) 초점거리가 +4cm 인 오목거울로부터 물체거리가 20cm 일 때 상의 위치와 종류 및 배율을 구하여라.

(b) 초점거리가 +4cm 인 오목거울로부터 물체거리가 2cm 일 때 상의 위치와 종류 및 배율을 구하여라.

(c) 초점거리가 -4cm 인 볼록거울로부터 물체거리가 12cm 일 때 상의 위치와 종류 및 배율을 구하여라.

---

**풀 이**

(a) (오목거울1) - 도립실상

거울방정식 $\frac{1}{p} + \frac{1}{q} = \frac{1}{f}$ 에서

$$\frac{1}{20} + \frac{1}{q} = \frac{1}{4}, \quad \therefore q = 5\text{cm 이다.}$$

배율은 다음과 같다.

$$M = -\frac{q}{p} = -\frac{5}{20} = -0.25$$

$M < 0$ 이므로 도립실상이다.

(b) (오목거울2) - 정립허상

거울방정식 $\frac{1}{p} + \frac{1}{q} = \frac{1}{f}$ 에서

$$\frac{1}{2} + \frac{1}{q} = \frac{1}{4}, \quad \therefore q = -4\text{cm 이다.}$$

배율은 다음과 같다.

$$M = -\frac{q}{p} = -\frac{(-4)}{2} = 2$$

$M > 0$ 이므로 정립허상이다.

(c) (볼록거울) – 정립허상

거울방정식 $\frac{1}{p} + \frac{1}{q} = \frac{1}{f}$ 에서

$$\frac{1}{12} + \frac{1}{q} = \frac{1}{-4}, \quad \therefore q = -3\text{cm} \text{ 이다.}$$

배율은 다음과 같다.

$$M = -\frac{q}{p} = -\frac{-3}{12} = 0.25$$

$M > 0$ 이므로 정립허상이다.

### 1.3.3. 굴절에 의한 상

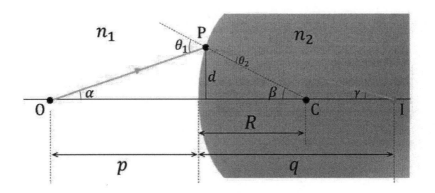

그림 1.10 굴절에 의한 상의 위치

그림1.10과 같이 굴절률이 각각 $n_1, n_2$ $(n_1 < n_2)$인 투명한 두 매질의 경계면이 곡률 반지름 $R$인 구면인 경우에 점O에서 나온 광선이 맺히는 상의 위치를 구해보자. 광선은 근축광선임을 가정한다. 위 그림에서 기하학적으로

$$\begin{aligned} \theta_1 &= \alpha + \beta \\ \beta &= \theta_2 + \gamma \end{aligned}$$ 
(1.23)

가 성립한다. 스넬의 법칙에 의해 $n_1 \sin\theta_1 = n_2 \sin\theta_2$ 가 성립하고 $\sin\theta \approx \theta$ 의 근사식을 쓰면

$$n_1\theta_1 = n_2\theta_2$$ 
(1.24)

이다. 위 식들을 연립하면 다음 식을 얻는다.

$$n_1 \alpha + n_2 \gamma = (n_2 - n_1)\beta \qquad (1.25)$$

다음의 근사식을 위 식에 대입하자.

$$\tan \alpha \approx \alpha \approx \frac{d}{p}, \ \tan \beta \approx \beta \approx \frac{d}{R}, \ \tan \gamma \approx \gamma \approx \frac{d}{q} \qquad (1.26)$$

그러면 다음과 같은 굴절에 의한 상의 공식을 얻게 된다.

$$\frac{n_1}{p} + \frac{n_2}{q} = \frac{n_2 - n_1}{R} \quad \text{(굴절에 의한 상)} \qquad (1.27)$$

상의 배율은 다음과 같다.

$$M = -\frac{n_1 q}{n_2 p} \quad \text{(굴절에 의한 상의 배율)} \qquad (1.28)$$

굴절에서의 부호규약을 정리하면 다음 표와 같다.

| 굴절에서의 부호규약 | (+) | (-) |
|---|---|---|
| $p$ (물체의 위치) | 굴절면 앞에 있을 때(실물체) | 굴절면 뒤에 있을 때 (허물체) |
| $q$ (상의 위치) | 굴절면 뒤에 있을 때 (실상) | 굴절면 앞에 있을 때 (허상) |
| $h'$ (상의 높이) | 정립상 | 도립상 |
| $R$ (반지름) | 곡률 중심이 굴절면 뒤에 | 곡률 중심이 굴절면 앞에 |

표1.3. 굴절에서의 부호규약

굴절면이 평면인 경우 식(1.27)에서 $R \to \infty$ 이므로

$$q = -\frac{n_2}{n_1} p \qquad (1.29)$$

이다. $q < 0$ 이므로 상은 항상 굴절면 앞에 맺히게 된다.

## 기본문제 1.5

그림과 같이 파리 한마리가 굴절률 $n = 1.6$ 의 호박에 박힌 채 발견되었다. 호박의 한쪽 면은 볼록구면이며 반지름은 $r = 3\text{cm}$ 이다. 볼록구면을 통하여 파리를 보았을 때 표면으로부터 5cm 인 곳에 위치한 것처럼 보인다. 실체 파리 위치는 어디인가?

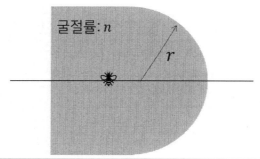

굴절률: $n$

$r$

굴절에 의한 상의 위치 공식 $\frac{n_1}{p} + \frac{n_2}{q} = \frac{n_2 - n_1}{R}$ 으로부터

$$\frac{1.6}{p} + \frac{1}{(-5cm)} = \frac{1 - 1.6}{(-3cm)}$$

이를 정리하면

$$p = 4cm$$

즉 파리는 곡면으로부터 4cm 인 곳에 위치한다.

### 1.3.4. 얇은 렌즈에 의한 상

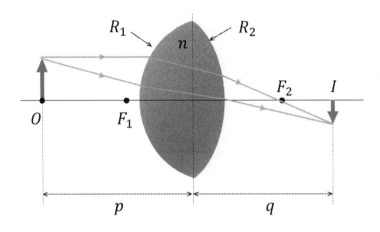

그림 1.11 얇은 렌즈에 의한 상의 위치

그림1.11과 같이 굴절률이 $n$이고 곡률반경이 $R_1, R_2$ 인 두 굴절면을 붙여 얇은 렌즈를 제작하였다. 렌즈의 두께는 무시한다. 공기중에서 물체에서 나온 광선이 렌즈를 통과하여 맺는 상의 위치를 구해보자. 식(1.27)에 의해 곡률 반경이 $R_1$인 면에서 굴절된 광선이 맺는 상의 위치 $q_1$에 대해 다음 식이 성립한다.

$$\frac{1}{p} + \frac{n}{q_1} = \frac{n - 1}{R_1} \tag{1.30}$$

여기서 $q_1 > 0$ 이다. 첫번째 면에 의한 상의 위치는 두번째 굴절면에 대해 물체의 위치의 역할을 한다. 첫번째 면에 의한 상은 두번째 굴절면 뒤에 위치하므로 이는 허물체가 된다. 따라서 두번째 굴절면에 의한 상의 위치 $q$에 대해 다음 식이 성립한다.

$$\frac{n}{-q_1} + \frac{1}{q} = \frac{1 - n}{R_2} \tag{1.31}$$

허물체 이므로 물체의 위치에 $-q_1$ 을 대입하였음에 유의하자. 위 두 식을 연립하면 다음의 렌즈 방정식을 얻는다.

$$\frac{1}{p} + \frac{1}{q} = \frac{1}{f} \quad \text{(얇은 렌즈 방정식)} \tag{1.32}$$

$$\frac{1}{f} = (n-1)\left(\frac{1}{R_1} - \frac{1}{R_2}\right) \quad \text{(렌즈 제작자의 식)} \tag{1.33}$$

얇은 렌즈에 의한 상의 배율은 다음과 같다.

$$M = -\frac{q}{p} \quad \text{( 렌즈에 의한 상의 횡배율)} \tag{1.34}$$

얇은 렌즈방정식(1.32) 및 렌즈에 의한 상의 횡배율 식(1.34)은 오목렌즈 및 볼록렌즈 모두 적용 가능하며 부호 규약은 다음과 같다.

| 렌즈의 부호규약 | (+) | (-) |
|---|---|---|
| $p$ (물체의 위치) | 렌즈 앞에 있을 때(실물체) | 렌즈 뒤에 있을 때 (허물체) |
| $q$ (상의 위치) | 렌즈 뒤에 있을 때 (실상) | 렌즈 앞에 있을 때 (허상) |
| $h'$ (상의 높이) | 정립상 | 도립상 |
| $f$ (초점거리) | 수렴렌즈(볼록렌즈) | 발산렌즈(오목렌즈) |
| $M$ (횡배율) | 정립상 | 도립상 |

표1.4. 렌즈의 부호규약

단일 렌즈에 의한 상은 다음 세가지 경우로 나뉜다.

(1) 수렴렌즈 - 도립실상 ($p > f$ 인 경우)

$$\begin{aligned} &f > 0, \ p > f \\ &q > 0, \ h' < 0, \ M < 0 \end{aligned} \tag{1.35}$$

(2) 수렴렌즈 - 정립허상 ($p < f$ 인 경우)

$$\begin{aligned} &f > 0, \ p < f \\ &q < 0, \ h' > 0, \ M > 1 \end{aligned} \tag{1.36}$$

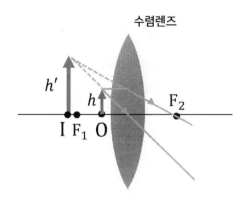

수렴렌즈

(3) 발산렌즈 - 정립허상

$$f < 0$$
$$q < 0, \ h' > 0, \ 1 > M > 0 \tag{1.37}$$

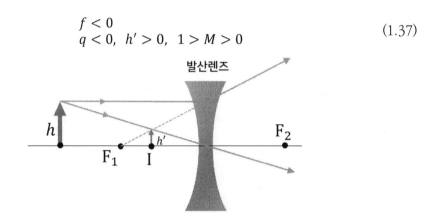

발산렌즈

## 기본문제 1.6

(a) 초점거리가 +4cm 인 수렴렌즈로부터 물체거리가 20cm 일 때 상의 위치와 종류 및 배율을 구하여라.

(b) 초점거리가 +4cm 인 수렴렌즈로부터 물체거리가 2cm 일 때 상의 위치와 종류 및 배율을 구하여라.

(c) 초점거리가 -4cm 인 발산렌즈로부터 물체거리가 12cm 일 때 상의 위치와 종류 및 배율을 구하여라.

### 풀 이

(a) (수렴렌즈1) - 도립실상

거울방정식 $\frac{1}{p} + \frac{1}{q} = \frac{1}{f}$ 에서

$$\frac{1}{20} + \frac{1}{q} = \frac{1}{4}, \quad \therefore q = 5\text{cm 이다.}$$

배율은 다음과 같다.

$$M = -\frac{q}{p} = -\frac{5}{20} = -0.25$$

$M < 0$ 이므로 도립실상이다.

(b) (수렴렌즈2) – 정립허상

거울방정식 $\frac{1}{p}+\frac{1}{q}=\frac{1}{f}$ 에서

$$\frac{1}{2}+\frac{1}{q}=\frac{1}{4}, \quad \therefore q=-4\text{cm 이다.}$$

배율은 다음과 같다.

$$M=-\frac{q}{p}=-\frac{(-4)}{2}=2$$

$M>0$ 이므로 정립허상이다.

(c) (발산렌즈) – 정립허상

거울방정식 $\frac{1}{p}+\frac{1}{q}=\frac{1}{f}$ 에서

$$\frac{1}{12}+\frac{1}{q}=\frac{1}{-4}, \quad \therefore q=-3\text{cm 이다.}$$

배율은 다음과 같다.

$$M=-\frac{q}{p}=-\frac{-3}{12}=0.25$$

$M>0$ 이므로 정립허상이다.

## 1.3.5. 렌즈의 조합

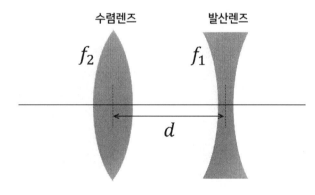

그림 1.12 렌즈의 조합

일정한 거리만큼 떨어진 두 개의 광학기기의 조합으로 구성된 광학계에 의한 최종 상의 위치 및 횡배율은 다음과 같이 구한다. 1. 먼저 첫번째 광학기기에 의한 상의 위치 $q_1$ 과 횡배율 $M_1$ 을 구한다. 첫번째 상은 두번째 광학기기의 물체의 역할을 한다. 2. 두번째 광학기기로부터 첫번째 상의 위치까지의 거리를 물체의 위치 $p_2$ 라 하여 최종적인 상의 위치 $q$ 와 두 번째 횡배율 $M_2$ 를 구한다. 이때 첫번째 상이 광학기기 뒤에 위치하면 허물체가 됨을 유의한다. 3. 전체 횡배율 $M$은 다음과 같다.

$$M = M_1 M_2 \tag{1.38}$$

같은 방법으로 3개 이상의 광학기기로 구성된 광학계의 최종 상의 위치와 전체 횡배율을 구할 수 있다. 렌즈와 거울의 조합의 경우에도 같은 방법으로 구한다.

그림1.13과 같이 초점거리가 각각 $f_1, f_2$ 인 두 얇은 렌즈가 접하고 있는 경우 전체 초점거리를 구해보자. 렌즈 사이의 간격은 무시한다.

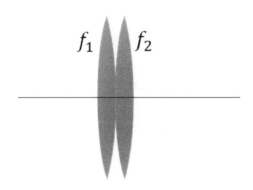

그림 1.13 두 얇은 렌즈가 접하는 경우

물체의 위치가 $p$일 때 첫번째 상의 위치 $q_1$에 대하여

$$\frac{1}{p} + \frac{1}{q_1} = \frac{1}{f_1} \tag{1.39}$$

이 성립한다. 첫번째 상이 도립실상의 경우 $q_1 > 0$ 이고 이는 두번째 렌즈 뒤에 위치하고 있으므로 허물체이다. 따라서 최종 상의 위치를 $q$ 라 했을 때 다음 식이 성립한다.

$$\frac{1}{(-q_1)} + \frac{1}{q} = \frac{1}{f_2} \tag{1.40}$$

위 두식을 연립하면 다음 식을 얻는다.

$$\frac{1}{p} + \frac{1}{q} = \frac{1}{f_1} + \frac{1}{f_2} \tag{1.41}$$

따라서 두 렌즈의 접합에 의한 전체 초점 거리는 다음과 같다

$$\frac{1}{f} = \frac{1}{f_1} + \frac{1}{f_2} \quad \text{(렌즈의 접합에 의한 초점거리)} \tag{1.42}$$

## 기본문제 1.7

그림과 같이 초점거리가 각각 $f_1 = +24\text{cm}$, $f_2 = +9\text{cm}$ 이고 공통의 중심축을 따라 $L = 10\text{cm}$ 떨어져 있는 두 렌즈의 조합 앞에 물체가 놓여 있다. 물체는 렌즈1로부터 6cm 떨어져 있다. 물체의 최종 상의 위치를 구하시오.

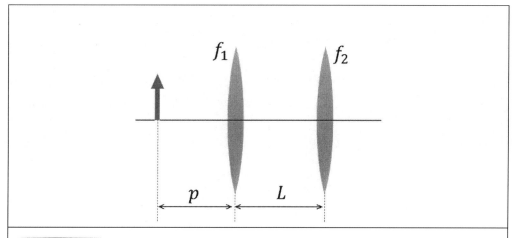

렌즈 방정식으로부터 첫번째 상의 위치 $q_1$을 구하면

$$\frac{1}{6} + \frac{1}{q_1} = \frac{1}{24}$$

으로부터

$$q_1 = -8\text{cm}$$

이다. 즉 첫번째 상은 렌즈1 앞 8cm 되는 점에서 맺힌다. 이는 렌즈2의 앞 18cm지점에 해당한다. 최종적인 상의 위치를 $q$라 하면 렌즈2에서 렌즈 방정식에 의해

$$\frac{1}{18} + \frac{1}{q} = \frac{1}{9}$$

따라서

$$q = 18\text{cm}$$

이다. 즉, 최종 상은 렌즈2의 뒤 18cm 떨어진 곳에 맺힌다.

## 1.4. 광학 기기

### 1.4.1. 확대경

**확대경**은 하나의 수렴렌즈로 구성되어 있으며 물체의 상의 배율을 크게 하여 확대해 볼 수 있게 한다. 정상적인 사람의 눈이 망막에 선명한 상을 맺을 수 있는 가장 가까운 물체거리인 **근점(near point)**은 25cm이다. 망막에 맺혀지는 상의 크기는 물체가 눈에 대해 이루는 각도인 각폭 $\theta$가 클수록 크다.

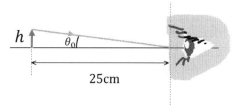

그림 1.13 근점 위치에 있는 물체의 각폭

그림1.14과 같이 맨눈으로 크기가 $h$인 물체를 근점인 25cm에 두고 보았을 때의 물체의 각폭을 $\theta_0$라 하자. 그러면

$$\theta_0 \approx \frac{h}{25\text{cm}} \tag{1.43}$$

이다. 이제 다음과 같이 물체를 수렴렌즈의 초점에서 약간 오른쪽에 두고 렌즈로부터 정립허상 까지의 거리를 $s(> 0)$라 하자.

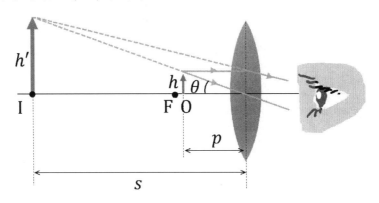

그림 1.13 확대경을 통해 맺힌 물체의 상

렌즈의 공식에 의해

$$\frac{1}{p} + \frac{1}{-s} = \frac{1}{f} \quad \rightarrow \quad p = \frac{sf}{s+f} \tag{1.44}$$

이다. 돋보기에 의한 상의 각폭 $\theta$는 다음과 같다.

$$\theta \approx \frac{h'}{s} = \frac{1}{s} \cdot \left(\frac{s}{p}h\right) = \frac{h}{p} \tag{1.45}$$

돋보기의 **각배율(angular magnification)** $m$은 다음과 같이 각폭의 비율로서 정의된다.

$$m \equiv \frac{\theta}{\theta_0} \quad \text{(각배율의 정의)} \tag{1.46}$$

위에서 얻은 식들을 대입하면

$$m = \frac{\theta}{\theta_0} = \frac{h/p}{h/25\text{cm}} = \frac{25\text{cm}}{p} = \frac{25\text{cm}}{s} + \frac{25\text{cm}}{f} \tag{1.47}$$

위 식으로부터 상이 근점 위치에 맺혔을 때 ($s = 25\text{cm}$) 각배율이 최대이고:

$$m_{\text{max}} = 1 + \frac{25\text{cm}}{f} \tag{1.48}$$

상이 매우 먼 거리에 맺힐 때 ($s \rightarrow \infty$) 각배율은 최소이다.

$$m_{\text{min}} = \frac{25\text{cm}}{f} \tag{1.49}$$

상이 매우 먼 거리에 맺힐 때 눈이 편안하므로 주로 식(1.49)를 화대경의 각배율로 사용한다.

## 1.4.2. 현미경

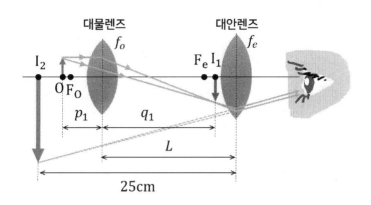

그림 1.14 현미경을 통해 맺힌 물체의 상

현미경은 위 그림과 같이 대물렌즈 와 대안렌즈로 구성된다. 대물렌즈의 초점거리 $f_o$ 는 매우 짧고 $(f_o < 1\text{cm})$ 대안렌즈의 초점거리 $f_e$ 는 수 cm정도이다. 물체를 대물렌즈 초점거리 근처에 두고 대물렌즈에 의한 상이 대안렌즈의 초점 바로 뒤 $I_1$ 에 맺게 한다. 대안렌즈는 확대경 역할을 하여 $I_1$ 에 맺힌 상을 확대하여 볼 수 있게 한다. 대물렌즈에 의한 횡배율 $M_O$ 은 $M_O = -q_1/p_1$ 이다. 두 렌즈 사이의 거리 $L$ 은 대안렌즈의 초점거리 $f_e$ 보다 매우 크므로 $q_1 \approx L$ 이고 $p_1 \approx f_o$ 이므로

$$M_O \approx -\frac{L}{f_o} \tag{1.50}$$

이다. 대안렌즈에 의한 각배율 $m_e$ 는 식(1.49)으로부터

$$m_e = \frac{25\text{cm}}{f_e} \tag{1.51}$$

이다. 현미경에 의한 상의 전체 배율 $M$ 은 다음과 같이 대물렌즈의 횡배율과 대안렌즈의 각배율의 곱으로 정의된다.

$$M \equiv M_O m_e = -\frac{L \cdot 25\text{cm}}{f_o f_e} \tag{1.52}$$

여기서 음의 부호는 도립 상을 의미한다.

## 1.4.3. 망원경

망원경은 지구로부터 멀리 떨어진 천체를 보기 위한 광학기기이다. 굴절 망원경과 반사망원경 두가지 종류가 있다.

굴절 망원경은 다음 그림과 같이 대물렌즈와 대안렌즈로 구성된다.

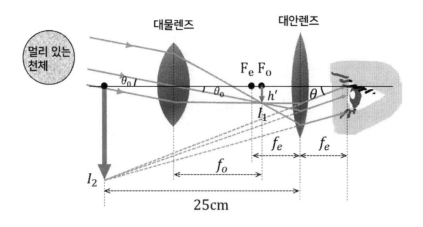

그림 1.15 망원경을 통해 맺힌 물체의 상

먼 천체에서 오는 광선은 주축과 거의 평행하므로 대안렌즈의 초점 근처에 상 $I_1$이 맺히게 되고 상의 높이는 $h'$ 이다. 이때 천체의 각폭 $\theta_0$은 상의 크기와 대물렌즈의 초점거리의 비율과 같다.

$$\theta_0 \approx -\frac{h'}{f_o} \tag{1.53}$$

(-) 부호는 도립상의 의미이다. 대안 렌즈는 확대경의 역할을 하므로 상 $I_1$은 또한 대안 렌즈의 초점 바로 앞에 있어야 한다. 따라서 렌즈 사이의 거리인 경통의 길이 $L$은

$$L = f_o + f_e \tag{1.54}$$

이어야 한다. 대안렌즈에 의한 상 $I_2$ 의 각폭 $\theta$는 그림으로부터 다음과 같음을 알 수 있다.

$$\theta = \frac{h'}{f_e} \tag{1.55}$$

따라서 망원경의 각배율 $m$은 다음과 같다.

$$m = \frac{\theta}{\theta_0} = \frac{h'/f_e}{-h'/f_o} = -\frac{f_o}{f_e} \tag{1.56}$$

반사망원경은 대물렌즈를 오목 거울로 대체하여 제작한다. 각배율은 식(1.56)과 동일하다.

# 2. 파동광학

## 2.1. 서설

빛의 간섭과 회절은 빛의 본질이 파동임을 증명하는 강력한 증거가 된다. 이러한 빛의 특성은 전자기학 법칙으로부터 유도할 수 있다. 또한 역학적 파동에서의 간섭 현상의 물리법칙이 빛의 간섭에도 그대로 적용된다.

## 2.2. 영의 이중 슬릿 실험

### 2.2.1. 결맞음 광원

두 광원으로부터 나온 빛이 간섭 현상을 나타내기 위해서는 두 광원의 위상차가 시간에따라 일정해야 한다. 이를 **결맞음(coherence)** 광원이라 한다. 태양에서 오는 빛이나 백열전구에서 나오는 빛은 간섭현상을 나타내지 않는다. 이들 광원은 파장과 위상이 다른 무수히 많은 전자기파들의 합성 파동이기 때문이다. 이와 같이 시간에 따라 두 광원의 위상이 불규칙적으로 변하는 광원을 **결어긋남(incoherent)** 광원이라 한다. 두 개의 결어긋남 광원에서 나온 빛이 한 점에서 만났을 때 위상이 매우 빠르게 변하므로 보강간섭 또는 상쇄간섭의 조건의 충족이 순간적으로만 발생할 수 있으므로 간섭현상을 일으킬 수 없다. 두 광원이 간섭현상을 일으키기 위해서는 다음의 두 조건을 만족시켜야 한다.

1. 두 광원은 결맞음(coherent)이 있어야 한다. 즉 서로 일정한 위상을 유지해야 한다.
2. 두 광원은 단색(monochromatic)이어야 한다. 즉 단일 파장이어야 한다.

그림2.1의 첫번째 그림은 결어긋남 광원의 합성 파동을 나타낸다. 합성파동의 세기는 단순히 각 파동의 세기의 덧셈이 된다. 두번째 그림은 결맞음 광원의 보강간섭을 나타낸다. 합성파동의 진폭이 두배가 되었으므로 합성 파동의 세기는 네 배가 된다. 세번째 그림은 결맞음 광원의 상쇄간섭을 나타낸다

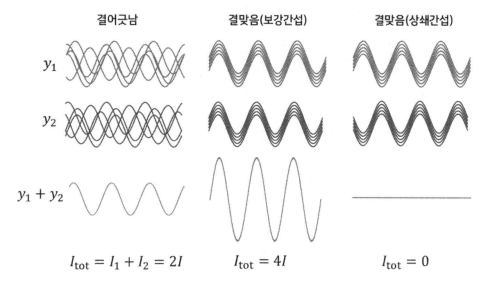

그림 2.1 결맞음 광원과 결어긋난 광원의 간섭

### 2.2.2. 이중 슬릿에 의한 간섭 무늬

빛의 간섭 조건은 역학적 파동의 간섭 조건과 동일하다. 진폭과 파장이 동일한 두 광선이 위상차 $\phi$ 가 있을 때 보강간섭, 상쇄간섭의 조건은 다음과 같다.

$$\phi = 2m\pi \qquad \text{(보강간섭)} \tag{2.1}$$

$$\phi = (2m + 1)\pi \quad \text{(상쇄 간섭)} \tag{2.2}$$

$$m = 0, \pm1, \pm2, \dots$$

두 광원이 같은 위상값을 갖고 출발하여 어떤 한 점에서 만나 간섭할 때 경로차에 의해 위상차가 발생할 수 있다. 파동함수의 일반형이 $y = A\sin(kx - \omega t)$임을 고려할 때 경로차 $\delta$에 의한 위상차 $\phi$는 다음과 같다.

$$\phi = k\delta = \frac{2\pi\delta}{\lambda} \tag{2.3}$$

이를 식(2.1), (2.2)에 대입하면 다음과 같이 보강간섭, 상쇄간섭 조건을 경로차에 대한 식으로 나타낼 수 있다.

$$\delta = m\lambda \qquad \text{(보강간섭)} \tag{2.4}$$

$$\delta = \left(m + \frac{1}{2}\right)\lambda \quad \text{(상쇄 간섭)} \tag{2.5}$$

$$m = 0, \pm1, \pm2, \dots$$

이 식은 진공중에서 진행하는 두 빛의 간섭에 대해 일반적으로 성립하는 식이다.

**영의 이중 슬릿 실험(Young's double slit experiment)**은 빛이 파동임을 입증한 실험일 뿐만 아니라 나아가 양자역학에서 물질파의 존재를 확인하는 실험에도 응용되는 매우 중요한 의의를 가진다. 그림2.2에서 이중 슬릿을 향해 파장이 $\lambda$인 결맞음 단색광이 입사된다. (그러한 광원으로 레이저가 주로 사용된다.) 슬릿 간의 간격은 $d$이고 슬릿으로부터 수직 방향으로 $L$만큼 떨어진 곳에 스크린이 있다.

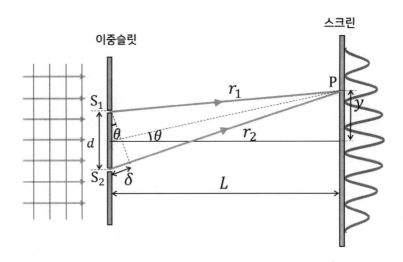

그림 2.2 영의 이중슬릿 실험의 모식도

슬릿 $S_1, S_2$를 통과한 광원은 동일한 진폭과 파장, 위상상수를 가지는 점파원의 역할을 하게 되고 스크린의 각 점에서 만나며 간섭무늬를 형성한다. 스크린의 중앙에서 $y$만큼 떨어진 점P에 도달한 두 광선이 만드는 간섭을 생각하자. 위 그림에서 $L \gg d$ 이므로 두 광선은 평행하다고 볼 수 있다. 따라서 두 광선의 경로차 $\delta$는 다음과 같이 나타내어 진다.

$$\delta = d \sin \theta \tag{2.6}$$

이를 식(2.4),(2.5)에 대입하면 이중 슬릿 실험에서 보강간섭(밝은 무늬) 또는 상쇄간섭(어두운 무늬)을 일으킬 조건은 다음과 같다.

$$d \sin \theta = m\lambda \qquad \text{(보강간섭)} \tag{2.7}$$

$$d \sin \theta = \left( m + \frac{1}{2} \right)\lambda \qquad \text{(상쇄간섭)} \tag{2.8}$$

$$m = 0, \pm 1, \pm 2, \ldots$$

위 조건을 스크린 위의 위치 $y$에 대해 나타내 보자. 위 그림에서 $\theta$는 매우 작은 각이기 때문에 다음 근사식을 쓸 수 있다.

$$\sin \theta \approx \tan \theta = \frac{y}{L} \tag{2.9}$$

따라서 이 식을 식(2.7), (2.8)에 대입하면 다음과 같다.

$$y = m\frac{L\lambda}{d} \qquad \text{(보강간섭)} \tag{2.10}$$

$$y = \left( m + \frac{1}{2} \right)\frac{L\lambda}{d} \qquad \text{(상쇄간섭)} \tag{2.11}$$

$$m = 0, \pm 1, \pm 2, \ldots$$

$m = 0$ 일 때 $y = 0$ 즉, 스크린의 중앙에서 나타나는 밝은 무늬를 0차 극대라 하고 이것의 양 옆에 처음으로 $m = \pm 1$ 일 때 나타나는 극대를 1차 극대라고 한다. 간섭 무늬는 중앙의 0차 극대를 기준으로 양 옆으로 극대 극소가 주기적으로 나타난다.

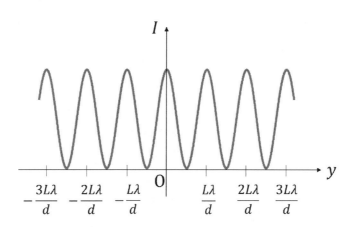

그림 2.3 영의 이중슬릿 실험의 스크린에 나타난 간섭 무늬

식(2.10), (2.11) 및 그림2.3 그래프에서 나타나듯이 간섭무늬의 폭은 1. 슬릿의 간격($d$)이 좁을수록, 2. 파장($\lambda$)이 길수록, 3. 슬릿과 스크린 사이의 거리($L$)가 클수록 커진다.

### 2.2.3. 간섭 무늬의 세기

간섭 무늬의 세기를 스크린 위에서의 위치인 $y$ 에 대한 함수로 나타내 보자. $x$ 축 방향으로 진행하는 평면 전자기파의 전기장에 대한 표현식은 $E = E_0 \sin(kx - \omega t)$ 이다. 그림2.2 에서 슬릿 $S_1, S_2$ 에서 출발한 동일한 전자기파가 점P에서 만나므로 위치는 고정되어 있다. 고정된 위치는 위상값으로 표현되고 경로차에 의해 두 파동은 $\phi$ 의 위상차가 발생하므로 적절하게 초기 위상 상수를 도입하면 점 P에서 두 전기장 파동은 각각 다음과 같이 나타낼 수 있다.

$$E_1 = E_0 \sin(\omega t), \quad E_2 = E_0 \sin(\omega t + \phi) \tag{2.12}$$

여기서 위상차 $\phi$ 는 다음과 같다.

$$\phi = k\delta = \frac{2\pi \, d \sin\theta}{\lambda} \tag{2.13}$$

따라서 점P에서 전기장의 합성 파동은

$$\begin{aligned} E = E_1 + E_2 &= E_0 \sin(\omega t) + E_0 \sin(\omega t + \phi) \\ &= 2E_0 \cos\left(\frac{\phi}{2}\right) \sin\left(\omega t + \frac{\phi}{2}\right) \end{aligned} \tag{2.14}$$

이다. 광원 하나에서 방출된 전자기파의 세기는 $I_0 = \frac{E_0^2}{2\mu_0 c}$ 이므로 합성된 전자기파의 세기 $I$는 다음과 같다.

$$I = \frac{1}{2\mu_0 c}\left(2E_0 \cos\left(\frac{\phi}{2}\right)\right)^2 = 4I_0 \cos^2\left(\frac{\phi}{2}\right) \tag{2.15}$$

식(2.13)을 대입하면

$$I = 4I_0 \cos^2(\beta), \quad \beta = \frac{\pi d \sin\theta}{\lambda} \tag{2.16}$$

와 같다.

### 2.2.4. 다중 슬릿에 의한 간섭 무늬

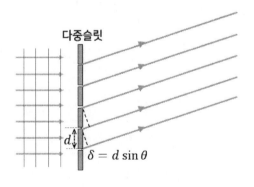

그림 2.4 다중 슬릿에 의한 간섭

그림2.4과 같이 간격이 $d$ 인 $N$ 개의 슬릿에 파장이 $\lambda$ 인 단색광을 비춘다. 이 경우 이중 슬릿의 극대가 나타나는 위치에 동일하게 주요 극대가 나타나고 주요 극대 사이에서 2차 극대가 나타난다. 각 슬릿으로부터 출발한 인접한 광선들의 경로차는 $\delta = d \sin\theta$ 이므로 주요 극대가 나타날 조건은 다음과 같다.

$$d \sin\theta = m\lambda \qquad \text{(다중 슬릿 주요 극대 조건)} \tag{2.17}$$

$$m = 0, \pm 1, \pm 2, \dots$$

다중슬릿에 의한 간섭무늬의 세기는 다음과 같이 기술된다.

$$I = I_0 \left(\frac{\sin N\beta}{\sin\beta}\right)^2, \quad \beta = \frac{\pi d \sin\theta}{\lambda} \tag{2.18}$$

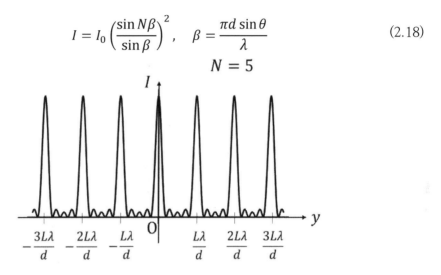

그림 2.5 다중슬릿 실험의 스크린에 나타난 간섭 무늬

그림2.5는 $N = 5$ 일때의 간섭무늬 세기의 그래프이다 일반적으로 슬릿의 개수가 $N$ 일 때 주요 극대 사이에 $(N-2)$개의 2차 극대가 나타난다. $\theta$ 가 주요 극대 위치로 수렴할 때 $\beta \rightarrow m\pi$ 이므로 $\beta = m\pi - \epsilon$ 이라 하면 ($\epsilon \approx 0$) 주요 극대에서 간섭무늬의 세기는

$$I = I_0 \left(\frac{\sin(Nm\pi - N\epsilon)}{\sin(m\pi - \epsilon)}\right)^2 = I_0 \left(\frac{\sin(N\epsilon)}{\sin(\epsilon)}\right)^2 \approx I_0 \left(\frac{N\epsilon}{\epsilon}\right)^2 = N^2 I_0 \tag{2.18}$$

즉, 주요 극대에서 간섭무늬의 세기는 슬릿 한 개에서의 전자기파의 세기보다 $N^2$ 만큼 크므로 주요 극대 위치에서 선명하고 밝은 간섭무늬를 보게 된다.

간섭무늬가 극소가 되는 조건은 $\sin N\beta = 0$ 일 때 이므로 다음과 같이 기술된다.

$$d \sin\theta = \frac{m'}{N}\lambda, \qquad \text{(다중 슬릿 극소 조건)} \tag{2.19}$$

$$\left( m' = \pm 1, \pm 2, \dots, \quad \text{단} \ \frac{m'}{N} \text{은 정수가 아니어야 한다} \right)$$

## 2.3. 박막에서의 간섭

### 2.3.1. 반사에 의한 위상 변화

빛이 진행하다가 매질이 다른 면을 만나게 되면 매질면에서 일부는 반사하고 일부는 투과한다. 이때 진행하고 있는 매질보다 큰 굴절률을 가지는 매질에 대해 반사하는 경우 반사파의 위상은 180° 바뀌게 된다. 이는 경계면에서의 맥스웰 방정식의 해로부터 유도될 수 있다. (증명생략) 이 현상은 줄에서의 파동이 진행하다 밀도가 큰 줄을 만나서 반사하는 경우에 위상이 180° 바뀌게 되는 것과 유사하다.

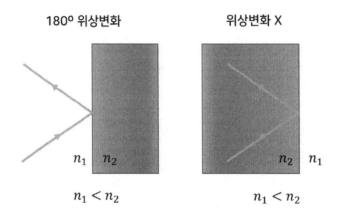

그림 2.6 매질의 경계에서 빛의 반사에 따른 위상차

---

### 기본문제 2.1

그림과 같이 수평방향의 거울로부터 높이 $h$인 지점에 파장이 $\lambda$인 단색 점광원을 두었다. 점광원으로부터 수평거리가 $L$인 지점에 수직방향으로 스크린이 설치되어 있고 스크린 위에 간섭무늬가 관찰되었다.

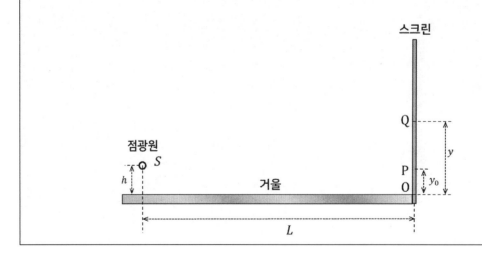

(a) 첫번째 밝은 간섭무늬가 나타나는 스크린 위의 점 P의 거울로부터의 수직거리 $y_0$를 계산하시오.

(b) 점 $P$에 도달한 빛의 세기를 $I_0$라 하고 거울로부터 수직거리가 $y$인 스크린 위의 점 Q에 도달한 빛의 세기를 $I_P$라 할 때 $\dfrac{I_P}{I_0}$ 를 구하시오.

**풀 이**

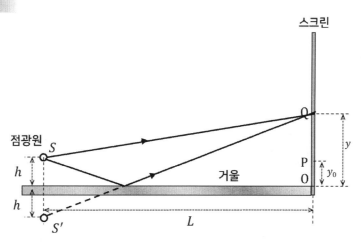

(a) 점광원 S에서 직접 Q로 진행하는 광선과 거울에 반사하여 Q로 진행하는 광선이 간섭을 일으킨다. 그림에서 거울 아래로 $h$지점에 또다른 점광원 $S'$이 있는 경우와 동일하므로 이는 슬릿 사이의 간격이 $d = 2h$ 인 이중슬릿 문제와 동일하다. 다만 반사광은 거울면에서 반사하며 위상이 $\pi$만큼 변하므로 이중슬릿의 보강간섭 및 상쇄간섭 조건이 서로 바뀌게 된다. 따라서 첫번째 보강간섭이 일어날 조건은

$$d \sin\theta = \frac{\lambda}{2}$$

이고 $d = 2h,\ \sin\theta = \frac{y_0}{L}$ 이므로

$$2h\frac{y_0}{L} = \frac{\lambda}{2}$$

정리하면

$$y_0 = \frac{\lambda L}{4h}$$

이다.

(b) P지점에서 두 전자기파의 위치를 0으로 하자. 두 파동의 위상차는 0이므로 각각의 전기장은

$$E_1 = E_0 \sin\omega t,\ E_2 = E_0 \sin\omega t$$

와 같이 나타낼 수 있다. 따라서 두 전기장의 합은

$$E_P = E_1 + E_2 = 2E_0 \sin\omega t$$

이다. $E_P$를 제곱하여 시간에 대해 평균값을 계산하면

$$\frac{1}{T}\int_0^T \sin^2(\omega t)\, dt = \frac{1}{T}\int_0^T \cos^2(\omega t)\, dt = \frac{1}{2}$$

이므로

$$\langle E_P^2 \rangle = 2E_0^2$$

이다.

점 Q에서는 광경로차 $\delta$가

$$\delta = d \sin \theta = \frac{dy}{L}$$

이므로 위상차 $\phi$는

$$\phi = k\delta + \pi = \frac{2\pi dy}{\lambda L} + \pi$$

이다. 따라서 Q 지점에 도달한 두 파동의 위치를 0이라 하면 각각의 파동함수는

$$E_1 = E_0 \sin \omega t$$
$$E_2 = E_0 \sin(\omega t + \phi)$$

이다. 두 파동의 합은

$$E_Q = E_1 + E_2 = E_0(\sin \omega t + \sin(\omega t + \phi)) = 2E_0 \cos\left(\frac{\phi}{2}\right) \sin\left(\omega t + \frac{\phi}{2}\right)$$

이를 제곱하여 평균하면

$$\langle E_Q^2 \rangle = 2E_0^2 \cos^2\left(\frac{\phi}{2}\right)$$

따라서

$$\frac{I_P}{I_0} = \frac{\langle E_Q^2 \rangle}{\langle E_P^2 \rangle} = \cos^2\left(\frac{\phi}{2}\right) = \cos^2\left(\frac{\pi}{2} + \frac{\pi dy}{\lambda L}\right) = \sin^2\left(\frac{2\pi hy}{\lambda L}\right)$$

## 2.3.2. 얇은 막에서의 간섭

영의 이중 슬릿 간섭현상은 두 광선의 경로의 길이가 기하학적으로 차이가 나기 때문에 발생하는 위상차에 기인하였다. 이 뿐만 아니라 두 광선이 기하학적으로 같은 길이를 진행하여도 서로 다른 매질 속에서 진행하는 경우에도 위상차가 발생한다. 굴절률이 $n$인 매질 내에서의 전자기파의 파장 $\lambda_n$은 진공에서의 파장 $\lambda$에 대해서 다음과 같이 짧아진다.

$$\lambda_n = \frac{\lambda}{n} \tag{2.20}$$

그림2.7에서 같은 위상으로 진행하는 두 파동이 굴절률이 각각 $n_1, n_2$으로 다른 두 매질을 통과한 후에 위상이 $\pi$만큼 차이가 나게 된다. 두 파동은 같은 거리를 이동했지만 매질의 굴절율 차이에 의해 위상차가 발생한 것이다.

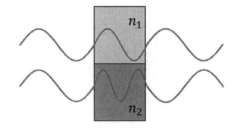

그림 2.7 매질의 굴절율 차이에 의해 발생하는 위상차

일반적으로 광선1이 굴절률이 $n_1$ 인 매질내에서 $L_1$ 만큼 진행하였을 때 발생하는 위상변화 $\phi_1$ 과 광선2가 굴절률이 $n_2$ 인 매질내에서 $L_2$ 만큼 진행하였을 때 발생하는 위상변화 $\phi_2$ 는 다음과 같다.

$$\phi_1 = k_1 L_1 = \frac{2\pi L_1}{\lambda/n_1} = \frac{2\pi n_1 L_1}{\lambda} \tag{2.21}$$

$$\phi_2 = \frac{2\pi n_2 L_2}{\lambda} \tag{2.22}$$

따라서 두 광선의 위상차 $\phi$는 다음과 같다.

$$\phi = \phi_2 - \phi_1 = \frac{2\pi(n_2 L_2 - n_1 L_1)}{\lambda} \tag{2.23}$$

여기서 굴절률과 이동거리를 곱한 $nL$ 을 **광경로(optical path)**라 하며 **광경로차(optical path difference)** $\delta$를 다음과 같이 정의한다.

$$\delta = n_2 L_2 - n_1 L_1 \tag{2.24}$$

그러면 위상차가 식(2.23)과 같이 표현되므로 광경로차 $\delta$에 대해 보강간섭 및 상쇄간섭에 관한 조건식 (2.4),(2.5) 이 동일하게 적용된다.

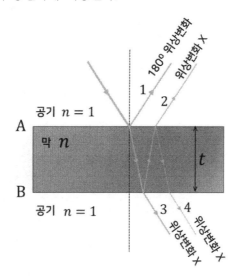

그림 2.8 얇은 막에서의 간섭

그림2.8과 같이 빛이 굴절률이 $n$이고 두께가 $t$인 막에 수직으로 입사된 경우를 생각하자. (그림은 시각적으로 설명하기 위해 광선의 방향을 비스듬하게 나타내었다.) 그림에서 반사광 중에서 간섭에 가장큰 기여를 하는 1번과 2번 반사광의 간섭을 분석해보자. 1번 반사광은 공기중에서 굴절률이 큰 면에 대한 반사이므로 위상이 $\pi$ 만큼 변한다. 2번 반사광은 A면에서 굴절하고 B면에서 반사하였는데 이는 굴절률이 더 낮은 면에서의 반사이므로 위상의 변화가 없다. 그리고 최종적으로 A면에 서 굴절한다. 2번 광선은 1번광선에 비해 굴절률이 $n$ 인 매질에서 $2t$만큼 진행하였으므로 광경로차는 다음과 같다.

$$\delta = 2nt \tag{2.25}$$

두 반사광은 반사에 의한 위상차 $\pi$ 가 발생하였기 때문에 식(2.4), (2.5)의 보강간섭 상쇄조건이 뒤바뀌게 된다. 따라서 위의 얇은 박막에서의 반사파의 보강, 상쇄 조건은 다음과 같다.

$$2nt = \left(m + \frac{1}{2}\right)\lambda \quad \text{(보강 간섭)} \tag{2.26}$$

$$2nt = m\lambda \qquad \text{(상쇄 간섭)} \tag{2.27}$$

$$m = 0, \pm1, \pm2, \dots$$

---

### 기본문제 2.2

그림과 같이 굴절률이 $n_2$ 인 유리로 만들어진 렌즈의 표면에 굴절률이 $n_1$ 이고 두께가 $t$ 인 얇은 막으로 코팅하였다. $n_2 > n_1$ 이다. 파장이 $\lambda$ 인 단색광이 경계면에 수직한 방향으로 입사되었다. 1번 광선은 코팅막에서 반사되고 2번광선은 코팅막을 투과하고 유리면에서 반사되어 다시 공기중으로 빠져나간다. 두 광선이 상쇄간섭을 일으키기 위한 코팅막의 최소 두께 $t_{\min}$ 을 구하시오.

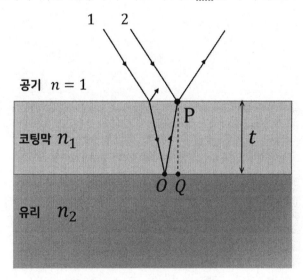

**풀 이**

두 광선의 광경로 차이 $\delta$ 는

$$\delta = 2n_1 t$$

이다. 1번 광선은 유리막에서 반사하며 위상이 180° 바뀌고 2번 광선은 코팅막에서 반사하며 위상이 180° 바뀐다. 따라서 점 P에서 두 광선이 상쇄간섭을 일으키기 위해서는

$$\delta = \left(m + \frac{1}{2}\right)\lambda, \quad (m = 0, \pm 1, \pm 2, \dots)$$

이고 코팅막의 두께가 최소인 경우는 $m = 0$일 때이다. 따라서 $\theta = 0$ 에서

$$2n_1 t_{\min} = \frac{\lambda}{2}$$

따라서

$$t_{\min} = \frac{\lambda}{4n_1}$$

### 2.3.3. 뉴턴의 원무늬

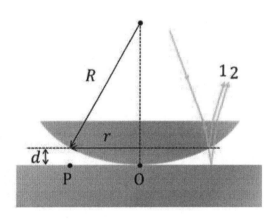

그림 2.9 뉴턴의 원무늬

그림2.9와 같이 평평한 유리 위에 곡률 반지름이 $R$ 인 평면 볼록렌즈를 올려놓고 단색광을 위에서 비추면 반사파들이 간섭 현상을 일으키는데 원모양으로 반복되는 밝고 어두운 무늬들을 볼 수 있다. 이러한 간섭 무늬를 **뉴턴의 원무늬(Newton's Rings)** 라 한다. 위 그림에서 1번, 2번 반사광이 간섭 현상에 가장 큰 기여를 한다. 1번 반사광은 굴절률이 더 작은 면에서의 반사이므로 위상의 변화가 없다. 반면에 2번 반사광은 공기중에서 굴절률이 더 큰 유리면에서의 반사이므로 $\pi$ 만큼 위상의 변화가 생긴다. 1번, 2번 광선의 광경로차 $\delta$ 는

$$\delta = 2d \tag{2.28}$$

이다. 그림에서 기하학적으로 $R^2 = (R - d)^2 + r^2$ 이고 $d^2$ 은 매우 작아 전개식에서 무시할 수 있으므로 다음의 근사식을 얻는다.

$$d \approx \frac{r^2}{2R} \tag{2.29}$$

두 반사광은 반사에 의한 위상차 $\pi$ 가 발생하였기 때문에 식(2.4), (2.5)의 보강간섭 상쇄조건이 뒤바뀌게 된다. 따라서 보강간섭(밝은 무늬)이 생길 조건은 다음과 같고

$$2d = \left( m + \frac{1}{2} \right) \lambda \tag{2.30}$$

$$\therefore r = \sqrt{\left( m + \frac{1}{2} \right) R\lambda} \quad , m = 0, \pm 1, \pm 2, \ldots \ (\text{밝은 무늬}) \tag{2.31}$$

상쇄간섭(어두운 무늬)이 생길 조건은 다음과 같다.

$$2d = m\lambda \tag{2.32}$$

$$\therefore r = \sqrt{mR\lambda} \quad , m = 0, \pm 1, \pm 2, \ldots \ (\text{어두운 무늬}) \tag{2.33}$$

## 2.4. 마이컬슨 간섭계

**마이컬슨 간섭계(the Michelson Interferometer)**는 광선을 서로 수직 방향으로 둘로 나누어 일정거리를 진행하게 한 뒤에 다시 합하여 간섭무늬를 만드는 장치이다. 간섭무늬의 관측을 통해 길이의 변화를 빛의 파장의 단위로 정밀하게 측정할 수 있고, 투명한 매질의 두께를 정밀하게 측정하는데 이용할 수 있다. 오늘날에는 중력파 검출기에 활용되고 있다. 그림2.10은 마이컬슨 간섭계의 모식도이다.

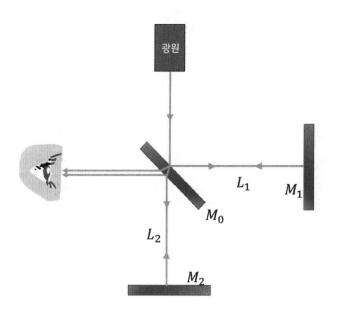

그림 2.10 마이컬슨 간섭계의 모식도

광원에서 나온 빛은 입사광에 대해 45°도 기울어진 빔 분리개 $M_0$를 통해 일부는 투과되고 일부는 수직방향으로 반사된다. 분리된 광선은 각각 $L_1, L_2$거리를 진행하다가 거울 $M_1, M_2$에

의해 반사되어 다시 $M_0$에서 합쳐져 간섭 무늬를 만든다. 두 광선의 경로차는 $\delta = 2(L_2 - L_1) \equiv$ $2\Delta L$ 이므로 식(2.4), (2.5)에 의해 보강간섭 조건 및 상쇄간섭 조건은 다음과 같다.

$$\Delta L = \frac{m\lambda}{2} \qquad , m = 0, 1, 2 \ldots (\text{보강간섭}) \qquad (2.34)$$

$$\Delta L = \left(m + \frac{1}{2}\right)\frac{\lambda}{2} \qquad , m = 0, 1, 2 \ldots (\text{상쇄 간섭}) \qquad (2.35)$$

## 2.5. 좁은 슬릿에 의한 회절

### 2.5.1. 단일 슬릿에 의한 회절

평면 전자기파가 좁은 슬릿에 입사가 되면 슬릿의 폭만큼의 밝은 무늬가 스크린에 투영되는 것이 아니라 슬릿의 폭보다 넓은 영역에 밝은 무늬와 어두운 무늬가 교대로 나타난다. 그 이유는 슬릿 사이의 공간의 각 점에서 점파원들이 형성되어 이들이 간섭을 일으키기 때문이다. 이러한 현상을 **회절(diffraction)**이라 한다.

회절 무늬가 나타나는 것을 이해하기 위해서 극소가 나타나기 위한 조건을 생각하자. 다음 그림과 같이 폭이 $a$ 인 단일 슬릿에 파장이 $\lambda$ 인 단색광이 입사된다. 스크린은 슬릿으로부터 수직 거리로 $L$만큼 지점에 위치해 있다.

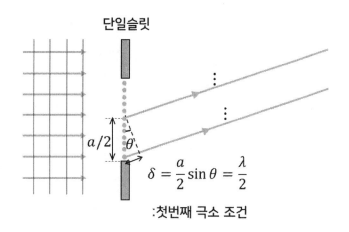

그림 2.11 단일 슬릿에 의한 회절

슬릿 사이에 형성된 점파원들이 모두 상쇄간섭을 일으킬 때 스크린에 어두운 회절무늬가 나타난다. 이를 이해하기 위해서 $N$ 개의 점파원을 2그룹으로 나누어 동일거리의 점파원들끼리 쌍을 만들자. 각 점파원 쌍에서 점파원들 사이의 거리는 $a/2$ 로 동일하다. 각 점파원 쌍이 상쇄간섭을 일으킬 조건은 이중 슬릿의 상쇄 간섭 조건과 유사하다. 점파원 쌍의 경로차 $\delta$ 는 그림에서 $\delta = \frac{a}{2}\sin\theta$ 이다. 경로차가 $\frac{\lambda}{2}$ 일 때 상쇄간섭이 발생하므로 첫번째 상쇄간섭이 나타날 조건은 다음과 같다.

$$\frac{a}{2}\sin\theta = \frac{\lambda}{2} \qquad\qquad (2.36)$$

$$\therefore a\sin\theta = \lambda \qquad\qquad (2.37)$$

다음으로는 $N$ 개의 점파원을 4그룹으로 나누어 점파원들 사이의 거리가 $a/4$ 로 동일하게 쌍을 만드는 경우이다. 각 점파원 쌍점파원 쌍의 경로차 $\delta$ 는 $\delta = \frac{a}{4}\sin\theta$ 이므로 상쇄간섭을 일으키기 위해서는 점파원 쌍의 경로차 $\delta$ 는 $\delta = \frac{a}{4}\sin\theta$ 이므로 두번째 상쇄 간섭이 일어날 조건은 다음과 같다.

$$\frac{a}{4}\sin\theta = \frac{\lambda}{2} \qquad\qquad (2.38)$$

$$\therefore a\sin\theta = 2\lambda \qquad\qquad (2.39)$$

이와 같은 방법으로 일반적으로 $N$ 개의 점파원을 $2m$ 그룹으로 나누어 상쇄 간섭이 일어날 조건을 구하면 다음과 같다.

$$a\sin\theta = m\lambda \quad \text{(단일 슬릿 회절 극소조건)} \qquad\qquad (2.40)$$

다음 근사식을 사용하여 식(2.40)에 대입하면'

$$\sin\theta \approx \tan\theta = \frac{y}{L} \qquad\qquad (2.41)$$

스크린 위의 위치 $y$ 에 따른 극소 조건을 얻게 된다.

$$y = m\frac{L\lambda}{a} \quad \text{(단일 슬릿 회절 극소조건)} \qquad\qquad (2.42)$$

$$m = \pm 1, \pm 2, \dots$$

스크린의 중심으로부터의 위치 $y$ 에 따른 회절 무늬의 세기를 그래프로 나타내면 다음과 같다.

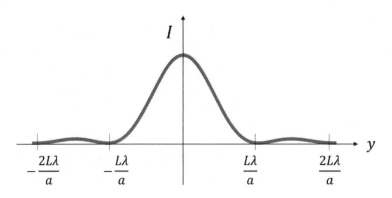

그림 2.12 단일 슬릿에 의한 회절무늬의 세기

이와 같이 먼 거리의 광원으로부터 오는 평면파에 의한 회절 무늬를 **프라운호퍼 회절**

무늬(Fraunhofer diffraction pattern)이라 한다. (가까운 거리의 광원에서 오는 구면파에 의한 회절을 **프레넬 회절**이라 한다) 식(2.42) 및 위의 그래프에서 나타나듯이 회절무늬의 폭은 1. 슬릿의 폭($a$)이 좁을수록, 2. 파장($\lambda$)이 길수록, 3. 슬릿과 스크린 사이의 거리($L$)가 클수록 커진다.

## 2.5.2. 회절 무늬의 세기

단일 슬릿의 회절무늬의 세기는 다음과 같이 기술된다.

$$I = I_m \left(\frac{\sin \alpha}{\alpha}\right)^2, \quad \alpha \equiv \frac{\pi a \sin \theta}{\lambda} \tag{2.43}$$

$\theta \to 0$ 일 때 $\alpha \to 0$ 이고 $\sin \alpha \to \alpha$ 이므로

$$I \to I_m \left(\frac{\alpha}{\alpha}\right)^2 = I_m \tag{2.44}$$

즉 회절무늬는 $\theta = 0$ 에서 최대값을 가진다. 근사적으로 $\sin \alpha = 1$ 일 때 즉,

$$\alpha = \left(m + \frac{1}{2}\right)\pi \tag{2.45}$$

일 때 회절무늬는 극대가 된다. 따라서

$$\frac{\pi a \sin \theta}{\lambda} = \left(m + \frac{1}{2}\right)\pi \tag{2.46}$$

즉, 근사적으로 회절무늬의 극대가 되기 위한 조건은 다음과 같다.

$$a \sin \theta = \left(m + \frac{1}{2}\right)\lambda \quad \text{(단일 슬릿 회절의 극대 (근사식))} \tag{2.47}$$

$$m = \pm 1, \pm 2, \ldots$$

1차 극대가 되는 위치는 $a \sin \theta = \frac{3}{2}\lambda$, 즉 $\alpha = \frac{3}{2}\pi$ 일 때이므로 식(2.43)에서 1차 극대의 회절무늬의 세기 $I_1$ 은 다음과 같다.

$$I_1 = I_m \left(\frac{\sin\left(\frac{3}{2}\pi\right)}{\frac{3}{2}\pi}\right)^2 = \left(\frac{4}{9\pi^2}\right)I_m \tag{2.48}$$

## 2.5.3. 이중 슬릿 회절무늬의 세기

슬릿 사이의 간격이 $d$이고 슬릿의 폭이 $a$인 이중슬릿에 파장인 $\lambda$인 단색광을 비추면 다음과 같이 스크린에 간섭무늬 뿐만 아니라 회절무늬도 함께 나타난다. 단일 슬릿 회절에 의한 프라운 호퍼 회절 무늬가 포락선으로 나타나며 그 안에 이중 슬릿 간섭 무늬가 규칙적으로 나타난다.

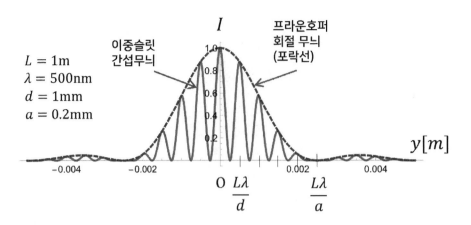

$L = 1\text{m}$
$\lambda = 500\text{nm}$
$d = 1\text{mm}$
$a = 0.2\text{mm}$

이중슬릿 간섭무늬

프라운호퍼 회절 무늬 (포락선)

그림 2.13 이중 슬릿에 의한 간섭 및 회절무늬의 세기

이중 슬릿 간섭 무늬의 1차 극대 지점인 $y_d = \frac{L\lambda}{d}$ 와 단일 슬릿 회절무늬의 1차 극소 지점인 $y_a = \frac{L\lambda}{a}$ 에 대해

$$y_d < y_a \tag{2.49}$$

임을 유의하자.

이중 슬릿에 의한 회절무늬의 세기는 다음과 같이 2중슬릿의 간섭무늬의 세기 식(2.15)과 단일 슬릿 회절무늬의 식(2.43)의 곱으로 나타내어진다.

$$I = I_m \cos^2 \beta \left(\frac{\sin \alpha}{\alpha}\right)^2 \tag{2.50}$$

$$\alpha \equiv \frac{\pi a \sin \theta}{\lambda}, \quad \beta \equiv \frac{\pi d \sin \theta}{\lambda} \tag{2.51}$$

## 기본문제 2.3

그림 (가)와 같이 파장이 $\lambda = 640\text{nm}$ 인 단색광을 슬릿간 간격이 $d = 0.8\text{mm}$ 인 이중슬릿에 수직으로 비추었더니 슬릿으로부터 $L = 1\text{m}$ 만큼 떨어진 스크린에 간섭 및 회절 무늬가 관측되었다. 슬릿의 폭은 $a = 0.1\text{mm}$ 이다. 점O는 중앙의 최대 밝은 무늬가 나타나는 지점이고 슬릿의 중앙으로부터 수평방향에 대해 $\theta$ 의 각도에 해당하는 스크린 상의 위치는 $y$이다.

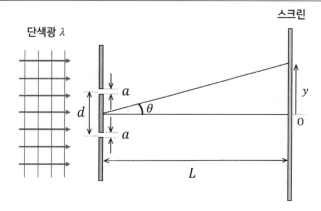

단색광 $\lambda$

스크린

$a$

$d$

$\theta$

$a$

$y$

0

$L$

(가)

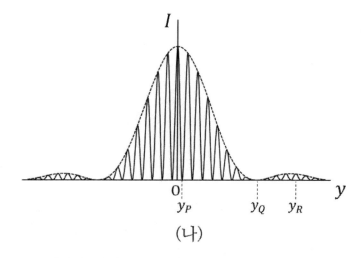

(나)

그림 (나)는 스크린상의 위치 $y$ 에 따른 간섭 및 회절무늬의 세기를 나타낸 그래프이다. 그림에서 점선부분은 프라운호퍼 회절무늬의 포락선을 나타낸다.

(a) $y > 0$ 인 영역에서 간섭무늬의 첫번째 극소가 나타나는 위치 $y_P$, 회절무늬의 첫번째 극소가 나타나는 위치 $y_Q$ 및 회절무늬의 첫번째 극대가 나타나는 위치 $y_R$를 각각 mm 단위로 구하시오

(b) 원점에서의 빛의 세기를 $I_O$, 위치 $y_R$ 에서의 빛의 세기를 $I_R$ 이라 할 때 $\frac{I_R}{I_O}$ 를 구하시오. (단, $y_R$은 회절무늬의 첫번째 극소와 두번째 극소의 중간지점으로 한다.)

---

### 풀 이

(a) $y_P$는 이중슬릿 간섭무늬의 첫번째 극소인 위치이므로

$$d \sin\theta = \frac{\lambda}{2} \quad \rightarrow \quad \frac{d y_P}{L} = \frac{\lambda}{2}$$
$$\therefore y_P = \frac{L\lambda}{2d} = \frac{1 \cdot 640 \times 10^{-9}}{2 \cdot 0.8 \times 10^{-3}} = 0.4\text{mm}$$

$y_Q$는 회절무늬의 첫번째 극소인 위치이므로

$$a \sin\theta = \lambda \quad \rightarrow \quad \frac{a y_Q}{L} = \lambda$$
$$\therefore y_Q = \frac{L\lambda}{a} = \frac{1 \cdot 640 \times 10^{-9}}{0.1 \times 10^{-3}} = 6.4\text{mm}$$

$y_R$는 회절무늬의 첫번째 극대인 위치이므로

$$a \sin \theta = \frac{3}{2}\lambda \quad \rightarrow \quad \frac{a y_Q}{L} = \frac{3}{2}\lambda$$

$$\therefore y_Q = \frac{3}{2} \cdot \frac{L\lambda}{a} = \frac{3}{2} y_Q = 9.6\text{mm}$$

(b) 원점에서 $\theta = 0$이고 $\sin\theta = 0$이다. 따라서 $\alpha = \frac{\pi a \sin\theta}{\lambda}$ 라 하면 $\theta \rightarrow 0$일 때 $\alpha \rightarrow 0$이다. $\displaystyle \lim_{\alpha \to 0} \frac{\sin\alpha}{\alpha} = 1$ 이므로

$$I_O = I_{\max}\cos^2(0)\left(\frac{\sin\alpha}{\alpha}\right)^2 = I_{\max}$$

$y_R$에서 $a\sin\theta = \frac{3}{2}\lambda$ 이므로

$$I_R = I_{\max}\cos^2\left(\frac{3d\pi}{2a}\right) \cdot \left(\frac{\sin\left(\frac{3}{2}\pi\right)}{\frac{3}{2}\pi}\right)^2$$

$$= I_{\max}\cos^2(12\pi)\left(\frac{2}{3\pi}\right)^2$$

$$= I_{\max}\left(\frac{4}{9\pi^2}\right)$$

따라서

$$\frac{I_R}{I_O} = \frac{4}{9\pi^2}$$

## 2.6. 단일 슬릿과 원형 구멍의 분해능

폭이 $a$인 단일 슬릿을 가지는 광학기기를 이용하여 먼 거리에 있는 두 광원을 관측하는 경우를 생각해보자. 각 상은 단일 슬릿에 의한 회절에 의해 스크린에 퍼져서 나타나게 된다. 이때 스크린에 맺힌 두 광원의 상이 구별될 수 있어야 한다. 상이 구별되었는지 여부는 다음과 같이 레일리 기준을 따른다.

**레일리 기준(Rayleigh's criterion)**은 한 상의 중앙 극대가 다른 상의 처음 극소에 위치하면 이 상은 분리되었다고 한다. 프라운 호퍼 회절 무늬에서 중앙 극대와 1차 극소와의 거리는 $L\lambda/a$ 이므로 다음 그림에서 두 광원의 상을 구별할 수 있는 상의 최소거리 $y_{\min}$은

$$y_{\min} = \frac{L\lambda}{a} \tag{2.52}$$

이다. 광학기기를 통해 두 광원을 구별할 수 있는 최소의 각폭을 분해 한계각 또는 분해능 이라 한다. $\sin\theta \approx \theta \approx \frac{y_{\min}}{L}$ 이고 따라서 단일 슬릿에 대한 분해능 $\theta_{\min}$은 다음과 같다.

$$\theta_{\min} = \frac{\lambda}{a} \quad \text{(단일 슬릿의 분해능)} \tag{2.53}$$

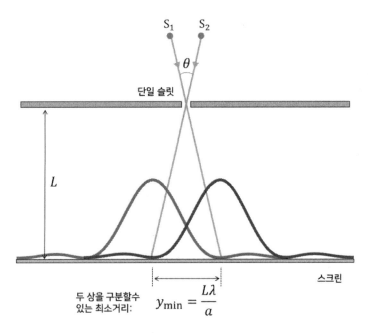

두 상을 구분할수
있는 최소거리: $y_{\min} = \dfrac{L\lambda}{a}$

그림 2.14 레일리 기준

원형 구멍에 의한 회절 무늬의 세기는 베셀함수로 표현되며 중앙 극대에서 1차 극소와의 거리는 1.22 $L\lambda/a$ 으로 기술된다. 따라서 원형 구멍에 의한 분해능은 다음과 같다.

$$\theta_{min} = 1.22\frac{\lambda}{a} \quad \text{(원형 구멍의 분해능)} \tag{2.54}$$

## 2.7. 회절 격자

**회절 격자(diffraction grating)**는 일정한 간격의 많은 평행한 슬릿으로 구성된다. 슬릿 간의 간격 $d$ 는 매우 작다. 다중 슬릿의 경우와 같이 각 격자에서 출발한 인접한 광선들의 경로차는 $\delta = d\sin\theta$ 이므로 극대가 나타날 조건은 다음과 같다.

$$d\sin\theta = m\lambda \quad \text{(회절 격자 극대 조건)} \tag{2.55}$$

$$m = 0, \pm 1, \pm 2, \ldots$$

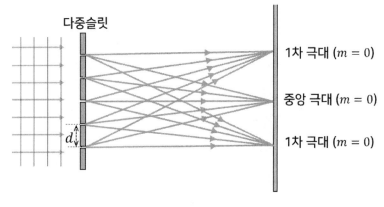

그림 2.15 회절 격자

$d$ 가 매우 작으므로 극대가 나타나는 각 $\theta$는 크다. 따라서 격자 간격 $d$를 알고 극대가 나타나는 각도 $\theta$를 측정하면 파장 $\lambda$를 구할 수 있으므로 회절 격자는 광원을 분석하는 데 유용하게 쓰인다.

## 2.8. X 선의 회절

**X선(X-ray)** 은 고속의 전자를 물질에 충돌시켜서 방출되는 고에너지의 전자기파를 말한다. 뢴트겐(Röntgen)이 X선을 발견하여 X선을 활용한 물리학을 발전시키게 되었다. 라우에(Laue)는 X선을 이용하여 결정체의 격자구조를 밝히는 X선 결정학을 발전시키고 X선이 전자기파임을 밝혀내었다.

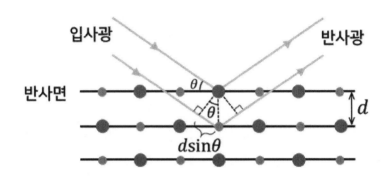

그림 2.16 X선 회절과 브래그의 법칙

그림2.16과 같이 고체격자에 파장이 $\lambda$인 X선이 반사면에 대해 $\theta$의 각도로 입사되어 반사되어 나간다. 반사면의 간격을 $d$라 할 때 반사광의 인접한 두 광선의 경로차 $\delta$는 다음과 같다.

$$\delta = 2d \sin \theta \qquad (2.56)$$

따라서 반사광에서 보강간섭이 일어나기 위해서는 다음의 **브래그의 법칙(Bragg's law)**을 만족해야 한다.

$$2d \sin \theta = m\lambda \quad (\text{브래그의 법칙}) \qquad (2.57)$$

$$m = 1, 2, 3, \dots$$

반사광에서 밝은 무늬가 나타나는 각 $\theta$ 및 파장 $\lambda$를 측정하면 반사면의 간격 $d$를 구할 수 있고 그로부터 격자구조에 관한 정보를 얻을 수 있다.

## 2.9. 편광

### 2.9.1. 편광의 종류

전자기파는 전기장과 자기장이 서로 수직 방향으로 진동하며 전기장과 자기장 모두에게 수직한 방향으로 진행한다. 이 때 전기장이 진동하는 방향을 편광 방향(direction of polarization)으로 정의한다. 편광되지 않은(unpolarized) 빛은 서로 다른 수많은 방향으로 진동하는 전자기파의 중첩을 말한다. **선형 편광(linearly polarized)**된 빛은 전기장이 어느 일정한 방향으로만 진동하는 전자기파를 말한다.

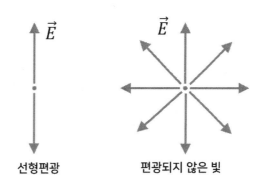

선형편광                       편광되지 않은 빛

그림 2.17 선형편광 및 편광되지 않은 빛

**원형 편광(cirmular polarization)**이란 전기장의 방향이 시간에 따라 회전하는 빛을 말한다. 이는 전기장의 $x$축 성분과 $y$축 성분의 위상차가 $90°$만큼 차이가 나기 때문이다. $+z$축으로 진행하는 원형 평광된 빛의 전기장은 다음과 같이 기술된다.

$$\vec{E} = E_0 \cos(kz - \omega t)\,\hat{x} - E_0 \sin(kz - \omega t)\,\hat{y} \quad \text{(반시계 방향 회전)} \tag{2.58}$$

$$\vec{E} = E_0 \cos(kz - \omega t)\,\hat{x} + E_0 \sin(kz - \omega t)\,\hat{y} \quad \text{(시계 방향 회전)} \tag{2.59}$$

$+z$ 방향에서 $-z$ 축 방향을 바라보는 관측자의 입장에서 $z = 0$ 에서 위의 첫번째 식의 전기장은 크기가 $E_0$ 이면서 반시계 방향으로 $\omega$ 의 각속도로 회전한다. 따라서 이를 (관측자의 입장에서) 반시계 방향으로 회전하는 원형 편광된 빛이라 한다. 반대로 두번째 식은 시계 방향으로 회전하는 원형 평관된 빛이다.

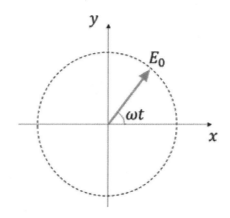

그림 2.18 반시계 방향으로 회전하는 원형 편광

## 2.9.2. 선택흡수에 의한 편광

**편광자(polarizer)**는 투과축으로 정의되는 특정 방향으로 진동하는 전기장만 투과시키는 물질을 말한다. 이상적인 편광자는 투과축과 평행한 $\vec{E}$를 갖는 빛은 모두 투과시키고, 투과축과 수직인 $\vec{E}$는 모두 흡수한다.

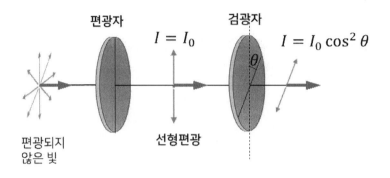

그림 2.19 편광자에 의한 편광

편광되지 않은 빛이 편광자를 통과하면 빛은 투과축 방향으로 선형 편광된다. 빛의 세기는 $\frac{1}{2}$이 된다. 두번째 편광자의 투과축이 첫번째 편광자의 투과축과 $\theta$의 각을 이룰 때 첫번째 편광자 투과축 방향으로 진동하는 전기장 $\vec{E}_0$가 두번째 편광자를 통과하면 $E_0 \cos\theta$의 성분만이 투과한다. 그리고 빛은 두번째 편광자의 투과축 방향으로 선형 편광된다. 따라서 첫번째 편광자를 통과한 빛의 세기를 $I_0$라 할 때 두번째 편광자를 통과한 빛의 세기는

$$I = I_0 \cos^2 \theta \tag{2.60}$$

이다. 이를 **말루스 법칙(Malus's law)**이라 한다.

### 2.9.3. 반사에 의한 편광

전자기파가 매질의 경계면에 입사될 때 입사면(입사광과 반사광이 이루는 평면)에 평행한 편광 성분의 반사율이 0이 되는 특정 입사각 $\theta_p$가 존재한다. $\theta_P$를 **편광각(polarizing angle)**이라 한다. 즉 편광각으로 입사된 전자기파의 반사파는 <u>입사면에 수직한 방향</u>으로 선형편광된다.

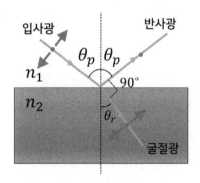

그림 2.20 반사에 의한 편광

매질1과 2의 굴절률을 각각 $n_1, n_2$라 할 때 $\theta_P$는 다음 조건을 만족한다.

$$\tan \theta_P = \frac{n_2}{n_1} \qquad\qquad (2.61)$$

이를 **브루스터의 법칙(Brewster's law)**라 하며 $\theta_P$를 **브루스터 각(Brewster's angle)** 이라고도 한다. 이 때 반사각 $\theta_p$와 굴절각 $\theta_r$사이에 다음과 같은 관계가 성립한다.

$$\theta_P + \theta_R = 90° \qquad\qquad (2.62)$$

# Part 5. 현대물리학

# 1. 상대성 이론

## 1.1. 서설

전자기학의 모든 물리 현상은 맥스웰의 네가지 방정식과 로렌츠의 힘의 방정식으로 설명을 할 수 있다. 진공에서 맥스웰의 방정식을 풀면 빛도 전자기파의 일종이며 빛의 속력은 진공에서 $c = 3 \times 10^8 \text{m/s}$ 임을 증명할 수 있다. ①그러면 정지한 좌표계에 대해서 상대적으로 $v$ 의 속력으로 움직이는 관성계에서의 전자기학 법칙은 어떻게 기술될까? ②그리고 그 때 빛의 속력은 어떠한가? 첫번째 질문에 대한 답은 상대적으로 움직이는 관성계에서도 맥스웰의 방정식은 동일하게 적용된다는 것이다. 이는 뉴턴역학이 그러하였던 것처럼 자연스럽게 받아들여진다. 그러나 이는 뉴턴역학의 결과와 정면으로 충돌하는 심각한 결론에 이르게 한다. 그것은 바로 두번째 질문에 대한 답에 관한 것이다. 상대적으로 $v$ 로 움직이는 관성계에서도 동일한 맥스웰의 방정식이 성립하므로 그 관성계에서 맥스웰 방정식을 풀면 여전히 빛의 속력이 $c$ 로 계산된다. 즉 정지해 있는 관성계와 상대적으로 $v$ 로 운동하는 관성계 모두 전자기파의 속력이 같은 값인 $c$ 로 계산되는 것이다. 뉴턴 역학에서는 정지해 있는 관성계에서 물체의 속력이 $u$ 일 때 이에 대해 상대적으로 $v$ 로 운동하는 관성계에서의 물체의 속력은 $u - v$ 이기 때문에 이는 심각한 모순이다. 아인슈타인은 이와 같이 전자기학의 상대성에 대해서 깊이 연구하였고 놀랍게도 뉴턴역학이 수정되어야 한다는 결론에 이르게 되었다.

## 1.2. 상대성 원리

### 1.2.1. 전자기학에서의 상대성 원리

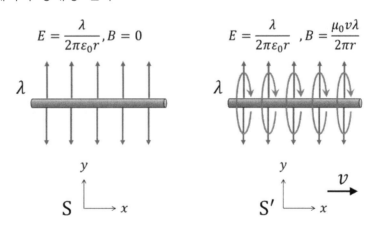

그림 1.1 균일하게 대전된 막대를 서로 다른 관성계에서 관측할 때 다르게 적용되는 전자기학

전기장은 전하의 존재에 의해 발생하고 자기장은 전하의 흐름 즉 전류에 의해 발생하는 것을 알게 되었다. 그런데 자기현상은 관성계에 따라 다르게 나타난다. 그림1.1과 같이 선전하밀도 $\lambda$ 로 균일하게 대전되고 정지해 있는 무한 길이의 막대를 생각하자. 가우스 법칙을 응용하면 막대 주변의 전기장은 $E = \frac{\lambda}{2\pi\varepsilon r}$ 이고 자기장은 0이다. 이제 막대에 대해

상대적으로 $v$로 운동하는 관성계를 생각하자. 이 경우, 대전된 막대는 관측자에 대해 $-v$로 운동하므로 이는 크기가 $\lambda v$인 전류와 동일하다. 따라서 앙페르 법칙에 의해 주변에 $B = \frac{\mu_0 v \lambda}{2\pi r}$의 자기장이 발생한다. 얼핏 보면, 동일한 물리적 상황에서 서로 상대적으로 운동하는 관성계 마다 전기, 자기 현상이 다르게 나타나는 것처럼 보인다. 하지만, 그로 인해 도출되는 알짜힘 또는 유도기전력의 크기등 물리적인 결론은 동일하다.

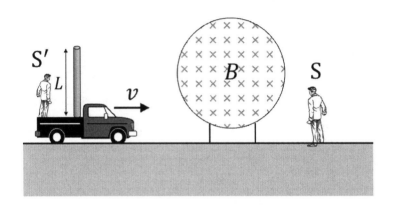

그림 1.2 서로 다른 관성계에서 다르게 적용되는 전자기학

그림1.2와 같이 길이 $L$인 도체 막대를 실은 트럭이 속력 $v$로 균일한 자기장 영역을 통과한다고 가정하자. 관측자 $S$는 자기장 영역과 함께 정지해 있고 관측자 $S'$은 트럭 위에서 막대에 대해서 정지해 있다. 먼저 관측자 $S$가 관측하는 물리현상에 대해 살펴보자. 관측자 $S$에게는 길이 $L$인 도체 막대가 균일한 자기장 $B$가 있는 영역을 속력 $v$로 통과하므로 막대 양단에 운동기전력 $\mathcal{E} = Blv$이 발생한다. 여기에 적용된 물리법칙은 로렌츠의 힘이다. 그런데 막대에 대해 정지한 관측자 $S'$에게는 막대는 정지해 있고 자기장이 속도 $-v$로 다가온다. $S'$에게는 시간에 따라 자기장이 변화하므로 패러데이 법칙에 의해 운동하는 자기장 주변에 전기장이 발생하고 그러한 전기장에 의해 막대에 유도기전력 $\mathcal{E} = Blv$이 발생한다.

위와 같이 서로 상대적으로 운동하는 두 관성계에서 대응되는 물리법칙이 다르게 적용될 수 있지만 물리적인 결론은 언제나 동일하다. 즉 어떠한 관성계에서나 전자기학 법칙이 동일하게 적용되고 동일한 현상을 모순없이 설명할 수 있다.

모든 관성계마다 동일하게 맥스웰 방정식이 적용되므로 어떠한 관성계에서도 빛의 속력은 $c = 3 \times 10^8 \text{m/s}$로 동일하다는 결론에 이르게 된다.

### 1.2.2. 마이컬슨-몰리의 실험

역학적 파동은 매질을 통해 전파해 나간다. 음파는 공기를 매질로 하고, 수면파는 물을 매질로 하여 진행해 나간다. 19세기 과학자들은 빛도 매질을 통하여 진행해 나갈 것이라 생각하였고 그러한 매질을 **에테르(Aether)**라 불렀다. 마이컬슨-몰리의 실험은 마이컬슨 간섭계를 이용하여 그러한 에테르의 존재를 증명하고자 한 실험이었다.

빛의 속력 $c$는 에테르에 대해서 정지한 관성계에서의 빛의 속력이고 에테르에 대해 속력 $v$로 운동하는 관성계에서 측정한 빛의 속력은 $c + v$와 같다는 것이 마이컬슨의 가설이었다.

다음 그림과 같이 마이컬슨 간섭계를 구성하고 지구에 대해서 에테르는 $+x$방향으로 $v$의 속력으로 운동한다고 가정하자. 마이컬슨의 가설에 따르면 경로1,2를 지나온 두 빛의 상대속도가 다르므로 두 빛은 시간차이가 생겨 그에 따른 위상차가 발생하고 간섭무늬를 발생시킨다.

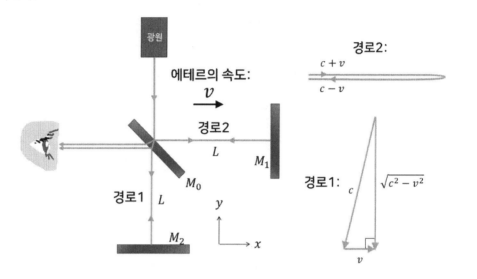

그림 1.3 마이컬슨-몰리 실험

빛이 경로1을 지나오는데 걸린 시간 $t_1$은 빛의 상대속력이 $\sqrt{c^2 - v^2}$ 이므로

$$t_1 = \frac{2L}{\sqrt{c^2 - v^2}} = \frac{2L}{c}\left(1 - \frac{v^2}{c^2}\right)^{-1/2} \tag{1.1}$$

이다. 빛이 경로 2를 지나오는데 걸린 시간 $t_2$는 빛이 왕복할 때 상대속력이 각각 $c + v$, $c - v$ 이므로

$$t_2 = \frac{L}{c + v} + \frac{L}{c - v} = \frac{2cL}{c^2 - v^2} = \frac{2L}{c}\left(1 - \frac{v^2}{c^2}\right)^{-1} \tag{1.2}$$

이다. 따라서 도달한 두 빛의 시간차 $\Delta t$는

$$\begin{aligned}
\Delta t = t_2 - t_1 &= \frac{2L}{c}\left[\left(1 - \frac{v^2}{c^2}\right)^{-1} - \left(1 - \frac{v^2}{c^2}\right)^{-1/2}\right] \\
&\approx \frac{2L}{c}\left[\left(1 + \frac{v^2}{c^2}\right) - \left(1 + \frac{v^2}{2c^2}\right)\right] \\
&= \frac{Lv^2}{c^3}
\end{aligned} \tag{1.3}$$

이다. 여기서 $v/c \ll 1$ 이고 $x \ll 1$ 일 때 $(1 + x)^n \approx 1 + nx$ 임을 이용하였다. 이제

간섭계를 90° 회전시키면 경로1,2의 역할이 바뀌게 되고 시간차는 $2\Delta t$가 된다 $2\Delta t$ 동안에 발생한 위상차 $\phi$는

$$\phi = \omega(2\Delta t) = 2\pi f(2\Delta t) = \frac{2\pi c}{\lambda} \cdot \frac{2Lv^2}{c^3} = \frac{4\pi Lv^2}{\lambda c^2} \qquad (1.4)$$

따라서 무늬가 이동한 개수 $m$은

$$\phi = 2m\pi \quad \rightarrow \quad m = \frac{2Lv^2}{\lambda c^2} \qquad (1.5)$$

이다. 그러나 마이컬슨-몰리는 어떠한 무늬의 이동도 발견하지 못하였다. 우연의 일치로 $v = 0$인 경우를 배제시키기 위해 지구의 공전속도 방향이 바뀌도록 여러 해 동안 반복하여 측정하였지만 그 결과는 마찬가지였다. 마이컬슨 몰리의 실험결과에 의해 결국 에테르의 존재를 부정하는 결론에 이르게 되었고 오히려 이는 아인슈타인의 상대성 원리를 뒷받침하는 근거가 되었다.

### 1.2.3. 아인슈타인의 상대성 원리

아인슈타인이 가졌던 자연법칙에 관한 기본적인 원리는 모든 관성계마다 동일한 물리법칙이 성립한다는 것이다. 이는 전자기학에 대하여도 적용된다. 그러면 서로 상대적으로 운동하는 두 관성계에서 빛의 속력이 모두 동일하게 $c$로 측정이 되어야 하므로 결국 시공간에 관한 뉴턴의 법칙을 수정해야하는 결론에 이르게 된다. 아인슈타인의 상대성 원리는 다음의 두 가지 가설을 기본으로 한다.

1. 상대성 원리 : 모든 관성 기준틀에서 물리 법칙은 같다.
2. 빛의 속력의 불변성 : 진공 중의 빛의 속력은 모든 관성 기준틀에서 광원의 속도나 관측자의 속도에 관계없이 $c = 3.00 \times 10^8 \text{ m/s}$로 일정하다.

첫 번째 가설에 의해 절대적인 관성 기준틀은 존재하지 않음을 알 수 있다. 두 번째 가설은 첫 번째 가설과 전자기학 법칙에 의해 유도가 된다. 두 번째 가설에 의해 마이컬슨-몰리의 실험에서 경로1과 경로2에서의 빛의 속력은 $c$로 일정하므로 두 빛은 위상차가 발생하지 않고 간섭무늬를 만들지 않는다. 따라서 아인슈타인의 상대성 원리로 마이컬슨-몰리의 실험결과를 성공적으로 설명할 수 있다.

## 1.3. 특수 상대성 이론의 결과

### 1.3.1. 동시성

아인슈타인의 상대성 이론에 따르면 '**동시성**' 이라는 개념도 절대적인 개념이 아니다. 즉, 어떤 관성계에서 동시에 발생한 두 사건이 상대적으로 운동하는 다른 관성계에서는 어떠한 시간 간격을 두고 발생할 수 있다. 다음 그림과 같이 우주 공간에서 서로 상대속도 $v$로 운동하는 두 우주선 $S, S'$을 생각하자. $t = 0$에서 폭발 사건1, 2가 발생하여 두 우주선에서

각각 P, Q 및 P', Q'에 흔적을 남기고 섬광을 발생시켰다. 각 우주선의 관측자는 사건의 발생지점의 중간지점에 있다.

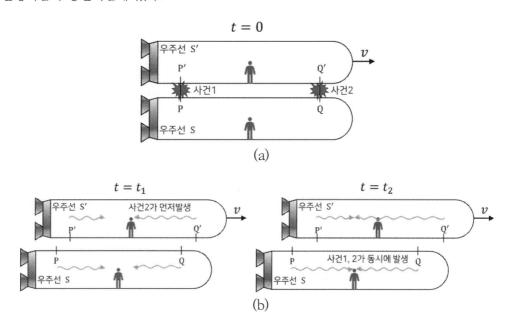

그림 1.4 상대성 이론에서의 동시성

상대성 이론에 따라 두 관측자를 향해 날아오는 빛은 속력이 $c$로 같다. 우주선 S에 있는 관측자에게 아래 오른쪽 그림과 같이 사건1,2에서 나온 빛이 동시에 도달하였다고 가정하자. 우주선 S의 관측자는 이 사건이 동시에 일어났다고 결론을 내린다.

한편 우주선 S'의 관측자 에게는 위 왼쪽 그림과 같이 사건2에서 온 빛이 먼저 관측되고 그후 사건1에서 온 빛이 관측된다. 우주선 S'의 관측자로부터 두 사건 사이의 거리는 같고 빛의 속력도 $c$로 같으므로 우주선 S'의 관측자는 사건2가 먼저 발생하고 그 후에 사건1이 발생하였다고 결론을 내리게 된다.

위의 논의와 같이 동일한 두 사건이 서로 상대적으로 운동하는 두 관측자중 한 관측자에게 동시에 일어났다고 하더라도 다른 관측자에게는 동시에 일어나지 않는다. 두 관측자 모두 옳은 결론을 내렸다. 단지 동시성은 절대적인 개념이 아닌 것이다. 반대로, 만일 우주선 S'에 대해 두 사건이 동시에 일어났다면 그 것은 우주선 S에 대해서는 동시에 일어나지 않는다.

동시성에 관하여 다음과 같이 기술할 수 있다. 서로 떨어진 두 지점에서 발생한 두 사건은 서로 상대적으로 운동하는 두 관성계 모두에서 동시에 발생할 수 없다.

## 1.3.2. 시간팽창

상술한 바와 같이 빛의 속도는 뉴턴역학에서의 상대속도 식이 적용되지 않으므로 이러한 모순을 해결하기 위해서는 시간과 공간의 크기에 관한 절대성의 개념을 버려야 한다. 즉 어떤 관성계에서의 1초 또는 1m가 상대적으로 운동하는 관성계에서는 1초 또는 1m가 아닌 다른 값을 갖게 된다. 이와 같이 시간과 공간의 크기가 변동되는 것은 어디 까지나 서로 상대적으로 운동하는 두 관성계 사이에서 나타나는 차이이지 하나의 관성계 내에서는 그러한 시공간의 변환이 일어나지 않는다는 것을 주의해야 한다. 뿐만 아니라 정량적으로 의미 있는 시공간의 변환이 발생하기 위해서는 두 관성계 사이의 상대속도 $v$가 빛의 속도에 가까워야 한다. 따라서, 일상 생활의 영역에서는 상대론적 효과를 관측하기 매우 어렵다.

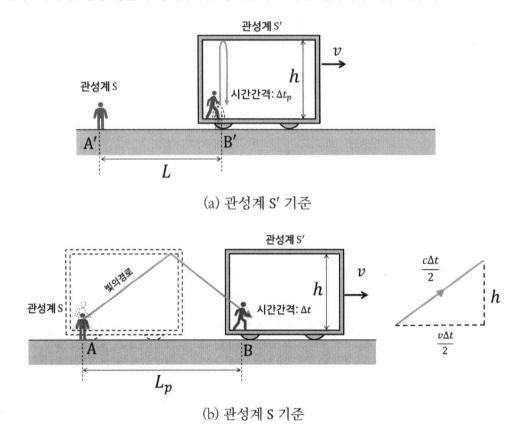

(a) 관성계 S′ 기준

(b) 관성계 S 기준

그림 1.5 두 관성계 사이의 시간팽창 및 길이수축

그림1.5에서 관성계 S는 지면에 정지해 있는 관성계이고 관성계 S′은 지면에 대하여 속도 $v$로 운동하는 열차의 관성계이다. 열차의 높이는 $h$이고 열차의 천장에는 거울이 설치되어 있다. S′의 관측자는 S의 관측자를 지나는 순간 열차 내에서 천장을 향해 레이저 빛을 쏘고 반사된 빛을 받는다.

먼저 그림1.5(a)와 같이 관성계 S′의 기준에서 보았을 때 레이저 빛이 천장에서 반사되어 다시 S′의 관측자의 위치로 돌아오는데 걸린 시간을 $\Delta t_p$라 하자. 이와 같이 한 관성계에서 공간상의 같은 지점에서 일어나는 사건들 간의 시간간격을 **고유 시간 간격 (proper time interval)** $\Delta t_p$라 한다. 고유 시간 간격의 예는 한 관성계에서 정지해 있는 시계가 측정한 시간간격, 그리고 소립자의 수명 등이 대표적이다. S′에서 빛의 속력은 $c$이므로 $\Delta t_p$는 다음과 같다.

$$\phi\Delta t_p = \frac{2h}{c} \tag{1.6}$$

다음으로 관성계 S의 기준에서 살펴보자. S의 관측자가 바라보는 빛의 경로는 그림1.5(b)과 같다. $S'$의 관측자가 방출한 빛이 다시 $S'$의 관측자에게 도달하기까지 S의 관측자가 측정한 시간 간격을 $\Delta t$라 하자. S의 관측자에게는 이 두 사건은 같은 지점에서 일어나는 사건이 아니므로 $\Delta t$는 고유 시간 간격이 아님을 유의하자. S의 관측자 에게도 빛의 속력은 $c$이다. 따라서 그림1.5(b)에서

$$\left(\frac{c\Delta t}{2}\right)^2 = \left(\frac{v\Delta t}{2}\right)^2 + h^2 \tag{1.7}$$

이고 따라서

$$\Delta t = \frac{2h}{\sqrt{c^2 - v^2}} = \frac{2h}{c} \cdot \frac{1}{\sqrt{1 - \frac{v^2}{c^2}}} \tag{1.8}$$

이다. $\Delta t_p = \frac{2h}{c}$ 이므로 $\Delta t$는 다음과 같이 기술된다.

$$\Delta t = \gamma\Delta t_p \quad \text{(시간 팽창)} \tag{1.9}$$

여기서 $\gamma$는 **로렌츠 인자(Lorentz factor)** 라 하며 다음과 같이 정의된다.

$$\gamma = \frac{1}{\sqrt{1 - \frac{v^2}{c^2}}} \tag{1.10}$$

$v < c$ 이므로 항상 $\gamma > 1$이다. 일반적으로 $\beta \equiv v/c$ 와 같이 정의하며 $\gamma$를 $\beta$ 에 대한 그래프로로 나타내면 다음과 같다.

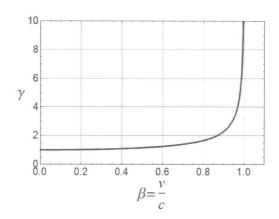

그림 1.6 로렌츠 인자의 $\beta = v/c$ 에 대한 그래프

$\gamma > 1$이므로 식(1.9)에서 $\Delta t > \Delta t_p$이다. 즉, 고유 시간 간격보다 상대적으로 $v$로 운동하는 관성계에서 측정한 시간 간격이 항상 크다. 이는 고유 시간보다 시간이 빨리 간 것을 의미한다. 이와 같이 정지한 시계가 측정한 고유 시간 간격 보다 시계에 대해 상대적으로 운동하는 관성계에서 측정한 시간이 더 길어지는 현상을 **시간팽창(time delation)**이라 한다.

### 1.3.3. 길이수축

상대론에 의하면 서로 상대적으로 운동하는 두 관측자가 측정한 두 사건 사이의 길이는 같지 않다. **고유 길이(proper length)** $L_p$ 란 <u>물체에 대해 정지해 있는 관성계에서 측정한 물체의 길이</u>를 말한다. 그러한 관성계에서 물체는 정지해 있으므로 길이를 측정할 때 물체의 앞과 뒤를 위치를 측정하는 데 있어서 시간간격은 중요하지 않다. 반면 물체에 대해서 운동하는 관성계에서 물체의 길이를 측정할 때는 정확한 측정을 위해 물체의 앞과 뒤의 위치를 동시에 측정해야 한다. (즉 $\Delta t = 0$ 이다.)

그림 1.5(b)의 관성계 S에서 레이저 빛이 출발하고 도달하는 지면상의 위치 사이의 거리를 $L_p$ 라 하자. 두 위치는 관성계 S에서 정지해 있으므로 $L_p$는 고유 길이이다. 이 때, S에서 두 사건사이의 시간 간격이 $\Delta t$이고 열차의 속력은 $v$이므로

$$L_p = v\Delta t \tag{1.11}$$

이다. 한편, 관성계 S′에서 레이저 빛이 출발하고 도달할 때 지면상의 위치 사이의 거리를 $L$이라 하자. 지면은 S′에 대해 속도 $-v$로 운동하므로 $L$은 고유 길이가 아님을 유의하자. $L$을 측정하기 위해서는 동시에 위치 A′, B′ 사이의 거리를 측정해야 한다. 지면의 상대속도는 $-v$이고 두 사건의 시간 간격은 $\Delta t_p$이므로 $L$은 다음과 같이 측정되어 진다.

$$L = v\Delta t_p \tag{1.12}$$

식 (1.12)를 (1.11)으로 나누면 $L/L_p = \Delta t_p/\Delta t = 1/\gamma$ 이므로 다음 관계식을 얻는다.

$$L = \frac{L_p}{\gamma} \quad \text{(길이 수축)} \tag{1.13}$$

$\gamma > 1$ 이므로 $L < L_p$ 이다. 즉, 물체에 대해 정지한 관측자가 측정한 길이보다 물체에 대해 상대적으로 운동하는 관측자가 측정한 길이는 더 짧아진다. 이를 **길이 수축(length contraction)**이라 한다.

### 1.3.4. 뮤온과 특수상대론

아인슈타인의 특수상대론의 대표적인 증거가 대기에서 생성된 뮤온 입자($\mu$)가 지표면에서 관측이 되는 것이다. 뮤온 입자는 전하량이 전자와 같이 $-e$이고 질량은 전자보다 약200배 정도 무거운 소립자이다. 우주로부터 양성자, 전자, 헬륨 원자핵등 매우 큰 에너지를 가진 무수히 많은 우주선(cosmic ray)들이 지구 대기와 충돌하며 연쇄 반응을 통해 매우 에너지가 큰 뮤온 입자를 생성해 낸다. 뮤온 입자의 수명은 $\tau = 2.2\mu s$ 로 매우 짧으며 대부분 다음과 같이 전자($e^-$)와 중성미자($\nu_\mu, \bar{\nu}_e$) 들로 붕괴한다.

$$\mu^- \rightarrow e^- + \bar{\nu}_e + \nu_\mu \tag{1.14}$$

생성된 뮤온은 운동에너지가 매우 높아 거의 빛의 속도에 가깝게 운동한다. 뮤온이 생성되는 고도를 약10km 상공이라 하고 생성된 뮤온의 속력을 $v = 0.9994c$ 라 하자. 뮤온의 수명인 $\tau = 2.2\mu s$ 동안에 뮤온이 날아갈 수 있는 거리는 뉴턴역학의 계산으로는 $L_0 = v\tau = 660m$ 밖에 되지 않는다. 즉 뮤온은 지표면에 도달하기 전에 붕괴하므로 지표면에서는 뮤온을 관측할 수 없다는 결론에 이르게 된다. 그러나 지표면에는 상당히 많은 대기에서 생성된 뮤온이 관측된다.

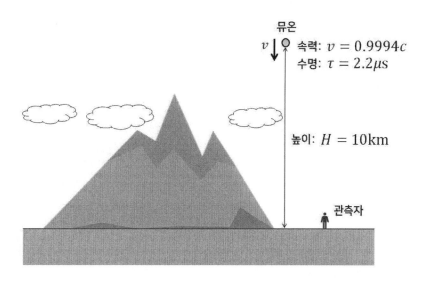

그림 1.7. 지표면에 도달하는 뮤온에 적용되는 특수 상대론

이제 지면의 관측자의 관성틀에서 상대론적 효과를 고려하여 뮤온의 운동을 살펴보자. 뮤온의 수명은 고유시간이다. 관측자는 뮤온에 대해서 상대적으로 $v$의 속도로 운동하므로 관측자가 측정하는 뮤온의 수명 $\tau'$은 $\tau' = \gamma\tau$ 이다. $v = 0.9994c$ 일 때 로렌츠 인자는

$$\gamma = \frac{1}{\sqrt{1 - 0.9994^2}} = 28.9 \tag{1.15}$$

이므로 약 29배 만큼 뮤온의 수명에 대해 시간팽창 효과가 발생한다. 따라서 관측자가 측정하는 뮤온의 이동거리 $L$은

$$L = v\gamma\tau = 0.9994 \cdot 3 \times 10^8 \cdot 28.9 \cdot 2.2 \times 10^{-6} = 19km \tag{1.16}$$

즉, 뮤온은 지표면까지 충분히 도달할 수 있다

두번째로 뮤온의 관성틀에서 뮤온의 운동을 살펴보자. 위 그림에서 $H = 10km$ 는 지구에 대해 정지한 관성계에 있는 관측자가 측정한 거리이므로 고유길이이다. 뮤온은 관측자에 대해 상대적으로 $v$의 속도로 운동하므로 뮤온이 측정하는 높이 $H'$은 길이 수축 효과에 의해

$$H' = \frac{H}{\gamma} = \frac{10km}{28.9} = 346m \tag{1.17}$$

이다. 따라서 뮤온은 자신의 수명동안 660m 를 날아갈 수 있지만 뮤온의 관성계에서

지표까지의 거리는 346m 이므로 뮤온은 충분히 지표면에 도달할 수 있다.

## 기본문제 1.1

그림과 같이 B가 타고 있는 우주선이 지면에서 정지해 있는 A를 상대속도 $v$ 로 지나간다. 우주선의 고유길이는 $L_0$ 이다. 우주선이 A를 지나가는 시간간격을 A가 $\Delta t$ 로 측정하였다. 우주선의 상대속력 $v$ 를 광속 $c$ 로 나타내어라.

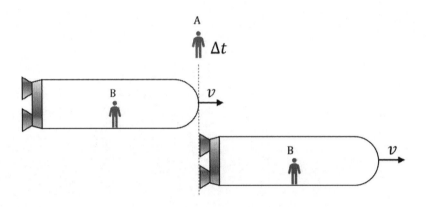

### 풀 이

(1) A의 관성계에서 볼 때 $\Delta t$ 는 고유 시간이다. A는 우주선에 대해 상대속도 $v$ 로 운동하므로 A가 관측하는 우주선의 길이는 길이수축 효과에 의해 $\frac{L_0}{\gamma}$ 이다. 따라서

$$v = \frac{L_0/\gamma}{\Delta t} = \frac{L_0}{\Delta t}\sqrt{1 - \frac{v^2}{c^2}}$$
$$\rightarrow \frac{v^2 \Delta t^2}{L_0} = 1 - \frac{v^2}{c^2}$$
$$\therefore v = \frac{L_0 c}{\sqrt{c^2 \Delta t^2 + L_0^2}}$$

(2) 이번에는 B의 관성계에서 분석해보자. B는 A에 대해 상대속도 $v$ 로 운동하므로 A를 완전히 지나는데 걸리는 시간은 시강팽창 효과에 의해 $\gamma \Delta t$ 이다. B에게는 우주선의 길이는 고유길이인 $L_0$ 이므로

$$v = \frac{L_0}{\gamma \Delta t}$$

즉, (1)과 동일한 결론을 얻게 된다.

## 1.4. 로렌츠 변환

### 1.4.1. 갈릴레이 변환식

다음 그림과 같이 관성계 S는 정지해 있는 관성계이고 관성계 S′은 S에 대해 상대적으로 +x방향으로 속력 $v$ 로 운동하는 관성계이다. 시간과 공간의 절대성을 기본으로 하는 고전 역학의 관점에서 동일한 사건 $P$ 에 대하여 각 관성계에서 측정한 위치와 시간에 대한 측정값들 사이의 관계식을 **갈릴레이 변환식 (Galilean transformation)** 이라 한다.

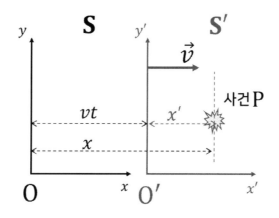

그림 1.8. 서로 다른 두 관성계에서 본 사건P

시간과 공간의 절대성에 의한 갈릴레이 변환식은 다음과 같다.

$$x' = x - vt, \quad y' = y, \quad z' = z, \quad t' = t \quad \text{(갈릴레이 변환식)} \quad (1.18)$$

식(1.18)로부터

$$dx' = dx - vdt \quad (1.19)$$

$$dt' = dt \quad (1.20)$$

이므로 두 식을 나누고 각 관성계에서의 사건의 속도를 각각 $u'_x = \frac{dx'}{dt'}, u_x = \frac{dx}{dt}$ 라 하면 다음과 같은 **갈릴레이 속도 변환식 (Galilean velocity transformation)** 을 얻게 된다.

$$u' = u - v \quad \text{(갈릴레이 속도 변환식)} \quad (1.21)$$

### 1.4.2. 로렌츠 변환식

아인슈타인의 상대론에 다르면 더 이상 시공간은 절대적인 개념이 아니고 상대론의 가설을 만족시키기 위해서는 위의 갈릴레이의 변환식이 수정되어야만 한다. 새로운 변환식은 동일 사건 P에 대해 서로 상대 속도 $v$ 로 운동하는 두 관성계에서 빛의 속력이 $c$ 로 동일하도록 해야 한다. 이러한 관계를 만족하는 각 관성계에서의 위치와 속도 측정값 사이의 변환 관계식을 **로렌츠 변환식(Lorentz transformation equation)** 이라 하며 관성계 S 에서 관성계 S′ 으로의 로렌츠 변환식은 다음과 같이 기술된다.

$$x' = \gamma(x - vt), \quad y' = y, \quad z' = z, \quad t' = \gamma\left(t - \frac{v}{c^2}x\right) \tag{1.22}$$
$$(\text{S} \rightarrow \text{S}' \text{ 로렌츠 속도 변환식})$$

식(1.22)을 연립하여 $(x, y, z, t)$ 를 $(x', y', z', t')$ 에 관한 식으로 풀면 관성계 S′ 에서 관성계 S로의 로렌츠 변환식을 얻게 된다. 그 결과는 다음과 같이 식(1.22)에서 $v \rightarrow -v$ 로 치환시킨 형태이다.

$$x = \gamma(x' + vt') \quad y = y', \quad z = z', \quad t = \gamma\left(t' + \frac{v}{c^2}x'\right) \tag{1.23}$$
$$(\text{S}' \rightarrow \text{S} \text{ 로렌츠 속도 변환식})$$

식(1.22), (1.23)에서 양변의 변화량을 구하면 위치와 시간의 변화량들에 대한 다음 식을 얻을 수 있다.

$$\Delta x' = \gamma(\Delta x - v\Delta t), \quad \Delta y' = \Delta y, \quad \Delta z' = \Delta z, \quad \Delta t' = \gamma\left(\Delta t - \frac{v}{c^2}\Delta x\right) \tag{1.24}$$

$$\Delta x = \gamma(\Delta x' + v\Delta t') \quad \Delta y = \Delta y', \quad \Delta z = \Delta z', \quad \Delta t = \gamma\left(\Delta t' + \frac{v}{c^2}\Delta x'\right) \tag{1.25}$$

로렌츠 변환식으로부터 동시성에 관한 상대론적 결론을 도출할 수 있다. 다음과 같이 관성계 S′에서 동시에 발생한 두 사건1,2에 대해서 생각해보자.

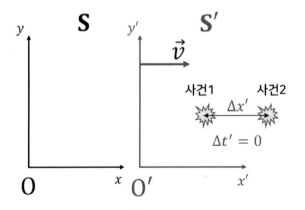

그림 1.9. 로렌츠 변환과 동시성

두 사건은 $\Delta x' \neq 0$ 만큼 떨어져 있고 동시이므로 $\Delta t' = 0$이다. 식(1.25)로부터

$$\Delta t = \gamma\left(0 + \frac{v}{c^2}\Delta x'\right) = \frac{\gamma v\Delta x'}{c^2} \neq 0 \tag{1.26}$$

즉 S′에서 동시인 두 사건이 S에서는 동시가 아니다.

로렌츠 변환식으로부터 시간팽창에 관한 결론을 도출해보자. 다음과 같이 관성계 S′ 의 같은 위치에서 발생한 두 사건1,2에 대해서 생각해보자.

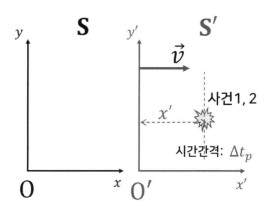

그림 1.10. 로렌츠 변환과 시간팽창

두 사건은 S'에서 같은 장소에서 발생했으므로 두 사건 사이의 시간 간격 $\Delta t_p$는 고유 시간 간격이다. $\Delta x' = 0$ 이므로 식(1.25)로부터

$$\Delta t = \gamma \left( \Delta t_p + \frac{v}{c^2} \cdot 0 \right) = \gamma \Delta t_p \tag{1.27}$$

즉, 시간 팽창에 관한 식(1.9)를 유도하였다.

마지막으로 로렌츠 변환식으로부터 길이 수축에 관한 결론을 도출해보자. 다음과 같이 관성계 S'에서 정지한 막대를 생각해보자.

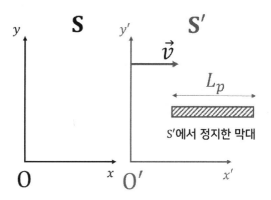

그림 1.11. 로렌츠 변환과 길이수축

관성계 S'에서 측정한 막대의 길이 $L_p$는 고유길이이다. 관성계 S는 S'에 대해 상대적으로 $-v$의 속도로 운동하므로 S에서 막대의 길이를 측정하기 위해서는 동시에 막대의 앞과 뒤의 위치의 차이로부터 길이를 측정해야 한다. 즉 $\Delta t = 0$이다. 식(1.24)의 $\Delta x' = \gamma(\Delta x - v \Delta t)$에서 $\Delta x' = L_p$ 이고 S에서 측정한 막대의 길이 $L$은 $L = \Delta x$이다. 따라서

$$L_p = \gamma(L - v \cdot 0) \tag{1.28}$$

$$\therefore L = \frac{L_p}{\gamma} \tag{1.29}$$

즉, 길이 수축에 관한 식(1.13)을 다시 유도하였다.

## 기본문제 1.2

관측자 B는 기준 좌표계에 있는 관측자 A에 대하여 +x방향으로 속력 $v$로 등속 운동하고 있다. 어느 순간 관측자 A가 근처의 한 지점에서 폭발을 관측하였고 그로부터 1ms 후에 +x방향으로 180km 떨어진 지점에서 두번째 폭발을 관측하였다. 관측자 B는 같은 지점에서 두 폭발을 관측하였다. (a) 상대속력 $v$를 구하시오. (b) 관측자 B가 두 폭발을 관측하는 시간간격은 얼마인가? (단, 빛의 속력은 $c = 3 \times 10^8 \text{m/s}$ 이다.)

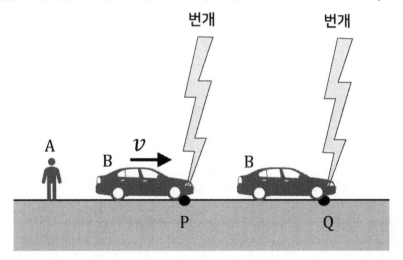

### 풀 이

(a) A의 관성계를 프라임이 없는 좌표계로, B의 관성계를 프라임 있는 좌표계로 나타내자. 로렌츠 변환식을 변화량에 대한 관계식으로 기술하면 다음과 같다.

$$\Delta x' = \gamma(\Delta x - v\Delta t) \qquad \cdots (1)$$
$$\Delta t' = \gamma\left(\Delta t - \frac{v}{c^2}\Delta x\right) \qquad \cdots (2)$$

관측자 A는 두사건의 거리차는 180km, 시간차는 1ms로 관측하였으므로 식(1)에서

$$\Delta x = 180\text{km}, \quad \Delta t = 1\text{ms}$$

이다. 관측자 B는 두 사건을 같은 위치에서 관측하였으므로 $\Delta x' = 0$이다. 따라서

$$v = \frac{\Delta x}{\Delta t} = \frac{180\text{km}}{1\text{ms}} = 1.8 \times 10^8 \text{m/s}$$

(b) $v = \frac{3}{5}c$ 이므로 관측자 B의 $\beta$인자와 $\gamma$인자는

$$\beta = \frac{v}{c} = \frac{3}{5}, \quad \gamma = \frac{1}{\sqrt{1 - \beta^2}} = \frac{5}{4}$$

관측자 B가 측정한 두 사건의 시간차 $\Delta t'$는 식(2)로부터 다음과 같다.

$$= \frac{5}{4} \cdot \left(1 - \frac{9}{25}\right) \cdot 1\text{ms} = 0.8\text{ms}$$

### 1.4.3. 로렌츠 속도 변환식

로렌츠 변환식에 따르면 갈릴레이 속도변환식 (1.21)도 수정이 되어야 한다. 다음 그림에서 관성계 S 는 정지해 있는 관성계이고 관성계 S′ 은 S 에 대하여 상대적으로 +x방향으로 $v$의 속력으로 운동하는 관성계이다. 물체도 $x$축 방향으로 운동한다.

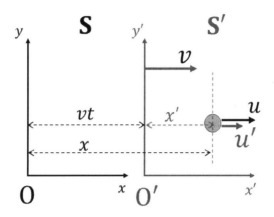

그림 1.12. 1차원 운동에서의 로렌츠 속도변환

S에서 측정한 물체의 속력이 $u_x$, S′에서 측정한 물체의 속력을 $u'_x$이라 하자. 그러면

$$u_x = \frac{dx}{dt}, \quad u'_x = \frac{dx'}{dt'} \tag{1.30}$$

이다. 식(1.22)에서 미소 변화량에 관한 식을 이용하면

$$dx' = \gamma(dx - vdt) \tag{1.31}$$

$$dt' = \gamma\left(dt - \frac{v}{c^2}dx\right) \tag{1.32}$$

이므로

$$u'_x = \frac{dx'}{dt'} = \frac{dx - vdt}{dt - \frac{v}{c^2}dx} = \frac{\frac{dx}{dt} - v}{1 - \frac{v}{c^2}\frac{dx}{dt}} \tag{1.33}$$

$$\therefore u'_x = \frac{u_x - v}{1 - \frac{u_x v}{c^2}} \quad \text{(일차원 로렌츠 속도 변환식)} \tag{1.34}$$

식(1.34)을 일차원 운동에서의 **로렌츠 속도 변환식(Lorentz velocity transformation equation)**이라 한다. $u_x = c$ 이면

$$u'_x = \frac{c - v}{1 - \frac{cv}{c^2}} = c \qquad (1.35)$$

이다. 즉 서로 상대속도 $v$ 로 운동하는 두 관성계에서 모두 빛의 속도는 $c$ 이다. 이로서 로렌츠 변환식은 아인슈타인의 상대론적 가설을 잘 만족함을 알 수 있다.

식(1.34)를 $u_x$ 에 대하여 풀면 다음과 같이 $v \rightarrow -v$ 로 치환된 로렌츠 속도 변환식을 얻는다.

$$u_x = \frac{u'_x + v}{1 + \frac{u'_x v}{c^2}} \qquad (1.36)$$

다음으로 물체가 이차원 운동을 하는 경우를 생각하자.

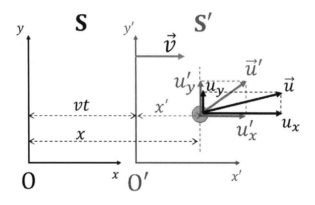

그림 1.12. 2차원 운동에서의 로렌츠 속도변환

그림1.12에서 관성계 S에서 물체의 속도의 $x$축, $y$축 성분을 $u_x, u_y$ 라 하고, 관성계 S′에서 물체의 속도의 $x$축, $y$축 성분을 $u'_x, u'_y$ 라 하자. 그러면

$$u_x = \frac{dx}{dt}, \quad u_y = \frac{dy}{dt} \qquad (1.37)$$

$$u'_x = \frac{dx'}{dt}, \quad u'_y = \frac{dy'}{dt} \qquad (1.38)$$

이다. 식(1.24)을 미소 변화량에 대한 식으로 바꾸어서 이용하면

$$u'_y = \frac{dy'}{dt'} = \frac{dy}{\gamma \left( dt - \frac{v}{c^2} dx \right)} = \frac{\frac{dy}{dt}}{\gamma \left( 1 - \frac{v}{c^2} \frac{dx}{dt} \right)} = \frac{u_y}{\gamma \left( 1 - \frac{u_x v}{c^2} \right)} \qquad (1.39)$$

따라서 정리하면 다음과 같은 이차원 운동에 대한 로렌츠 속도변환식을 얻는다.

$$u'_x = \frac{u_x - v}{1 - \frac{u_x v}{c^2}}, \quad u'_y = \frac{u_y}{\gamma \left( 1 - \frac{u_x v}{c^2} \right)} \quad \text{(이차원 로렌츠 속도 변환식)} \qquad (1.40)$$

## 기본문제 1.3

그림과 같이 우주공간에서 기준 관성계 S에 대해 $0.5c$의 속도로 달아나는 우주선B를 우주선A가 기준 관성계 S에 대해 $0.6c$의 속도로 추격하고 있다. 우주선A가 자신의 관성계에 대해서 속도 $v_{MA} = 0.5c$의 미사일을 우주선 B를 향해 발사하였다. (a) 우주선 B의 좌표계에서 본 미사일의 속도를 구하시오. (b) 미사일은 정지상태에서 12초 후에 자동으로 소멸한다고 한다. 우주선B의 좌표계에서 미사일은 발사 후 몇 초 후에 소멸하는가? (단 미사일의 발사로 인한 A의 속도의 변화는 없다고 가정한다.

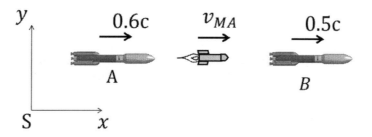

### 풀 이

(a). 기준 관성계 $S$에서 본 미사일의 속도 $v_M$은

$$v_M = \frac{v_{MA} + v_A}{1 + \frac{v_{MA}v_A}{c^2}} = \frac{0.5c + 0.6c}{1 + 0.5 \cdot 0.6} = \frac{11}{13}c$$

B의 좌표계에서 본 미사일의 속도 $v_{MB}$은

$$v_{MB} = \frac{(v_M - v_B)}{1 - \frac{v_M v_B}{c^2}} = \frac{\frac{11}{13}c - \frac{1}{2}c}{1 - \frac{11}{13} \cdot \frac{1}{2}} = \frac{3}{5}c$$

(b) 미사일의 수명이 $t_0$일 때 $t_0$는 고유시간이므로 $B$좌표계에서 측정한 미사일의 수명 $t$은 시간팽창 효과가 나타난다. 로렌츠 인자는

$$\gamma = \frac{1}{\sqrt{1 - \frac{v_{MB}^2}{c^2}}} = \frac{1}{\sqrt{1 - \left(\frac{3}{5}\right)^2}} = \frac{5}{4}$$

이므로

$$t = \gamma t_0 = \frac{5}{4} \cdot 12 = 15초$$

그림과 같이 우주선 A,B 가 서로 수직방향으로 각각 속도 $0.6c$, $0.5c$ 로 지나가고 있다. A가 보는 B의 속력을 구하시오.

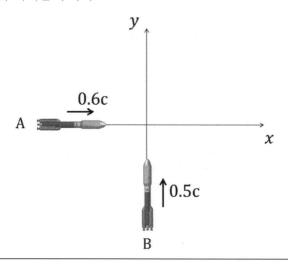

**풀 이**

A가 관측하는 B의 $x$축 방향 속력 $u'_x$ 는

$$u'_x = \frac{u_x - v}{1 - \frac{u_x v}{c^2}} = \frac{0 - 0.6c}{1 - \frac{0 \cdot 0.6c}{c^2}} = -0.6c = -\frac{3}{5}c$$

A가 관측하는 B의 y축 방향 속력 $u'_y$는

$$u'_y = \frac{u_y}{\gamma\left(1 - \frac{u_x v}{c^2}\right)} = \sqrt{1 - 0.6^2} \cdot \frac{0.5c}{\left(1 - \frac{0 \cdot 0.6c}{c^2}\right)} = \frac{2}{5}c$$

따라서 A가 관측하는 B의 속력 $u'$은

$$u' = \sqrt{u_x'^2 + u_y'^2} = \sqrt{\left(\frac{3}{5}\right)^2 + \left(\frac{2}{5}\right)^2}\, c = \frac{\sqrt{13}}{5}c$$

### 1.4.4. 상대론적 도플러 효과

음파에 대한 도플러 효과는 음원 또는 관측자가 운동할 때 관측자가 측정하는 음파의 진동수는 다음과 같이 음원의 관측자 방향으로 향하는 속도 $v_s$ 와 관측자의 음원 방향으로 향하는 속도 $v_o$에 대한 함수로 표현된다.

$$f = \left(\frac{v + v_o}{v - v_s}\right) f_0 \quad \text{(음파에 대한 도플러 효과)} \tag{1.41}$$

그러나 전자기파에 대한 도플러 효과는 광원과 관측자의 운동은 구분이 되지 않기 때문에 오로지 광원과 관측자의 상대 속도 $v$에 의해서만 결정된다.

다음 그림과 같이 관측자가 광원에 대하여 (a)수직 방향으로 운동하는 경우 (b) 광원에게서 멀어지는 경우 (c) 광원과 가까워지는 경우에 대해서 상대론적 도플러 효과를 구해보자.

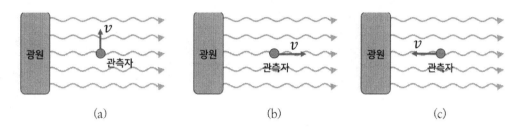

그림 1.13. 상대론적 도플러 효과

먼저 (a) 관측자가 광원에 대해 수직으로 운동하는 경우 빛이 한번 진동하는데 걸리는 주기 $T_p$ 는 고유시간이다. 상대적으로 $v$ 의 속력으로 운동하는 관측자가 측정한 시간 $T$ 는 시간 팽창 효과에 의해

$$T = \gamma T_P \tag{1.42}$$

이다. 한 파면이 관측자에게 도착하고 시간 $T$ 후에 다음 파면이 도착하므로 관측자가 측정하는 빛의 진동수 $f$ 는 다음과 같다.

$$f = \frac{1}{T} = \frac{1}{\gamma T_p} = \frac{1}{\gamma} f_0 \tag{1.43}$$

$$\therefore f = f_0 \sqrt{1 - \frac{v^2}{c^2}} \quad \text{(수직 방향 운동에 대한 도플러 효과)} \tag{1.44}$$

(b) 관측자가 광원에서 멀어지는 경우 관측자에게 한 파면이 도착하고 시간 $T$ 후에 관측자는 $vT$만큼 멀어졌으므로 다음 파면이 도착하는데 걸린 시간 $t$ 는

$$t = T + \frac{vT}{c} = \gamma T_p \left(1 + \frac{v}{c}\right) = \frac{T_p \left(1 + \frac{v}{c}\right)}{\sqrt{1 - \frac{v^2}{c^2}}} = T_p \sqrt{\frac{1 + v/c}{1 - v/c}} \tag{1.45}$$

이다 따라서 관측자가 측정하는 빛의 진동수 $f$ 는 다음과 같다.

$$f = \frac{1}{t} = \frac{1}{T_p} \sqrt{\frac{1 - v/c}{1 + v/c}} \tag{1.46}$$

$$\therefore f = f_0 \sqrt{\frac{c - v}{c + v}} \quad \text{(광원과 관측자가 멀어질 때 도플러 효과)} \tag{1.47}$$

(c) 관측자가 광원과 가까워지는 경우 관측자에게 한 파면이 도착하고 시간 $T$ 후에 관측자는 $vT$만큼 가까워졌으므로 다음 파면이 도착하는데 걸린 시간 $t$ 는

$$t = T - \frac{vT}{c} = \gamma T_p \left(1 - \frac{v}{c}\right) = \frac{T_p \left(1 - \frac{v}{c}\right)}{\sqrt{1 - \frac{v^2}{c^2}}} = T_p \sqrt{\frac{1 - v/c}{1 + v/c}} \qquad (1.48)$$

이다 따라서 관측자가 측정하는 빛의 진동수 $f$는 다음과 같다.

$$f = \frac{1}{t} = \frac{1}{T_p} \sqrt{\frac{1 + v/c}{1 - v/c}} \qquad (1.49)$$

$$\therefore f = f_0 \sqrt{\frac{c + v}{c - v}} \quad \text{(광원과 관측자가 가까워질때 도플러 효과)} \qquad (1.50)$$

## 기본문제 1.5

그림과 같이 우주선이 관측자의 관성계에 대해 속력 $v$ 로 관측자를 향하여 수평방향으로 운동하며 일정한 파장을 가지는 전파를 송출하였고 관측자가 측정한 전파의 파장은 $\lambda$ 이었다. 우주선이 관측자를 지나서 관측자로부터 멀어지며 동일한 파장을 가지는 전파를 송출하였는데 이 경우 관측자가 측정한 전파의 파장은 $2\lambda$ 이었다. 빛의 속력을 $c$라 할 때 속력 $v$ 를 $c$에 대한 식으로 나타내시오.

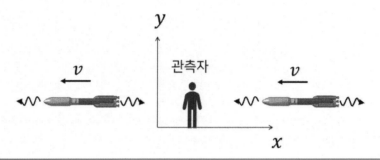

### 풀 이

우주선이 송출하는 전파의 진동수를 $f_0$ , 파장을 $\lambda_0$ 라 하자. 우주선이 관측자에 가까워질 때 관측자가 측정한 진동수 $f$는 상대론적 도플러효과에 의해

$$f = \sqrt{\frac{c + v}{c - v}} f_0$$

$f = \frac{c}{\lambda}$ 이므로

$$\lambda = \sqrt{\frac{c - v}{c + v}} \lambda_0 \quad \cdots (1)$$

마찬가지로 우주선이 관측자로부터 멀어질 때 관측자가 측정한 파장이 $2\lambda$이므로

$$2\lambda = \sqrt{\frac{c + v}{c - v}} \lambda_0 \quad \cdots (2)$$

식(2)에서 식(1)을 나누면

$$2 = \frac{c + v}{c - v}$$

이를 정리하면

$$v = \frac{1}{3}c$$

## 1.5. 상대론적 운동량, 에너지

### 1.5.1. 상대론적 운동량

서로 상대적으로 운동하는 두 관성계 내에서 존재하는 두 물체가 충돌하는 경우 시간 팽창 효과에 의해 각 관성계에서 충돌 과정에서 걸린 시간이 다르게 된다. 이 때, 고전역학 에서의 운동량의 정의식을 사용하면 충돌과정에서 운동량이 보존되지 않는 문제가 발생한다. 따라서 상대론에서는 운동량의 정의가 수정되어야 한다.

그림1.14에서 관성계 $S'$은 관성계 $S$에 대하여 상대 속도 $v$로 운동하고 있다. 질량이 $m$으로 같은 두 물체 A,B 는 각 관성계에서 $y$축 위에서만 운동하고  $y$축에 대해 각각 $L$만큼 진행한 후 충돌하여 다시 원래 위치로 되돌아 간다. (물체의 운동 경로는 S 기준에서 본 것이다.)

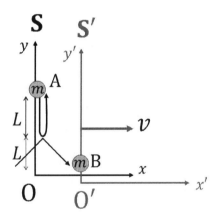

그림 1.14. 상대론적 운동량 보존

S에서 물체 A가 물체 B와 충돌하여 원래 위치까지 돌아오는 데 걸린 시간 $\Delta t_p$는 고유 시간 간격이다. 반면 S에서 물체 B가 물체 A와 충돌하여 S'의 원래 위치로 돌아가는데 걸린 시간은 $\Delta t$이며 고유시간이 아니다. 한편, S'에서는 물체 B가 물체 A와 충돌하여 원래 위치까지 돌아오는데 걸린 시간 역시 $\Delta t_p$이며 (대칭적 상황 이므로) 이는 고유시간이다. 시간팽창 효과에 의해

$$\Delta t = \gamma \Delta t_p \tag{1.51}$$

가 성립한다. S에서 물체 A의 운동량 변화 $\Delta p_A$는 고전역학에서의 운동량 정의에 의하면

$$\Delta p_A = m \frac{4L}{\Delta t_p} \tag{1.52}$$

이고 물체 B의 운동량 변화 $\Delta p_B$는

$$\Delta p_B = -m \frac{4L}{\Delta t} = -m \sqrt{1 - \frac{v^2}{c^2}} \cdot \frac{4L}{\Delta t_p} \tag{1.53}$$

이다. $\Delta p_A + \Delta p_B \neq 0$ 이므로 운동량이 보존 안되는 문제가 발생한다. 이를 해결하기 위해 **상대론적 운동량** $\vec{p}$를 다음과 같이 정의하자.

$$p = \gamma m v \quad (\text{상대론적 운동량}) \tag{1.54}$$

여기서 $m$은 물체가 정지한 관성계에서 측정한 물체의 질량으로 **고유 질량(proper mass)** 또는 **정지 질량 (rest mass)** 이라 한다. ($\gamma m$ 을 상대론적 질량으로 명하기도 하지만 이는 모호한 개념이므로 바람직하지 않다.) 그러면 위 식에서 $\Delta p_A$는 변동이 없지만 $\Delta p_B$는 다음과 같이 수정되어진다. ($v \gg L/\Delta t_p$ 임을 가정한다.)

$$\Delta p_B = -\frac{\gamma m 4L}{\Delta t} = -\frac{\gamma m 4L}{\gamma \Delta t_p} = -m \frac{4L}{\Delta t_p} \tag{1.55}$$

따라서

$$\Delta p_A + \Delta p_B = 0 \tag{1.56}$$

운동량 보존이 성립한다. 식(1.54)에 의하면 운동에너지는 $v$에 대해 선형으로 증가하지 않고 $v \to c$ 으로 가까이 갈수록 $p$는 급격히 증가한다. $v/c$에 대한 그래프는 다음과 같다.

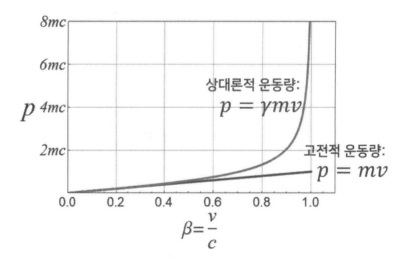

그림 1.15. 상대론적 운동량

이는 곧 물체의 속력이 빛의 속력에 가까워질수록 가속시키는데 매우 큰 에너지가 필요하다는 의미이다.

### 1.5.2. 상대론적 에너지

상대론적 운동량에 따르면 물체가 빛의 속력에 가까울수록 그것을 가속시키는데 더 많은 에너지가 필요하다. 질량이 $m$인 물체의 속력이 0 에서 $v$까지 가속되는 동안 가해주어야 할 에너지 곧 물체의 운동에너지를 구해보자. (일-운동에너지 정리)

$$K = \int_0^x F\,dx = \int_0^s \frac{dp}{dt}dx = \int_0^x \frac{d}{dt}\left(\frac{mv}{\sqrt{1-\frac{v^2}{c^2}}}\right)dx \qquad (1.57)$$

$$= \int_0^x \frac{m}{\left(1-\frac{v^2}{c^2}\right)^{3/2}}\frac{dv}{dt}dx = m\int_0^v \frac{vdv}{\left(1-\frac{v^2}{c^2}\right)^{3/2}} = m\left[\frac{c^2}{\sqrt{1-\frac{v^2}{c^2}}}\right]_0^v \qquad (1.58)$$

$$= \frac{mc^2}{\sqrt{1-\frac{v^2}{c^2}}} - mc^2 \qquad (1.59)$$

따라서 **상대론적 운동에너지** $K$는 다음과 같다.

$$K = \gamma mc^2 - mc^2 = (\gamma - 1)mc^2 \quad \text{(상대론적 운동에너지)} \qquad (1.60)$$

여기서 $v \ll c$ 일 때 상대론적 운동에너지는 고전역학적인 운동에너지에 수렴하는 것을 증명해보자. 다음 근사식을 이용하면

$$\gamma = \frac{1}{\sqrt{1-\frac{v^2}{c^2}}} \approx 1 + \frac{v^2}{2c^2} \qquad (1.61)$$

$$K \approx \left(1 + \frac{v^2}{2c^2} - 1\right)mc^2 = \frac{1}{2}mv^2 \qquad (1.62)$$

이다.

상대론적 에너지의 $v/c$ 에 대한 그래프는 다음과 같다.

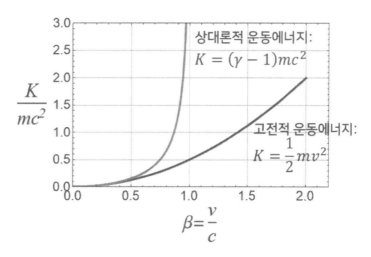

그림 1.16. 상대론적 운동에너지

그림1.16에서 나타난 바와 같이 물체의 속력이 빛의 속력에 가까워질수록 상대론적 운동에너지는 급격하게 증가하므로 속력을 증가시키기 위해 필요한 에너지 또한 엄청나게 증가한다. 결국 아무리 많은 에너지를 공급하여도 물체의 속력은 $c$보다 클 수 없다.

식(1.60)에서 운동에너지는 $\gamma mc^2$ 과 $mc^2$ 의 차이와 같다. 여기서 $\gamma mc^2$ 을 물체의 **전체 에너지(total energy)** $E$로 정의하고 $mc^2$은 물체가 정지상태에서 갖는 **정지 에너지(rest energy)** $E_R$라 한다.

$$E = \gamma mc^2 \quad \text{(전체 에너지)} \tag{1.63}$$

$$E_R = mc^2 \quad \text{(정지 에너지)} \tag{1.64}$$

따라서 전체 에너지는 다음과 같이 나타낼 수 있다.

$$E = \gamma mc^2 = K + mc^2 \tag{1.65}$$

전체 에너지를 운동량과 질량에 관한 식으로 나타낼 수 있다 식(1.54)과 식(1.63)으로부터

$$E^2 = \gamma^2 m^2 c^4 = \frac{m^2 c^4}{1 - \dfrac{v^2}{c^2}} \tag{1.66}$$

$$p^2 c^2 = \gamma^2 m^2 v^2 c^2 = \frac{m^2 v^2 c^2}{1 - \dfrac{v^2}{c^2}} \tag{1.67}$$

$$\therefore E^2 - p^2 c^2 = m^2 c^2 \left( \frac{c^2 - v^2}{1 - \dfrac{v^2}{c^2}} \right) = m^2 c^4 \tag{1.68}$$

따라서 다음과 같은 결과를 얻는다.

$$E^2 = p^2 c^2 + m^2 c^4 \tag{1.69}$$

그림1.17은 식(1.65)과 식(1.69)를 기하학적으로 나타낸 그림이다.

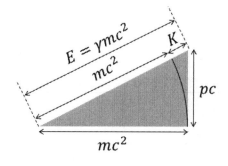

그림 1.17. 상대론적 에너지 관계식의 기하학적 표현

식(1.69)에서 물체가 정지상태에 있는 경우 $p = 0$이므로 물체의 전체 에너지는 정지질량 에너지인 $E = E_R = mc^2$ 이 된다. 소립자 물리학에서는 입자의 질량을 eV 단위로 하는 정지질량 에너지 값을 사용하여 표현한다.

$$1\text{eV} = 1.6 \times 10^{-19} \text{J} \tag{1.70}$$

이므로 예를 들어 전자의 정지질량 에너지를 구해보면

$$E_R = m_e c^2 = 9.1 \times 10^{-31} \cdot 3 \times 10^8 = 8.187 \times 10^{-14} \text{J} \tag{1.71}$$

$$= \frac{8.187 \times 10^{-14}}{1.6 \times 10^{-19}} \text{eV} = 0.511 \text{ MeV} \tag{1.72}$$

이다. 즉 $m_e c^2 = 0.511$ MeV 이므로 전자의 질량은 다음과 같이 MeV/c²의 단위로 나타낸다.

$$m_e = 0.511 \text{ MeV/c}^2 \tag{1.73}$$

양자역학에서 빛은 입자성을 가지고 행동한다. 빛 입자는 질량이 0인 입자이고 이를 **광자(photon)**라고 한다. 식(1.69) 에서 광자에 에너지는 다음과 같이 표현된다.

$$E = pc \quad \text{(광자의 에너지)} \tag{1.74}$$

---

## 기본문제 1.6

그림과 같이 질량이 $m$인 물체 A, B 가 서로를 향해 $\frac{3}{5}c$ 의 속력으로 운동하다가 충돌하여 서로 결합되고 정지하였다. 충돌 후에 에너지가 보존된다고 할 때 (a) 충돌후의 결합체의 질량 $M$ 은 얼마인가? (b) 물체 A의 수명이 $\tau_0$ 일 때 물체 B가 관측하는 A의 수명 $\tau$은 얼마인가?

A $\dfrac{3}{5}c$ $\qquad$ $\dfrac{3}{5}c$ B $\qquad\qquad$

$m$ $\qquad\qquad$ $m$ $\qquad\qquad$ $M$

충돌전 $\qquad\qquad\qquad$ 충돌후

### 풀 이

(a) 물체 A,B의 $\gamma$인자를 계산해보면

$$\gamma = \frac{1}{\sqrt{1 - \left(\frac{3}{5}\right)^2}} = \frac{5}{4}$$

이다. 따라서 충돌전 물체의 에너지 $E_A, E_B$는

$$E_A = E_B = \gamma mc^2 = \frac{5}{4}mc^2$$

이다. 충돌 전 후에 에너지는 보존되므로 결합체의 질량 $M$은 다음과 같다.

$$2 \cdot \frac{5}{4}mc^2 = Mc^2$$

$$\therefore M = \frac{5}{2}m$$

(b) B 가 관측하는 A의 속도는

$$u_A' = \frac{u_A - u_B}{1 - \frac{u_A u_B}{c^2}} = \frac{\frac{3}{5}c + \frac{3}{5}c}{1 + \left(\frac{3}{5}\right)^2} = \frac{15}{17}c$$

이다. B의 관성계에서의 A의 $\gamma$인자는

$$\gamma' = \frac{1}{\sqrt{1 - \left(\frac{15}{17}\right)^2}} = \frac{17}{8}$$

이다. 따라서 시간팽창 효과에 의해 B가 관측하는 A의 수명 $\tau$는 다음과 같다.

$$\tau = \gamma \tau_0 = \frac{17}{8}\tau_0$$

## 기본문제 1.7

그림과 같이 정지질량이 $M$ 인 입자가 정지상태에서 붕괴되어 정지질량 에너지가 각각 $\frac{M}{2}, \frac{M}{6}$ 인 두 입자로 붕괴되었다. 입자계의 질량중심 관성계에서 측정한 붕괴 후 두 입자의 에너지 $E_1, E_2$ 및 운동량의 크기 $p_1, p_2$를 구하시오. (단, 빛의 속력은 $c$이다.)

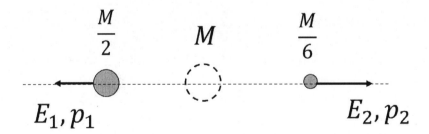

### 풀 이

운동량 보존에 의해 $0 = \vec{p}_1 + \vec{p}_2$ 따라서

$$p_1 = p_2 \equiv p$$

따라서 각 입자의 에너지와 운동량의 관계식은 다음과 같다.

$$E_1^2 = p^2c^2 + \left(\frac{M}{2}\right)^2 c^4 \quad \cdots (1)$$

$$E_2^2 = p^2c^2 + \left(\frac{M}{6}\right)^2 c^4 \quad \cdots (2)$$

에너지 보존에 의해

$$Mc^2 = E_1 + E_2$$

$(Mc^2 - E_1)^2 = E_2^2$ 을 전개하여 식(1),(2)을 대입하면

$$M^2c^4 + \left(\frac{M}{2}\right)^2 \cdot c^4 - 2Mc^2E_1 = \left(\frac{M}{6}\right)^2 c^4$$

$$\therefore E_1 = \frac{11}{18}Mc^2$$

$$E_2 = Mc^2 - E_1 = \frac{7}{18}Mc^2$$

식(1)로부터

$$p^2c^2 = E_1^2 - \frac{M^2}{4}c^4 = \left(\frac{11}{18}\right)^2 M^2c^4 - \frac{1}{4}M^2c^4 = \frac{10}{81}M^2c^4$$

$$\therefore p_1 = p_2 = p = \frac{\sqrt{10}}{9}Mc$$

# 2. 양자물리학

## 2.1. 플랑크의 양자가설

### 2.1.1. 흑체 복사

**흑체(Black body)**란 일정한 온도에서 열적 평형을 이루며 복사만으로 열을 방출하는 물체를 말한다. 입사된 모든 복사선을 흡수하고 반사하지 않기 때문에 이름 그대로 검은 물체이다. 모든 물체는 어떤 온도에서든지 표면에서의 분자들의 열적 떨림에 의해 **열복사 (thermal radiation)**을 방출한다. 19세기 후반에 수행된 흑체의 복사에 관한 연구에서 다음 두가지 실험적인 법칙을 얻게 되었다.

1. 방출된 복사의 전체 일률은 온도의 네제곱에 비례하여 증가한다. 이를 **슈테판-볼츠만의 법칙(Stefan Boltzmann law)**라 한다.

$$P = \sigma A e T^4 \quad \text{(슈테판 볼츠만의 법칙)} \tag{2.1}$$

여기서 $\sigma$는 **슈테판-볼츠만 상수**이고 $\sigma = 5.669 \times 10^{-8} \text{W/m}^2 \cdot \text{K}^4$ 이다. $A$는 물체의 표면적, $e$는 표면의 방출률 (흑체는 $e = 1$), $T$는 온도이다.

2. 파장 분포의 봉우리는 온도가 증가함에 따라 짧은 파장 쪽으로 이동한다. 이를 **빈의 변위 법칙(Wien's displacement law)**라 한다.

$$\lambda_{\max}T = 2.898 \times 10^{-3}\text{m} \cdot \text{K} \qquad (2.2)$$

흑체의 파장에 따른 복사 곡선은 실험적으로 그림2.1과 같이 나타내어진다.

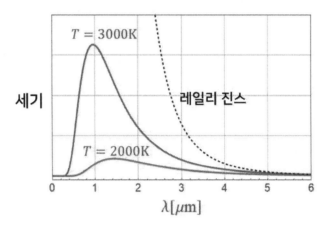

그림 2.1. 흑체의 온도 및 파장에 따른 복사의 세기 곡선

레일리 진스는 고전적인 방법으로 흑체의 복사 곡선을 설명하려 시도하였지만 그림에 나타난 바와 같이 그러한 시도는 실패로 끝나게 되었다.

### 2.1.2. 전자기파의 상태수

흑체 복사 곡선을 설명하기 위한 기본적인 아이디어는 흑체 내부에서 만들어질 수 있는 전자기파의 상태수를 계산한 후에 온도 $T$에서 각 상태마다 부여될 수 있는 평균 에너지를 곱하여 파장에 따른 에너지 밀도함수를 구하는 것이다. 여기서 각 상태에 부여되는 평균에너지를 구하는 과정에서 고전적인 방법과 플랑크의 양자가설에 의한 방법에 결정적인 차이가 있다. 다만 전자기파의 상태수에 대한 계산은 두 방법이 모두 동일하다.

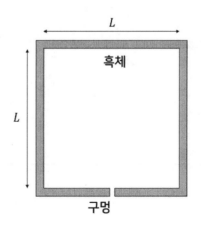

그림 2.2. 흑체의 모형

그림2.2와 같이 한변의 길이가 $L$인 정육면체의 공동을 가진 흑체를 생각하자. 전자기파는 작은 구멍을 통해서만 방출된다. 흑체 내에서 방출된 전자기파는 양 벽에서 반사되며 정상파를 이루게 된다. 각 좌표축 방향에 대해 정상파가 만들어질 조건을 파수에 대해 나타내면 다음과 같이 역학적 파동에서의 정상파 조건과 동일하다:

$$k_x = \frac{2\pi}{\lambda_x} = \frac{\pi n_x}{L}, \quad k_y = \frac{\pi n_y}{L}, \quad k_z = \frac{\pi n_z}{L} \tag{2.3}$$

$$\left(n_x, n_y, n_z \text{ 들은 자연수}\right)$$

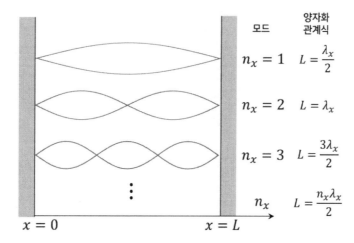

그림 2.3 경계조건 하에서의 정상파 조건

$n^2 = n_x^2 + n_y^2 + n_z^2$ 라 하자. 그러면

$$k^2 = k_x^2 + k_y^2 + k_z^2 = \frac{\pi^2 n^2}{L^2} \tag{2.4}$$

이다. 또한

$$k^2 = \frac{\omega^2}{c^2} = \frac{4\pi^2 f^2}{c^2} \tag{2.5}$$

이므로

$$f = \frac{cn}{2L} \tag{2.6}$$

이다. 그림2.4와 같이 모드수에 대한 3차원 공간에서 $n$ 과 $n + dn$ 사이의 모드들의 개수 $dN$은

$$dN = 2 \cdot \frac{1}{8} \, 4\pi n^2 dn = \pi n^2 dn \tag{2.7}$$

이다. 여기서 2는 전자기파의 두가지 편광모드(시계방향, 반시계방향)를 나타내며 1/8 은 $n_x, n_y, n_z > 0$ 인 공간만 해당되기 때문이다.

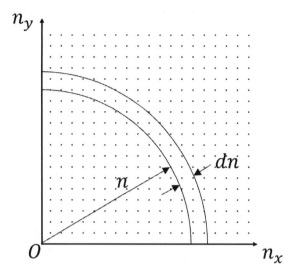

그림 2.4 모드 공간에서 $n, n + dn$ 사이의 모드의 개수

$n^2 = 4L^2 f^2 / c^2$ 으로부터 $dn = \frac{2L}{c} df$ 이므로

$$dN = \frac{8\pi L^3 f^2}{c^3} df \qquad (2.8)$$

따라서 단위 부피당 상태수 $dG(f) = dN/L^3$ 는 다음과 같다.

$$dG(f) = \frac{8\pi f^2}{c^3} df \qquad (2.9)$$

### 2.1.3. 레일리 진스

레일리-진스(Rayleigh- Jeans)는 위에서 구한 각 상태에 열역학에서의 에너지 등분배 정리를 적용하여 온도 $T$에서 $\frac{1}{2}kT$ 의 에너지가 부여된다고 하였다. ($k$는 볼츠만 상수이다.) 각 진동자마다 자유도가 운동에너지 및 퍼텐셜 에너지 두 개가 있음을 고려하여 상태수 한 개가 갖는 평균에너지는 $\bar{E} = kT$ 이다. 따라서 $f$ 와 $f + df$ 사이의 에너지 밀도 $du(f)$는

$$du(f) = dG(f)\bar{E} = \frac{8\pi f^2 kT}{c^3} df \qquad (2.10)$$

이다. $du(f) = u(f)df$ 이므로 평균 에너지 밀도 $u(f)$는 다음과 같다.

$$u(f) = \frac{8\pi f^2 kT}{c^3} \quad \text{(레일리 – 진스)} \qquad (2.11)$$

$f = \frac{c}{\lambda^2} d\lambda$ 이고 $du(\lambda) = u(\lambda)d\lambda$ 식에 의해, 파장에 관한 에너지 밀도함수 $u(\lambda)$를 구하면

$$u(\lambda) = \frac{8\pi kT}{\lambda^4} \qquad (2.12)$$

이다. $u(\lambda)$는 큰 파장에 대해서는 실험 결과와 일치하지만 짧은 파장에 대해서는 발산하므로 실험 결과로부터 크게 벗어나는 심각한 문제가 있다. 이를 **자외 파탄(ultraviolet catastrophe)**이라 한다.

## 2.1.4. 플랑크 분포

플랑크(Planck)는 레일리-진스의 자외 파탄의 문제를 해결하기 위해 흑체의 진동자의 에너지는 다음과 같이 불연속적인 양자화된 값을 가진다고 가정하였다.

$$E_n = nhf \tag{2.13}$$

여기서 $n$ 은 양자수이고 $h$ 는 **플랑크 상수 (Planck's constant)**라 하며 다음과 같은 값을 가진다.

$$h = 6.626 \times 10^{-34} \text{J} \cdot \text{s} \tag{2.14}$$

진동자는 불연속적인 에너지 준위를 전이할 수 있고 그 에너지 차이만큼 에너지를 흡수하거나 방출할 수 있다. 이러한 에너지 흡수와 방출에 진동수가 $f$ 인 상태가 갖는 평균에너지 $\vec{E}$ 는 볼츠만 분포로부터 계산한다. 진동수가 $f$ 인 상태가 에너지 $E_n = nhf$ 을 가질 확률 $P_n$은 다음과 같다.

$$P_n = \frac{e^{-nhf/kT}}{\sum_{n=0}^{\infty} e^{-nhf/kT}} \tag{2.15}$$

따라서 평균 에너지 $\vec{E}$ 는

$$\bar{E} = \sum_{n=0}^{\infty} nhf\, P_n = \frac{\sum_{n=0}^{\infty} nhf e^{-nhf/kT}}{\sum_{n=0}^{\infty} e^{-nhf/kT}} \tag{2.16}$$

$\beta \equiv 1/kT$ 라 하면

$$\bar{E} = -\frac{1}{\sum_{n=0}^{\infty} e^{-nhf\beta}} \frac{\partial}{\partial \beta} \sum_{n=0}^{\infty} e^{-nhf\beta} \tag{2.17}$$

여기서

$$\sum_{n=0}^{\infty} e^{-nhf\beta} = \frac{1}{1 - e^{-hf\beta}} \tag{2.18}$$

이므로

$$\bar{E} = -\left(1 - e^{-hf\beta}\right) \frac{\left(-hf e^{hf\beta}\right)}{(1 - e^{-hf\beta})^2} = \frac{hf e^{hf\beta}}{1 - e^{-hf\beta}} = \frac{hf}{e^{hf/kT} - 1} \tag{2.19}$$

따라서 $f$ 와 $f + df$ 사이의 에너지 밀도 $du(f)$는

$$du(f) = dG(f)\bar{E} = \frac{8\pi h f^3/c^3}{e^{hf/kT} - 1} df \tag{2.20}$$

따라서 평균 에너지 밀도 $u(f)$는

$$u(f) = \frac{8\pi h f^3/c^3}{e^{hf/kT} - 1} \quad \text{(플랑크 분포)} \tag{2.21}$$

이를 **플랑크 분포(Planck distribution)**라 하며 이는 흑체 복사 곡선을 모든 파장 영역에서 잘 설명한다.

파장이 매우 긴 영역에서, 즉, $f \approx 0$ 인 경우 $e^{hf/kT} \approx 1 + hf/kT$ 이므로 플랑크 분포식(2.21) 다음과 같이 레일리-진스 법칙 식(2.12)와 잘 맞음을 알 수 있다.

$$u(f) \approx \frac{8\pi hf^3/c^3}{hf/kT} = \frac{8\pi f^2 kT}{c^3} \tag{2.22}$$

이와 같이 플랑크는 양자가설을 도입하여 흑체의 복사 곡선을 성공적으로 설명할 수 있었고 이 개념은 양자역학의 기초를 세우게 되었다.

## 2.2. 광전효과

### 2.2.1. 광전효과 실험

다음 그림과 같이 어떤 금속판에 빛을 비추면 금속판에서 전자가 방출된다. 이 현상을 **광전 효과(photoelectric effect)**라 하고 방출된 전자를 **광전자(photoelectrons)**라 한다. 진공관 속의 이미터 금속판에서 방출된 광전자들은 컬렉터 금속판으로 이동하고 회로에는 전류가 흐르게 된다.

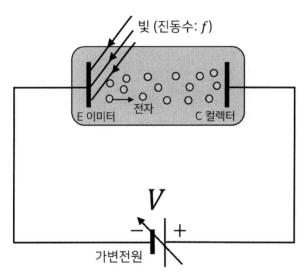

그림 2.5 광전효과의 모식도

이 때 전압을 역방향으로 걸어주어 컬렉터 극판 C가 (-)극이 되게 하고 이미터 극판이 (+)극이 되게 하면 전자의 운동에너지가 $\frac{1}{2}mv^2 > e|V|$ 인 경우에만 전자가 컬렉터에 도달할 수 있다. 따라서 전자의 최대 운동에너지가 $e|V|$보다 작게 되면 광전효과에 의한 전류는 흐르지 않게 된다. 이때의 이미터와 컬렉터 양단 사이의 역방향 전압의 크기 $V_s$를 **저지 전압(stopping voltage)**이라고 한다. 이때 전자의 최대 운동에너지를 $K_{\max}$라 하면

$$K_{\max} = eV_s \quad \text{(저지 전압)} \tag{2.23}$$

이다. $V_s$ 는 실험적으로 측정할 수 있으므로 광전효과에 의한 최대 운동에너지 $K_{\max}$ 또한 측정가능하다. 가변전원의 전위차 $V$ 에 대해 회로에 흐르는 전류를 그래프로 나타내면 다음과 같다.

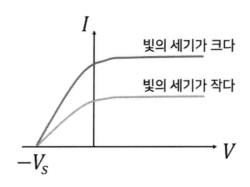

그림 2.6 광전효과에서 가변전원의 전위차에 따른 전류의 그래프

그림2.6은 고전적인 예측과 어긋나는 결과를 보여준다. 고전적으로 전자기파의 세기는 전기장의 제곱에 비례하고 전자기파의 세기가 클수록 더 큰 에너지가 이미터 금속판에 전달된다. 따라서 이미터 금속판 위의 전자들을 더 세게 흔들어서 방출된 광전자의 운동에너지가 더 클 것이다. 따라서 식(2.23)로부터 저지 전압 $V_s$ 는 빛의 세기가 클수록 커야 한다. 하지만 실험 결과에 따르면 광전자의 최대 운동에너지 또는 저지전압은 입사된 빛의 세기와 무관하다.

두번째는 진동수와 광전효과와의 관계이다. 전자기파의 에너지는 전자기파의 진동수와 무관하므로 빛의 세기가 충분하기만 하면 광전효과는 나타나야만 한다. 그러나 실험 결과 특정 진동수 이상의 진동수를 가지는 전자기파를 비추어야 광전효과가 나타난다. 뿐만 아니라 광전자의 최대 운동에너지는 전자기파의 진동수에 비례한다.

### 2.2.2. 아인슈타인의 광자 이론

아인슈타인은 광전효과를 설명하기 위해 플랑크의 양자가설을 전자기파에 도입하여 다음과 같은 가설을 세웠다. 진동수가 $f$인 빛은 에너지

$$E = hf \quad \text{(광자의 에너지)} \tag{2.24}$$

를 가지는 입자로서 행동한다. 이 입자를 **광자(photons)**라 한다.

진동수가 $f$인 전자기파의 세기가 커지면 에너지 $E = hf$를 가지는 광자의 수가 많아진다. 광자가 이미터 금속판의 전자와 충돌할 때는 전자와 광자가 1:1로 에너지를 주고 받기 때문에 전자기파의 세기가 커지면 광자로부터 에너지를 전달받는 전자의 수가 많아질 뿐이지 여전히 전자는 $hf$의 에너지만을 받는다. 즉, 광전자의 운동에너지는 빛의 세기와 무관하다는

것을 설명할 수 있다.

광자로부터 $hf$ 의 에너지를 전달받은 전자는 금속에 속박되어 있던 퍼텐셜 에너지의 크기인 $\phi$ 를 뺀 나머지의 에너지를 운동에너지의 최대값으로 얻게 된다. $\phi$ 는 금속의 **일함수(work function)**라 하며 금속 내에 속박된 전자의 최소 결합 에너지를 나타낸다.

$$K_{max} = hf - \phi \quad (\text{광전 효과 식}) \qquad (2.25)$$

$K_{max}$ 는 전자가 얻을 수 있는 최대 운동에너지를 나타내며 전자가 다른 전자와 충돌하며 에너지를 잃게 되면 이보다 작은 운동에너지를 갖게 된다.

광전효과가 나타나기 위해서는 $K_{max} > 0$ 이어야 하므로 식(2.25)으로부터

$$f > f_c = \frac{\phi}{h} \quad (\text{차단 진동수}) \qquad (2.26)$$

이어야 한다. $f_c = \phi/h$ 를 **차단 진동수(cutoff frequency)** 라 한다. 차단 진동수에 해당하는 파장을 **차단 파장(cutoff wavelength)** $\lambda_c$라 하며 다음과 같다.

$$\lambda_c = \frac{c}{f_c} = \frac{hc}{\phi} \qquad (2.27)$$

전자기파의 파장이 차단 파장보다 작을 때 $(\lambda < \lambda_c)$ 광전효과가 일어난다.

식(2.25) 을 그래프로 나타내면 다음과 같다.

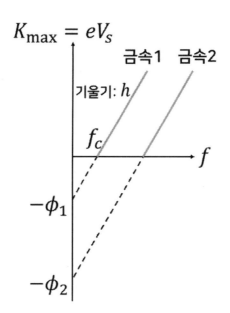

그림 2.7 광전효과에서 가변전원의 전위차에 따른 전류의 그래프

수평축은 전자기파의 진동수이고 수직축은 전자의 최대 운동에너지이다. $K_{max}$ 는 식(2.23) 으로부터 저지전압 $V_s$ 을 측정하면 값을 구할 수 있다. 진동수를 변화시키며 광전효과가 나타나는 진동수를 찾으면 차단 진동수 $f_c$를 측정할 수 있다. 여러 진동수에 대해 $K_{max}$값을

측정하면 기울기로부터 플랑크 상수 $h$를 측정할 수 있다. 또한, 식(2.27)로부터 금속의 일함수 $\phi$를 구할 수 있다.

---

## 기본문제 2.1

다음은 광전효과의 모식도이다. 금속표면에 차단진동수 $f_c$보다 큰 진동수 $f$의 빛을 비추면 전자가 방출되어 회로에 전류가 흐르게 된다. 이때 가변전원장치의 전압을 역방향으로 걸어주어 회로에 전류가 흐르지 못하게 하는 저지전압을 측정할 수 있다. 진동수가 $f_0$, $\frac{3}{2}f_0$ 인 빛을 비추었을 때 저지전압이 각각 $V_0, 2V_0$ 로 측정되었다. (a) 플랑크 상수 $h$ 및 금속의 일함수 $\phi$를 전자의 전하량의 크기 $e$ 및 $f_0, V_0$로 나타내시오. (b) 금속의 차단진동수 $f_c$를 $f_0$에 관한 식으로 나타태시오.

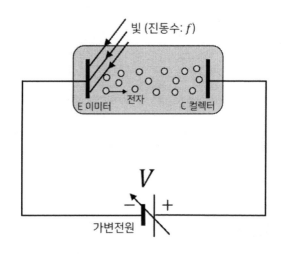

**풀 이**

(a) 진동수 $f_0$의 빛을 비출 때 저지전압이 $V_0$이면 다음 관계식이 성립한다.
$$eV_0 = hf_0 - \phi$$
또한
$$2eV_0 = \frac{3}{2}hf_0 - \phi$$
이므로, 위 두 식을 연립하면
$$h = \frac{2eV_0}{f_0}$$
$$\phi = eV_0$$

(b) 차단 진동수 $f_c$는 다음과 같다.
$$f_c = \frac{\phi}{h} = \frac{f_0}{2}$$

## 2.3. 컴프턴 효과

아인슈타인의 광자이론에 따라 빛은 입자성을 가지고 있으며 $E = hf$의 에너지를 가지고 있으며 질량은 0이다. 식(1.74)에서 광자의 에너지와 운동량은 $E = pc$의 관계에 있으므로 광자의 운동량은 다음과 같이 표현된다.

$$p = \frac{hf}{c} = \frac{h}{\lambda} \quad \text{(광자의 운동량)} \tag{2.28}$$

컴프턴은 X선을 탄소원자핵에 산란시키는 실험을 통하여 빛의 입자성을 좀 더 구체적으로 증명하고자 하였다. 다음 그림은 컴프턴 산란 실험의 모식도이다. 파장이 $\lambda = 71.1\text{pm}$ 인 X선을 탄소 표적에 입사시켜서 산란각 $\phi$로 산란된 X선의 파장을 측정한다.

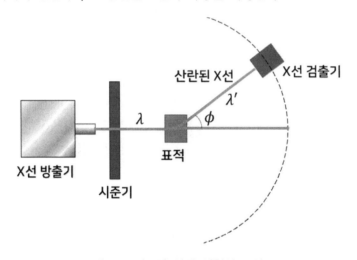

그림 2.8 컴프턴 산란 실험의 모식도

고전적인 이론에 따르면 표적 내의 전자는 입사된 X선의 진동수로 진동하고 그에 따라 같은 진동수의 전자기파를 방출하므로 산란된 X선의 진동수 및 파장은 입사하는 X선의 그것과 같아야 한다. 그러나 산란각 $\phi$의 네가지 값에 대한 실험 결과는 다음과 같다.

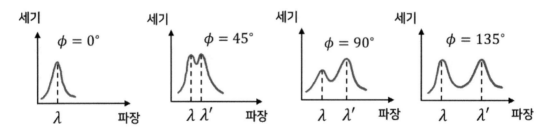

그림 2.9 컴프턴 산란 실험의 결과

각각의 산란각에 대해 분명하게 두 개의 파장에 대한 봉우리가 측정된다. 이것은 고전 전자기학으로 설명할 수 없는 결과이다.

컴프턴의 산란 실험을 설명하기 위해 진동수가 $f$인 빛을 에너지, 운동량이 각각 $E = hf, p =$

$hf/c$ 인 광자라고 하고 탄성충돌에 의한 운동량보존과 에너지보존을 적용하자. 다음 그림과 같이 정지 에너지 $E = mc^2$를 가지고 정지해 있는 전자에 진동수가 $f$인 광자가 충돌하여 전자와 광자는 각각 수평방향과 $\theta, \phi$ 의 각도로 산란된다고 하자. 전자의 나중속력은 $v$, 산란된 광자의 진동수는 $f'$이다.

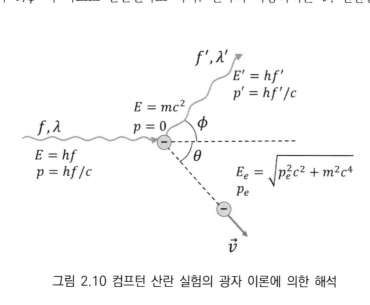

그림 2.10 컴프턴 산란 실험의 광자 이론에 의한 해석

운동량 보존에 의하여

$$\frac{hf}{c} + 0 = \frac{hf'}{c} \cos\phi + p_e \cos\theta \tag{2.28}$$

$$0 = \frac{hf'}{c} \sin\phi - p_e \sin\theta \tag{2.29}$$

위 식들을 정리하면

$$p_e c \cos\theta = hf - hf' \cos\phi \tag{2.30}$$

$$p_e c \sin\theta = hf' \sin\phi \tag{2.31}$$

이다. 양변 제곱하여 더하면

$$p_e^2 c^2 = h^2 f^2 + h^2 f'^2 - 2h^2 ff' \cos\phi \tag{2.32}$$

이다. 에너지 보존법칙에 의해

$$hf + mc^2 = hf' + E_e \tag{2.33}$$

이 성립하고, 따라서

$$E_e^2 = h^2 f^2 + h^2 f'^2 - 2h^2 ff' + m^2 c^4 + 2mc^2(hf - hf') \tag{2.34}$$

이다. 또한

$$E_e^2 = p_e^2 c^2 + m^2 c^4 \qquad (2.35)$$

이므로 식(2.34), (2.35)으로부터

$$p_e^2 c^2 = h^2 f^2 + h^2 f'^2 - 2h^2 f f' + 2mc^2(hf - hf') \qquad (2.36)$$

이다. 식(2.32), (2.36) 으로부터

$$2mc^2(hf - hf') = 2h^2 f f'(1 - \cos\phi) \qquad (2.37)$$

이를 파장에 대해 정리하면 다음과 같은 **컴프턴 효과(Compton effect)**에 관한 식을 얻는다.

$$\lambda' - \lambda = \frac{h}{mc}(1 - \cos\phi) \quad \text{(컴프턴 효과)} \qquad (2.38)$$

여기서

$$\lambda_C = \frac{h}{mc} = 2.426 \text{ pm} \qquad (2.39)$$

를 **컴프턴 파장(Compton wavelength)**이라고 한다. 컴프턴 효과에 의해 산란된 X선의 파장은 $\Delta\lambda = \lambda' - \lambda$ 만큼 이동되며 이를 **컴프턴 이동(Compton shift)**라 한다. 컴프턴 이동은 $\phi$가 클수록 큰데 그 이유는 $\phi$가 클수록 광자는 전자에게 에너지를 많이 잃어버리므로 $f$가 줄어들고 $\lambda$는 커지기 때문이다.

컴프턴 효과에 관한식 (2.38)은 실험 결과와 매우 잘 일치하며 이로서 광자의 존재 및 광자의 에너지에 대한 양자 이론이 견고하게 세워지게 되었다.

## 기본문제 2.2

다음 그림은 컴프턴 산란을 도식화한 것이다. 에너지가 $E_0$인 광자가 수평방향으로 진행하다가 정지해 있던 전자와 충돌한다. 광자는 새로운 에너지 $E'$를 가지고 수평방향과 $\theta$의 각도로 산란되고 전자는 수평방향에 대해 동일한 $\theta$의 각도로 운동한다. (a) $\cos\theta$의 값을 $E_0, m_e, c$로 표현하시오. (b) 충돌 후 광자의 에너지 $E'$를 $E_0, m_e, c$로 표현하시오.

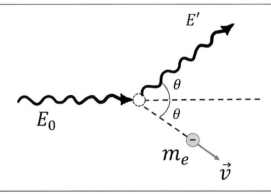

**풀이**

(a) 충돌 전후에 상대론적 운동량은 보존된다. 에너지 $E$ 를 가지는 광자의 운동량은 $E = pc$ 으로부터 $p = \frac{E}{c}$ 이다. 충돌후 전자의 상대론적 운동량의 크기를 $p_e$ 라 하자. $x$ 축, $y$ 축에 대해 운동량보존 식을 쓰면

$$\frac{E_0}{c} = \frac{E'}{c}\cos\theta + p_e\cos\theta \quad \cdots (1)$$

$$0 = \frac{E'}{c}\sin\theta - p_e\sin\theta \quad \cdots (2)$$

식(2)으로부터 $p_e = E'/c$ 이다. 이를 식(1)에 대입하여 정리하면

$$\frac{E_0}{c} = 2\frac{E'}{c}\cos\theta$$

$$\therefore \frac{E_0}{2E'} = \cos\theta \quad \cdots (3)$$

컴프턴 산란 공식에서 $E = hf = \frac{hc}{\lambda}$ 를 이용하여 파장을 에너지로 표현하면 다음과 같다.

$$\frac{hc}{E'} = \frac{hc}{E_0} + \frac{h}{m_e c}(1 - \cos\theta)$$

이를 정리하면

$$\frac{E_0}{E'} = 1 + \frac{E_0}{m_e c^2}(1 - \cos\theta)$$

이를 식(3)에 대입하여 정리하면

$$\cos\theta = \frac{E_0 + m_e c^2}{E_0 + 2m_e c^2}$$

(b) 식(3)에서 $E' = E_0/(2\cos\theta)$ 이므로

$$E' = \frac{E_0}{2}\left(\frac{E_0 + 2m_e c^2}{E_0 + m_e c^2}\right)$$

## 2.4. 물질파

### 2.4.1. 드브로이의 가설

앞서 소개된 실험들로부터 빛은 파동성 뿐만 아니라 입자성을 가지고 있음을 알게 되었다. 모순된 것처럼 보이지만 어느 것이 맞고 다른 것은 틀린 것이 아니다. 빛은 입자성 및 파동성을 모두 가지며 경우에 따라 다르게 행동한다. 이를 **빛의 이중성**이라 한다. 빛이 전자기파의 성질을 가질 때는 파장 $\lambda$ 및 진동수 $f$ 를 가지고 속력 $c$ 로 진행한다. 빛이

광자로서 입자의 성질을 가질 때는 다음과 같은 에너지와 운동량을 갖는다.

$$E = hf, \quad p = \frac{E}{c} = \frac{hf}{c} = \frac{h}{\lambda} \quad \text{(광자의 에너지와 운동량)} \quad (2.40)$$

드브로이(de Broglie)는 빛이 이중성을 가지는 것에서 유추하여 물질 또한 파동성과 입자성을 모두 가진다는 혁명적인 가설을 세운다. 식(2.40)으로부터 유추하여 물질이 파동적 성질로서 가지는 파장과 진동수는 다음과 같음을 제안하였다.

$$f = \frac{E}{h}, \quad \lambda = \frac{h}{p} \quad \text{(물질파의 진동수와 파장)} \quad (2.41)$$

위의 물질파의 파장 $\lambda = h/p$ 를 **드브로이 파장(de Broglie wavelength)**라 한다. 물질의 파동성은 다양한 실험을 통해 사실임이 검증되어 왔다. 즉, 물질 또한 이중성을 가지며 이들은 서로 모순되지 않고 상호 보완적이다. 이와 같이 물질이나 복사의 파동성과 입자성이 서로 보완적이라는 원리를 **상보성의 원리(principle of complementary)**라 한다.

### 2.4.2. 데이비슨 거머의 실험

데이비슨, 거머(Davisson-Germer)는 다음과 같은 실험 장치를 통해 고체 격자에서의 전자의 회절현상을 확인하였고 전자의 물질파의 파장을 측정하여 물질의 파동성을 증명하였다. 실험 내용은 낮은 에너지의 전자(약 54eV)를 니켈 표적에 쏘아 산란된 전자의 세기가 극대인 산란각을 찾는 것이었다.

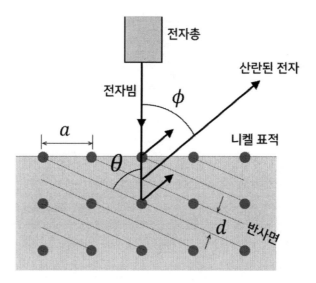

그림 2.11 데이비슨 거머 실험의 모식도

전자는 낮은 에너지로 입사되고 고전적인 운동에너지 식으로부터

$$\frac{1}{2}mv^2 = E \quad (2.42)$$

이 성립한다. $v = \sqrt{2E/m}$ 이므로 전자의 물질파의 파장은 다음과 같다.

$$\lambda = \frac{h}{p} = \frac{h}{mv} = \frac{h}{\sqrt{2mE}} \tag{2.43}$$

전자빔과 반사면이 이루는 각도 $\theta$에 대해 브래그의 법칙으로부터

$$2d \sin \theta = m\lambda, \quad (m = 1,2,3,\dots) \tag{2.44}$$

일 때 산란된 전자의 세기가 극대가 된다. 측정된 산란각을 이용한 브래그의 법칙으로부터 물질파의 파장 $\lambda$를 구할 수 있고 이는 드브로이의 가설로부터 계산한 물질파의 파장과 놀랍게도 잘 일치하는 것을 확인하였다.

### 2.4.3. 물질파의 이중슬릿 실험

빛은 파동성을 가지므로 이중 슬릿을 통과하면 스크린에 간섭 무늬를 만들게 된다. 만일 빛이 아니라 전자 같은 물질을 이중 슬릿에 통과시키면 어떻게 될 까? 고전적인 관점에서는 물질이 통과할 수 있는 슬릿의 모양이 그대로 스크린에 흔적으로 남게 될 것이다. 만일 물질도 파동성을 가진다면 물질이 이중 슬릿을 통과했을 때 빛과 같이 동일한 간섭무늬를 만들게 될 것이다.

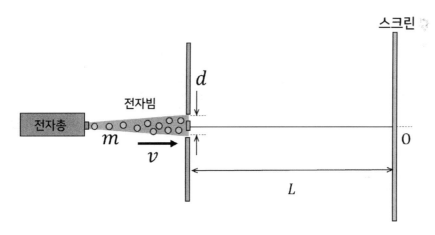

그림 2.12 물질파의 이중슬릿 실험

그림2.12와 같이 전자를 속력 $v$ 로 가속시켜 이중 슬릿을 향해 방출시킨다. 고전적으로는 전자 한 개는 한번에 슬릿 한 개 만을 통과할 수 있으므로 스크린에 전자가 충돌하여 만드는 흔적은 슬릿의 모양과 같은 무늬일 것으로 예측할 수 있다. 그러나 정밀하게 고안된 실험적 결과는 그림2.13과 같은 뚜렷한 이중슬릿 간섭무늬를 보여준다. 이는 전자가 파동성을 가짐을 보여주는 명백한 증거이다.

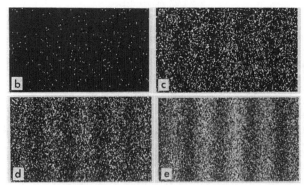

그림 2.13 Results of a double-slit-experiment performed by Dr. Tonomura showing the build-up of an interference pattern of single electrons. Numbers of electrons are 200 (b), 6000 (c), 40000 (d), 140000 (e), From Dr. Tonomura and Belsazar of Wikimedia Commons

이중 슬릿 실험에서 간섭무늬의 두 극대점 사이의 간격 $\Delta y$는

$$\Delta y = \frac{L\lambda}{d} \qquad (2.45)$$

이므로 관측된 밝은 무늬의 간격으로부터 파장 $\lambda$를 측정할 수 있다. 이는 이론적으로 계산되는 물질파의 파장 $\lambda = h/p$ 과 정확히 일치한다.

기본 입자가 아닌 구조적인 특성이 있는 분자나 물체도 파동성을 나타낼 수 있을까? 풀러렌(Fullerene, $C_{60}$) 은 탄소 원자 60개로 이루어진 축구공 모양의 분자이다. 풀러렌 분자를 이중 슬릿에 통과시키는 실험에서도 뚜렷한 간섭 무늬를 관측하였다. 또한 실험을 통해 관측한 풀러렌 물질파의 파장이 드브로이 물질파의 이론값과 정확히 일치함을 다시한번 확인하였다.

### 2.4.4. 양자입자

**양자 입자(quantum particle)** 란 입자 모형과 파동 모형을 결합한 것을 말한다. 질량이 $m$ 인 입자가 속력 $v$ 로 일차원에서 운동한다고 가정하자. 이 물체를 파동 모형으로써 수학적으로 기술해 보자. 물질파의 파장은 $\lambda = h/p = h/mv$ 이므로 어떤 시점에서 파동함수는 다음과 같이 기술된다.

$$y = A \sin(kx) \qquad (2.46)$$

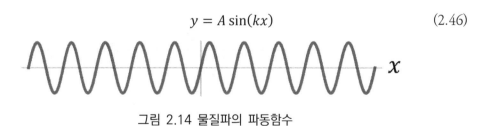

그림 2.14 물질파의 파동함수

파동의 진폭은 물체의 위치를 나타내는 것으로 해석할 수 있다. 위와 같이 파장이 일정한 파동의 경우 진폭이 공간에 대해 일정하게 분포하므로 물체의 위치는 특정할 수 없다.

입자의 운동량이 유사한 $p_1, p_2$ 두 값 중에 어느 값을 가질 수 있다고 생각하자. 전체 파동함수는 각 운동량에 대응되는 물질파의 파장 $\lambda_1, \lambda_2$ 을 가지는 파동함수의 중첩이라고 해석하자. 중첩된 파동함수는 다음과 같은 맥놀이 파동이 된다. 입자가 존재할 수 있는 가능성의 영역은 주기적으로 나타나는 특정 영역에 집중된다.

그림 2.15 두 물질파의 중첩

이번에는 특정한 $\Delta p$ 의 운동량 영역을 가지는 수많은 파동들의 중첩을 생각하자. 합성 파동함수는 다음과 같이 일정한 영역 내에만 진동이 있는 파동 묶음(wave packet)으로 나타날 수 있다. 이 경우 위치가 존재할 수 있는 영역은 파동 묶음 영역인 $\Delta x$ 라고 할 수 있다.

그림 2.16 물질파의 파동 묶음

위 결과를 종합하면 특정 운동량을 가지는 입자의 경우 $\Delta p = 0$ 이고 위치의 불확도는 무한대가 된다: $\Delta x = \infty$, 입자의 운동량이 어떠한 불확도 $\Delta p$ 의 영역 내에 있을 때는 위치의 불확도 $\Delta x$ 도 유한한 값을 가지게 된다. 양자역학에서는 위치의 불확도와 운동량의 불확도는 $\hbar/2$ 보다 항상 크게 되는데 이를 하이젠베르그의 **불확정성 원리(uncertainty principle)**라고 한다: ($\hbar = h/2\pi$)

$$\Delta x \Delta p \geq \frac{\hbar}{2} \quad \text{(불확정성 원리)} \tag{2.47}$$

서로 다른 파장과 진동수를 가지는 다음 두 파동의 합성 파동함수를 생각하자.

$$y_1 = A\cos(k_1 x - \omega_1 t), \quad y_2 = A\cos(k_2 x - \omega_2 t) \tag{2.48}$$

두 입자의 합성 파동함수는 다음과 같이 기술된다.

$$y = y_1 + y_2 = 2A\cos\left(\frac{\Delta k}{2}x - \frac{\Delta \omega}{2}t\right)\cos(\bar{k}x - \bar{\omega}t) \tag{2.49}$$

이다. 파동 함수의 포락선을 나타내는 부분은 다음과 같다.

$$2A \cos\left(\frac{\Delta k}{2}x - \frac{\Delta \omega}{2}t\right) \qquad (2.50)$$

합성 파동함수의 **위상 속력(phase speed)** $v_p$는 파동의 특정 위상이 이동하는 속도로서

$$v_p = \frac{\overline{\omega}}{\overline{k}} \qquad (2.51)$$

이다. 합성 파동함수의 **군 속력(group speed)** $v_g$는 파동 묶음(wave packet)의 속도로서 포락선의 속도를 나타낸다. 처음 두 파동의 진동수와 파장이 매우 유사할 때 군속도는 다음과 같이 표현된다.

$$v_g = \frac{\Delta \omega}{\Delta k} = \frac{d\omega}{dk} \qquad (2.52)$$

질량과 속도가 각각 $m, v$인 입자의 물질파에 대해서 군속력을 계산해보자.

$$\omega = 2\pi f = \frac{2\pi E}{h} = \frac{E}{\hbar} \qquad (2.53)$$

$$k = \frac{2\pi}{\lambda} = \frac{2\pi p}{h} = \frac{p}{\hbar} \qquad (2.54)$$

이고 상대론적 효과를 무시하면 $E = p^2/2m$ 이므로

$$v_g = \frac{d\omega}{dk} = \frac{dE}{dp} = \frac{d}{dp}\left(\frac{1}{2}mv^2\right) = \frac{d}{dp}\left(\frac{p^2}{2m}\right) = \frac{p}{m} = v \qquad (2.55)$$

이다. 즉 합성 파동함수의 군속력은 입자의 고전적인 속력과 일치한다. 즉 양자입자 모형이 입자의 파동성과 입자성을 잘 설명하고 있음을 알 수 있다.

## 2.5. 양자역학 개요

### 2.5.1. 파동함수

드브로이의 가설에 따른 물질의 파동성이 다양한 실험을 통해 증명되었다. 앞에서 양자 입자 모델을 통해 물질을 파동으로 표현하는 방법을 살펴보았다. 양자역학은 보다 정교하게 입자를 파동함수로 표현할 수 있는 방법을 제시하고 그러한 파동함수가 만족하는 슈뢰딩거 방정식을 통해 파동함수가 어떻게 시간과 공간에 따라 변하여 가는지 보여준다. 그리고 계산되어진 파동함수에 대한 해석은 코펜하겐 해석에 따른 통계적 해석 방법을 따르게 된다.

입자의 위치 $x$및 시간 $t$에 대한 파동함수를 일반적으로 다음과 같이 나타낼 수 있다.

$$\psi(x,t) \quad \text{(파동함수)} \qquad (2.56)$$

일반적으로 파동의 세기, 즉 파동이 갖는 에너지는 파동함수의 제곱에 비례한다. 상대성 이론에서 입자의 에너지는 곧 질량을 의미하고 입자의 존재를 나타낸다. 양자역학에서는 $|\psi(x,t)^2|$을 확률 밀도함수, 즉 시간 $t$에서 $x$ 와 $x + dx$ 사이에서 입자를 발견할 확률로서

해석한다. 따라서 입자가 임의의 구간 $a \leq x \leq b$ 에서 발견될 확률 $P_{ab}$는 다음과 같다.

$$P_{ab} = \int_a^b |\psi|^2 dx \qquad (2.57)$$

전 구간에서 입자를 발견할 확률은 1이어야 하므로

$$\int_{-\infty}^{\infty} |\psi|^2 dx = 1 \qquad (2.58)$$

이 성립한다. 위 식을 만족하는 파동함수를 **규격화(normalized)** 되었다고 한다.

$|\psi(x,t)^2|$는 확률 밀도 함수로서 해석하므로 입자의 위치에 대한 기대값, 즉 입자의 평균 위치 $\langle x \rangle$ 는 다음과 같이 주어진다.

$$\langle x \rangle = \int_{-\infty}^{\infty} x|\psi|^2 dx \qquad (2.59)$$

### 2.5.2. 무한퍼텐셜 우물 내에서의 양자입자

다음 그림과 같이 $x \leq 0$ 및 $x \geq L$ 에서 퍼텐셜이 $\infty$인 무한 퍼텐셜 우물을 생각하자.

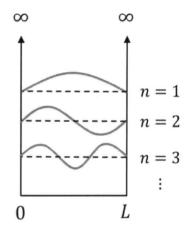

그림 2.17 무한 퍼텐셜 우물

입자는 $0 \leq x \leq L$ 사이에서만 존재해야 하므로 $x \leq 0$ 및 $x \geq L$ 에서는 입자를 발견할 확률이 0이다. 즉 $\psi(x) = 0$이다. 확률함수는 연속이어야 하므로 다음의 경계조건에 관한 식을 얻는다.

$$\psi(0) = 0, \quad \psi(L) = 0 \qquad (2.60)$$

파장이 $\lambda$인 사인형 파동의 일반형은 $k = 2\pi/\lambda$ 임을 이용하면 다음과 같다.

$$\psi(x) = A \sin\left(\frac{2\pi x}{\lambda}\right) + B \cos\left(\frac{2\pi x}{\lambda}\right) \qquad (2.61)$$

경계조건 $\psi(0) = 0$ 을 대입하면

$$B = 0 \tag{2.62}$$

이고 $\psi(L) = 0$ 을 대입하면

$$\psi(L) = A \sin\left(\frac{2\pi L}{\lambda}\right) = 0 \tag{2.63}$$

즉,

$$\frac{2\pi L}{\lambda} = n\pi \quad \rightarrow \quad \lambda = \frac{2L}{n}, \quad (n = 1,2,3,\dots) \tag{2.64}$$

이다. 즉 파장은 불연속적인 값 만을 가지므로 양자화 되었다. 이를 식(2.63)에 대입하면

$$\psi_n(x) = A \sin\left(\frac{n\pi x}{L}\right) \tag{2.65}$$

이다. 이를 식(2.58)을 만족시키도록 규격화 시켜보자.

$$1 = \int_0^L |\psi_n(x)|^2 \, dx = \int_0^L A^2 \sin^2\left(\frac{n\pi x}{L}\right) dx \tag{2.66}$$

$$= \int_0^L A^2 \left(\frac{1}{2} - \frac{1}{2}\cos\left(\frac{2n\pi x}{L}\right)\right) dx = \frac{A^2 L}{2} \tag{2.67}$$

$$\therefore A = \sqrt{\frac{2}{L}} \tag{2.68}$$

따라서 규격화된 파동 함수는 다음과 같다.

$$\psi_n(x) = \sqrt{\frac{2}{L}} \sin\left(\frac{n\pi x}{L}\right) \tag{2.69}$$

식(2.64) 및 드브로이 파장으로부터 입자의 운동량을 구하면 다음과 같다.

$$p = \frac{h}{\lambda} = \frac{h}{2L/n} = \frac{nh}{2L}, \quad (n = 1,2,3,\dots) \tag{2.70}$$

즉, 운동량도 양자화 되었다. 우물 내에서는 퍼텐셜 에너지가 0이므로 입자의 에너지는 다음과 같이 기술된다.

$$E_n = \frac{1}{2}mv^2 = \frac{p^2}{2m} = \frac{n^2 h^2}{8mL^2}, \quad (n = 1,2,3,\dots) \tag{2.71}$$

입자의 에너지도 양자화 되어 있다. 가장 낮은 에너지 상태를 **바닥상태(ground state)**라 하고 그 때의 에너지를 **바닥상태 에너지(ground state energy)**라 한다. $n = 1$ 인 상태가 바닥상태이므로 바닥상태 에너지는 다음과 같다.

$$E_1 = \frac{h^2}{8mL^2} \tag{2.72}$$

$n = 2,3,4,\dots$ 에 대응하는 상태들은

$$E_n = n^2 E_1 \qquad (2.73)$$

이고 이들을 **들뜬 상태(excited state)**라 한다.

# 3. 원자, 핵, 소립자

## 3.1. 원자모형

### 3.1.1. 원자 스펙트럼

수소 원자 저압 기체에 전기 방전을 진행시키면 방출된 빛에서 불연속적인 파장의 **선 스펙트럼(line spectrum)**이 관찰된다. 선스펙트럼은 원자 고유의 물리적 특성에 기인하므로 미지의 원소를 구별하는데 사용된다. 이와 같이 원자 기체에서 방출되는 빛의 선 스펙트럼을 관찰 분석하는 분광학을 **방출 분광학(emission spectroscopy)**라 한다.

한편, 연속 스펙트럼을 가지는 백색광을 분석하고자 하는 원소의 희석 용액이나 기체를 통과시키면 어두운 선으로 나타나는 흡수 스펙트럼을 얻게 된다. 이렇게 흡수 선 스펙트럼을 분석하는 분광학을 **흡수 분광학(absorption spectroscopy)**라 한다.

그림 3.1 수소원자의 방출 선스펙트럼 및 흡수 선스펙트럼

그림3.1은 수소원자 방출 선스펙트럼과 흡수 선스펙트럼을 나타낸다. 각 스펙트럼의 파장은 정확히 일치함을 알 수 있다. 수소 원자의 선 스펙트럼에서 가시광선 영역의 4개의 파장은 656.3 nm, 486.1 nm, 454.1 nm, 410.2 nm 이다. 이에 대하여 발머(Balmer)는 이들 네 파장들 사이에 수학적 관계식을 찾아 냈고 뤼드베리(Rydberg)가 이를 수정한 식은 다음과 같다.

$$\frac{1}{\lambda} = R_H \left( \frac{1}{2^2} - \frac{1}{n^2} \right), \quad (n = 3,4,5,6,\dots) \qquad (3.1)$$

$R_H$ 는 **뤼드베리 상수(Rydberg constant)** 이다. 위 식을 만족하는 선 스펙트럼 계열을 **발머**

계열(Balmer series)라 한다. 발머계열에서 $n > 6$이면 자외선 영역의 스펙트럼이 된다. $n \to \infty$ 일 때의 파장을 **계열 한계(series limit)**이라 하며 발머계열에서는 364.6nm이다. 비록 발머 계열 관계식이 실험과 잘 일치하였지만 발머 자신도 이러한 표현식이 어떠한 물리적인 의미를 갖고 있는지 알 수 없었다.

발머의 발견 이후에 수소 원자의 자외선 영역의 선 스펙트럼과 적외선 영역의 선 스펙트럼이 관측되었고 이들을 각각 **라이먼 계열(Lyman series)**, **파센 계열(Paschen series)**이라고 한다. 이들 계열에서 선 스펙트럼의 파장은 다음과 같이 기술된다.

$$\frac{1}{\lambda} = R_H\left(1 - \frac{1}{n^2}\right), \qquad n = 2,3,4,\cdots \quad \text{(라이먼 계열)} \qquad (3.2)$$

$$\frac{1}{\lambda} = R_H\left(\frac{1}{2^2} - \frac{1}{n^2}\right), \qquad n = 3,4,5,\cdots \quad \text{(발머 계열)} \qquad (3.3)$$

$$\frac{1}{\lambda} = R_H\left(\frac{1}{3^2} - \frac{1}{n^2}\right), \qquad n = 4,5,6,\cdots \quad \text{(파센 계열)} \qquad (3.4)$$

그러나, 여전히 각 식에 대한 이론적인 근거는 누구도 알지 못하였다.

### 3.1.2. 러더퍼드의 원자모형

러더퍼드는 알파 입자(헬륨 원자핵)를 금속 박막 표적에 입사시켜 산란각 관측하는 실험을 수행하였다. 그런데 놀랍게도 많은 수의 알파 입자들이 입자의 진행 방향에 대해 큰 각도로 산란되었고 일부는 입사된 방향 반대 방향으로 산란되었다. 이는 톰슨이 제시했던 푸딩 모형(푸딩 모양의 원자에 전자가 건포도처럼 박혀 있는 모형)으로는 설명할 수 없는 결과였다. 러더퍼드는 위 실험 결과를 설명하기 위해 원자는 중심의 **핵(nucleus)**이 모든 양전하를 갖고 있으며 전자는 핵 주변을 원궤도 운동 한다고 설명하였다. 이러한 러더퍼드 모형을 행성 모형이라 한다.

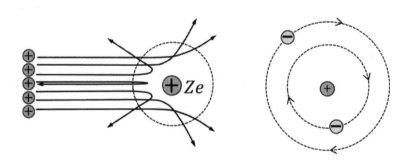

그림 3.2 러더퍼드의 원자 모형

그러나, 러더퍼드의 원자 모형에는 두가지 문제점이 있다. 1. 수소원자의 방출, 흡수 스펙트럼을 설명할 수 없다. 2. 원궤도를 따라 운동하는 전자는 전자기파를 방출하며 에너지를 잃어버리게 되는데 그에 따라 궤도 반경이 계속 작아지므로 궁극적으로는 전자는 원자핵과 충돌하여 붕괴되고 말 것이다.

### 3.1.3. 보어의 수소 원자모형

보어는 러더퍼드의 원자 모형의 문제점을 극복하기 위해 전자가 원자핵 주위를 원궤도 운동하는 행성 모형은 받아들이고 다음과 같은 새로운 가설을 제시하였다.

1. 특정 전자 궤도만이 안정하며 이를 정상상태(stationary state)라고 한다. 정상상태의 전자는 가속운동을 하더라도 전자기파를 방출하지 않는다.

$$\frac{1}{\lambda} = R_H \left( \frac{1}{2^2} - \frac{1}{n^2} \right), \quad (n = 3,4,5,6, \dots) \tag{3.5}$$

2. 에너지가 상대적으로 높은 정상상태에서 낮은 정상상태로 전이될 때 원자로부터 복사가 방출된다. 방출된 복사의 진동수는 다음과 같다.

$$E_i - E_f = hf \tag{3.6}$$

또한 원자는 식(3.6)를 만족하는 광자의 에너지 $hf$를 흡수하여 낮은 에너지의 정상상태에서 높은 에너지의 정상상태로 전이할 수 있다.

3. 허용되는 전자의 궤도는 다음 조건을 만족한다.

$$m_e vr = n\hbar, \quad n = 1,2,3, \dots \tag{3.7}$$

가설1은 러더퍼드 모형에서 전자기파 방출에 의한 에너지 손실의 문제를 안정적 궤도에서의 특성에 대한 가설로서 해결하려 하였다. 가설2는 비고립계에서 에너지 보존 및 광자의 개념을 함께 도입한 것이다. 이는 원자 고유의 선 스펙트럼에 관한 이론적 근거가 된다. 가설3은 경계조건이 있는 정상파의 개념으로 이해할 수 있다.

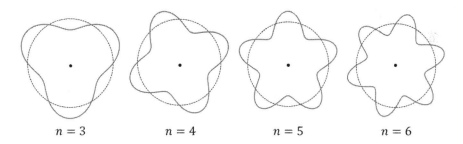

$n = 3 \qquad n = 4 \qquad n = 5 \qquad n = 6$

그림 3.3 수소원자 모형에서 정상상태의 조건

반지름이 $r$인 원형 궤도에 파장이 $\lambda$인 파동이 어긋나지 않고 연속되게 형성되기 위해서는 다음 조건이 필요하다.

$$2\pi r = n\lambda, \quad (n = 1,2,3, \dots) \tag{3.8}$$

여기서

$$\lambda = \frac{h}{p} = \frac{2\pi\hbar}{m_e v} \tag{3.9}$$

를 위 식에 대입하면

$$m_e vr = n\hbar \tag{3.10}$$

즉 식(3.7)를 얻게 된다.

위와 같은 가설을 바탕으로 보어의 수소 원자 모형에 대해 분석해보자. 원자의 행성 모형으로부터 전자의 전체 에너지 $E$는 전자의 원궤도의 반지름을 $r$, 속력을 $v$라 할 때 다음과 같이 나타내어 진다.

$$E = K + U = \frac{1}{2}m_e v^2 - \frac{k_e e^2}{r} \tag{3.11}$$

원자핵과 전자 사이의 전기력이 구심력의 역할을 하므로

$$\frac{k_e e^2}{r^2} = \frac{m_e v^2}{r} \tag{3.12}$$

따라서

$$v^2 = \frac{k_e e^2}{m_e r} \tag{3.13}$$

이다. 이를 식(3.12)에 대입하면 원자의 전체 에너지는 다음과 같이 나타내어 진다.

$$E = -\frac{k_e e^2}{2r} \tag{3.14}$$

계의 에너지가 음수인 것은 속박상태를 나타낸다. 허용되는 전자 궤도의 조건식 (3.10)과 식(3.13)로부터

$$v^2 = \frac{n^2 \hbar^2}{m_e^2 r^2} = \frac{k_e e^2}{m_e r} \tag{3.15}$$

$$\therefore \ r_n = \frac{n^2 \hbar^2}{m_e k_e e^2}, \quad n = 1,2,3,\dots \tag{3.16}$$

이는, 원자 궤도의 반지름이 불연속적인 값을 가진다는 것을 나타내며, 즉 궤도 반지름이 양자화 되었음을 나타낸다. $n = 1$일 때의 가장 작은 반지름을 **보어 반지름(Bohr's radius)**라 하며 다음과 같은 값을 가진다.

$$a_0 = \frac{\hbar^2}{m_e k_e e^2} = 0.0529 \ \text{nm} \tag{3.17}$$

따라서, 수소 원자의 궤도 반지름은 다음과 같이 기술된다.

$$r_n = n^2 a_0, \quad n = 1,2,3,\dots \tag{3.18}$$

식 (3.14)에 $r_n = n^2 a_0$ 을 대입하면 다음과 같이 양자화된 에너지 준위를 얻는다.

$$E_n = -\frac{k_e e^2}{2a_0}\left(\frac{1}{n^2}\right), \quad n = 1,2,3,\ldots \qquad (3.19)$$

이 식에 물리 상수값 들을 대입하면 다음과 같다.

$$E_n = -\frac{13.6\text{eV}}{n^2}, \quad n = 1,2,3,\ldots \qquad (3.20)$$

즉, 수소 원자는 식(3.20)의 불연속적인 에너지 값을 가진다.

보어의 수소원자 모형의 성과는 그동안 실험적으로만 알고 있었던 수소원자의 선스펙트럼의 파장 값들을 정확하게 이론적으로 설명할 수 있는 것이었다. 전자가 수소원자의 높은 에너지 준위에서 낮은 에너지 준위로 전이할 때 에너지 차이에 해당하는 광자의 진동수에 해당하는 전자기파를 방출한다. 양자수가 $n_i$ 인 궤도에서 $n_f$ 인 궤도로 전이할 때 광자가 방출하는 진동수 및 파장은 다음과 같다.

$$f = \frac{E_i - E_f}{h} = \frac{k_e e^2}{2a_0 h}\left(\frac{1}{n_f^2} - \frac{1}{n_i^2}\right) \qquad (3.21)$$

$$\frac{1}{\lambda} = \frac{f}{c} = \frac{k_e e^2}{2a_0 hc}\left(\frac{1}{n_f^2} - \frac{1}{n_i^2}\right) \qquad (3.22)$$

식(3.22)는 실험식이었던 식(3.2)-(3.4)의 라이먼 계열, 발머계열, 파센계열의 선스펙트럼의 파장을 정확하게 설명한다.

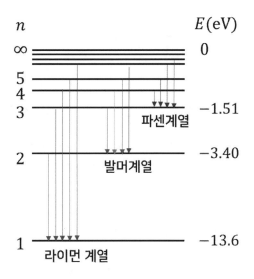

그림 3.4 보어의 원자모형에 따른 라이먼 계열, 발머 계열, 파센 계열의 선스펙트럼

그림3.4에서 라이먼 계열의 스펙트럼은 전자가 양자수가 $n_i > 1$인 높은 에너지 준위에서 양자수가 $n = 1$ 인 낮은 에너지 준위로 전이할 때 방출하는 전자기파이고 발머 계열의 스펙트럼은 $n = 2$ 인 에너지 준위로 전이할 때 방출하는 전자기파이며 파센 계열의 스펙트럼은 $n = 3$인 에너지 준위로 전이할 때 방출하는 전자기파이다.

**이온화 에너지(inonization energy)**란 바닥산태에 있는 원자에서 전자를 떼어내는데 필요한 최소 에너지를 말한다. 수소원자의 이온화 에너지는 식(3.20)에서 $n = 1$ 일 때의 에너지의 크기 이므로

$$|E_1| = 13.6\text{eV} \quad \text{(수소원자의 이온화 에너지)} \tag{3.23}$$

이다. 이는 이론적인 계산 값이며 그 당시 알려져 있던 실험값과 정확이 일치하였다. 이 또한 보어의 원자 모형이 얼마나 강력한 것이었는지 알려준다.

수소원자가 아닌 원자번호가 Z 인원자핵 주위를 원궤도 운동하는 한 개의 전자에 대해 보어의 이론을 적용하면 양자화된 전자 궤도의 반경 및 에너지 준위는 다음과 같다.

$$r_n = \frac{a_0}{Z}(n^2) \tag{3.24}$$

$$E_n = -\frac{k_e e^2}{2a_0}\left(\frac{Z^2}{n^2}\right) \tag{3.25}$$

### 3.1.4. 수소 원자의 양자모형

이와 같이 성공적인 보어의 모델 또한 한계점이 있었는데, 원자핵과 전자의 상호작용에 의한 초미세 에너지 준위 또는 자기장 내에서 수소원자의 에너지 준위가 갈리는 제만 효과 등을 설명할 수 없었던 것이 그 예이다. 양자역학은 특별한 함수 공간에서 정의되는 파동함수로 물질을 기술하고 그러한 파동함수는 주어진 경계조건 하에서 슈뢰딩거 방정식을 만족한다는 제1원리원부터 출발하여 미시세계에서 나타나는 모든 물리 현상들을 설명해 낸다. 수소원자모형 또한 3차원 공간에서 정의되는 전자의 파동함수에 대해 3차원 슈뢰딩거 방정식을 풀면 양자화된 에너지와 각운동량 등을 얻게 되는데. 에너지 준위에 관해서는 보어 모델과 완전히 일치한다.

$(r, \theta, \phi)$ 의 좌표로 표현되는 3차원 구면좌표계에서 수소 원자의 슈뢰딩거 방정식의 해는 다음과 같이 기술된다.

$$\psi_{nlm_l}(r, \theta, \phi) = R_{nl}(r)Y_l^{m_l}(\theta, \phi) \tag{3.26}$$

$R_{nl}(r)$ 은 **라게르 연관 다항식(associated Laguerre function)**이며 $Y_l^{m_l}(\theta, \phi)$ 은 **구면 조화 함수(spherical harmonic function)**를 나타낸다. (특수 함수에 관한 자세한 내용은 일반물리의 영역을 넘어선다.)

양자수 $n$은 **주양자수(principle quantum number)** 이고 수소원자의 에너지를 양자화 한다.

$$E_n = -\frac{k_e e^2}{2a_0}\left(\frac{1}{n^2}\right), \quad n = 1,2,3,\dots \tag{3.27}$$

이는 보어의 모델과 정확히 일치한다.

양자수 $l$ 은 **궤도 양자수(orbital quantum number)**이며 전자의 각운동량 $\vec{L}$ 의 크기를

다음과 같이 양자화 한다.

$$L = \sqrt{l(l+1)}\hbar, \quad (l = 0,1,2,\ldots,n-1) \tag{3.28}$$

$l$ 은 0 부터 $(n-1)$ 까지의 정수 값이므로 총 $n$개의 값을 가진다.

양자수 $m_l$은 **자기 양자수(magnetic quantum number)**이고 각운동량의 $z$축 성분을 양자화한다. ($z$축의 방향은 어느 방향으로 설정해도 괜찮다. 엄밀하게 말하면 각운동량의 임의의 방향 성분을 양자화 하는 것이다.)

$$L_z = m_l\hbar, \quad (m_l = -l, -l+1, \ldots, 0, \ldots, l+1, l) \tag{3.29}$$

$m_l$은 $-l$ 부터 $+l$ 까지의 정수 값을 가지므로 총 $(2l+1)$ 개의 값을 가진다.

전자는 궤도 운동에 대한 각운동량 뿐만 아니라 **스핀(spin)** 이라 부르는 고유의 각운동량을 가진다. (스핀이라는 이름은 전자가 제자리에서 회전하는 것을 연상시키지만 전자는 부피가 없는 입자로 취급하므로 이는 옳지 않은 개념이다. 입자 고유의 각운동량으로 해석하는 것이 바람직하다.) 스핀 각운동량 $\vec{S}$ 는 궤도 운동의 각운동량 $\vec{L}$ 과 같은 방법으로 양자화 된다. 이때 스핀 양자수 $s$는 $s = \frac{1}{2}$ 의 값을 가지며 스핀 각운동량의 크기 $S$는 다음과 같이 양자화 된다.

$$S = \sqrt{s(s+1)}\hbar = \frac{\sqrt{3}}{2}\hbar \tag{3.30}$$

스핀 자기 양자수 $m_s$는 $m_s = \pm\frac{1}{2}$ 값을 가지므로 스핀 각운동량의 $z$축 성분은 다음과 같이 스핀 up 또는 down 의 두 상태를 가지게 된다.

$$S_z = \pm\frac{1}{2}\hbar \tag{3.31}$$

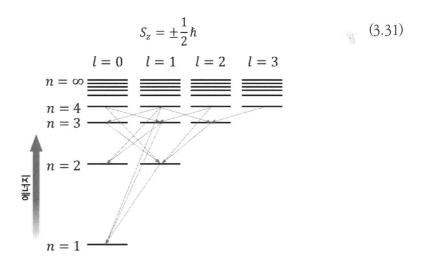

그림 3.5 수소원자 전이에서의 선택규칙

주양자수가 $n_i$ 인 상태에서 $n_f$ 인 상태로 전이하며 전자기파를 방출할 확률을 양자역학에서 계산하면 그러한 전이가 허용되는 다음과 같은 조건을 얻게 된다.

$$\Delta l = \pm 1, \quad \Delta m_l = 0, \pm 1 \qquad (3.32)$$

즉 궤도 양자수는 ±1의 변화를 일으켜야 하며 자기 양자수는 0 또는 ±1의 변화를 일으켜야
한다. 이를 **선택 규칙(selection rule)**이라 한다. $n \le 4$ 상태중에서 허용되는 전이는
그림3.5와 같다.

### 3.1.5. X 선

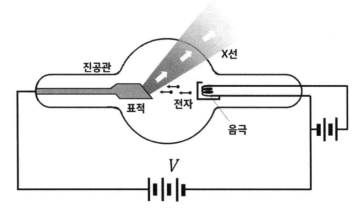

그림 3.6 X선 방출 장치

그림3.6과 같이 고전압 $V$에서 가속된 고에너지의 전자가 금속 표적을 때릴 때 X선이
방출된다. **X선(X-ray)**은 파장이 0.01nm~10nm 인 영역의 고에너지 전자기파를 의미한다.
X선 스펙트럼은 그림3.7과 같이 연속적인 분포를 갖게 된다.

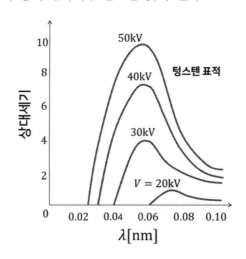

그림 3.7 파장에 따른 X선의 연속스펙트럼

X선 방출은 고에너지 전자가 표적과 충돌하면서 정지상태가 되기까지 잃어버린 에너지가
광자로 방출되는 것이다. 이렇게 입자의 속력이 줄어드는 것에 기인한 에너지 복사를 **제동
복사(Bremsstrahlung)**라 한다. 전자가 운동에너지를 한꺼번에 잃어버리며 광자 한 개개
방출될 때 광자의 에너지는 최대이고 파장은 최소가 되므로 전위차 $V$로 가속된 전자가

방출하는 X선 스펙트럼의 최소 파장 $\lambda_{\min}$은 $hf = hc/\lambda_{\min} = eV$ 로부터 다음과 같다.

$$\lambda_{\min} = \frac{hc}{eV} \tag{3.33}$$

위와 같은 연속적인 X선 스펙트럼 외에 다음 그림과 같이 불연속적인 X선들이 나타나는데 이들을 **특성 X선(characteristic X-ray)**라 한다.

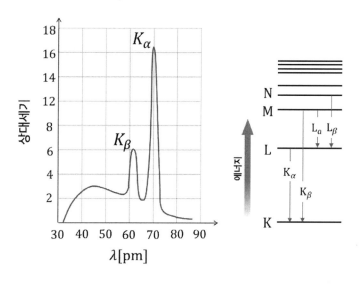

그림 3.8 특성 X선

특성 X선은 원자의 에너지 준위에 기인한다. 고에너지 전자가 원자의 가장 내부 껍질인 K($n = 1$)껍질의 전자 한 개를 떼어낸 경우를 생각해보자. 이 때 L($n = 2$)전자껍질의 전자가 전이하여 K전자껍질을 채우며 발생시키는 X선을 $K_\alpha$ 선이라 하고 M($n = 3$) 전자껍질의 전자가 전이하여 K전자껍질을 채우며 발생되는 X선을 $K_\beta$라 한다.

K껍질에 전자 한 개가 비어 있을 때, (즉 전자가 1개 있을 때) L껍질의 전자가 느끼는 원자핵의 알짜 전하량은 K껍질과 L껍질 사이를 통과하는 가우스면에 대한 가우스 법칙을 적용하면 $(Z - 1)e$ 이다. 이경우 유효 원자번호는 $Z_{\text{eff}} = Z - 1$ 이다. 마찬가지로 L껍질의 전자가 K껍질로 전이했을 때의 유효 원자번호 또한 $Z_{\text{eff}} = Z - 1$ 이다. 따라서 $K_\alpha$ 의 에너지는 다음과 같다.

$$E_{K_\alpha} = -\frac{k_e e^2 Z_{\text{eff}}^2}{2a_0}\left[\frac{1}{2^2} - \frac{1}{1^2}\right] = (-13.6\text{eV})\left(\frac{1}{2^2} - \frac{1}{1^2}\right)(Z - 1)^2 \tag{3.34}$$

$$= (10.2\text{eV})(Z - 1)^2 \tag{3.35}$$

## 기본문제 2.2

전자가 M껍질 ($n = 3$) 에서 K껍질(n=1) 빈 공간으로 떨어질 때 텅스텐 표적으로부터 방출되는 특성 X선 $K_\beta$ 의 에너지를 구하라. 텅스텐의 원자번호는 $Z = 74$ 이다.

### 풀 이

K껍질에서의 에너지 $E_K$는

$$E_K = \frac{E_1(Z-1)^2}{n^2} = -(13.6\text{eV}) \cdot 73^2 = -7.2 \times 10^4 \text{eV}$$

이다. M껍질에서의 에너지 $E_M$을 구해보자. K껍질에 전자가 1개 있고 L($n = 2$) 껍질에 전자가 8개 있으므로 M껍질 안쪽에서의 알짜 전하량은 $(74 - 9)e = 65e$ 이므로 유효 원자번호는 $Z_{\text{eff}} = 65$이다. 따라서

$$E_M \approx \frac{E_1 Z_{\text{eff}}^2}{n^2} = -\frac{(13.6) \cdot 65^2}{3^2} = -6.4 \times 10^3 \text{eV}$$

이다. 따라서 X선 광자로 방출된 에너지는

$$hf = E_M - E_K = -6.4 \times 10^3 \text{eV} - (-7.2 \times 10^4 \text{eV})$$
$$\approx 6.6 \times 10^4 \text{eV} = 66\text{keV}$$

## 3.2. 핵물리

### 3.2.1. 핵의 성질

핵은 양성자와 중성자로 구성되며 (단, 수소 원자핵은 양성자 1개로 구성된다.) 다음과 같이 표기한다.

$$^A_Z X \tag{3.36}$$

여기서 X는 **원소기호**를 나타내고 $Z$는 **원자 번호(atomic number)**를 나타내며 양성자의 개수와 같다. $A$는 **질량수(mass number)**를 나타내며 중성자의 개수를 $N$이라 할 때 $A = Z + N$ 이다. 특정 원소의 핵 중 양성자의 수가 같으나 중성자의 수가 다른 것들이 있다. 이런 종류의 핵을 **동위 원소(isotopes)**라 한다. 예를 들어 수소의 동위원소는 보통의 수소 $^1_1\text{H}$, 중수소$^2_1\text{H}$, 그리고 삼중수소 $^3_1\text{H}$가 있다.

원자의 질량은 **원자 질량 단위(atomic mass unit)**을 사용하여 나타낸다. 동위 원소 $^{12}\text{C}$ 원자 한 개의 질량을 12u로 정의한다. 소립자 물리학에서는 원자 질량 단위를 등가 정지 에너지로 나타낸다. 1u의 등가 정지에너지는

$$E_R = mc^2 = (1.66 \times 10^{-27}\text{kg}) \cdot (3.00 \times 10^8 \text{m/s})^2 = 931\text{MeV} \tag{3.37}$$

이다. 여기서 1전자볼트는 $1\text{eV} = 1.6 \times 10^{-19}\text{J}$이다. 따라서 1u는 다음과 같이 나타낼 수

있다.

$$1u = 931 \text{MeV}/c^2 \tag{3.38}$$

소립자 물리학에서는 $c = 1$로 치환하는 단위계를 이용하여 $1u = 931 \text{MeV}$ 와 같이 표현한다.

핵의 전체 질량은 핵자(양성자 및 중성자)들의 질량을 합한 것 보다 작다. 이러한 질량 차이에 해당하는 정지 질량 에너지는 핵의 결합에너지와 같다. 즉 핵에서 핵자들을 분리시키려면 결합에너지 만큼의 에너지를 가해주어야 한다. 따라서 핵의 결합에너지 $E_b$ 는 다음과 같이 나타내어진다.

$$E_b = \left[ Zm_H + Nm_n - M\left(^A_Z \text{X}\right) \right] \times 931 \text{MeV/u} \tag{3.39}$$

$m_H, m_n, M(^A_Z\text{X})$ 은 각각 수소원자, 중성자 및 핵자 $^A_Z\text{X}$ 의 질량을 원자 질량 단위로 나타낸 것이다.

### 3.2.2. 방사능

불안정한 원소의 원자핵이 스스로 붕괴하면서 내부로부터 방출하는 방사선의 세기를 **방사능(radioactivity)**이라 한다. **붕괴 상수(decay constant)** $\lambda$ 란 어떠한 원자핵이 단위 시간당 붕괴할 확률을 나타내며 양자역학적으로 계산 가능하다. 따라서 $\lambda dt$ 는 $dt$ 시간 동안 붕괴할 확률이고 $\lambda N dt$ 은 통계적으로 $N$ 개의 원자핵에서 붕괴한 개수의 기대값인 $-dN$을 나타낸다. 따라서 원자핵의 개수 $N$의 시간에 따른 변화율은

$$\frac{dN}{dt} = -\lambda N \tag{3.40}$$

와 같다. 이를

$$\frac{dN}{N} = -\lambda dt \tag{3.41}$$

로 나타내고 양변 적분하여 정리하면 $t = 0$일 때 원자핵의 개수 $N_0$에 대해 시간 $t$에서의 원자핵의 개수는 다음과 같이 기술된다.

$$N = N_0 e^{-\lambda t} \tag{3.42}$$

단위 시간당 핵자의 붕괴수를 **붕괴율(decay rate)** 또는 **방사능** $R$이라 하며 다음과 같다.

$$R = \left| \frac{dN}{dt} \right| = \lambda N = \lambda N_0 e^{-\lambda t} = R_0 e^{-\lambda t} \tag{3.43}$$

여기서 $R_0$는 $t = 0$에서의 붕괴율을 나타내며 다음 관계식을 만족한다.

$$R_0 = \lambda N_0 \tag{3.44}$$

핵의 붕괴의 특징을 나타내는 변수로서 반감기가 있다. 방사능 물질의 **반감기(half-life)** $T_{1/2}$는 붕괴로 인하여 방사성 핵의 수가 반으로 줄어드는데 걸리는 시간 간격이다. 식 (3.42)로부터

$$\frac{N_0}{2} = N_0 e^{-\lambda T_{1/2}} \tag{3.45}$$

이므로 양변 로그 취하고 정리하면 반감기 $T_{1/2}$ 와 붕괴상수 $\lambda$간의 다음 관계식을 얻는다.

$$T_{1/2} = \frac{\ln 2}{\lambda} \tag{3.46}$$

식(3.42)를 반감기를 이용하여 표현하면 다음과 같다.

$$N = N_0 \left(\frac{1}{2}\right)^{\frac{t}{T_{1/2}}} \tag{3.47}$$

방사능의 SI 단위는 베크렐(Bq)로서 다음과 같이 정의된다.

$$1\text{Bq} = 1붕괴/\text{s} \tag{3.48}$$

또 자주 사용되는 방사능의 단위로서 퀴리(Ci)가 있는데 다음과 같이 정의된다.

$$1\text{Ci} = 3.7 \times 10^{10}붕괴/\text{s} \tag{3.49}$$

이는 라듐 원소 1g의 방사능과 거의 같다.

### 3.2.3. 붕괴과정

#### 3.2.3.1. $\alpha$ 붕괴

$\alpha$ **붕괴(alpha decay)**는 핵자가 헬륨 원자핵인 $\alpha$ 입자($^4_2\text{He}$) 를 방출하는 붕괴를 말한다. 어미핵(parent nucleus)X 가 딸핵(daughter nucleus)Y로 $\alpha$ 붕괴하는 과정은 다음과 같이 기술된다.

$$^A_Z\text{X} \rightarrow ^{A-4}_{Z-2}\text{Y} + ^4_2\text{He} \tag{3.50}$$

어미핵에서 양성자2개와 중성자 2개가 방출되었으로 딸핵은 원자번호가 2만큼 감소하고 질량수가 4만큼 감소한다.

붕괴 전후로 질량이 결손되면 결손된 질량에 해당하는 정지질량 에너지만큼 에너지가 방출되는데 이를 **붕괴 에너지(disintegration energy)** $Q$라 하며 다음과 같이 기술된다.

$$Q = -\Delta E_R = (M_X - M_Y - M_\alpha)c^2 \tag{3.51}$$

### 3.2.3.2. $\beta$ 붕괴

$\beta$ **붕괴(beta decay)**는 기본적으로 다음과 같이 중성자가 양성자와 전자 및 반중성미자로 붕괴하는 과정이다. 또한 그 역으로 양성자가 중성자와 반전자 및 중성미자로 붕괴하는 과정을 말한다.

$$n \rightarrow p + e^- + \bar{\nu} \tag{3.52}$$

$$p \rightarrow n + e^+ + \nu \tag{3.53}$$

여기서 **중성미자(neutrino)** $\nu$ 는 전자의 짝에 해당하는 입자이고 질량이 0에 매우 가깝고 전기적으로 중성인 입자이다.

**어미핵(parent nucleus)** X가 **딸핵(daughter nucleus)** Y로 $\beta$ 붕괴하는 과정은 다음과 같이 기술된다.

$$^A_Z\text{X} \rightarrow \,_{Z+1}^{A}\text{Y} + e^- + \bar{\nu} \tag{3.54}$$

$$^A_Z\text{X} \rightarrow \,_{Z-1}^{A}\text{Y} + e^+ + \nu \tag{3.55}$$

$\beta$ 붕괴에서 붕괴 에너지 $Q$값은 다음과 같이 기술된다.

$$Q = (M_X - M_Y - 2m_e)c^2 \tag{3.56}$$

### 3.2.3.3. $\gamma$ 붕괴

원자핵이 들뜬 에너지 상태에 있다가 바닥상태로 전이하며 에너지 준위 차이만큼 고에너지 광자를 방출하는 붕괴 과정을 $\gamma$**붕괴(gamma decay)**라 한다.

$$^A_Z\text{X}^* \rightarrow \,^A_Z\text{X} + \gamma \tag{3.57}$$

양성자나 중성자의 수의 변화가 없기 때문에 붕괴 후에 원소기호, 원자 번호, 질량수의 변화가 없다.

### 3.2.3.4. 탄소 연대 측정법

지구 대기 상층부에는 대기와 우주선(cosmic ray)이 충돌하여 탄소의 동위원소 $^{14}\text{C}$ 가 생성되는 핵반응이 일어난다. 이로 인하여 대기 중에는 $^{12}\text{C}$ 에 대한 $^{14}\text{C}$ 의 비율이 $r_0 = 1.3 \times 10^{-12}$ 로 일정하게 유지된다. 지구의 생명체는 생명활동을 하며 탄소순환에 참여하므로 생명체 내의 $^{14}\text{C}/^{12}\text{C}$ 비율 역시 동일한 $r_0$값을 가진다. 그러나 생명체가 죽으면 더 이상 탄소순환에 참여하지 못하고 $^{14}\text{C}$ 는 반감기가 $T_{1/2} = 5730$년인 방사성 붕괴를 한다. 붕괴상수는 $\lambda = \ln 2 / T_{1/2}$ 이고 $^{14}\text{C}/^{12}\text{C}$ 의 비율 $r$ 은 다음과 같이 표현된다.

$$r = r_0 e^{-\lambda t} \qquad (3.58)$$

## 기본문제 3.1

어떤 고대 도시에서 발견된 목탄 조각에 포함된 탄소의 질량이 $m$ 이다. 이 시료에서 측정된 $^{14}C$ 의 방사능이 $R$ 일 때 이 목탄의 나무는 죽은지 얼마나 되었는가? (단, 대기 중에 존재하는 이산화탄소 분자에서 $^{14}C/{}^{12}C$ 의 비율은 $r_0$ 이고 $^{14}C$ 의 반감기는 $T_{1/2}$ 이다. 탄소의 몰질량은 $M$, 아보가드로수는 $N_A$ 이다. $r_0$은 매우 작은 값임을 고려하자.)

### 풀 이

$^{14}C$ 의 붕괴율 $R$은 시간에 따라 다음과 같이 기술된다.

$$R = R_0 e^{-\lambda t}$$

양면에 로그를 취해서 정리하면

$$t = \frac{T_{1/2}}{\ln 2} \ln\left(\frac{R_0}{R}\right)$$

이다. 여기서 $t = 0$에서 $^{14}C$ 의 붕괴율 $R_0$는 $t = 0$에서 $^{14}C$ 의 원자핵의 개수를 $N_0(14C)$ 이라 했을 때 다음과 같다.

$$R_0 = \lambda N_0(14C) = \lambda r_0 N_0(12C) = \frac{\lambda r_0 m N_A}{M} = \frac{r_0 m N_A \ln 2}{M T_{1/2}}$$

따라서 목탄의 연대 $t$는 다음과 같다.

$$t = \frac{T_{1/2}}{\ln 2} \ln\left(\frac{r_0 m N_A \ln 2}{RM T_{1/2}}\right)$$

## 3.3. 소립자 물리

### 3.3.1. 입자와 반입자

폴 디락(Paul Dirac)은 상대론적 양자역학을 발전시켰으며 디락 방정식이라 불리는 방정식의 해로부터 반입자의 존재를 예측하였다. **반입자(antiparticle)**은 모든 기본입자에 대응하여 존재하며 기본입자와 질량 및 스핀은 같지만 전하량 및 양자수가 반대인 입자를 말한다. 입자와 반입자의 쌍의 예를 들면 다음과 같다. 반입자는 입자의 기호에 바(-)를 붙이거나 반대전하를 표기하여 나타낸다. 입자-반입자의 예는 다음과 같다.

$$e^-(\text{전자}) - e^+(\text{양전자}), \quad p(\text{양성자}) - \bar{p}(\text{반양성자}), \tag{3.59}$$

$$n(\text{중성자}) - \bar{n}(\text{반중성자}), \quad \nu(\text{중성미자}) - \bar{\nu}(\text{반중성미자}) \tag{3.60}$$

이러한 반입자들은 실험실에서 또는 우주선(cosmic ray)으로부터 잘 관측되고 있다.

반입자와 관련된 중요한 입자간의 상호작용으로 쌍생성과 쌍소멸이 있다. **쌍생성(pair production)**은 광자 한 개가 원자핵 주변에서 원자핵과 상호작용하며 물질과 반물질을 생성해내는 것이다. 전자와 양전자가 쌍생성 되는 과정은 다음과 같다.

$$\gamma^* \to e^- + e^+ \tag{3.61}$$

에너지 보존 법칙에 의해 광자의 에너지는 전자와 양전자쌍의 정지질량 에너지보다 커야 한다. 즉 $E_\gamma > 2m_e c^2$ 이어야 한다.

쌍소멸(pair annihilation)은 입자와 반입자가 충돌하여 광자를 생성해내는 과정이다. 운동량과 에너지 모두 보존되기 위해서는 생성되는 광자는 두개가 되어야 한다. 전자와 양전자가 쌍소멸되는 과정은 다음과 같다.

$$e^- + e^+ \to \gamma + \gamma \tag{3.62}$$

## 3.3.2. 페르미온, 보존

**페르미온(Fermion)**은 스핀이 반정수인 입자를 말하며 **보존(boson)**은 스핀이 정수인 입자를 말한다. 보존은 힘을 매개하는 입자인 $\gamma$(**광자**), $W$(**W 보존**), $Z$(**Z 보존**), $g$(**글루온**) 와 **힉스입자** $h$ 가 있으며 **강입자(hadron)** 중에는 **중간자(meson)**가 이에 해당한다. 기본적으로 물질은 페르미온으로 구성되어 있고, $e, p, n, \nu$ 등이 대표적인 페르미온이다. 강입자 중에는 **중입자(baryon)**가 페르미온에 해당한다. 페르미온은 파울리의 배타원리가 성립하므로 한 양자 상태에 여러 개의 입자가 배치될 수 없다. 반면 보존은 한 양자 상태에 무수히 많은 입자가 배정될 수 있다.

## 3.3.3. 쿼크와 렙톤

물질을 구성하는 자연계의 기본입자 중에서 강한 상호작용을 하는 것을 **쿼크(quark)**라 하고 그렇지 않은 것을 **렙톤(lepton)**이라 한다. 현재까지 발견된 쿼크는 $u$(up), $d$(down), $c$(charm), $s$(strange), $t$(top), $b$(bottom) 로서 2쌍씩 3세대의 총6개가 있다. 현재까지 발견된 렙톤 또한 $e$ (전자), $\mu$ (뮤온), $\tau$ (타우온), $\nu_e$ (전자 중성미자), $\nu_\mu$ (뮤온 중성미자), $\nu_\tau$(타우온 중성미자) 로서 2쌍씩 3세대의 총6개가 있다.

**중입자(baryon)**은 쿼크 세 개로 구성되는 소립자를 말하며 페르미온이다. 대표적으로 $p$ (양성자), $n$ (중성자)가 있으며 그 외에도 $\Sigma$ (시그마 입자), $\Lambda$ (람다 입자)등 무수히 많은 종류의 강입자가 존재한다. 예를 들어 양성자 $p$는 $(uud)$의 세개의 쿼크로 구성된다.

**중간자(meson)**은 쿼크 두 개로 구성되는 소립자를 말하며 보존이다. 대표적으로 $\pi$(파이온), $K$(케이온) 등이 있다.

중입자와 중간자를 통틀어 **강입자(hadron)**라 하며 즉 기본입자 이외에 강한 상호작용하는 소립자들을 나타낸다.

### 3.3.4. 표준모형

**표준모형(standard model)**은 자연계의 기본입자가 무엇이며 그 입자들이 어떠한 상호작용을 하는지에 대해서 대칭성 및 양자장론을 이용한 방정식을 제시한다. 물질을 구성하는 기본입자는 쿼크 6개$(u, d, c, s, t, b)$, 렙톤 6개$(e, \mu, \tau, \nu_e, \nu_\mu, \nu_\tau)$가 있으며 자연계에 존재하는 힘을 매개하는 입자로서 $\gamma$,(광자), $W$보존, $Z$보존, $g$(글루온) 이 있다. 그리고 기본입자에 질량을 부여하는 과정에 관여하는 입자인 $h$(힉스 입자) 가 있다.

표준모형은 지금까지 수많은 거대하고 정밀한 실험을 통하여 혹독하게 검증되어지고 있지만 아직까지 표준모형의 예측을 벗어나는 실험결과는 관측되지 않았다. 그럼에도 불구하고 표준모형에도 한계가 존재한다. 예를 들어 표준모형은 중성미자가 질량을 갖는 것을 설명하지 못하며 암흑물질의 존재를 설명하지 못한다.

### 3.3.5. 보존되는 물리량

#### 3.3.5.1. 운동량, 에너지, 전하량 보존

소립자들이 붕괴하거나 상호작용할 때 운동량, 에너지 및 전하량은 보존된다.

#### 3.3.5.2. 렙톤수 보존

전자와 전자 중성미자 $(e, \nu_e)$ 에 **전자 렙톤수** $L_e = +1$ 을 부여하고 이들의 반입자에는 **전자 렙톤수** $L_e = -1$을 부여한다. 마찬가지로 뮤온과 뮤온 중성미자 $(\mu, \nu_\mu)$ 에 **뮤온 렙톤수** $L_\mu = +1$ 을 부여하고 이들의 반입자에는 **뮤온 렙톤수** $L_\mu = -1$ 을 부여한다. 또한 타우온과 타우온 중성미자 $(\tau, \nu_\tau)$ 에 **타우온 렙톤수** $L_\tau = +1$ 을 부여하고 이들의 반입자에는 **타우온 렙톤수** $L_\tau = -1$ 을 부여한다. 소립자들이 붕괴하거나 상호작용할 때 전자 렙톤수 $L_e$, 뮤온 렙톤수 $L_\mu$, 타우온 렙톤수 $L_\tau$는 각각 독립적으로 보존되어야 한다.

예를들어 뮤온이 다음과 같은 붕괴를 하는 경우를 생각해보자.

$$\mu^- \rightarrow e^- + \bar{\nu}_e + \nu_\mu \tag{3.63}$$

먼저 전자 렙톤수는 좌변에서 $L_e = 0$ 이고 우변에서 $L_e = 1 - 1 + 0 = 0$ 이다. 뮤온 렙톤수는 좌변에서 $L_\mu = +1$ 이고 우변에서 $L_\mu = 0 + 0 + 1 = +1$ 이므로 붕괴 과정에서 전자 렙톤수 및 뮤온 렙톤수 모두 보존됨을 알 수 있다.

### 3.3.5.3. 바리온수 보존

모든 바리온에는 바리온수 $B = +1$ 을 부여하고 반입자 바리온에는 바리온수 $B = -1$ 을 부여한다. 나머지 입자들에는 바리온수 $B = 0$ 을 부여한다. 소립자들이 붕괴하거나 상호작용할 때 바리온수 $B$는 보존되어야 한다.

예를들어 다음과 같은 소립자의 상호작용을 생각해보자.

$$\pi^- + p \to K^- + \Sigma^+ \tag{3.64}$$

바리온수는 좌변에서 $B = 0 + 1 = 1$ 이고 우변에서 $B = 0 + 1 = 1$ 이므로 바리온수가 보존됨을 알 수 있다.

---

## 기본문제 3.2

정지상태의 $\pi^+$ 은 다음과 같은 붕괴를 할 수 있다.
$$\pi^+ \to \mu^+ + \nu$$
붕괴 후 $\mu^+$와 $\nu$ 의 운동에너지를 각각 구하시오. (단, 중성미자 $\nu$의 정지질량을 0으로 간주한다.)

---

**풀 이**

붕괴후 $\mu^+$와 $\nu$의 운동량 및 전체 에너지를 각각 $p_1, E_1$, 그리고 $p_2, E_2$ 라 하자. 운동량 보존에 의해
$$0 = \vec{p}_1 + \vec{p}_2$$
이므로 $\vec{p}_2 = -\vec{p}_1$ 즉
$$p_1 = p_2 = p$$
이다. 에너지와 운동량의 관계식에서
$$E_1^2 = p^2 c^2 + m_\mu^2 c^4 \quad \cdots (1)$$
$$E_2^2 = p^2 c^2$$
와 같다. 붕괴 전후에 에너지 보존에 의해
$$m_\pi c^2 = E_1 + E_2 \quad \cdots (2)$$
이다. $m_\pi c^2 - E_1 = E_2$ 의 양변을 제곱하면
$$m_\pi^2 c^4 + E_1^2 - 2m_\pi c^2 E_1 = E_2^2$$
이고 식(1)을 대입하여 정리하면
$$E_1 = \frac{m_\pi^2 c^4 + m_\mu^2 c^4}{2m_\pi c^2}$$
이다. 식(2) 에서
$$E_2 = m_\pi c^2 - E_1 = \frac{m_\pi^2 c^4 - m_\mu^2 c^4}{2m_\pi c^2}$$
$E = K + mc^2$ 이므로 붕괴 후 $\mu^+$와 $\nu$ 의 운동에너지 $K_1, K_2$는 다음과 같다.

$$K_1 = E_1 - m_\mu c^2 = \frac{\left(m_\pi c^2 - m_\mu c^2\right)^2}{2m_\pi c^2}$$

$$K_2 = E_2 = \frac{m_\pi^2 c^4 - m_\mu^2 c^4}{2m_\pi c^2}$$

# 4. 반도체 등

## 4.1. 반도체

### 4.1.1. 반도체의 개요

원자 두 개가 서로 가까워질 때 원자간 상호작용에 의한 효과에 의해 에너지 준위가 두 개로 갈라지게 된다. (그림4.1(a)) 여러 개의 원자가 서로 가까워지면 많은 에너지 준위로 갈라지게 된다. (그림4.1(b)) 고체와 같이 무수히 많은 원자들이 격자 구조를 이룰 때 에너지 준위는 연속적인 에너지 띠가 형성이 된다. (그림4.1(c))

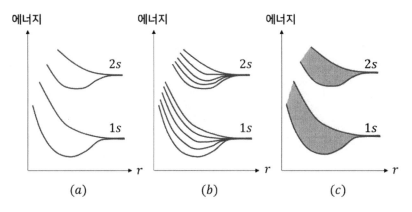

그림 4.1 여러 개의 원자 사이에서 거리에 따른 에너지 갈림 및 고체에서 에너지 띠 형성

**원자가 띠(valence band)**는 고체의 에너지띠 중에서 절대온도 0도에서 전자가 꽉 차 있는 띠 중 가장 에너지가 높은 띠이다. **전도띠(conduction band)**는 원자가 띠 위의 전자가 완전히 채워지지 않은 에너지 띠를 말한다. 전도띠에는 비어 있는 자리가 많기 때문에 외부의 전기장이 주어질 때 전자가 자유롭게 이동하며 전류를 흐르게 한다.

그림 4.2 원자가 띠와 전도띠

전도띠와 원자가 띠 사이의 에너지 간격을 **띠틈(band gap)** $E_g$ 라 한다. Si(실리콘), Ge(게르마늄) 과 같은 **반도체(semiconductor)**는 띠틈이 작아 열에너지에 의해 원자가띠에 있는 전자들이 쉽게 전도띠로 전이할 수 있으므로 반도체의 전기전도도는 도체와 부도체의 중간 정도이다.

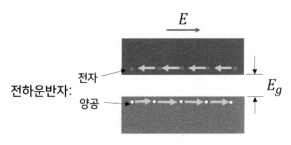

그림 4.3 반도체 에서의 전하운반자

반도체에 전류가 흐르게 하는 **전하운반자**(또는 운반자)는 전자와 양공 두 종류가 있다. 원자가 띠에서 전도띠로 전이된 전자는 전하운반자의 역학을 하고 외부 전기장의 반대방향으로 이동하며 전류를 만든다. 원자가 띠에 전자가 전이되어 비어있는 상태는 상대적으로 양전하를 띠므로 이를 **양공(hole)**이라 한다. 양공에는 주변의 전자가 이동하여 채워지며 그 자리에 다시 양공이 생성이 되므로 전기장의 방향으로 양공이 이동한다고 볼 수 있다. 즉 양공이 전하운반자의 역할을 하게 된다.

## 4.1.2. 도핑

반도체에 불순물을 첨가하면 전기전도도를 높일 수 있는데 이와 같이 불순물을 첨가하는 것을 **도핑(doping)**이라 한다.

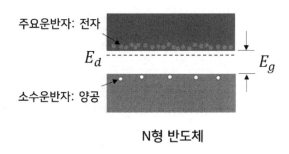

그림 4.4 n형 도핑

**n형 도핑(n-type doping)**은 반도체에 원자가 전자의 개수가 5개인 P(인), As(비소)와 같은 15족 원자를 주입하는 것을 말한다. 5개의 전자가운데 4개는 인접한 Si원자와 공유결합하고 남은 1개의 전자는 P원자와의 결합을 쉽게 벗어나 비교적 자유롭게 이동하며 반도체에의 전하 운반자 역할을 한다 이와 같이 불순물 원자는 전자를 제공하므로 **도너(doner)**라 부른다. 도너가 제공한 전자는 새로운 에너지 준위인 $E_d$를 형성하는데 P원자로부터 쉽게 떼어낼 수 있으므로 전도띠와 매우 가깝게 형성된다. 따라서 약간의 열 에너지 만으로 도너의 많은

전자들의 전도띠로 이동하여 전류를 흐르게 한다. 이와 같이 n형 반도체에서 주요 운반자는 전자이고 소수 운반자는 양공이다.

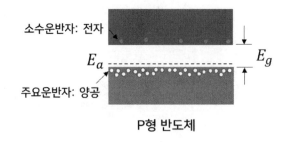

P형 반도체

그림 4.5 p형 도핑

**p형 도핑(p-type doping)**은 반도체에 원자가 전자의 개수가 3개인 B(붕소), Al(알루미늄)등을 주입하는 것을 말한다. 3개의 전자는 인접한 Si원자와 공유결합하는데 Si원자와 공유결합 하는 전자의 자리가 한 개 비게 된다. 1개의 남은 자리는 주변의 원자가 띠에 채워져 있는 전자가 쉽게 채울 수 있고 그 자리는 양공이 되는데 이러한 양공들이 전하 운반자의 역할을 한다. 이와 같이 불순물 원자는 전자를 받으므로 **어셉터(acceptor)**라 한다. 어셉터의 공유결합의 자리가 비어 있는 상태는 새로운 에너지 준위인 $E_a$를 형성하는데 원자가 띠의 전자가 쉽게 채울 수 있으므로 원자가띠와 매우 가깝게 형성된다. 따라서 약간의 열 에너지 만으로 원자가 띠의 많은 전자들의 전도띠로 이동하고 많은 양공들이 만들어진다. 이와 같이 p형 반도체에서 주요 운반자는 양공이고 소수 운반자는 전하이다.

### 4.1.3. pn 접합

p형 반도체와 n형 반도체를 연결시킨 것을 **pn 접합(pn junction)**이라 한다. pn 접합을 이용한 다이오드를 **pn 접합 다이오드**라 한다. Pn 접합 다이오드의 특징은 한쪽 방향으로만 전류가 흐를 수 있게 한다. 즉 전류의 흐름을 통제할 수 있게 한다.

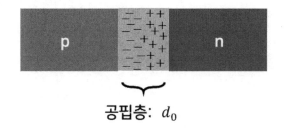

공핍층: $d_0$

그림 4.5 pn 접합

그림4.5는 pn 접합을 나타낸다. 접합 부위에서는 n형반도체의 전자가 p형반도체의 양공을 채우면서 전하운반자들이 없어지고 불순물 원자의 이온이 드러난다. 이와 같이 전하운반자가 존재하지 않는 영역을 **공핍층(depletion zone)**이라 한다. n형 반도체 에서는 불순물원자가 전자을 잃었으므로 (+)이온이, p형 반도체에서는 불순물 원자가 전자를 얻었으므로 (-)이온이

나타나게 되므로 n형에서 p형을 향하는 전기장이 형성된다. 이러한 전기장은 공핍층 내에 **접촉전위** $V_0$를 발생시킨다.

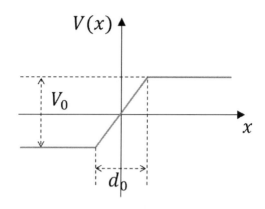

그림 4.6 공핍층에서의 접촉전위

pn접합 다이오드에서 p형 반도체에 (+) 극을 n형 반도체에 (-) 극을 연결하여 전압을 걸어주자. 이를 **순방향 전압**이라 한다. 그러면 p형 반도체에 양공이 공급되고 n형 반도체에 전자가 공급이 되므로 공핍층이 점점 줄어들고 접촉전위 또한 줄어들게 되므로 회로에 순방향으로 전류가 잘 흐르게 된다.

반대로, p형 반도체에 (+) 극을 n형 반도체에 (-) 극을 연결하여 **역방향 전압**을 걸어주게 되면 p형 반도체에 양공이 줄어들고 n형 반도체에 전자도 줄어듦으로 공핍층이 더욱 커지고 접촉전위 또한 커진다. 그 결과로 회로에 역방향 전류가 거의 흐르지 않게 된다.

## 4.1.4. LED

**LED(light emitting diodes)**는 전도띠의 전자가 원자가띠의 양공과 결합할 때 그 에너지 차이인 띠틈 $E_g$에 해당하는 에너지의 광자를 방출하는 반도체 소자이다.

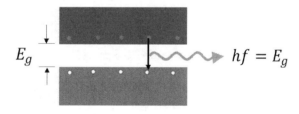

그림 4.7 LED의 원리

역으로, 반도체가 띠틈 $E_g$에 해당하는 에너지의 광자를 흡수하여 전자를 전도띠로 전이시켜 전류를 흐르게 할 수 있다. 이는 태광광발전의 원리가 된다.

## 4.2. 레이저

**레이저(Laser, light amplification by the stimulated emission of radiation)**는 결맞음이 있고 단색광이며 직진성이 있는 빛을 방출하는 장치이다. 레이저의 작동원리의 핵심에는 밀도반전과 유도방출이 있다.

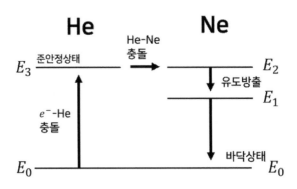

그림 4.8 He-Ne 레이저의 원리

레이저는 원자가 두 에너지 준위 $E_2, E_1$ 사이에서 전이하면서 에너지 차이에 해당하는 단색광의 전자기파를 방출한다. 두 에너지 준위에서 광자의 흡수보다 방출이 우세하게 발생하기 위해서는 높은 에너지 준위의 상태의 원자가 낮은 에너지 준위의 상태의 원자보다 많아야 한다. 이를 **밀도반전(population inversion)**이라 한다. 그림4.8은 He-Ne(헬륨-네온)레이저에서 밀도 반전이 일어나는 원리를 나타낸다. 헬륨 네온 기체가 들어있는 용기에 전압을 걸어주어 전자를 방출시키면 전자와 헬륨 원자가 충돌하며 헬륨원자는 $E_3$의 에너지 준위로 전이된다. 헬륨원자의 $E_3$ 에너지 상태는 상당히 안정적이에서 오랫동안 머무를 수 있다. 이 때 $E_3$는 네온 원자의 에너지 준위인 $E_2$와 매우 비슷하여 헬륨과 네온이 충돌을 일으키며 바닥상태의 네온을 $E_2$ 에너지 상태로 쉽게 전이시키게 된다. 이런 과정을 통해 네온원자는 $E_1$상태보다 $E_2$상태가 훨씬 많게 되는 밀도 반전이 일어난다.

네온은 $E_2$ 상태에서 $E_1$ 상태로 전이하며 광자를 방출한다. 방출된 광자는 또다른 네온을 다시 $E_2$ 상태에서 $E_1$ 상태로 전이하도록 유도한다. 이를 **유도방출(stimulated emission)**이라 한다. 이는 진동수 $f$를 가지는 광자가 고유진동수 $f$를 가지는 시스템의 진폭을 증폭시키는 공명현상으로 이해할 수 있다. 유도방출을 통해 같은 진동수, 같은 위상을 가지는 광자의 방출이 증폭되고 이들 광자는 공진기 안에서 오랫동안 갇혀 있으며 유도방출에 관여한다.

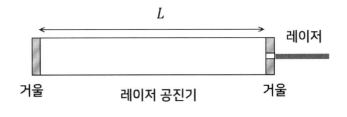

그림 4.9 레이저 공진기

레이저 빛이 공진기 안에서 정상파를 형성해야 하므로 다음과 같은 공진조건을 만족해야 한다.

$$L = \frac{n\lambda}{2} = \frac{nhc}{2(E_2 - E_1)}, \quad (n = 1,2,3, \dots) \tag{3.65}$$

## 4.3. NMR

전자가 스핀 각운동량을 가지는 것처럼 핵도 스핀 각운동량을 가진다. 핵의 스핀 각운동량의 크기는

$$\sqrt{I(I + 1)}\hbar \tag{3.66}$$

이고 $I$ 는 핵스핀 양자수 이다. 핵스핀에 따른 핵자기 모멘트가 발생하는데 핵자기 모멘트는 **핵 마그네톤(nuclear magneton)** $\mu_n$의 단위로 측정된다.

$$\mu_n = \frac{e\hbar}{2m_p} = 5.05 \times 10^{-27} \text{J/T} \tag{3.67}$$

핵자기 모멘트 $\vec{\mu}$을 가지는 핵에 외부 자기장 $\vec{B}$가 걸리면 계의 에너지는 $-\vec{\mu} \cdot \vec{B}$ 의 퍼텐셜 에너지 만큼 더해진다. +z축 방향의 자기장에 대해 핵자기 모멘트 $\vec{\mu}$의 z축 성분은 $\pm\mu_z$ 두개의 값으로 양자화 되므로 자기장이 있을 때 핵 에너지는 다음 그림과 같이 $\pm\mu_z B$ 로 갈리게 된다.

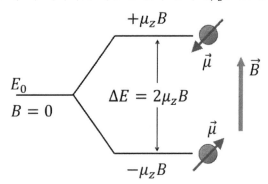

NMR(Nuclear Magnetic Resonance)장치는 균일한 자기장내에 놓여진 시료에 코일을 감고 진동수 $f$ 인 교류전원을 연결시킨다. 코일에서는 진동수 $f$ 인 광자가 방출되므로 광자의 에너지 $hf$ 가 다음과 같이 두 에너지 준위 차이와 일치할 때

$$hf = 2\mu_z B \tag{3.68}$$